8 Z 15833

Paris
1877

Littré , E.

Litterature et histoire

Extraits

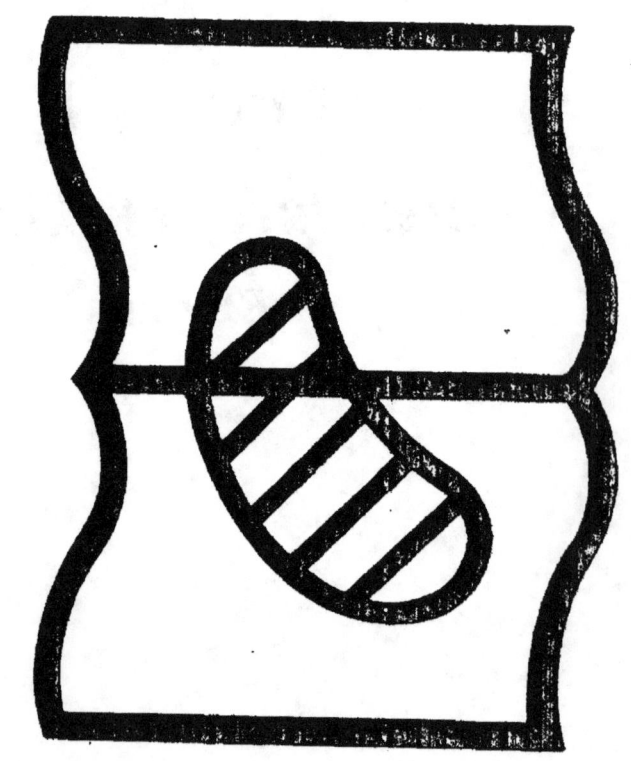

Symbole applicable pour tout, ou partie des documents microfilmés

Original illisible
NF Z 43-120-10

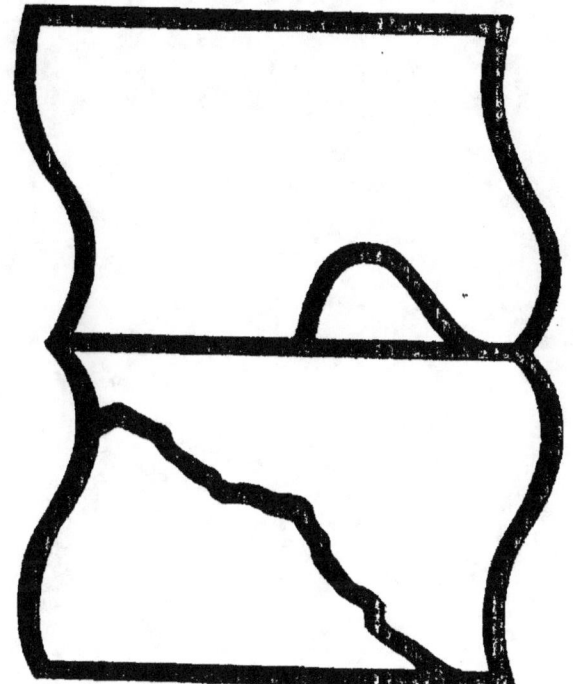

Symbole applicable pour tout, ou partie des documents microfilmés

Texte détérioré — reliure défectueuse

NF Z 43-120-11

Z.8
15833

LITTÉRATURE
ET
HISTOIRE

Paris. — Imp. VIÉVILLE et CAPIOMONT, rue des Poitevins, 6.

LITTÉRATURE
ET
HISTOIRE

PAR

É. LITTRÉ

DE L'INSTITUT (ACADÉMIE FRANÇAISE ET ACADÉMIE DES INSCRIPTIONS)

DEUXIÈME ÉDITION

Lettres de Mme de Sévigné
Nouvelle exégèse de Shakspeare — Les Choéphores — Aristophane et Rabelais
Don Quichotte de la Manche — Schiller et d'Aubigné
De l'usage pratique de la langue grecque
Collection des auteurs latins — Économie politique des Romains
Œuvres de Bonivard — Mémoires du cardinal de Retz
Essais sur la philosophie des Hindous
Introduction à l'histoire du bouddhisme indien
Le Pic du Midi de Bigorre et son hôtellerie — Phidias, etc., etc.
TRADUCTION DE POÉSIES DE SCHILLER : Résignation
L'Heur — Le Partage du monde — Le Plongeur — Les Femmes
MORCEAUX EN VERS : La Lumière
Les Étoiles — Les Lits d'hôpital — Réminiscence — La Vieillesse — La Terre

---

PARIS
LIBRAIRIE ACADÉMIQUE
DIDIER ET Cie, LIBRAIRES-ÉDITEURS
35, QUAI DES AUGUSTINS, 35
—
1877
Tous droits réservés.

PRÉFACE

—

Ce volume est le dernier que je me propose de reprendre dans les journaux et dans les revues. Études sur la langue française, sur les barbares et le moyen âge, sur la médecine et les médecins, sur la science au point de vue philosophique, voilà ce qui constitue les quatre premiers recueils. Ce dernier appartient à la littérature et à l'histoire.

Dans ce genre de travail à bâtons rompus qu'offrent les journaux et les recueils, je n'ai pas toujours fait ce que je voulais; mais je n'ai jamais fait ce que je ne voulais pas. C'est grâce à cette résolution persévéramment suivie que j'ai dû de retrouver, dans la masse d'articles provenus de toutes sortes d'occasions, des séries suffisamment cohérentes. Beaucoup a été élagué; mais ne faut-il pas faire beaucoup pour que quelque chose reste?

La littérature se lie de trop près à l'histoire pour

que, là aussi, la filiation et la comparaison ne fournissent pas les principales lumières. C'est à ces sources que j'ai puisé les règles de ma critique. Nos littératures, depuis l'origine à l'aurore des temps classiques, sont mères, filles, sœurs les unes des autres. La littérature grecque (dans cette voie on ne remonte pas plus loin qu'elle[1]) est la mère de la littérature latine. En notre Occident, la latinité, par la religion, par la tradition, par les livres, ne cessa jamais d'exercer une influence considérable, surtout après que, les barbares ayant été absorbés par les populations latines et la Germanie conquise par Charlemagne, les nations et les langues modernes commencèrent à se montrer sur la scène du monde. Sans doute, un fond original se forma dans ce nouveau milieu; et un des centres de cette formation originale le plus actif et le plus fécond fut la France durant le haut moyen âge. Les littératures modernes y ont tou-

---

1. La littérature grecque reçut certainement des éléments de la main des peuples que la Grèce nommait barbares et qui l'avaient précédée dans la civilisation. Platon le dit lui-même : « Les Bar« bares sont plus anciens que nous. » Cela est incontestable. Des éléments fournis alors nous n'avons que la plus vague connaissance; mais les poëmes d'Homère nous apprennent que le génie grec, s'emparant des légendes antiques, les façonna en chants merveilleux qui devinrent l'école littéraire, esthétique, de toute la nation. Nos chansons de geste ne valent pas l'Iliade ; mais la manière dont elles sont nées au sein du milieu féodal est ce qui éclaire le mieux la création des poëmes héroïques de la Grèce et leur durable influence.

tes puisé plus ou moins; et toutes furent gravement modifiées par la renaissance et l'antiquité classique. Dès lors elles deviennent sœurs, donnant, recevant, se dépassant, se rattrapant, et concourant simultanément à créer ce grand monument occidental dont l'ensemble rivalise avec l'antiquité grecque et latine.

En préparant ce volume et ceux qui précèdent, j'ai refeuilleté près de quarante ans de ma vie. J'y ai retrouvé la trace de beaucoup de travail, récompensé d'ailleurs plus que je n'y avais jamais compté. J'ai demandé peu à la société; en revanche, elle m'a accordé au delà de mes espérances ou de mes ambitions. Je rends ce témoignage au moment où, parvenu à la grande vieillesse, je ne sollicite ni ne poursuis plus rien.

Tous mes succès ont été des succès électifs. L'Académie des Inscriptions, il y a maintenant plus de trente-six ans, me fit l'honneur de m'appeler dans son sein. Le *Journal des Savants* me nomma un de ses collaborateurs. L'Académie de Médecine m'accorda un de ces siéges dont elle dispose pour ceux qui n'ont pas le grade de docteur. Enfin, l'Académie française, par la plus flatteuse des distinctions, récompensa l'achèvement de mon Dictionnaire de la langue française. En m'associant à leurs travaux, ces corps illustres ne voyaient en moi qu'un travailleur solitaire sur qui aucune attache officielle ne tournait l'attention.

Bien que, toute ma vie, je me sois occupé d'objets scientifiques, je n'ai jamais été appelé à aucune chaire. Quelquefois je reçois de pays étrangers des lettres qui portent en suscription : *M. le professeur;* mais c'est une simple courtoisie de mes correspondants qui ne répond à aucune réalité. Je n'exprime point un regret, j'énonce un fait. Je l'ai déjà dit, les avantages qui me sont échus ont amplement contenté ce que j'avais d'ambition, sans parler de l'intérêt que les savants étrangers ont bien voulu accorder à mes travaux et à mon nom, et qui a aussi dépassé mon attente [1].

---

1. En 1867 ou 1868 (je ne suis pas sûr de l'année, n'ayant rien gardé par écrit), un jeune attaché à l'ambassade de Prusse (il s'appelait d'Arnim, et est sans doute parent du d'Arnim que le gouvernement prussien poursuit en ce moment avec tant de rigueur) vint me trouver, et m'informa que l'Académie des Sciences de Berlin, disposant d'un certain nombre de croix d'un ordre fort estimé, avait résolu de m'en accorder une, qu'elle avait seulement le droit de proposition, et que c'était le roi qui nommait. En conséquence, M. d'Arnim me demandait si j'acceptais. Après réflexion, je répondis que, pour des raisons soit philosophiques, soit politiques, m'étant soustrait à toute décoration dans mon propre pays, je ne croyais pas convenable d'en accepter une étrangère; mais que je le priais d'exprimer à l'Académie ma sincère reconnaissance pour la marque d'honneur, absolument spontanée, qu'elle avait songé à me conférer. Ainsi je refusai. Depuis, je me suis félicité bien des fois de ce refus. — En parlant d'opinions philosophiques au sujet de décorations, voici à quoi je fais allusion : En 1843, j'eus une entrevue avec M. Villemain, alors ministre, pour lui exprimer ma gratitude de la bienveillance qu'il m'avait témoignée en une circonstance fort douloureuse pour moi. Dans le courant de la conversation, il m'offrit la croix de la Légion d'honneur. Je repoussai son offre en lui disant : « Monsieur le ministre, j'ai des préjugés. » Il les respecta et n'insista pas.

La vérité est que, quand bien même j'aurais ambitionné une chaire et possédé la capacité d'y professer, mes opinions philosophiques, telles que le parti clérical les apprécie, m'auraient été un obstacle insurmontable dans cette carrière. Le parti clérical eût poussé de telles clameurs, que le ministère de l'Instruction publique d'un de nos gouvernements monarchiques quelconques n'aurait pas voulu passer outre et s'y exposer [1]. C'est certainement pour notre haut enseignement une cause d'infériorité relative que la restriction apportée à la plénitude de la liberté philosophique; mais les compensations se trouvent dans la liberté générale de l'esprit public.

Armand Carrel, dans la biographie de P.-L. Courier, dit que le redoutable pamphlétaire, quand il intervint dans la politique active sous la restauration, sentit le besoin d'arranger sa vie. Sans avoir aucunement la prétention de me comparer à ce merveilleux écrivain, moi aussi, à un certain moment, je voulus arranger ma vie, c'est-à-dire faire déterminément et de parti pris ce qui n'avait été jusque là que hasard

---

1. Lorsque, à Bordeaux, en 1871, M. Gambetta créa une chaire d'histoire à l'École polytechnique et m'y appela, plusieurs journaux cléricaux de province attaquèrent violemment le titulaire de la nouvelle chaire; et cependant on avait, à ce moment-là, bien d'autres préoccupations que des préoccupations théologiques. Je fis ma première et ma seule leçon le 1er février 1871, le jour même où j'accomplissais ma soixante-dixième année. Mon âge et les circonstances ne me permirent en aucune façon de conserver la chaire qui m'avait été conférée.

de conduite et impulsion inconsciente. Je résolus de ne laisser aucune prise, en renfermant étroitement mes ambitions en ce qui est accordé soit par l'élection, soit par la faveur publique. De cette façon, je fus soustrait à la puissance des mauvais vouloirs.

Toutes les choses de la vie ont leur enseignement; il suffit d'y trouver non une cause d'humeur, mais une cause de réflexion. Comme il me parut souverainement injuste qu'on pesât théologiquement, non littérairement, mes mérites et mes démérites, je pris, de moi à moi-même, l'engagement de ne jamais permettre que les opinions, quelles qu'elles fussent, eussent aucune influence sur les jugements que j'avais à porter comme académicien. En une occasion où cette résolution était mise à l'épreuve, feu Mérimée, qui, sans le dire bien haut, avait peu d'inclination vers les opinions théologiques, me consulta, et, sur l'avis que je lui donnai et qu'il suivit, je crois, il me dit : Vous êtes généreux. Je n'étais pas généreux, j'étais seulement impartial et équitable.

J'ai remarqué que les intentions de nuire, dans l'ordre philosophique, quand elles ne possèdent pas une puissance directe de persécution sur la personne, demeurent, dans notre milieu social, sans aucune efficacité. On a beaucoup lancé contre moi de polémiques de tout format qui devaient me confondre, ou, si j'étais trop endurci, écarter d'une tête maudite la foule et l'opinion. Qu'est-il arrivé? Mes amis connus

et inconnus, en France et hors de France, ont tenu à
mépris ces déclamations, ou, dans leur dédain, n'en
ont même pas pris connaissance. Il est vrai que, en
revanche, tout ce qui est dit et écrit en ma faveur a le
même sort dans le contraire parti. Que conclure de
là? Puisque, en réalité, on ne s'atteint pas, séparé
qu'on est par la violence et l'exagération, ne vaudrait-il
pas mieux renoncer aux polémiques insultantes ou
mensongères? Peut-être même ces polémiques de-
viendraient-elles moins inefficaces par cela seul qu'elles auraient un peu plus de modération équitable[1].

C'est un spectacle singulier et attachant que le profond discord entre la libéralité bienfaisante de la société française et l'intolérance acharnée de l'esprit
clérical. Cette intolérance a beaucoup perdu, depuis
le temps où elle disposait et usait sans mesure des bû-
chers, des supplices, des bastilles et des exils. Elle
perd tous les jours malgré le bruit, et aussi à cause du
bruit qu'elle fait. C'est une brume, reste d'un autre

---

[1]. Ce que je dis ici des hommes philosophiques est applicable, en une certaine mesure, aux hommes politiques. Quel amas d'injures et de calomnies les suppôts de l'ordre moral n'ont-ils pas accumulé sur la tête de M. Thiers! Eh bien! qu'ont-ils gagné? Sans doute ils ont satisfait leurs passions, leurs rancunes et celles de leurs amis et pro-moteurs; mais c'est tout. Au-delà de ce cercle sacro-saint, ils n'ont changé ni une idée, ni un sentiment; personne ne les a crus; et beaucoup ont pensé qu'on servait bien peu le véritable ordre moral en perdant toute justice et tout respect à l'égard de ceux qui, par leurs talents, leurs services et leur réputation, honorent leur patrie.

ciel, qui se dissipe graduellement devant la chaleur et la clarté vivifiantes des sentiments modernes.

Ces quelques mots rétrospectifs conviennent à un volume qui clôt la série; c'est un congé que je prends d'un passé qui d'ailleurs n'a plus d'avenir.

Novembre 1874.

I

LETTRES

DE

MADAME DE SÉVIGNÉ

DE SA FAMILLE ET DE SES AMIS

Recueillies et annotées par M. Monmerqué.

Nouvelle édition, revue sur les autographes, les copies les plus authentiques et les plus anciennes impressions, 14 vol. in-8°, Paris, Hachette[1].

I

L'ÉDITION

Ce titre, que je copie, ne rend pas pleine justice à tout le monde. Sans doute il a été équitable d'y conserver le nom de M. Monmerqué, si versé dans l'histoire de madame de Sévigné, et qui avait préparé avec tant d'amour et de zèle les matériaux de la nouvelle édition. Mais, quelque curieux qu'il fût de l'exactitude et de la fidélité, il n'avait point été assez formé aux habitudes de la critique pour porter dans toutes les pages, dans toutes les lignes cette vigilance aux yeux de laquelle il n'y a, avant examen, aucune leçon indifférente. Si l'on voulait que cette édition constituât définitivement un texte, il fallait adjoindre à sa main

---

1. *Journal des Savants*, octobre, novembre et décembre 1867.

une main plus exercée aux procédés de l'érudition. J'ai nommé M. Adolphe Régnier, qui, pour descendre de la Grèce et de l'Inde aux œuvres du dix-septième siècle, n'a pas cru déroger. L'érudition moderne sait que reproduire fidèlement et interpréter correctement est son office. Cela est aussi vrai des lettres de madame de Sévigné que des hymnes du Véda.

Le critique, l'éditeur infidèle non-seulement pèche, mais encore il fait pécher autrui. Dans une lettre à sa fille, madame de Sévigné dit : « Je suis ravie de voir « comme il (l'abbé de Coulanges) vous aime, et c'est « une des choses dont je veux vous remercier, que de « faire tous les jours augmenter cette amitié par la « manière dont vous vivez avec moi et avec lui. Jugez « quels tourments j'aurais s'il avait d'autres sentiments « pour vous; mais il vous adore. » Cette phrase volontairement tortueuse nous fait entrevoir que madame de Grignan n'était guère aimable pour l'abbé de Coulanges, et que madame de Sévigné désirait qu'elle le fût, indiquant avec une délicatesse infinie le moyen d'entretenir l'adoration spontanée du bon abbé pour la comtesse de Grignan. Les anciens éditeurs ont voulu effacer la trace de la discourtoisie de la fille et de l'adroite prière de la mère; et ils ont mis : « Je suis ra- « vie de voir comme le bon abbé vous aime; son cœur « est pour vous comme si je l'avais pétri de mes « mains : cela fait justement que je l'adore. » On permettra à un faiseur de dictionnaire, qui fonde tout son travail sur les exemples et les textes, d'avouer qu'il a frémi en voyant à quel péril le chevalier de Perrin l'avait exposé. *Pétrir un cœur avec les mains !* trouvant cette expression, je n'aurais pas manqué de l'inscrire au compte de madame de Sévigné. Et pourtant le fait est qu'elle ne l'a pas dite, et peut-être ne l'aurait pas voulu dire; car, au figuré, quand elle emploie *pétrir*, elle exprime de quoi est pétri l'objet dont il s'agit; du moins le *Glossaire* n'inscrit que ces exemples-ci: « De vous et madame du Fresnoy on en pétrirait une personne dans le juste milieu. — Cette droiture, cette naïveté, cette vérité, dont son cœur est pétri. — Je songe aux *pichons* (les jeunes enfants de madame de Grignan), je suis toute pétrie de Grignans. — Corbinelli est tout pétri dans le mystique. » Je ne trouve chez elle dans cet emploi absolu que *repétrir :* « Pauline n'est donc pas parfaite; tant mieux, vous vous divertirez à la repétrir. » (*Lettre du 8 décembre* 1658.) Et encore n'ajoute-t-elle pas : *de vos mains*.

Notas audire et reddere voces, dit Anchise à son fils, qu'il revoit descendu auprès de lui dans les Champs Élysées. Ce qui touche Anchise et est exprimé par le poëte latin avec sa sensibilité ordinaire me touche aussi, je l'avoue, quand il s'agit de tous ces morts dont la parole, grâce à leurs livres ou à leurs confidences, nous arrive de l'autre côté du tombeau. C'est leur voix même avec ses inflexions que je veux entendre; c'est leur manière de parler que je demande, avec tout ce qu'elle a de différent de la manière contemporaine que connaît mon oreille. Une fois que la mort a mis le sceau sur ces pages, elles deviennent sacrées, sorte de monument, de médaille que chaque siècle doit, dans l'intérêt de tous, transmettre intacte au siècle suivant. On conçoit, en le regrettant, que, sous l'impulsion du jansénisme, Port-Royal amende et émonde les *Pensées* de Pascal, ou que, en vue de ménagements plausibles ou de chétifs scrupules, le chevalier de Perrin élague ou corrige ce qui lui déplaît ou l'inquiète dans les lettres de madame de Sévigné. Mais il faut encourager, louer, remercier les éditeurs qui, effaçant ces importunes retouches, nous rendent l'original dans sa vérité.

Un livre dit juste autant que l'auteur a voulu ; des lettres et des papiers publiés posthumement disent un peu plus qu'il n'aurait voulu. Ce *plus*, un éditeur trop voisin du temps pour n'être pas prudent nous en prive ; longtemps après, un éditeur uniquement curieux de l'authentique et du vrai nous rend cette espèce de fruit défendu. On excuse que le chevalier de Perrin ait supprimé, mais on remercie M. Régnier d'avoir restitué cette page sur les dépenses et les malaises de la maison de Grignan : « Je ne réponds rien à ces comptes et à
« ces calculs que vous avez faits, à ces avances hor-
« ribles, à cette dépense sans mesure : cent vingt mille
« livres ! il n'y a plus de bornes : deux dissipateurs en-
« semble, l'un voulant tout, l'autre l'approuvant,
« c'est pour abimer le monde. Et n'était-ce pas le
« monde que la grandeur et la puissance de votre mai-
« son ? Je n'ai point de paroles pour vous dire ce que
« je pense, mon cœur est trop plein. Mais qu'allez-vous
« faire ? je ne le comprends pas du tout. Sur quoi fon-
« der le présent et l'avenir ? Que fait-on quand on est à
« un certain point ? Nous comptions l'autre jour vos
« revenus : ils sont grands ; il fallait vivre de la charge
« et laisser vos terres pour payer vos arrérages. J'ai vu
« que cela était ainsi ; ce temps est bien changé, quoi-
« que vous ayez reçu bien des petites sommes qui de-
« vraient vous avoir soutenus, sans compter Avignon.
« Il est aisé de voir que la dissipation vous a perdus du
« côté de la Provence. Enfin cela fait mourir, d'autant
« plus qu'il n'y a point de remède. Dieu sait comme
« les dépenses de Grignan et de ces compagnies sans
« compte et sans nombre, qui se faisaient un air d'y
« aller de toutes les provinces, et tous les enfants de
« la maison à la table jusqu'au menton, avec tous

« leurs gens et leur équipage, Dieu sait combien ils ont
« contribué à cette consomption de toutes choses. En-
« fin, quand on vous aime, on ne peut pas avoir le
« cœur content. Je ne sais comme sont faites les autres
« sortes d'amitiés que l'on a pour vous : on vous étouffe,
« on vous opprime et on crie à la dépense, et c'est
« ceux qui la font ! » (*Lettre à madame de Grignan* du
1er avril 1689.)

Bussy ayant transcrit dans ses *Mémoires* les lettres
qu'il avait reçues de madame de Sévigné, elle lui té-
moigna qu'elle en était effrayée, et qu'elle espérait du
moins qu'il aurait raccommodé ses lettres. « Je n'y ai
« point touché, répondit-il. Lebrun ne toucherait pas
« à un ouvrage du Titien où ce grand homme aurait
« eu quelque négligence. Cela est bon aux ouvrages
« des médiocres génies d'être revus et corrigés. » Manifestement, Bussy était, comme nous le sommes, sous
le charme des lettres de madame de Sévigné. Quelque
négligence ne l'effarouchait point ; c'était même un
attrait de plus. Quoi qu'il en dise, revoir et corriger est
souvent utile, même aux génies qui ne sont pas médiocres ; mais qui voudra joindre ces deux mots aux
libres et rapides épanchements d'un cœur plein de
tendresse et de chaleur, d'un esprit plein de grâce, de
gaieté et de lumière ?

« M. de Pompone, dit madame de Sévigné dans une
« lettre du 3 février 1672, aime mon style naturel et dé-
« rangé, quoique le sien soit comme celui de l'élo-
« quence même. » Ne le rangez donc pas, vous dans
les mains de qui il est tombé, et laissez-lui son déran-
gement, puisque c'est un trait qui lui appartient. Si un
beau désordre, selon l'*Art poétique*, est un effet de l'art,
un aimable désordre est un effet de la nature. C'est
ainsi que ce *style dérangé* dont madame de Sévigné se

confesse ne lui ôte rien et lui ajoute quelque chose.

Le chevalier de Perrin s'effarouche de peu, et, malheureusement, ce qui l'effarouche, il le change et le corrige. Madame de Sévigné a écrit (t. II, p. 368) : « Vous aurez peine à nous faire entrer une éternité de « supplices dans la tête, à moins que d'un ordre du « roi ou de la sainte Écriture. » Au lieu du dernier membre de phrase, il a mis : *à moins que la soumission n'arrive au secours*. Madame de Sévigné a été trop sincèrement attachée à ses croyances pour qu'on dût s'inquiéter de lui voir accueillir, en passant d'ailleurs, une opinion d'Origène condamnée par l'Église. — Un terme vieilli, il le remplace par un terme ordinaire et usité : « Enfin, dit madame de Sévigné, en revenant des états « de Bretagne (t. II, p. 350), me voilà toute reposée, « toute tranquille, toute contente d'être en repos dans « ma solitude; j'ai eu tantôt encore un petit goupil-« lon : c'est M. de Lavardin... » Au lieu d'un *petit goupillon*, devenu obscur, il a imprimé : *un petit reste des états*. Mais un *goupillon*, c'est étymologiquement une queue de renard ; et, figurément, un *petit goupillon*, c'est une petite queue. N'est-ce pas dommage d'ôter un archaïsme qui marque un intermédiaire entre le sens étymologique et le sens dérivé, seul compris aujourd'hui ? — D'autres fois, c'est une expression métaphorique qu'il n'entend pas et qu'il efface : « M. de « Chaulnes (il s'agit de la réception du roi d'Angle-« terre), plongé comme vous savez, lui dit qu'il y avait « une chambre préparée pour lui, et voulut l'y me-« ner. » (T. VIII, p. 549.) En place de quoi le chevalier de Perrin donne : *M. de Chaulnes voulut le mener dans une chambre pour s'y reposer*. *Plongé* a embarrassé l'éditeur, et, pour qu'il n'embarrassât pas le lecteur, il l'a effacé sans forme de procès. M. Sommer, dans le *Glos-*

saire, explique avec beaucoup de vraisemblance *plongé* par *saluant profondément*. Règle générale, un éditeur ne doit rien effacer, les expressions difficiles moins que les autres.

Une pareille retouche incessamment étendue à une infinité de passages, qu'est-ce autre chose qu'une sorte de badigeon que la main diligente de la critique efface partout où elle peut, pour montrer le trait original?

A côté des altérations volontaires prennent place les altérations involontaires dont il est d'un bon critique de débarrasser l'auteur qu'il publie. Qui croirait que, dans un texte aussi voisin de nous que l'est celui de madame de Sévigné, il s'est glissé de mauvaises lectures, des méprises, des non-sens, tout comme dans un texte de l'antiquité? Il est bon de rapporter quelques-uns de ces passages malades que la main du nouvel éditeur a guéris, ainsi qu'en guérissait la main de Scaliger ou de Bentley.

Avant lui, on lisait dans la lettre du 20 juin 1671 : « Pour les jupes courtes, vous aurez quelque peine à « les rallonger. Cette mode vient jusqu'à nous; nos « demoiselles de Vitré, dont l'une s'appelle mademoi-« selle de Bonnefoi de Croque-Oison et l'autre made-« moiselle de Kerborgne, les portent au-dessus de la « cheville du pied. » Ce passage paraît ne pécher en rien, sauf que l'on se demande comment madame de Sévigné, qui ne cite ces noms que parce qu'elle est amusée de leur bizarrerie, a manqué à indiquer son intention par quelque petit mot qui trahît le rire qui la prenait quand elle les écrivait. Le petit mot y était en effet; ce qui l'a ôté, c'est une mauvaise lecture; et il faut restituer : « ... nos demoiselles de Vitré, dont « l'une s'appelle, de bonne foi, mademoiselle de Croque-« Oison, et l'autre mademoiselle de Kerborgne.... »

Madame de Sévigné était très-familière avec l'Astrée, le Cyrus et toute cette littérature romanesque qui de son temps avait grande réputation. Les noms de leurs héros ne sont pas rares sous sa plume; aussi lit-on, t. X, p. 132 : « Le sage Gautier que je croyais l'Adamas « de la contrée.... » Adamas était un personnage de l'Astrée. Quel remplaçant imagineriez-vous que les anciens éditeurs ont donné à ce héros, fort ignoré d'eux, à la vérité? le *grand lama* : *Le sage Gautier que je croyais le grand lama de la contrée....!* Il faut avouer que les hasards des mauvaises lectures sont quelquefois plaisants.

Madame de La Fayette vient de mourir; madame de Sévigné est contristée, et elle écrit (t. X, p. 108) : « J'étais « assurée que je faisais sa plus tendre consolation, et « depuis quarante ans c'était la même chose ; cette date « est *récente;* mais elle fonde bien aussi la vérité de « notre liaison. » Comment! récente? Quarante ans n'est pas une date récente; loin de là, c'est une bien vaste étendue dans notre carrière mortelle. Le poids s'en est fait soudain sentir à madame de Sévigné, tandis qu'elle écrivait ces lignes: et cette impression qui lui serrait le cœur, elle l'a rendue par un mot hardi et saisissant : *cette date est violente.* Quel dommage c'eût été de perdre et le sentiment et le mot!

Que dites-vous de ces *réflexions* de M. de Bussy? « Si vous m'aviez fait réponse, écrit-il à sa cousine, « mes *réflexions* ne m'auraient pas empêché de vous « répliquer; le rhumatisme n'a pas été jusqu'à l'esprit. » (T. X, p. 26.) Des *réflexions* ne sont pas capables de rhumatiser l'esprit, des *fluxions* seules peuvent commettre ce méfait; et c'est aussi *fluxions* que le nouvel éditeur a restitué.

Madame de Sévigné est dans un pressant besoin d'ar-

gent, et elle écrit (t. X, p. 98) : « Il faut qu'il m'envoie
« tout, le plus tôt qu'il pourra, le plus qu'il pourra ;
« car j'en ai un besoin extrême ; j'ai donné ce que
« j'avais d'argent à cause du décri ; ainsi ma soif est
« grande. » *Ma soif est grande* s'est malencontreusement transformé, dans les anciennes éditions, en : *ma foi est grande ;* ce qui ne signifie rien.

Pour donner une bonne édition de madame de Sévigné, il est plus d'une fois nécessaire de posséder les auteurs qui sont présents à son esprit et qu'elle cite en les nommant ou sans les nommer. Voici un passage dont une phrase de Pascal peut seule fournir la restitution : « Jouissez de la paix que Dieu vous fait sentir
« présentement ; vous avez eu vos peines ; *vous en avez*
« *fait un sacrifice bien sensible au cœur ;* voilà votre bien-
« heureux état ; je n'ai jamais vu une telle parole, mais
« elle est aussi de M. Pascal. » Ceci est altéré ; car où est cette parole de Pascal qu'elle n'a jamais vue ailleurs ? L'altération du texte est bien peu de chose, et pourtant elle trouble tout, et tout est rectifié en lisant, avec l'éditeur, *Dieu* au lieu de *bien* : *Vous en avez fait un sacrifice : Dieu sensible au cœur, etc.* En effet, Pascal a dit : « Voilà
« ce que c'est que la foi : Dieu sensible au cœur, non à
« la raison. »

Au tome VIII, p. 305, je rencontre cette phrase-ci :
« Parlons de votre santé, ma très-chère ; la mienne est
« parfaite : point de main extravagante, point de *leurre*,
« point de *hi*, point de *ha*, une machine toute réglée. »
J'ai eu beau la lire et la relire, je n'ai pu parvenir à la comprendre complétement, et le mot *leurre* m'a toujours arrêté. Dans mon désappointement, j'ai ouvert le *Glossaire* de M. Sommer, recours ordinairement infaillible des embarrassés ; mais le mot *leurre* n'y est pas, et force me fut de me demander si la leçon était sûre.

Leurrer, c'est tromper par un faux espoir. Or, rien de pareil dans l'état de santé dont elle parle et qui avait inquiété madame de Grignan; car peu auparavant sa mère lui avait écrit (t. VIII, p. 214) : « Vous parlez « de ma santé et de ma vie : j'ai été un peu échauffée; « de mauvaises nuits, beaucoup de douleur et de larmes « ne sont pas saines, et c'est ce qui m'effraye pour vous; « cela s'est passé entièrement avec des bouillons de « veau : n'y pensez plus. » S'il s'était agi du rhumatisme qui l'avait affligée douze ans auparavant, le mot *leurre* se serait compris; voyez en effet la description si vraie et si plaisante qu'elle donne d'un mal qui ne plaisante pas : « Devinez ce que c'est, ma fille, que la chose du « monde qui vient le plus vite et qui s'en va le plus len-« tement; qui vous fait approcher le plus près de la con-« valescence, et qui vous en retire le plus loin; qui vous « fait toucher l'état du monde le plus agréable, et qui « vous empêche le plus d'en jouir; qui vous donne les « plus belles espérances du monde, et qui en éloigne « le plus l'effet; ne sauriez-vous le deviner? jetez-vous « votre langue aux chiens? C'est un rhumatisme. Il y a « vingt-trois jours que j'en suis malade. Depuis le 14, « je suis sans fièvre et sans douleurs; et, dans cet état « bienheureux, croyant être en état de marcher, qui « est tout ce que je souhaite, je me trouve enflée de « tous côtés, les pieds, les jambes, les mains, les bras; « et cette enflure, qui s'appelle ma guérison et qui l'est « effectivement, fait tout le sujet de mon impatience, « et ferait celui de mon mérite, si j'étais bonne; cepen-« dant je crois que voilà qui est fait et que dans deux « jours je pourrai marcher... Adieu, ma très-chère et « très-aimable, je vous conjure tous de respecter avec « tremblement ce qui s'appelle un rhumatisme; il me « semble que présentement je n'ai rien de plus impor-

« tant à vous recommander. » Dans une pareille maladie le mot *leurre* conviendrait pour exprimer les déceptions d'une convalescence indéfiniment retardée.

Mais ce n'est pas ici le cas. La phrase qui m'occupe est la représentation de celle-ci, qu'on trouve dans une lettre antécédente à Bussy, où madame de Sévigné explique quels sont les accidents qui l'ont fait aller aux eaux de Bourbon, accidents auxquels madame de Grignan songe évidemment : « Je me résolus d'aller à « Vichy pour guérir tout au moins mon imagination « sur des manières de convulsions à la main gauche, « et des visions de vapeurs qui me faisaient craindre « l'apoplexie. » (13 novembre 1687.) *Point de main extravagante* répond à *manières de convulsions à la main gauche;* et *point de leurre, point de hi, point de ha* répond à *visions de vapeurs:* cela ôte toute possibilité d'expliquer *leurre* par *faux espoir.* Si la lettre avait été vue par M. Régnier en original, je m'inclinerais devant un texte irrévocable; mais nous ne la connaissons que par le chevalier de Perrin, et il n'est pas impossible qu'il ait mal lu. Je n'ai point formé de conjecture qui me satisfit complétement; pourtant je proposerais, avec tous les doutes possibles, de lire *lièvre* au lieu de *leurre. Lièvre* et *leurre* ont le même nombre de lettres, et par là la correction est facile; elle l'est moins pour le sens : en effet, il faudrait prendre *lièvre* dans l'acception très-métaphorique de ce qui étonne, surprend, comme quand on dit *lever un lièvre.* Je proposerais encore et même avec quelque préférence *point de heurt,* ce qui irait bien avec *point de hi, point de ha;* à la vérité, *heurt* n'est pas dans le *Glossaire,* soit que madame de Sévigné ne l'ait pas employé, soit que le *Glossaire* ne l'ait pas relevé, omission qu'il a faite pour *leurre,* qui n'y figure pas; puis, en tout cas, *heurt* se trouve plus d'une fois dans La Fontaine, et La Fontaine était une des lectures de madame de Sévigné. Mais je ne veux pas insister davantage, et j'ajoute seulement une autre phrase où madame de Sévigné représente encore, sous une métaphore différente, la régularité qu'elle a reconquise : « Je me porte si bien, et les esprits sont si bien « réconciliés avec la nature, que je ne vois pas pour« quoi vous ne m'aimeriez pas. » (18 octobre 1687.) Madame de Grignan l'avait grondée d'être allée à Bourbon par complaisance pour la duchesse de Chaulnes, au lieu d'être allée à Vichy, dont elle s'était jadis si bien trouvée.

Deux chanceliers moururent à quelques années l'un de l'autre, Séguier en 1672, et Letellier en 1686, laissant tous deux une fortune grande sans doute, mais moins considérable pourtant qu'on ne s'y attendait. Voici comment on dit la chose en style familier et épistolaire : « Il (Séguier) ne laisse que 70,000 livres de rente. « Est-ce du bien pour un homme qui a été quarante « ans chancelier et qui était riche naturellement? La « mort découvre bien des choses. » (*Lettre du 3 février* 1672.) Comme s'il avait entendu cette phrase, Bossuet reprend dans son oraison de Letellier : « La mort a « découvert le secret de ses affaires; et le public, rigide « censeur des hommes de cette fortune et de ce rang, « n'y a rien vu que de modéré; on a vu ses biens « accrus naturellement par un si long ministère et par « une prévoyante économie, et on ne fait qu'ajouter à « la louange de grand magistrat et de sage ministre « celle de sage et vigilant père de famille, qui n'a pas « été jugée indigne des saints patriarches. » Quand Bossuet se serait donné pour tâche de développer avec sa haute éloquence le rapide éclair de madame de Sévigné, eût-il fait autrement?

Pour les contemporains comme pour nous cette éloquence était divine ; et quand, faiblissant, elle ne l'était pas, ils s'en plaignaient. Madame de Sévigné parle à sa fille de la prise de voile de madame de la Vallière : « Elle fit cette action, cette belle et coura-
« geuse personne, comme toutes les autres de sa vie,
« d'une manière noble et charmante. Elle est d'une
« beauté qui surprit tout le monde ; mais ce qui vous
« surprendra, c'est que le sermon de M. de Condom ne
« fut pas aussi divin qu'on l'espérait. » (T. III, p. 466.) Cet éclat qui brillait encore en la prochaine carmélite et frappait madame de Sévigné, n'a-t-il pas son reflet dans ce passage du sermon : « L'âme commence par son corps
« et par ses sens, parce qu'elle ne trouve rien qui lui
« soit plus proche. Ce corps qui lui est uni si étroite-
« ment, mais qui toutefois est d'une nature si inférieure
« à la sienne, devient le plus cher objet de ses com-
« plaisances. Elle tourne tous ses soins de son côté.
« Le moindre rayon de beauté qu'elle y aperçoit suffit
« pour l'arrêter ; elle se mire, pour ainsi parler, et se
« considère dans ce corps ; elle croit voir dans la dou-
« ceur de ces regards et de ce visage la douceur d'une
« humeur paisible ; dans la délicatesse de ces traits, la
« délicatesse de l'esprit ; dans ce port et cette mine
« relevée, la grandeur et la noblesse du courage. » Malgré ce passage, malgré quelques autres dignes du grand prédicateur, j'incline à sentir comme les contemporains, et en plusieurs endroits le sermon paraît subtil et recherché. Puis, pour dire toute ma pensée, quelque chose y nuit dans mon esprit, c'est la présence de la reine. Le spectacle de la femme et de la demi-femme de Louis XIV, assises côte à côte derrière une grille d'en haut, me blesse. Il n'y manquait vraiment que les autres demi-femmes, madame de Montes-

pan, mademoiselle de Fontanges, madame de Soubise. Ce qui m'offense pour ce monde, ce n'est pas que le roi ait eu tant de maîtresses; comment, aimant les femmes, aurait-il résisté à toutes ces beautés qui s'offraient? mais c'est qu'il ait tenu à faire adorer ses nudités morales et qu'il y ait réussi.

Colbert était mort en 1683, mal satisfait du maître qu'il avait servi à outrance, et s'écriant qu'il ne serait pas inquiet de son salut s'il avait fait pour Dieu ce qu'il avait fait pour cet homme. Cette parole, Bossuet y songe secrètement lorsqu'il s'écrie dans l'oraison du prince de Condé : « Servez donc ce Roi immortel et si « plein de miséricorde, qui vous comptera un soupir « et un verre d'eau donné en son nom plus que tous les « autres ne feront jamais tout votre sang répandu. » Mais elle a son plein écho chez madame de Sévigné, qui dit : « En vérité, ma fille, le roi est bien servi; on « ne compte guère ni son bien, ni sa vie, quand il est « question de lui plaire; si nous étions ainsi pour Dieu, « nous serions de grands saints. » (T. VIII, p. 513.)

En 1689, à l'approche de la nouvelle guerre, on demanda à madame de Sévigné un homme pour l'arrière-ban en raison d'une certaine terre dont elle avait donné la nue propriété à sa fille. Cela la contrarie très-fort, comme on voit par sa lettre à Bussy : « Si on me tour-« mente pour l'usufruit, je vous demande pardon, mon « cher cousin, mais je me jetterai sans balancer dans « la bourgeoisie de Paris : je montrerai les baux de mes « maisons; je produirai mes quittances des boues et « lanternes; je ferai même voir que j'ai rendu le pain « bénit; enfin, mon cher cousin, je tâcherai de me « sauver par les marais comme je pourrai, plutôt que « de payer 5 ou 600 livres pour un homme d'arrière-« ban. Au reste, voici un étrange commencement de

« guerre, où d'abord nous faisons paraître notre der-
« nière ressource. » (13 avril 1689.) Je ne sais ce qu'il
advint de l'homme requis et des 5 ou 600 livres; toujours est-il que la politique suivie avait été tellement
destructive de la population et de la puissance nationale qu'à ce moment, qui paraissait encore un apogée,
on en était déjà à l'arrière-ban et à la dernière ressource. Cela n'empêche pas, quand vient la nouvelle
de la bataille de Fleurus, madame de Sévigné de
s'écrier dans son adoration de Louis XIV : « Ne trou-
« vez-vous pas que Dieu prend toujours le parti du roi,
« et que rien ne pouvait être ni plus glorieux à la répu-
« tation de ses armes, ni mieux placé que cette pleine
« victoire? » (12 juillet 1690.) Madame de Sévigné ne
vécut pas assez pour voir la fortune changer, et un
inexorable enchaînement de revers jeter Louis XIV
dans l'extrême humiliation, la monarchie dans l'extrême péril, la France dans l'extrême misère. Mais nous,
pour qui cet avenir est du passé, devons-nous dire que,
dans ces dures années, Dieu prit toujours parti contre
le roi?

Il ne faut pas que je laisse sans explication la locution *se sauver par les marais*, qu'emploie madame de Sévigné. C'est se tirer d'embarras comme on peut. Cette
locution provient d'une terreur panique qui eut lieu au
siége de la Rochelle : « Plusieurs, dit Brantôme, eurent
« telle frayeur, qu'ils aviserent à se sauver par les
« marais, et plusieurs s'y enfuirent qui furent après
« reconnus par la boue qui en estoit empreinte en leurs
« chausses. »

Je lis au t. VIII, p. 144 : « Ce siècle où l'on ne sait
« que c'est que bonnes ou belles choses, et où l'on n'a le
« loisir que de calculer et de courir après ses affaires. »
Qui donc parle ainsi? Ce reproche, ne l'ai-je pas en-

tendu lancer bien des fois contre le dix-neuvième siècle et son industrialisme, et n'est-il pas le langage de ceux qui gourmandent la vulgarité de nos mœurs et l'âpreté de nos convoitises? Non, il faut le reculer de deux cents ans : il ne s'adresse pas à nous, il s'adresse au dix-septième siècle, il n'est pas de M. Cousin, il est de Corbinelli, l'ami de madame de Sévigné. Au reste, j'ai toujours été de l'avis de Corbinelli; et, quand on me parlait des banqueroutes des notaires comme d'un mal particulier à notre époque, je remarquais que La Bruyère faisait remonter je ne sais où l'âge d'or de la sûreté des prêts, quand il disait : « Le fonds perdu, au- « trefois si sûr, si religieux et si inviolable, est devenu, « par le temps et par les soins de ceux qui en étaient « chargés, un bien perdu. » (*De quelques usages.*)

Molière voulait que les femmes eussent des clartés de tout. Cela était vrai de plus d'une dame de son temps; cela l'était particulièrement de madame de Sévigné. Et elle le savait bien : « C'est une liseuse, dit-« elle de madame de Kerman : elle sait un peu de tout ; « j'ai aussi une petite teinture, de sorte que nos super- « ficies s'accommodent fort bien ensemble. » (30 avril 1689.)

Corbinelli prétendait que madame de Sévigné n'écrivait pas bien quand elle dictait (et elle ne dictait que quand elle était malade), et refusait alors d'entretenir correspondance avec elle : « Corbinelli dit que je n'ai « point d'esprit quand je dicte, je crois qu'il a raison : « je trouve mon style lâche; mais soyez plus généreuse, « ma fille, et continuez à me consoler par vos aimables « lettres. » (22 mars 1676.) En revanche, quand elle écrivait de sa main, cette main courait : « Est-il possi- « ble, ma très-chère, que j'écrive bien? Cela va si vite! « Mais, puisque vous êtes contente, je n'en demande

« pas davantage. » (20 décembre 1688.) Nous n'en demandons pas davantage non plus, nous qu'elle charme après deux cents ans, comme elle charma sa fille et tous ses correspondants.

II

LA NOTICE

La *Notice* sur madame de Sévigné est de M. P. Mesnard. A une correspondance qui n'est pas liée aux événements publics, mais qui l'est à toute sorte de détails de vie privée, à toute sorte de personnes de la cour et du monde, il fallait des notes abondantes dont le centre fût une ample notice où tout ce qui tient à madame de Sévigné serait réuni, discuté, raconté. M. Mesnard n'a point failli à sa tâche. C'est dans sa *Notice* que l'on s'oriente; c'est là que les notes renvoient à chaque instant; c'est là qu'on suit toute cette vie de femme : les traverses et un mariage peu heureux, les joies et une ardente maternité, les succès dans le monde et les bonnes et sûres amitiés, la beauté et la sagesse, l'esprit et le charme, enfin une mort qui, sans être trop prématurée, dérobe à ses yeux un trépas qui n'était plus bien éloigné et une douleur qui lui eût été bien amère, le trépas de son petit-fils et la douleur de sa fille.

Je n'ai, bien entendu, aucune envie de critiquer cette excellente *Notice*, qui m'a beaucoup appris et à laquelle je n'ai rien à apprendre; et mon intention est seulement de discuter avec elle quelques points : les protestants, Bussy et ce que j'appelle le jacobisme de madame de Sévigné. Mais auparavant je ne résiste pas au désir d'en citer un morceau où l'on voit éclater l'adresse et le courage de madame de Sévigné, l'habileté et le goût du narrateur.

Madame de Sévigné avait eu à se plaindre gravement de Bussy-Rabutin : un portrait satirique de sa belle cousine était de sa main et avait couru. Puis, sur les dires de Bussy, elle le crut brûlé, se consola et pardonna ; mais *ce chien de portrait*, ce sont ses expressions, qui lui fit passer des nuits entières sans dormir, n'était pas si bien détruit qu'il ne reparût imprimé. A cette déloyauté, l'indignation et la douleur de madame de Sévigné furent extrêmes ; elle révoqua son pardon, et ne voulut plus entendre parler de son perfide cousin. Mais ce cousin, pour qui elle eut toujours un fonds d'amitié, devint malheureux, tomba malade ; madame de Sévigné fut touchée, et les anciennes relations se renouèrent. Maintenant je vais laisser parler M. Mesnard.

Madame de Sévigné, aussi malicieuse que bonne, en disant à son cousin : « Je te pardonne, » avait sans doute ajouté tout bas : « Mais tu le payeras. » Elle laissa d'abord languir un peu la correspondance ; puis déclara la guerre, en 1668, par quelques allusions piquantes aux trahisons de Bussy. Ce n'étaient que les premières escarmouches. Bussy essaya une apologie modeste, appuyée de beaucoup de protestations de tendresse. Mais il ne pouvait en être quitte à si bon marché. Madame de Sévigné réfuta vivement ses excuses, et lui promit, s'il osait répondre, qu'elle ne cesserait de *verbaliser* et de l'accabler sous ses répliques, ses dupliques, ses tripliques. Elle exigeait qu'il se rendît à merci, qu'il demandât la vie. Bussy chercha à se défendre encore. Il prétendait ne pas crier miséricorde ; mais il tendait la branche d'olivier et demandait que, les frais compensés, le procès n'allât pas plus loin. Ce n'était pas le compte de la redoutable partie à qui il avait affaire. En vain il voulait lâcher pied : elle le retenait sur le terrain et redoublait l'attaque avec une vigueur nouvelle. Jamais on ne vit plus brillante escrime. Le jeu du chevalier félon était habile et fin ; mais celui de sa belle ennemie avait une légèreté, une ardeur, une vaillance qui le déconcertaient. Généreuse cependant, elle comprit qu'avec un criminel déjà pardonné, avec un homme malheureux d'ailleurs et qu'accablaient la disgrâce et l'exil, il fallait vaincre sans blesser; et tout à coup, au milieu du combat, prenant tous les avantages de la femme, comme si elle n'avait pas eu sur son adversaire d'autre supériorité, elle lui sauva l'humiliation de la défaite. L'homme à qui l'on écrit : « Je vous donnerais un beau « soufflet, si j'avais l'honneur d'être auprès de vous, et que « vous me vinssiez conter ces lanternes, » a une belle occasion de plier le genou sans honte, et n'a plus qu'à baiser la main si gentiment levée sur lui. Bussy, qui n'était pas sot, fit sa soumission cette fois, et vit bien le ton qu'il fallait prendre : « Je vous ai demandé la vie, dit-il, vous me vou« lez tuer à terre, et cela est un peu inhumain... Cessez, pe« tite brutale, de vouloir souffleter un homme qui se jette « à vos pieds, qui vous avoue sa faute, et qui vous prie de « lui pardonner. Si vous n'êtes pas encore contente des « termes dont je me sers en cette rencontre, envoyez-moi « un modèle de la satisfaction que vous souhaitez, et je « vous la renverrai écrite et signée de ma main et scellée « du sceau de mes armes. » Madame de Sévigné savait les règles du duel entre gens d'honneur : « Levez-vous, comte, « lui cria-t-elle, je ne veux pas vous tuer à terre; ou re« prenez votre épée, pour recommencer le combat. Mais il « vaut mieux que je vous donne la vie et que nous vivions « en paix... Présentement que je vous ai battu, je dirai par« tout que vous êtes le plus brave homme de France, et je « conterai notre combat le jour où je parlerai des combats « singuliers. »

M. Mesnard dit p. 175 de sa *Notice :* « Quoiqu'à « l'occasion madame de Sévigné convertisse des hu« guenots (nous ne parlons pas de son éloge de la révo« cation de l'édit de Nantes, croyant bien, par bonheur, « y voir quelque ironie), elle a quelquefois de la peine « à se défendre contre certaines apparences, très« fausses sans doute, d'un peu de calvinisme. » Je ne prétends pas examiner, après M. Mesnard, qui les a fort bien examinées, ces apparences de calvinisme et de jansénisme qu'on trouve dans les lettres de madame de Sévigné. Le fait est qu'elle a constamment voulu vivre et mourir en bonne catholique; dès lors, quelques phrases dans le laisser-aller d'une correspondance intime importent peu. Mais ce qui attire mon attention, c'est qu'elle aussi travaille à l'extirpation des huguenots. Cette extirpation, entreprise comme si on était en pleine fureur de la Ligue, fut le méfait de Louis XIV, de ses ministres, de ses évêques, de ses gentilshommes, de ses femmes, de tout ce que ce monde avait de plus élégant, de plus noble, de plus délicat, de plus vertueux. Pour ce motif, ne me bornant pas au mot fugitif de M. Mesnard, je suivrai chez madame de Sévigné cette complicité morale dans une des plus cruelles persécutions dont l'histoire fasse mention, à une époque où les anciennes haines étaient oubliées, et où le calvinisme était aussi tranquille dans l'État et aussi dévoué au roi qu'il avait été jadis rebelle et turbulent. Imaginez qu'aujourd'hui, après cinquante ans de tranquillité, la France impériale[1] s'avise de demander aux fils et aux petits-fils des Vendéens l'abjuration de leur attachement à la vieille monarchie, et sévisse par la spoliation, par les galères, par l'échafaud, contre tout ce qui aurait assez de cœur pour ne pas renier les souvenirs, la famille et l'opinion : ce sera l'image de ce que fit alors un gouvernement réputé régulier, sage et éclairé.

Tout ce qui gouvernait, pensait, parlait, écrivait, applaudit le roi: cela, qui vient à la décharge de madame de Sévigné, charge d'autant ce haut monde et cette exquise société. La lettre où M. Mesnard croit

---

1. Nous étions alors sous le second empire.

voir de l'ironie est adressée à Bussy, du 28 octobre 1685 ; la voici :

« Il (Bourdaloue) s'en va, par ordre du roi, prêcher à Montpellier et dans ces provinces où tant de gens se sont convertis sans savoir pourquoi. Le Père Bourdaloue le leur apprendra, et en fera de bons catholiques. Les dragons ont été de très-bons missionnaires jusques ici : les prédicateurs qu'on envoie présentement rendront l'ouvrage parfait. Vous aurez vu sans doute l'édit par lequel le roi révoque celui de Nantes. Rien n'est si beau que tout ce qu'il contient, et jamais aucun roi n'a fait et ne fera rien de plus mémorable. »

Ces gens qui se sont convertis sans savoir pourquoi est de l'ironie sans doute ; mais contre qui ? contre le gouvernement qui envoie les dragons et les missionnaires ? ou contre ceux que l'on convertit ? Au reste, un peu moins d'un mois après, elle écrivait au même Bussy ces lignes, où nulle trace d'ironie ne peut être aperçue :

« J'admire la conduite du roi pour ruiner les huguenots ; les guerres qu'on leur a faites autrefois et les Saint-Barthélemy ont multiplié et donné vigueur à cette secte. Sa Majesté l'a sapée petit à petit, et l'édit qu'il vient de donner, soutenu des dragons et des Bourdaloue, a été le coup de grâce. » (14 novembre 1685.)

La lettre au président de Moulceau ne parle pas autrement :

« Tout est missionnaire présentement ; chacun croit avoir une mission, et surtout les magistrats et les gouverneurs de province, soutenus de quelques dragons ; c'est la plus grande et la plus belle chose qui ait été imaginée et exécutée. » (24 novembre 1685.)

Si madame de Sévigné est pleine d'admiration pour

le roi, les dragons et les missionnaires, en revanche, elle ne témoigne aucune pitié pour tous ces pauvres gens en proie aux missionnaires, aux dragons et au roi.

« M. de Grignan donnera la chasse à ces démons qui sortent des montagnes et vont s'y recacher. Il y en a beaucoup en Languedoc; M. de Broglio et M. de Bâville courront après; ce sont comme des esprits, ils disparaissent; aussi, vous voyez des armées dans les provinces, qui ne seront pas les moins nécessaires. »

(*A Mme de Grignan*, 28 février 1689.)

« M. de Grignan a fait un voyage d'une fatigue épouvantable dans les montagnes du Dauphiné, pour séparer et punir des misérables huguenots qui sortent de leurs trous pour prier Dieu, et qui disparaissent comme des esprits dès qu'ils voient qu'on les cherche et qu'on les veut exterminer. Ces sortes d'ennemis volants, ou invisibles, donnent des peines infinies, et qui, au pied de la lettre, ne sauraient finir; car ils disparaissent en un moment; et, dès qu'on a le dos tourné, ils ressortent de leurs tanières. »

(*A Bussy*, 16 mars 1689.)

Faut-il s'étonner que la passion persécutrice se montre dans le langage de madame de Sévigné, quand elle éclate si hautement dans celui de Bossuet, parlant du haut de la chaire évangélique :

« Ne laissons pas de publier ce miracle de nos jours, faisons-en passer le récit aux siècles futurs. Prenez vos plumes sacrées, vous qui composez les annales de l'Église, agiles instruments *d'un prompt écrivain et d'une main diligente* (*Psal.* 44); hâtez-vous de mettre Louis avec les Constantin et les Théodose... Nos pères n'avaient pas vu comme nous une hérésie invétérée tomber tout à coup, les troupeaux égarés revenir en foule, et nos églises trop étroites pour les recevoir; leurs faux pasteurs les abandonner, sans même en attendre l'ordre, et heureux d'avoir à leur alléguer leur bannissement pour excuse; tout calme dans un si grand mouvement; l'univers étonné de voir dans un événement si nouveau la marque la plus assurée, comme le plus bel ouvrage, de l'autorité, et le mérite du prince plus reconnu et plus révéré que son autorité même. Touchés de tant de merveilles, épanchons nos cœurs sur la piété de Louis. Poussons jusqu'au ciel nos acclamations, et disons à ce nouveau Constantin, à ce nouveau Théodose, à ce nouveau Marcien, à ce nouveau Charlemagne, ce que les six cent trente Pères dirent autrefois dans le concile de Chalcédoine : « Vous avez affermi la foi, vous avez exterminé les hérétiques; c'est le digne ouvrage de votre règne; c'en est le propre caractère. Par vous, l'hérésie n'est plus; Dieu seul a pu faire cette merveille. Roi du ciel, conservez le roi de la terre : c'est le vœu des églises, c'est le vœu des évêques. » (*Oraison funèbre de Letellier.*)

Voyez comme il loue le chancelier d'avoir participé à cet acte :

« Dieu lui réservait l'accomplissement du grand ouvrage de la religion, et il dit, en signant la révocation du fameux Édit de Nantes, qu'après ce triomphe de la foi et un si beau monument de la piété du roi, il ne se souciait plus de finir ses jours. C'est la dernière parole qu'il ait prononcée dans la fonction de sa charge : parole digne de couronner un si glorieux ministère. »

Quelle misère dans ces pompeux accents d'une bouche éloquente! Ne voyez-vous pas, vous qui triomphez derrière vos dragons, que le vrai triomphe, le triomphe moral vous échappe, et se tourne du côté des protestants, de ces gens qui s'exilent, perdent leurs biens, vont aux galères, montent au gibet et sur la roue pour ne pas abjurer leur foi? Vous vous en apercevriez s'il s'agissait de catholiques; pourquoi, pieux et cruel évêque, ne vous en apercevez-vous pas quand il s'agit de calvinistes?

Fléchier, non moins que Bossuet, célèbre le coup

porté par l'autorité à l'hérésie dans son *Oraison funèbre de Letellier :* « Il ne restait qu'à donner le dernier coup
« à cette secte mourante; et quelle main était plus
« propre à ce ministère que celle de ce sage chancelier,
« qui, dans la vue de la mort prochaine, ne tenant
« presque plus au monde, et portant déjà l'éternité
« dans son cœur, entre l'espérance de la miséricorde
« du Seigneur et l'attente terrible de son jugement,
« méritait d'achever l'œuvre du prince, ou, pour mieux
« dire, l'œuvre de Dieu, en scellant la révocation de
« ce fameux édit qui avait coûté tant de sang et tant
« de larmes à nos pères? Soutenu par le zèle de la
« religion plus que par les forces de la nature, il con-
« sacra par cette sainte fonction tout le mérite et tous
« les travaux de sa charge. On vit couler de ses yeux,
« que la foi seule semblait tenir encore ouverts, ces
« larmes heureuses que tirait de son cœur attendri la
« piété du roi et la réunion du peuple. On vit tomber
« de leur propre poids ces mains fatales à l'erreur
« qui ne devaient plus servir désormais à aucun office
« humain et terrestre. Il recueillit son âme, et, voyant
« avec joie le salut du Seigneur et la révélation de la
« vérité répandue dans toute la France, il acheva le
« sacrifice de cette vie mortelle, dont il avait eu, sans
« émotion et sans crainte, l'affreux appareil présent
« depuis plusieurs jours. »

La Fontaine aussi fait sa cour aux dépens des protestants :

Les deux mondes sont pleins de ses actes guerriers (de
Cependant il poursuit encor d'autres lauriers : [Louis XIV);
Il veut vaincre l'erreur; cet ouvrage s'avance;
Il est fait; et le fruit de ses succès divers
Est que la vérité règne en toute la France,
    Et la France en tout l'univers.

Non content que sous lui la valeur se signale,
Il met la piété sur le trône à son tour;
Ses soins la font régner, ainsi que sa rivale,
    Au milieu de la cour.
(Lettre XVII, à M. de Bonrepaux, ambassadeur à Londres en 1687.)

Bien plus, il va jusqu'à les injurier :

    Louis a banni de la France
    L'hérétique et très-sotte engeance.
    Il tenta, sans beaucoup d'effort,
    Un si grand dessein dans l'abord;
    Les esprits étaient plus dociles.
    Notre roi voyant quelques villes
    Sans peine à la foi se rangeant,
    L'appétit lui vint en mangeant.
(Lettre XXIII, au duc de Vendôme, 1689.)

Ces injures adressées à des gens si cruellement traités ne sont ni généreuses ni honorables. Et à qui La Fontaine en fait-il hommage? à ce duc de Vendôme, dont la société, au Temple, commençait, par un juste retour, l'incrédulité éclatant au dix-huitième siècle. Pour plaire à un roi enivré de despotisme et de dévotion, tout le beau monde se mit à persécuter, comme s'il en avait encore la passion. Au milieu des fureurs de la guerre civile, la Saint-Barthélemy est, moralement, moins inexcusable.

A une époque où le calvinisme, menacé déjà, n'était point encore persécuté, et où une église de Vitré était partagée entre catholiques et protestants, en 1675, madame de Sévigné écrivait :

« La bonne princesse (madame de Tarente, protestante) alla à son prêche; je les entendais tous qui *chantaient des oreilles...* je sentis un plaisir sensible d'aller à la messe; il y avait longtemps que je n'avais senti de la joie d'être catholique. Je dînai avec le ministre; mon fils disputa comme un démon. J'allai à vêpres pour le contrecarrer; enfin, je compris la sainte opiniâtreté du martyre. » (*Lettre à madame de Grignan*, du jour de Noël 1675.)

Il y a dans ce passage un ton de plaisanterie, mais aussi un fond sérieux. Il eût été digne de l'esprit charmant et de l'honnête cœur de madame de Sévigné de se rappeler, dix ans après, au fort de la persécution, ces sincères paroles; de comprendre que, si l'on éprouvait une sensible joie d'être catholique, d'autres pouvaient éprouver une sensible joie d'être protestants; enfin, de respecter en autrui cette sainte opiniâtreté du martyre dont on aurait été disposé, le cas échéant, à se faire honneur.

Il faut venir jusqu'à Saint-Simon pour trouver quelque chose de senti sur tant de souffrances infligées par un roi à ses sujets; c'est dans une phrase brève et sévère, où il peint tant d'heureux gentilshommes et d'honorables bourgeois transportés, sans transition, de leurs nobles châteaux et de leurs plaisantes maisons sous la verge du comite à Toulon.

Dans le passage de Bossuet cité plus haut, on aura peut-être remarqué la phrase : « Tout calme dans ce grand mouvement. » L'illustre orateur se félicite trop tôt d'un calme qui ne doit pas durer longtemps. Une guerre acharnée est proche, dans laquelle un officier calviniste, à la bataille de la Boine, conduisant contre les Français de Jacques II les Français de Guillaume III, leur disait : « Messieurs, voilà vos persécuteurs. » Puis, après la courte paix de Riswyck, Louis XIV, vaincu à outrance, signera un traité où les Anglais lui imposeront, par un des articles, de faire sortir de prison ceux de ses sujets qui étaient retenus pour leur religion. Voilà l'issue du grand mouvement et de son calme.

Parmi les grands esprits, il n'en est peut-être pas un chez qui l'incapacité d'entrevoir l'avenir ait été aussi profonde que chez Bossuet.

Mademoiselle de Sévigné, plus belle encore que sa mère si belle, avait paru à la cour avec un grand éclat; et ceux qui épiaient les caprices du roi afin de les faire servir à leurs intérêts songèrent pour elle à la conquête suprême. Du moins madame de Montmorency, une des correspondantes de Bussy-Rabutin, lui mande que, tandis que le duc de Rohan cherche à faire tomber les regards de Louis XIV sur madame de Soubise, sa sœur, le duc de la Feuillade veut les attirer sur mademoiselle de Sévigné, et elle ajoute : « Mais cela est encore bien « faible. » Sur quoi Bussy répond : « Je serais fort aise « que le roi s'attachât à mademoiselle de Sévigné; « car la demoiselle est fort de mes amies; et il ne « pourrait être mieux en maîtresse. » Mademoiselle de Sévigné, malgré les vœux de son cousin, échappa à l'honneur qui la menaçait, et elle vécut sage et irréprochable comme sa mère.

« C'est à regretter et à demander pardon d'avoir dit « quelques mots en faveur de Bussy, » s'écrie M. Mesnard à propos des espérances peu rigoristes qu'exprime l'auteur de l'*Histoire amoureuse des Gaules*. Personne ne voudrait aujourd'hui approuver Bussy; mais alors personne n'aurait songé à le blâmer. Les Rohan, les La Feuillade, les Villarceaux le valaient bien et n'en faisaient pas moins; pourquoi le stigmatiser plus que les autres? Même la sévère duchesse de Montausier avait prêté les mains à l'intrigue avec mademoiselle de La Vallière. Qui peut après cela s'étonner que le facile Bussy eût entrevu avec satisfaction la possibilité de quelque parenté interlope avec ce maître des dieux, dont Molière dépeint dans l'*Amphitryon* les victorieuses amours, terminant sa pièce par cet avis :

> Mais enfin coupons aux discours,
> Et que chacun chez soi doucement se retire;
> Sur telles affaires toujours
> Le meilleur c'est de ne rien dire.

La position de maîtresse du roi ou de demi-femme, comme j'ai dit tout à l'heure, même partagée à deux ou à trois, était aux yeux du monde une très-glorieuse position. Voyez ce qu'en dit madame de Sévigné : « Oh! « ma fille, quel triomphe à Versailles! quel orgueil re- « doublé! quel solide établissement! quelle duchesse « de Valentinois! quel ragoût, même par les distrac- « tions et par l'absence! quelle reprise de possession! « Je fus une heure dans cette chambre; elle était au lit « parée, coiffée; elle se reposait pour le médianoche. « Je fis vos compliments; elle répondit des douceurs, « des louanges. » (T. V, p. 170.) Il s'agit de madame de Montespan, à qui madame de Sévigné vient faire sa cour pour son compte et pour celui de sa fille.

D'Aubigné, le grand-père de madame de Maintenon, raconte que Henri IV voulut l'employer à cet office dont Bussy se serait chargé si volontiers. Le rude et brave huguenot refusa, ajoutant que peut-être il s'y fût prêté pour un camarade, mais qu'il lui déplut de s'y prêter pour un roi. Cette fierté n'existait plus. De Henri IV à Louis XIV, la noblesse avait perdu beaucoup de son importance politique et autant de ses qualités. Il ne lui était guère resté que sa bravoure; et un poëte anglais du dix-huitième siècle l'a très-bien caractérisée en disant d'elle :

> In courts a mean, in camps a generous band
> (*Troupe vile à la cour, héroïque à la guerre.*)

C'est cet héroïsme qui, gardé jusqu'au bout, parut

sous une autre forme dans les terribles épreuves du siècle suivant, et qui paya pour les misères de cette décadence.

De même que madame de Sévigné, avec tout le monde, s'associait au roi révoquant l'édit de Nantes, de même, avec tout le monde, elle s'associa au roi prenant parti pour Jacques II contre le peuple anglais et le prince d'Orange. A l'occasion d'une violente tempête qui assaillit la flotte de Guillaume partant pour la révolution de 1688, elle écrit à madame de Grignan :
« La joie est universelle de la déroute de ce prince,
« dont la femme est une Tullie : ah ! qu'elle passerait
« bravement sur le corps de son père ! Elle a donné
« procuration à son mari pour prendre possession du
« royaume d'Angleterre, dont elle dit qu'elle est héri-
« tière ; et, si son mari est tué, son imagination n'est
« point délicate, elle la donne à M. de Schomberg
« pour en prendre la possession pour elle. Que dites-
« vous de ce héros qui gâte si cruellement la fin d'une
« si belle vie ? Il a vu couler à fond devant lui l'*Amiral*
« qu'il devait monter ; et, comme le prince et lui al-
« laient les derniers, quand ils virent tout d'un coup
« la tempête effroyable, ils retournèrent au port, le
« prince avec son asthme et fort incommodé, et M. de
« Schomberg avec bien du chagrin... La main de Dieu
« s'est visiblement appesantie sur cette flotte : il en
« pourra revenir beaucoup, mais de longtemps ils ne
« seront en état de faire du mal, et il est certain que
« la déroute a été grande, et dans le moment qu'on
« l'espérait le moins ; cela a toujours l'air d'un miracle
« et d'un coup du ciel. » (*Lettre du 8 novembre* 1688.)

N'est-il pas surprenant d'entendre madame de Sévigné faire au maréchal de Schomberg, étranger, qui, en sa qualité de protestant, ne pouvait ni servir ni rester en France, un crime d'avoir porté son épée au secours du protestantisme et du prince qui le défendait? Autant vaudrait accuser les Huyghens et les Rœmer, qui furent un moment l'honneur de notre Académie des sciences, de n'avoir pas voulu faire jouir de leurs travaux et de leurs découvertes un pays qui persécutait à outrance leurs coreligionnaires.

Au commencement de l'année suivante, la révolution est accomplie, au grand chagrin de madame de Sévigné, reflet, en cela, des sentiments qui animaient le monde où elle vivait : « On parle étrangement des af-
« faires d'Angleterre; après de grandes contestations,
« ils ont élu roi cet enragé de prince d'Orange, et l'ont
« couronné; on croyait le contraire il y a huit jours;
« mais ce sont des Anglais. » (*Lettre du 23 février* 1689.)
— « La Providence s'est bien moquée de vos pensées ;
« toute l'Europe est en feu; vous n'aviez pas songé au
« prince d'Orange, qui est l'Attila de ce temps. » (*A madame de Grignan, 13 avril* 1689.)

Mais la plus véhémente de ces manifestations se trouve dans un grand morceau de la Bruyère, qu'il faut citer : « O temps, ô mœurs ! s'écrie Héraclite; ô
« malheureux siècle, siècle rempli de mauvais exem-
« ples, où la vertu souffre, où le crime domine, où il
« triomphe ! Je veux être un Lycaon, un Égiste; l'oc-
« casion ne peut être meilleure, ni les conjonctures
« plus favorables, si je désire du moins de fleurir et de
« prospérer. Un homme dit : Je passerai la mer, je
« dépouillerai mon père de son patrimoine, je le chas-
« serai, lui, sa femme, son héritier, de ses terres et de
« ses États, et comme il l'a dit, il l'a fait. Ce qu'il de-
« vait appréhender, c'était le ressentiment de plusieurs
« rois qu'il outrage en la personne d'un seul roi; mais
« ils tiennent pour lui, ils lui ont presque dit : Passez

« la mer, dépouillez votre père, montrez à tout l'univers
« qu'on peut chasser un roi de son royaume, ainsi
« qu'un petit seigneur de son château ou un fermier
« de sa métairie; qu'il n'y ait plus de différence entre
« de simples particuliers et nous; nous sommes las
« de ces distinctions : apprenez au monde que ces peu-
« ples que Dieu a mis sous nos pieds peuvent nous
« abandonner, nous trahir, nous livrer, se livrer eux-
« mêmes à un étranger, et qu'ils ont moins à craindre
« de nous que nous d'eux et de leur puissance. Qui
« pourrait voir des choses si tristes avec des yeux secs
« et une âme tranquille? Il n'y a point de charges qui
« n'aient leurs priviléges; il n'y a aucun titulaire qui
« ne parle, qui ne plaide, qui ne s'agite pour les dé-
« fendre; là dignité royale seule n'a plus de priviléges,
« les rois eux-mêmes y ont renoncé. Un seul, toujours
« bon et magnanime, ouvre ses bras à une famille
« malheureuse. Tous les autres se liguent comme pour
« se venger de lui et de l'appui qu'il donne à une cause
« qui leur est commune; l'esprit de pique et de jalou-
« sie prévaut chez eux à l'intérêt de l'honneur, de la
« religion, de leur état, est-ce assez? à leur intérêt
« personnel et domestique. Il y va, je ne dis pas de
« leur élection, mais de leur succession, de leurs droits
« comme héréditaires; enfin, dans tout, l'homme l'em-
« porte sur le souverain. Un prince (l'Empereur) dé-
« livrait l'Europe, se délivrait lui-même d'un fatal
« ennemi (le Turc), allait jouir de la gloire d'avoir
« détruit un grand empire : il la néglige pour une
« guerre douteuse. Ceux qui sont nés arbitres et mé-
« diateurs (le pape) temporisent, et, lorsqu'ils pour-
« raient avoir déjà employé utilement leur médiation,
« ils la promettent. O pâtres, continue Héraclite, ô
« rustres qui habitez sous le chaume et dans les caba-

« nes, si les événements ne vont point jusqu'à vous,
« si vous n'avez point le cœur percé par la malice des
« hommes, si on ne parle plus d'hommes dans vos con-
« trées, mais seulement de renards et de loups cerviers,
« recevez-moi parmi vous à manger votre pain noir,
« et à boire l'eau de vos citernes. » (*Des jugements.*)

La Bruyère était observateur, réfléchi, philosophe. A ces titres, sans le troubler dans son zèle monarchique, dans sa haine du prince d'Orange, dans son admiration de Louis XIV, n'a-t-on pas quelque droit de lui demander que, tout en se tenant du côté des choses qu'il juge le meilleur, il fasse aussi la part de celui qu'il juge le plus mauvais, et qu'il n'abandonne pas comme absolument inexplicables ces prodiges qui font pousser à Héraclite tant d'exclamations ?

Ce que, à ce moment du règne de Louis XIV, ni La Bruyère, ni, on peut le dire, aucun de ses compatriotes, sauf les protestants, ne concevaient, il faut l'éclaircir, et montrer que tout fut non-seulement naturel et explicable, mais encore juste, de cette justice que les fautes grandes et accumulées finissent d'ordinaire par provoquer.

La France persécutait jusqu'à l'extermination le protestantisme chez elle et s'en déclarait l'adversaire en Europe, renonçant à la seule politique à la fois raisonnable et humaine, celle de Henri IV, qui donnait l'Édit de Nantes, de Richelieu qui, après avoir vaincu des rebelles, ne troublait pas des consciences, et de Mazarin qui, au besoin, mettait des chefs calvinistes à la tête des armées. Aussi, tout le protestantisme était soulevé contre Louis XIV; et le spectacle lamentable de tant de réfugiés, avec les récits encore plus lamentables d'une impitoyable persécution, portait à la plus grande violence l'opinion protestante.

La France prenait le parti de Jacques II, déniait aux peuples le droit de changer leurs gouvernements, intervenait en Angleterre pour soutenir l'autorité absolue, et par cette conduite irritait contre elle l'Angleterre, la Hollande et tout ce que, devançant le temps, on pourrait appeler le parti libéral européen. C'était encore un puissant ennemi qu'elle se mettait sur les bras. C'est alors que naquit ce mépris populaire de l'Anglais à l'égard du Français ; l'Anglais libre et combattant pour la liberté, le Français esclave et combattant pour son esclavage.

Enfin, la France militaire, agressive, conquérante, avait inquiété ses voisins, et son ambition coalisait contre elle les princes catholiques, à qui la persécution des protestants et l'intervention pour l'autorité absolue n'auraient point déplu. C'est de cette façon que l'empereur d'Allemagne, à l'ébahissement de La Bruyère, négligeait le Turc pour s'attaquer au roi très-chrétien, et que le pape temporisait au lieu de se déclarer pour la France.

Les traditions se perdirent sous un long despotisme. Les contemporains d'Henri IV et de Richelieu auraient vu les choses autrement que La Bruyère, eux qui respectaient les consciences protestantes, eux qui n'avaient pas absolument rompu avec les états généraux, eux surtout qui voulaient non une France conquérante, dangereuse pour les voisins, mais une France protectrice des petits contre les redoutables ambitions de la maison d'Autriche.

Ainsi, la politique de Louis XIV avait pris le rebours : devenue persécutrice de tolérante, absolutiste de modérée, agressive de défensive, et forçant la Hollande à se noyer au lieu d'en être l'appui. Mais surtout ce qui la caractérise et la condamne, c'est d'avoir été l'ennemie des grandes idées qui devaient triompher : la liberté religieuse et la liberté politique. L'Angleterre et la Hollande prirent la tête du mouvement, et le dix-huitième siècle français, qui devait aller plus loin, demanda là d'abord des leçons. Les revers définitifs de Louis XIV assurèrent l'indépendance de l'Europe, préparèrent la liberté de conscience, consacrèrent le droit populaire, et en définitive furent utiles même à la France; car ils firent que ce règne, si brillant au début, si désastreux à la fin, perdit le prestige de la force et de la victoire, s'éteignit dans l'impuissance et dans la ruine, et ne put plus rien empêcher. Il aurait fallu d'autres personnages que le Régent et Louis XV pour diriger le torrent qui montait par-dessus l'obstacle; et l'on sait par quelles terribles violences l'esprit novateur et la France punirent sur les infortunés descendants de Louis XIV le contre-sens commis par ce monarque.

III

LE LEXIQUE

Un ample *Glossaire* de la langue de madame de Sévigné, contenant près de quinze mille exemples, clot cette belle et bonne édition. Utile secours à qui veut étudier les formes d'un langage déjà vieux de deux cents ans ! agréable revue à qui il suffit de promener un coup d'œil curieux. « Si l'on veut bien, dit l'auteur « du *Glossaire*, lire quelques articles d'une certaine « étendue, on sera peut-être étonné d'y trouver un « charme que ne promettent guère les compilations « analogues à la nôtre. Cette allure toujours dégagée « de la phrase, cette facilité rapide, cette négligence

« même, la meilleure garantie de la sincérité de ma-
« dame de Sévigné, lorsqu'elle dit qu'elle écrit à
« course de plume, et qu'elle ne saurait se contraindre,
« donnent une sorte de suite à ces lambeaux cousus
« les uns au bout des autres; et, si la transition en-
« tre les idées a presque toujours quelque chose de
« brusque, comme il était inévitable, le passage d'une
« phrase à l'autre n'est presque jamais heurté. » Cet
auteur est M. Sommer, à qui une mort prématurée et
rapide a à peine laissé le temps de corriger sa dernière
épreuve. En quelques mots M. Adolphe Régnier a regretté son utile collaborateur ; en quelques mots aussi
j'ai, dans une autre occasion, regretté le mien ; car
M. Sommer m'aida dans le premier volume de mon
dictionnaire, et ne vit pas commencer le second. On
aime à honorer une honorable mémoire et à jeter dans
le torrent des choses un souvenir qui un moment sur-
nage.

Je suis le conseil de M. Sommer; je feuillette son
Glossaire, et j'en suis aussitôt récompensé, rencontrant
le joli néologisme de Bussy : « L'amour étant un vrai
« recommenceur, l'on se redit les mêmes choses en
« d'autres termes. » Ce mot, fabriqué par son cousin
pour le besoin de l'idée, n'effarouche point par sa
nouveauté madame de Sévigné, qui le reprend pour
son compte; et le dialogue continue dans le *Glossaire :*
« Ce que vous dites que l'amour est un vrai recommen-
« ceur est tellement joli... je me suis même quelque-
« fois aperçue que l'amitié se voulait mêler en cela de
« contrefaire l'amour, et qu'en sa manière elle était
« aussi une vraie recommenceuse. » L'approbation
de madame de Sévigné n'a pas fléchi l'Académie ;
l'amour recommenceur ni l'amitié recommenceuse ne
figurent dans son dictionnaire.

Les recommencements (encore un mot qui n'est pas dans le dictionnaire de l'Académie et que le *Glossaire* m'apprend être dans madame de Sévigné et dans Bussy), les recommencements n'appartiennent pas seulement à l'amour et même à l'amitié; toutes les passions sont recommenceuses. Madame de Sévigné le savait bien, elle qui avertissait si chaudement sa fille et son gendre de ne pas se laisser entraîner au jeu, comme ils faisaient : « Mais à propos d'écus, leur écrit-« elle, quelle folie d'en perdre deux cents à ce chien « d'hoca ! un coupe-gorge qu'on a banni de ce pays-ci, « parce qu'on y faisait de furieux voyages. Vous jouez « d'un malheur insurmontable, vous perdez toujours. « Voilà bien de l'argent qui vous épuise; je ne puis « croire que vous en ayez assez pour ne vous point « sentir de ces pertes continuelles. Croyez-moi, ne vous « opiniâtrez point; je suis plus sensible que vous à ce « continuel guignon. Souvenez-vous que vous avez « perdu tout cet argent sans vous divertir; au con-« traire, vous avez donné cinq ou six mille francs pour « vous ennuyer et pour être houspillés de la fortune. « Ma bonne, je m'emporte; il faut dire comme Tar-« tufe : c'est un excès de zèle. » (T. II, p. 528.) Chose singulière, pendant que le hoca était défendu à Paris comme un jeu dangereux, Versailles, se mettant au-dessus de l'ordonnance, y jouait des sommes énormes, et chez le roi, à la cour, cinq ou six mille pistoles en un matin, ce n'était rien. (T. IV, p. 168.)

Le jeu et le faste abîmaient la maison de Grignan; si bien que l'on voit dans les lettres de madame de Sévigné la fière dame de Grignan employer, comme don Juan à l'égard de M. Dimanche, toutes les adresses de son éloquence pour ajourner une grosse couturière, qui avait fait le voyage de Paris à Marseille et réclamait son dû. Madame de Sévigné (t. IV, p. 459) raconte que M. le duc de Chaulnes, qui avait toutes ses terres en Picardie, les recommanda beaucoup à l'intendant Courtin, qui était fort de ses amis. Celui-ci se fit un grand plaisir de les soulager. L'année suivante, dans sa tournée, il vit que, pour être agréable au duc de Chaulnes, il avait surchargé d'autres paroisses. La peine qu'il en eut lui fit examiner le tort qu'il leur avait causé, et il trouva qu'il allait à quarante mille livres. Il n'en fit point à deux fois, il les paya et les répartit de son argent, puis demanda à être rappelé. Il est sûr que cet intendant-là n'était pas des recommenceurs du hoca.

Non content de rechercher quels usages madame de Sévigné a faits de tel ou tel mot, M. Sommer a voulu pénétrer plus avant dans le secret de son style, et connaître les procédés qui lui étaient le plus familiers. Cette seconde étude lui a paru un complément indispensable de la première ; et, groupant les faits généraux qui ressortaient des applications particulières, il en a fait l'objet d'un travail d'ensemble qu'il a placé en tête du *Glossaire* sous le titre d'*Introduction grammaticale*. « Ce n'est pas là, croyons-nous, dit M. Sommer, « la partie la moins intéressante. » Je le crois aussi, et j'y emprunte quelques discussions grammaticales bien ténues, mais qui plaisent à tout le monde, parce que tout le monde en est juge.

Il n'est personne qui parfois, en écrivant, n'ait hésité sur le pluriel ou le singulier en des phrases de cette forme : *C'est un des livres qui me conviennent le plus* ou *qui me convient le plus*. Dans ces tournures, madame de Sévigné met le singulier : vous êtes un des hommes du monde qui me convient le plus (t. VI, p. 63) ; c'est une des personnes du monde qui a le plus de bonnes qualités (t. IX, p. 59) ; rien n'est si vrai, et c'est une des raisons qui fait murmurer contre l'impossibilité. (T. IX, p. 327.) La syntaxe permet également le singulier et le pluriel ; car la première phrase de madame de Sévigné peut s'analyser aussi bien avec le singulier en : *parmi les hommes du monde, vous êtes un qui me convient le plus*, qu'avec le pluriel en : *vous êtes un parmi les hommes du monde qui me conviennent le plus.* Seulement il y a une petite nuance de sens entre les deux tournures : avec le singulier, cela signifie que parmi les hommes il y en a un qui me convient le plus, et c'est vous ; avec le pluriel, cela signifie que parmi les hommes il y en a plusieurs qui me conviennent le plus, et vous êtes un de ce nombre. Le superlatif est, si je puis ainsi parler, plus superlatif avec le singulier ; et c'est sans doute pourquoi madame de Sévigné l'a préféré. Mais on remarquera que si, au lieu d'être construit avec l'article, le substantif l'était avec le pronom démonstratif, la liberté du choix entre le singulier et le pluriel serait ôtée ; le pluriel seul serait admis par la syntaxe ; et l'on dira, par exemple, en parlant de l'intendant Courtin : c'est un de ces hommes qui ne dorment que quand leur conscience est satisfaite.

A côté de Courtin, il ne sera pas mal de citer un autre délicat de conscience, l'amiral de Graville, seigneur de Marcoussis, aimé de Louis XII. Il avait prêté au roi 80,000 livres, somme très-considérable pour le temps et représentant environ 320,000 francs de notre monnaie, pour laquelle certains domaines et des seigneuries (Melun, Corbeil, Dourdan, etc.) lui avaient été hypothéqués. Dans son testament, et par un codicille en date du 22 mai 1513, il déclara qu'il ne voulait pas que cette somme fût restituée à ses enfants, et ordonna que les terres et rentes qu'il tenait du roi pour l'engagement de ce prêt lui fussent rendues, suppliant très-humblement Sa Majesté qu'il lui plût de décharger de pareilles sommes les bailliages les plus foulés de son royaume, son désir étant que ce legs fût employé au soulagement du peuple, en considération de ce qu'il avait reçu quantité de bienfaits remarquables et plusieurs dons magnifiques des rois ses maîtres, pour lesquels le public avait pu être grevé et surchargé notablement.

Les simples libéralités de nos rois et à plus forte raison leurs prodigalités étaient fort onéreuses au peuple, surtout à une époque où les taxes, épargnant le clergé et la noblesse, retombaient de tout leur poids sur le populaire. Et n'étaient-ce pas de folles, de cruelles prodigalités que ce jeu effréné qui se jouait dans les appartements de Louis XIV? Voilà, dit madame de Sévigné, où l'on voit perdre ou gagner tous les jours deux ou trois mille louis. (T. IV, p. 525.) La reine n'y était pas la moins ardente : « La reine, dit « encore madame de Sévigné, perdit la messe l'autre « jour et 20,000 écus avant midi. Le roi lui dit : Madame, supputons un peu combien c'est par an... et « M. de Montausier lui dit le lendemain : Eh bien, « Madame, perdrez-vous encore aujourd'hui la messe « pour l'hoca? Elle se mit en colère. » (T. IV, p. 247.) Supputons, en effet, ou plutôt Colbert supputa pour elle. Cet économe ministre, effrayé des sommes qui s'en allaient par là, crut qu'on trichait les deux reines; car Anne d'Autriche n'était pas moins joueuse que sa belle-fille. Il en parla au roi avec quelque soupçon. Le tricheur, s'il y en avait un, devait être le marquis de Dangeau, qui faisait la partie des reines, les divertissait, et, comme dit Fontenelle, égayait leur perte. Le roi trouva moyen d'être un jour témoin de ce jeu.

et, placé derrière le marquis sans en être aperçu, il se convainquit par lui-même de son exacte fidélité. Il fallut le laisser gagner tant qu'il voudrait. Au reste, son talent au jeu et ses succès avaient fixé l'attention de madame de Sévigné : « Je voyais jouer Dangeau, et « j'admirais combien nous sommes sots auprès de lui. « Il ne songe qu'à son affaire, et gagne où les autres « perdent ; il ne néglige rien, il profite de tout, il n'est « point distrait ; en un mot, sa bonne conduite défie « la fortune ; aussi les deux cent mille francs en dix « jours, les cent mille écus en un mois, tout cela se « met sur le livre de la recette. » (T. IV, p. 544.)

Il ne faut se fier qu'à demi aux oraisons funèbres. Fléchier, après avoir loué la charité de la reine, s'écrie : « Admirez, femmes riches, et tremblez, dit le prophète, « vous qui, par des dépenses folles et excessives, con- « traignez vos maris à chercher dans l'oppression des « pauvres de quoi fournir à votre vanité et à votre « luxe. » Mais, avec un jeu qui engloutissait des sommes énormes, la reine n'était-elle pas une de ces femmes riches dont les maris oppriment les pauvres ? Et s'était-elle jamais demandé d'où venaient ces 20,000 écus qu'elle perdait si facilement en une matinée ? La France souffrit cruellement des longues prodigalités du grand roi ; et voici une petite histoire (l'expression est de madame de Sévigné, non de moi), image sans doute extrême des désespoirs de la gent taillable à merci, mais image qui ne doit pas être oubliée : « Un pauvre passementier, dans le faubourg « Saint-Marceau, était taxé à dix écus pour un impôt « sur les maîtrises. Il ne les avait pas, on le presse et « represse ; il demande du temps, on lui refuse ; on « prend son pauvre lit et sa pauvre écuelle. Quant il « se vit dans cet état, la rage s'empara de son cœur : il

« coupa la gorge à trois enfants qui étaient dans sa
« chambre; sa femme sauva le quatrième et s'enfuit.
« Le pauvre homme est au Châtelet, il sera pendu dans
« un jour ou deux. Il dit que tout son déplaisir, c'est
« de n'avoir pas tué sa femme et l'enfant qu'elle a
« sauvé. Songez que cela est vrai comme si vous l'aviez
« vu, et que depuis le siége de Jérusalem il ne s'est
« point vu une telle fureur. » (T. III, p. 534.)

La terrible histoire du passementier, je l'ai rapprochée du jeu meurtrier de la reine Marie-Thérèse. Le même cours d'idées me porte à la mettre en regard du grand morceau de Bossuet sur les péchés véniels de cette princesse. « Que je hais, s'écrie l'admirable ora-
« teur, ta vaine science et ta mauvaise subtilité, âme té-
« méraire, qui prononces si hardiment : ce péché que
« je commets sans crainte est véniel! L'âme vraiment
« pure n'est pas si savante. La reine sait en général
« qu'il y a des péchés véniels, car la foi l'enseigne;
« mais la foi ne lui enseigne pas que les siens le soient.
« Deux choses vous vont faire voir l'éminent degré de
« sa vertu. Nous le savons, chrétiens, et nous ne don-
« nons point de fausses louanges devant ces autels.
« Elle a dit souvent, dans cette bienheureuse simplicité
« qui lui était commune avec tous les saints, qu'elle ne
« comprenait pas comment on pouvait commettre volon-
« tairement un seul péché, tout petit qu'il fût. Elle ne
« disait donc pas : il est véniel; elle disait : il est péché;
« et son cœur innocent se soulevait. Mais, comme il
« échappe quelque péché à la fragilité humaine, elle
« ne disait pas : il est léger; encore une fois, il est
« péché, disait-elle. Alors, pénétrée des siens, s'il arri-
« vait quelque malheur à sa personne, à sa famille, à
« l'État, elle s'en accusait seule. » Certes, il est impossible de retracer en touches plus pures la délicatesse

d'une conscience catholique; et je la respecte, pourvu que je la mette en place, c'est-à-dire au milieu des égoïsmes privilégiés d'une royauté absolue, d'une cour enivrée, d'une noblesse arrogante. Autrement il me souviendrait que cette grande dame a joué un jeu insensé, surtout pour une reine à qui le souci de son peuple était imposé. Sans doute elle dut, suivant le beau langage de Bossuet, « se prêter au monde avec toute la dignité que « demandait sa grandeur. Les rois, non plus que le so- « leil, n'ont pas reçu en vain l'éclat qui les environne; « il est nécessaire au genre humain, et ils doivent, pour « le repos autant que pour la décoration de l'univers, « soutenir une majesté qui n'est qu'un rayon de celle « de Dieu. » Mais, dans un gouvernement où le trésor de l'État était confondu avec celui du monarque, les prodigalités royales coûtaient cher à ceux qui les payaient. Combien de larmes, de souffrances, de détresses, de dénûments, de maladies, de morts, étaient représentés par ces milliers de louis dont madame de Sévigné nous dépeint le va-et-vient sur les tables! La reine n'y a jamais pensé, ni Bossuet non plus; j'ajoute que dans cette dévorante splendeur de la royauté ils n'y pouvaient penser ni l'une ni l'autre. Mais, aujourd'hui que la solidarité entre le prince et les citoyens, entre les riches et les travailleurs, est sentie et fait partie de l'équité sociale, la conscience moderne, peut-être plus facile pour les péchés véniels et certainement plus indifférente aux observances, murmurerait contre cette insouciance à consumer, en de futiles amusements, la substance populaire. C'est ainsi que change le type moral, et que, tout en ne contredisant pas à une louange du temps, on la montre limitée et relative, seul moyen qui permette de réduire le passé à sa valeur, sans l'offenser.

Mais il faut quitter les choses pour revenir aux mots,

au *Glossaire* et à la grammaire de madame de Sévigné. Les grammairiens modernes ne veulent pas que la particule *en*, quand il s'agit de personnes, puisse représenter *de lui, d'elle, d'eux, de moi, de vous;* et par exemple ils condamnent cette phrase : *je connais cet homme, et j'en parle volontiers,* exigeant que l'on mette : *je parle de lui volontiers.*

Madame de Sévigné ne connaît pas cette règle. L'*Introduction grammaticale* me fournit à l'encontre autant d'exemples que j'en veux : « Parlez de moi à ceux qui sont auprès de vous et qui s'en souviennent. » (T. VII, p. 284.) « Ce ne sont pas les bois des Rochers qui me « font penser à vous; au milieu de Paris, je n'en suis « pas moins occupée. » (T. VI, p. 465.) « Ce cabinet est « digne de vous, ma fille; la promenade en serait di-« gne aussi. » (T. VI, p. 436.) « Pour réparer ma faute « de ne vous avoir rien dit de notre ami Corbinelli, le « voilà qui vous en va parler lui-même. » (T. X, p. 77.)

Corneille ne s'exprime pas autrement que madame de Sévigné : « J'en ai fait un martyr (de Polyeucte); sa « mort me fait chrétien. » (*Polyeucte*, V, 5.) Ni Racine non plus : « Quoi! vous en attendez quelque injure « nouvelle! » (*Andromaque*, II, 1.) En s'exprimant ainsi, Corneille, madame de Sévigné, Racine ont suivi l'usage le plus ancien de la langue; et dans le roman de *Berte aux grands pieds,* œuvre du treizième siècle, on lit : « Cele dame mourut, l'ame en puist Dieu garder. » (P. 7.) La particule *en*, écrite primitivement *ent*, est l'adverbe latin *inde;* et c'est à ce titre que nous disons : *Vous venez de Lyon, j'en arrive.* Nous saisissons là le subtil procédé par lequel la langue française a transformé cet adverbe latin en une particule relative générale qui n'indique ni la première personne, ni la seconde, ni la troisième en particulier, qui est toujours au cas indirect marqué par *de*, et qui ne joue jamais le rôle de sujet. En effet *en*, signifiant *de là*, a été pris sans peine pour le représentant des noms de lieux, et, finalement, généralisé, pour le représentant de tout objet, sans qu'il y eût aucune distinction pour les choses. Donc, ni l'étymologie, ni la raison grammaticale, ni l'usage ne condamnent l'emploi général que nos anciens en ont fait de tout temps. Non-seulement il n'y a aucun profit à rompre la tradition, mais encore il y a dommage. En effet, si l'on arrive à inculquer dans l'esprit de tous qu'il est mal d'appliquer *en* aux personnes, les passages que j'ai cités paraîtront fautifs; et il est fâcheux de compromettre par une grammaire pointilleuse, devant la génération présente et future, la correction de nos vieux textes, et d'accoutumer l'oreille, toujours si superbe, à se choquer de ce qui ne doit pas la choquer.

Il est facile d'indiquer ce qui a poussé les grammairiens à leur coup d'état. Le bon usage veut que, lorsqu'il s'agit d'un nom de chose, on se serve de *en*, et non de l'adjectif possessif : *j'ai lu ce livre, j'en aime le style*. Le bon usage, ai-je dit, mais non une règle absolue; et mettre : *j'aime son style*, serait de l'inélégance, non un solécisme. Rien, dans notre grammaire, n'empêche d'appliquer les adjectifs possessifs aux noms de choses ; et cela est si vrai, que, quand la construction cesse d'être directe, il est non-seulement permis, mais inévitable de se servir de ces adjectifs; et l'on dira : *Vous cédez à votre passion, vous obéissez à son impulsion*. Même dans l'emploi direct, il n'est personne qui, dans le style didactique au moins, hésite à se servir d'une tournure analogue à celle-ci : *l'hydrogène et ses composés*. Malgré ces restrictions, le bon usage garde sa prééminence, car il a une très-juste raison d'être : ce n'est pas sans une sorte de répugnance que l'on dit des choses l'adjectif *son, sa, ses*, qui va si bien aux personnes; on l'évite donc autant qu'on peut, et on le remplace par la particule *en*. Voilà pourquoi l'emploi de *en* est élégant, et pourquoi celui de *son, sa, ses*, en ces cas-là, ne l'est pas.

Les grammairiens se sont laissé tenter par l'idée d'établir une démarcation tranchée, et de réserver exclusivement *en* pour les choses, et *son, sa, ses* pour les personnes. Mais, indépendamment de la tradition, leur tentative échoue contre deux faits qu'il n'est pas possible d'écarter : c'est que, d'une part, *son, sa, ses* se dit régulièrement et indispensablement des choses dans les cas notés plus haut, et que *en* se dit non moins régulièrement et non moins indispensablement des personnes, dans des tournures comme celles-ci : *Sur ces trois hommes, j'en connais deux; parmi les hommes, il s'en trouve qui*, etc.

De même qu'il est inélégant de mettre *son, sa, ses* là où l'on peut mettre *en*, de même il est inélégant de mettre *en* là où l'on peut mettre *son, sa, ses*. Néanmoins la tournure se trouve et en voici des exemples :

Sans l'avoir jamais vu, je connais son courage;
Qu'importe après cela quel en soit le visage?
(Corneille, *Suite du Menteur*, IV, 2.)

Au roi que nous pleurons il laissa la couronne;
Constance en est la sœur.
(Saurin, *Blanche et Guiscard*, I, 4.)

De cette discussion je conclus que c'est l'élégance ou l'inélégance qui, dans l'emploi de la particule *en*, doit diriger celui qui parle ou qui écrit.

Un peu de curiosité m'a porté à chercher dans le *Glossaire Quanto* ou *Quantova*; il n'y est pas. Je n'en fais pas reproche au *Glossaire*. *Quanto* ou *Quantova* est un nom propre, mais c'est un singulier nom propre. On sait que c'était ainsi que madame de Sévigné désignait, sans la nommer, madame de Montespan. « La reine a prié « Quantova qu'on lui fît revenir auprès d'elle une Es- « pagnole qui n'était pas partie. La chose a été faite; la « reine est ravie et dit qu'elle n'oubliera jamais cette « obligation. » (T. III, p. 268.) Cela n'empêche pas que, dans d'autres endroits, madame de Montespan ne figure en toutes lettres : « Il y eut des masques; made- « moiselle de Fontanges y parut brillante et parée des « mains de madame de Montespan. » (T. VI, p. 299.) Ainsi l'altière *Vasthi*, qui obligeait si particulièrement la femme, ne manquait pas de complaisance à l'égard d'une autre maîtresse. On conçoit que, dans ce singulier ménage, la reine pleurât quelquefois : « La femme de « l'ami a fort pleuré. » (T. IV, p. 528.) *La femme de l'ami*, c'est une désignation couverte de la reine. Est-ce à ces pleurs secrets que Bossuet a fait allusion dans l'oraison funèbre de cette princesse? « Mais quels « malheurs, direz-vous, dans cette grandeur et dans un « si long cours de prospérité? Vous croyez donc que « les déplaisirs et les plus mortelles douleurs ne se ca- « chent pas sous la pourpre, ou qu'un royaume est un « remède universel à tous les maux, un baume qui les « adoucit, un charme qui les enchante! » Bossuet a raison; cette grande reine a dû souffrir comme une simple femme.

Un lexique comme celui de madame de Sévigné est fertile en leçons. Dans notre langue actuelle, la proposition *par* ne se joint guère à un infinitif; le dictionnaire de l'Académie ne l'y met qu'après les verbes *commencer* et *finir* : *il commença, il finit par lui adresser la parole*. C'est d'une façon analogue que l'on dit : *Il dé-*

buta par lui faire des compliments. Si l'on ajoute une locution qui est à peu près devenue proverbiale : *Il s'en venge par en médire*, on aura tout ce que l'usage accepte présentement. Il acceptait bien plus autrefois; et, à vrai dire, aucune restriction n'existait. Avec une pleine raison, le *Glossaire* s'est étendu sur cette particularité, et il cite beaucoup d'exemples parmi lesquels je choisis quelques-uns : « Ne nous empêchez point de partir par dire que vous ne nous attendez plus. » (T. III, p. 137.) « L'abbé de Coulanges se met en colère, et en « sort par faire l'oncle et dire qu'on se taise. » (T. III, p. 513.) « Que ce jour est présent à ma mémoire! et que « je souhaite en retrouver un autre qui soit marqué « par vous revoir, par vous embrasser, par m'attacher « à vous pour jamais! » (T. IX, p. 235.) « Ne croyez « pas que j'offense ce que j'aime par négliger ma santé. » (T. IV, p. 29.) « Avec de méchants cœurs comme ceux « de ces gens-là, on perd tout par être généreux. » (T. III, p. 181.) « C'est la meilleure cause du monde à « soutenir; elle ne saurait périr que par n'être pas bien « expliquée ou bien entendue. » (T. III, p. 235.) Ces exemples sont encourageants à élargir l'emploi de la proposition *par*. Ils sont clairs, rapides et élégants. L'archaïsme, sagement exploité, sera, quand on voudra, une mine de nouveauté pour la langue; et, pour l'exploiter, le meilleur outil est dans les lexiques de nos anciens classiques.

Plus l'archaïsme est voisin de nous, plus on y peut prendre; mais, même dans cet archaïsme le plus voisin, il est plus d'un mot que l'usage a démonétisé et qu'il serait tout à fait oiseux d'essayer de rendre à la circulation : par exemple, le mot *action*, que le dix-septième siècle employait au sens de discours et surtout de discours public. Madame de Sévigné s'en sert souvent :

« M. le coadjuteur a fait la plus belle harangue... le
« roi a fort loué cette action. » (T. IV, p. 65.) « Nous
« avons été agréablement surpris par les conclusions
« de M. Talon, qui a fait une très-belle action. » (T. IX,
p. 573.) « M. de Tulle a surpassé tout ce qu'on espérait
« de lui dans l'oraison funèbre de M. de Turenne; c'est
« une action pour l'immortalité. » (T. IV, p. 220.) En
cet emploi, *action* est un latinisme : *actio* signifiait
plaidoirie, et l'on conçoit comment de *plaidoirie*
le français passa au sens général de toute espèce de
discours. Mais vraiment c'est un grand désaccord
entre le nom et la chose que d'appeler *action* une oraison
funèbre, et j'aime bien mieux lui laisser la dénomination
placide d'*oraison*.

Ni à *chanter* ni à *oreille*, le *Lexique* n'inscrit la singulière
expression *chanter des oreilles* : « La bonne prin-
« cesse alla à son prêche; je les entendais tous qui
« chantaient des oreilles, car je n'ai jamais entendu
« des tons comme ceux-là. » (T. IV, p. 296.) Sans doute,
ce qui a porté M. Sommer à la laisser de côté, c'est qu'il
n'avait pas d'interprétation à en donner. Mais on n'est
pas tenu de tout interpréter; et une locution obscure
peut très-bien figurer dans un lexique comme marque
de difficultés à résoudre. Désappointé, j'ai recouru à
l'édition, où je lis au bas de la page : « Il est dit dans
« une note de Perrin que chanter des oreilles est une
« expression de Panurge; nous ne l'avons pas trouvée
« dans Rabelais. » Je n'ai pas été plus heureux que
M. Regnier. Mais, même sans ce secours, je ne crois
pas l'explication impossible. Il y a dans la langue du
manége *boiter de l'oreille, aller de l'oreille*, se disant du
cheval qui accompagne chaque pas d'un mouvement
de tête. C'est un défaut. Madame de Sévigné, impatientée
de la mauvaise musique du temple protestant,

ne dit pas : *ils boitent de l'oreille;* elle dit : *ils chantent des oreilles.* Elle se les représente accompagnant d'un mouvement de tête chacun des sons étranges qu'elle entend psalmodier.

A un autre point de vue, il n'est pas sans intérêt de regarder ce qui manque dans un lexique. Le mot *nature* n'est pas dans celui-ci. Non pas qu'il fît défaut à la langue du dix-septième siècle ; et il suffit de rappeler ces grandioses expressions de Pascal peignant l'ample sein de la nature où la terre n'est qu'un point, et nous invitant à contempler sa haute et pleine majesté. Mais le mot fait défaut avec ce sens vivant et sensible qui respire en ces doux vers de Lamartine :

> Ah ! la nature est là qui t'invite et qui t'aime ;
> Plonge-toi dans son sein qu'elle t'ouvre toujours ;
> Quand tout change pour toi, la nature est la même,
> Et le même soleil se lève sur tes jours.

Oui, l'homme du dix-huitième siècle jeta sur la nature un regard qu'animait un cœur nouveau ; également attiré par les mystères et par les splendeurs, il s'émerveilla de ne plus se sentir étranger lui à elle, elle à lui. Là est la source profonde de ce lyrisme qui éclata d'abord dans la prose, et qui, se prolongeant jusqu'à nos jours, a ajouté une corde si sonore à la poésie moderne. Une telle révolution dans la manière de sentir ne fut pas la moindre de celles qui signalèrent cette fameuse transition. Le dix-septième siècle était, s'il m'est permis de me servir ici d'un terme de l'école, trop subjectif, c'est-à-dire trop préoccupé du spectacle intérieur et trop convaincu de l'indépendance de l'esprit à l'égard du reste, pour reconnaître au spectacle extérieur le droit de le ravir et de l'enivrer. Ce droit, le dix-huitième siècle s'y soumit avec un plein abandon.

Et ce ne fut pas un accident, ce fut l'effet régulier du travail scientifique et des grandes découvertes renversant à jamais ce rapport ancien, ce rapport fictif avec la nature où l'homme ne s'en savait pas le fils. Ainsi les siècles, se transmettant la tradition, l'augmentent. Le dix-septième siècle l'augmenta ; on l'augmente après lui, mais c'est son privilége d'avoir été (le vers de Lafontaine vient à point) :

Honoré par les pas, éclairé par les yeux

de celle qui fut madame de Sévigné.

II

VARIÉTÉS LITTÉRAIRES

MORALES ET HISTORIQUES

Par M. S. DE SACY
DE L'ACADÉMIE FRANÇAISE

Paris, librairie de Didier, 1858, 2 vol. in-8°[1].

Henri Estienne, en tête de ses éditions des auteurs anciens, a mis des préfaces latines où, à côté d'une critique savante, il joint parfois les détails les plus curieux sur lui-même. M. Feugère, éditeur de *la Précellence du langage françois*, dit que l'on composerait un bon livre avec le recueil de ces préfaces, et M. de Sacy regrette que M. Feugère ne se soit pas chargé de ce soin. Un tel recueil aurait de l'intérêt, nous représenterait les phases principales de la vie militante du célèbre imprimeur, et ressemblerait assez à une collection d'articles de journaliste. Des préfaces, ne sont-ce pas des articles pour des livres qu'on a faits? En tout cas, il y a, entre le recueil des unes et le recueil des autres, ceci de commun que, le sujet variant sans cesse, l'homme qui tient la plume reste le même. Il est devenu assez ordinaire qu'un journaliste, à un certain moment de sa carrière et surtout quand il sent les années s'accumuler, se retourne et soit tenté de retirer de l'abîme d'un journal quotidien quelques-unes des œuvres fugitives

---

1. *Journal des Savants*, janvier 1859.

qui l'ont le moins mécontenté, qui ont laissé un souvenir dans son esprit et qui, retrouvées et relues, lui paraissent encore conserver jeunesse et à-propos. Plusieurs ont fait ainsi, et le public leur en a su gré. Cela forme un genre particulier dans la littérature : ce n'est pas un livre, puisqu'il y manque le concours des parties vers un même but; ce n'est pas un choix de maximes ou de pensées sur le monde et les hommes; mais c'est une série de petites compositions dont chacune a son plan, ses règles, sa texture, où le ton doit être conformé au sujet et où il faut tâcher de mettre assez de pensée et de style pour que la banalité en soit écartée comme le pire des défauts. Le journaliste, qui les écrit, n'a jamais en vue un tout dont elles seraient des parties; il ne fait pas un livre; et, si, par malheur, il songeait, en écrivant, à ce volume où elles iront, sans qu'il s'en doute encore, se rassembler et s'ordonner, il ne réussirait pas à concilier l'unité réfléchie d'un ensemble avec la liberté de ces demi-improvisations; car l'heure, l'occasion, la circonstance, la passion, le sujet sont les maîtres à qui il obéit. Quand la main court sur le papier, ce ne sont, dans la pensée, que des feuilles jetées au vent, et dont, ce semble, on ne souciera plus de rappeler la place et de retrouver les contacts : *nec revocare situs aut jungere carmina curat*. Puis, quand le souci en vient (et ce serait vraiment dommage que le souci n'en fût pas venu à quelques-uns, et entre autres à M. de Sacy), on n'est pas embarrassé à découvrir, entre ces fragments, un lien qui en fasse, non pas un livre, mais autre chose qu'une collection de pièces détachées.

C'est qu'en effet, si l'heure, l'occasion, la circonstance varient, si la passion du jour est changeante, si le sujet se diversifie comme les livres qui s'entassent sur la table du journaliste, il y a, en arrière, un esprit qui a tout conçu, une plume qui a tout tracé. A la vérité, dans le long espace de temps qu'exige toujours un pareil recueil, l'homme est devenu mûr ou même a vieilli; sa carrière s'est développée et étendue; les péripéties politiques ont éclaté; les épreuves personnelles et les épreuves sociales sont survenues. Mais, si les conditions de son esprit n'ont pas été telles qu'il ait rompu la trame de sa vie, alors il peut, quand il veut, réunir ses articles et les classer, bien sûr, quelque classement qu'il adopte, qu'un fil ne lui manquera pas, qu'une certaine unité y apparaîtra et que les lecteurs, changeant sans cesse de sujet sans que change la manière fondamentale, auront, par une facile illusion, le sentiment d'une fixité qui n'existe pas. Quand le bateau fend l'eau rapidement, c'est le rivage qui semble fuir, et le navigateur demeurer immobile. M. de Sacy a bien senti ce côté de sa situation, et il a dit sans doute avec modestie mais aussi avec fermeté: « Le même travail a « rempli toute ma vie; j'ai fait des articles de journaux, « je n'ai pas fait autre chose. Encore n'ai-je travaillé « qu'à un seul journal, le *Journal des Débats*. J'y travaille « depuis trente ans. En quatre mots, voilà toute mon « histoire. »

Il se fait honneur d'être journaliste; l'Académie française, par une suprême récompense, lui a fait honneur d'avoir été homme de lettres. Il n'est pas toujours facile d'être l'un et l'autre. Parler d'affaires et écrire vite, voilà ce que demande le journalisme; écrire posément et parler de choses générales ou du moins de questions moins pressantes, voilà ce qui est de l'homme de lettres. Voyez la carrière de M. Sacy. Il entre dans la vie militante en 1828; depuis lors, le gouvernement de la France a changé trois fois, non sans d'ardentes discussions, non sans ces conflits d'idées et de paroles qui accompagnent les révolutions, quand elles sont autre chose que des révolutions de palais. M. de Sacy m'en voudrait si je grossissais son rôle en ceci; pourtant il est vrai de dire qu'il a discuté tout ce qui s'est discuté durant le régime parlementaire : il a été homme politique dans la presse quotidienne. Mais si, malgré la puissante obsession des luttes journalières, on conserve un secret amour pour les lettres; si l'on met à part des heures pour le charme des belles lectures; si, résistant à l'urgence et se dérobant à la vulgarité, on s'efforce d'imprimer aux feuilles fugitives quelque chose qui orne, élève, agrandisse le débat; alors une récompense viendra, le public gardera un souvenir, et l'homme de lettres sera reconnu à travers la poussière soulevée autour du journaliste.

Rien n'est plus varié, et, à mon sens, rien n'est plus curieux à noter que les procédés employés par chaque esprit pour produire son œuvre et pour exercer sur les autres cette influence que les lettres accordent à leurs ministres. Il ne faut pas manquer, quand faire se peut, à observer les inclinations et les habitudes qui déterminent et caractérisent le travail intellectuel. C'est une psychologie qu'on aime à étudier : on y voit les connexions de la pensée, les sources où elle puise, les côtés par où elle s'échappe volontiers, les bornes qui l'arrêtent, les goûts qui l'attirent et les dégoûts qui la repoussent. Puis, si l'on veut, on peut transformer cette étude en une leçon pour soi-même. Toute comparaison est pleine d'instruction. On apprend à chercher en soi ce qu'on a cherché dans les autres, à démêler et, pourquoi ne le dirai-je pas, à améliorer les secrets rouages par lesquels notre intelligence est ce qu'elle est et fait ce qu'elle fait. Aussi ai-je remarqué avec un soin particulier ce que je nommerai la confession intellectuelle de M. de Sacy. En littérature, il nous le dit, ses goûts sont exclusifs; n'ayant jamais eu le temps de lire autant qu'il l'aurait voulu, il n'a lu que des livres excellents, et il les a relus sans cesse. Les classiques latins et les classiques français, voilà le cercle hors duquel il ne veut pas faire d'excursions. Et *cercle* est le mot propre; car, notez ceci, il ne se lasse jamais de ses auteurs favoris, il ne les quitte que pour les reprendre bientôt, il en nourrit son esprit et son cœur. A chaque fois il y découvre des charmes inaperçus; la jouissance devient plus délicate et plus subtile. Son oreille faite à cette harmonie, son œil accoutumé à ces proportions, son âme pénétrée de cette parole, se détournent du reste, comme si ce qui est différent devait inévitablement en troubler la suavité et la grandeur. Même, à mesure qu'il s'approprie davantage les livres qu'il a faits siens, il s'étonne, il se reproche presque, en éprouvant de nouvelles admirations dans la lecture présente, d'avoir été insensible ou aveugle dans la lecture passée.

Ce régime littéraire est excellent, et ne peut que donner de très-heureux fruits dans une nature qui l'a choisi, justement parce que, d'instinct, elle le sentait le plus propre à développer les qualités et les forces qui sont en elle. A ce propos, il me souvient d'un célèbre aphorisme d'Hippocrate, où il est dit que les diètes trop régulières et trop strictes sont moins sûres que celles qui accordent plus de latitude et qui laissent plus de chances de conflits avec les influences du dehors. Je n'ai point d'hésitation à mettre en parallèle, par ce côté, l'hygiène mentale et l'hygiène corporelle; et, s'il s'agissait de tracer quelques préceptes généraux, j'ouvrirais davantage le cercle et voudrais, pour l'esprit, comme Hippocrate voulait pour le corps, une nourriture plus variée, au risque de la trouver parfois moins recherchée et moins délicate. Mais, d'un côté comme de l'autre, pour l'esprit comme pour le corps, au-dessous de l'hygiène générale est l'hygiène particulière, qui se règle sur la constitution de chacun. Heureux ceux qui, comme M. de Sacy, savent de bonne heure discerner le régime qui leur convient et s'y soumettre avec une constance satisfaite, et qui en reçoivent, par un juste retour, la plénitude de leur action !

Appellerai-je infraction à sa règle la familiarité qu'il a contractée avec le seizième siècle? Lui en ferai-je blâme ou éloge? Blâme, ce serait une chicane; éloge, c'est justice, du moins de ma part; car je ne puis qu'applaudir quand il dit : « Nos écrivains du seizième siè-
« cle, je dis les écrivains en prose, mériteraient bien
« qu'on leur rendît une vie nouvelle par d'intelligen-
« tes réimpressions; c'est une si grosse portion de no-
« tre gloire littéraire que ces écrivains. » Puis, après un coup d'œil sur le dix-septième siècle et sur le dix-huitième, dont il relève l'éminence, il ajoute : « J'ai
« bien de la peine, je l'avoue, à rejeter au troisième
« rang ce seizième siècle, si agité et si fécond, le siè-
« cle des Budée, des Estienne, des Scaliger, de Rabe-
« lais, d'Amyot, de Montaigne et de tant d'autres. Les
« esprits y étaient libres et fiers, le talent original, les
« caractères plus fortement trempés peut-être qu'ils
« ne l'ont jamais été depuis. Quand je lis Henri Es-
« tienne, je n'ai guère envie d'aller demander plus
« d'esprit et de finesse à Voltaire, plus de solidité aux
« savants auteurs des grammaires de Port-Royal.
« Réimprimons donc nos écrivains du seizième siècle,
« avec choix sans doute et discrétion, mais réimpri-

« mons-les. Ce sera un bon remède à l'ennui et à la
« tiédeur de notre temps. »

Quand on aime notre seizième siècle, on n'est pas disposé à nier que les hommes qui en firent l'ornement parlassent une langue digne d'eux. « Je fais mon « compte, » dit Henri Estienne dans un passage cité par M. de Sacy, « qu'on m'accorde que la langue grecque « est la roine des langues, et que, si la perfection se « doibt chercher en aucune, c'est en ceste-là qu'elle « se trouvera. Et de là je conclus que, tout ainsi que, « le temps passé, après que Apelles eust peinct l'i« mage de Venus, d'autant que son tableau estoit tenu « pour un parangon de toute beauté, celles qui lui « pourtrayoient le mieux et tenoient le plus de traicts « à son visage estoient estimées les plus belles : pa« reillement la langue françoise, pour approcher de « plus près de celle qui a acquis la perfection, doibt « estre estimée excellente par-dessus les autres. » Que faut-il penser de cette tirade? Ajouterai-je, en langage de Bossuet : si Henri Estienne a parlé en ces termes du temps des rois Henri II et Henri III, et s'il a élevé si haut la langue de cet âge, jugez ce qu'il aurait dit du siècle de Louis XIV et des beautés de l'âge classique? Mais peut-être est-ce faire parler H. Estienne plus qu'il n'aurait envie; peut-être ne voudrait-il pas mettre la langue du dix-septième siècle, en tant que langue, au-dessus de la sienne; peut-être regretterait-il des mots disparus, des tournures tombées en désuétude; peut-être aurait-il été choqué de néologismes; en un mot, peut-être, lui qui avait qualité de père à l'égard du grand siècle, aurait-il contesté l'autorité suprême que nous, les petits-fils de ce grand siècle, lui accordons.

La question des gains et des pertes, dans le passage d'une époque à l'autre, est délicate et difficile. Du seizième siècle au dix-septième, l'agrandissement de l'histoire et de la pensée amenait inévitablement des modifications de langue; mais l'usage a-t-il toujours été bien inspiré dans ses choix et dans ses exclusions? La Bruyère ne serait pas loin d'avoir des regrets et de dire, à la vue de mots et de tournures heureuses comprises dans l'ostracisme de la désuétude, ce que dit le Philémon de La Fontaine à la vue de l'universelle destruction :

Les animaux périr! car encor les humains!

Mais ce que, du temps de La Bruyère, on aurait été peu disposé à excuser dans Henri Estienne, c'est sa témérité de mettre le français au-dessus du latin. Les admirateurs de l'antiquité classique, qui, dans leur culte, ne séparaient pas Rome de la Grèce, voulaient bien accorder, avec Horace, une prééminence à la muse hellénique; mais ils confondaient trop profondément l'idée de corruption et de barbarie avec les origines de la langue française pour croire que, malgré les merveilles de leur temps, elle pût rivaliser avec la langue de Cicéron et de Virgile. L'intrépide érudit ne fut pas arrêté par les adorations de la Renaissance; mettant son français sous l'égide du grec, et s'imaginant avoir dans cette reine des langues un type qui servait de mesure, il jugea le latin et l'italien moins semblables, et, partant, inférieurs. Tout cela, il est à peine besoin de le dire, croule par la base. Comme le français, ainsi que le remarque M. de Sacy, ne tient pas du grec ses conformités avec le grec, il n'a, de ce côté, aucun privilége sur l'italien, encore moins sur le latin; et ce n'est pas par un tel genre de comparaison qu'on pourrait balancer les différents mérites de ces idiomes, beaux et cultivés. Le rang du latin sera toujours très-haut dans l'histoire des lettres humaines, surtout si l'on considère la rare fortune qui lui est échue. Il est le père de l'italien, de l'espagnol, du portugais, du provençal, du français. Si la gloire des enfants rejaillit sur les ancêtres, quelle illustration pour lui que de compter de tels fils dans sa descendance! Le grec, qui un moment parut appelé à de si grandes destinées, alors qu'il était transplanté par les colonies ou par les armes en Italie, en Sicile, sur le littoral de la Gaule et de l'Espagne, dans la Cyrénaïque, l'Égypte, et jusqu'à Ctésiphon et dans la Bactriane, a fini par être refoulé à peu près dans ses anciennes limites, sans laisser, en aucun de ces lieux, des héritiers de son nom et de sa grandeur.

Amyot (car je le rencontre, un recueil d'articles étant si je puis ainsi abuser du beau vers de La Fontaine, *une ample galerie à cent sujets divers*), Amyot ne trouve pas, auprès de M. de Sacy, moins de faveur qu'Henri Estienne. Telle a été la réussite de son œuvre, qu'il est resté populaire, malgré le vieillissement de la langue, et classique malgré la gêne de la traduction. C'est le seul exemple que nous ayons, dans notre littérature, d'un tel événement. « Ce qu'on aime dans les ouvra-
« ges d'Amyot, dit M. de Sacy, c'est Amyot en per-
« sonne. Son style n'est, ce semble, que l'interprète
« et le miroir de son âme. Ce style naïf et aimable re-
« flète la bonté de l'homme et l'abondance des belles
« images qu'Amyot portait dans son propre cœur.
« Aussi, par un privilége unique, on pourrait presque
« dire qu'ici le traducteur est devenu l'auteur origi-
« nal ; Amyot n'a pas pris la physionomie de Plutar-
« que, il lui a donné la sienne. Ce sera une infidélité
« si l'on veut, mais une infidélité dont je ne pense pas
« que l'auteur grec ait à se plaindre. Nous ne pouvons
« plus, nous autres ignorants, nous figurer un autre

« Plutarque que celui d'Amyot. Les savants auront
« beau réclamer, nous les laisserons dire. Nous leur
« permettrons d'avoir un Plutarque pour eux; nous
« garderons le nôtre. Le leur sera un grand peintre,
« mais un dur écrivain[1]; un profond moraliste, mais
« quelquefois un rhéteur et un esprit sophistique. Ce
« sera le vrai, soit; le Plutarque de Chéronée, à la
« bonne heure. Le Plutarque que nous garderons sera
« le Plutarque un peu trop babillard peut-être du sei-
« zième siècle, mais si bon homme et si charmant dans
« ses causeries, si plein de sens et d'expérience de la
« vie, un de ces écrivains dont on se fait un ami. Si
« c'est Amyot qui a créé ce Plutarque-là, tant mieux
« pour Amyot et tant mieux pour Plutarque. » Voilà
des lignes heureusement expressives; le charme du
vieux translateur s'est fait sentir, et une reconnaissante
émotion les pénètre. Suivant M. de Sacy, Amyot est le
père de la prose française; il l'a enrichie de tours heureux; il lui a donné le nombre et la période. Je ne conteste rien; pourtant, je réclame une place et un rang
supérieur pour Montaigne. Je dirai bien de lui avec
M. de Sacy : « De quel style ne relève-t-il pas le tableau
« de ses faiblesses et de nos misères! Quelle variété de
« tours! Quelle richesse d'expressions! Dans quel au-
« tre de nos écrivains trouvera-t-on cette abondance
« de métaphores, qui brillent comme les étoiles dans
« le firmament! » Mais je dirai plus que lui, et j'ajouterai que, dans ce temps-là, Montaigne est le grand ar-
tisan de style. C'est lui dont l'esprit, entrevoyant une

---

1. Lorsque je lus le présent article à la conférence du *Journal des Savants*, l'expression *dur écrivain* suscita les réclamations de quelques-uns de mes confrères, et entre autres de M. Hase, à qui le grec est aussi familier qu'une langue moderne. Aussitôt, j'en demande pardon à M. de Sacy, je déclinai la solidarité.

forme radieuse, en saisit et en fixe des traits et des contours. L'art, au point suprême, n'est pas autre que de rendre visible et déterminé quelque chose du modèle indéterminé et invisible qui apparaît à l'âme. Dur labeur que de tisser les mots en parure de la pensée; dur labeur que Montaigne a certainement connu!

« Qu'on est heureux, » s'écrie M. de Sacy à propos de La Rochefoucauld passant quinze années de sa vie à enfanter un petit volume, et de La Bruyère occupant toute la sienne à composer le modeste ouvrage des *Caractères*, « qu'on est heureux de pouvoir peser ses mots
« tout à loisir, d'avoir deux ans devant soi, s'il le faut,
« pour trouver la bonne expression, celle qui sera tou-
« jours vraie, toujours juste, toujours piquante! C'est
« avec ces minuties-là qu'on passe à la postérité! » En ces paroles, on sent l'honnête regret du journaliste qui, certes, n'a pas eu deux ans devant soi pour choisir ses termes et laisser venir l'inspiration favorable. Pourtant, je pense que, quand le moment arriva de rassembler ce qui avait été produit dans une veine rapide, l'auteur ne s'est pas fait faute de peser ses mots et s'est dédommagé de l'improvisation par la méditation. Plus d'une fois, j'en suis sûr, l'*épreuve* est restée sur le bureau, à demi corrigée, et retenue parce que la satisfaction n'était pas complète pour la netteté du sens, pour la pureté du langage, pour la justesse de l'expression, pour ces minuties et ces scrupules, tourment de celui qui se relit après un long temps. L'*épreuve* est si favorable à ce genre de travail! Aussi lisible qu'un livre, elle n'en demeure pas moins maniable et taillable à merci. Elle met en relief tout ce qui est suspect, tout ce qui pourrait si bien se cacher sous l'ombre d'une écriture cursive et mal formée. En vérité, quand je pense que les anciens n'ont pas eu l'*épreuve*

pour corriger leurs œuvres, je leur en sais d'autant plus de gré de la perfection qu'ils ont atteinte.

En parcourant, dans le livre de M. de Sacy, les trois chefs, littérature, morale et histoire, sous lesquels il a rangé tant de sujets, on a sous les yeux la triple source qui alimente son esprit : les lettres considérées non pas dans leurs connexions avec les facultés de l'homme et avec les conditions sociales, mais dans leur beauté et dans leur charme; la philosophie, non dans ses spéculations ardues, mais dans ses applications à la conduite de la vie et au jugement des actions; l'histoire, non dans ses lois, mais dans les récits qui attachent et dans les exemples qui instruisent. Ce serait le tout, si, derrière, on n'apercevait l'homme qui, dans l'étude et le travail, a contracté de fermes habitudes. C'est là la trame qui donne au tissu la consistance. Une bonhomie spirituelle, une bonhomie de gracieux et facile commerce qui est répandue sur ces pages, n'empêche pas de sentir qu'aucune concession ne sera faite aux lettres hétérodoxes. Ce que j'écris ici me remet en mémoire l'image de feu M. de Sacy, si versé et si renommé dans l'étude de l'Orient sémitique, et je replace à côté l'un de l'autre le fils et le père, le littérateur et l'érudit, le membre de l'Académie française et le membre de l'Académie des inscriptions, l'homme de la presse politique et le janséniste, tous deux si épris des lettres, bien que de lettres différentes, tous deux si arrêtés, bien que calmes et doux, dans leurs opinions. La transmission héréditaire, incontestable en tout cas, me paraît porter le plus manifestement d'abord sur les ressemblances corporelles, puis sur les dispositions morales, et enfin sur les aptitudes intellectuelles. Par la date de quelques-unes des pièces de ce recueil, je vois que M. de Sacy l'orientaliste les a connues; et, en dépit des dissemblances, le vieillard a dû emporter dans la tombe la bienheureuse pensée qu'il laissait, de lui, dans le jeune homme, une certaine ressemblance où il se complaisait ; bienheureuse pensée que je ne saurais suffisamment rendre que par ce vers de Virgile : *tacitum pertentant gaudia pectus*.

Le nom du célèbre orientaliste n'a pas besoin d'éloges ; mais je ne veux pas le laisser m'échapper sans y rattacher un petit récit où ce nom seul fut un talisman. L'histoire est du temps des guerres impériales. Feu M. le comte Daru, à qui, étant son secrétaire, je l'ouïs conter, déjà traducteur d'Horace et prochainement membre de l'Académie française, mais alors chargé de faire vivre la grande armée, était en Allemagne. Le hasard et la victoire le logèrent chez un professeur savant dans les langues orientales. Celui-ci, consterné, crut voir entrer chez lui Brennus, et semblait, à chaque instant, s'attendre à quelque farouche exigence du Gaulois installé sous son toit et assis à son foyer. Comment naîtrait une communication entre l'envahisseur si suspect et l'envahi si prévenu ? Le nom de M. de Sacy fut l'intermédiaire : un de ses livres était là ; M. Daru le voit, se réclame de l'auteur et dit qu'il le connaît et que même il tient à lui par les liens de la parenté. Aussitôt les ombrages se dissipent, la confiance naît, le pied d'égalité s'établit, l'Allemand se sent sous la sauvegarde d'un nom illustre et sous la protection des lettres.

Pline l'Ancien, racontant que, dans la campagne de Véliterne, un platane colossal offrit, entre ses branches, assez de place pour que Caligula y dînât, lui quinzième, ajoute que l'empereur appela cette salle de festin un nid (*quam cœnam appellavit ille nidum*). Cette expression gaie et champêtre m'est restée dans l'esprit,

par contraste avec la violente et sanguinaire figure de celui qu'ailleurs le même Pline nomme, avec Néron, les deux torches incendiaires du genre humain (*totidem faces generis humani*). Ce contraste, qui existait dans l'âme de Caligula et dans l'âme de tous ces mauvais empereurs, existait aussi dans la société de l'ère impériale. M. de Sacy l'a aperçu; car, discutant avec ceux qui insistent sur le thème facile de la corruption sous les premiers empereurs, et distinguant avec sagacité, il s'écrie : « Prodigieuse époque que celle-là ! A côté de
« toutes les misères physiques et morales, voyez pourtant
« quelle civilisation, quel éclat extérieur, quel
« goût des arts et des lettres, quel commerce entre les
« plus beaux pays du monde, réunis sous le même
« gouvernement et sous la même loi ! Tout est romain,
« depuis la Gaule et l'Espagne jusqu'aux florissants
« rivages de l'Asie Mineure et à la féconde Égypte !
« Voyez même quelle douceur de mœurs, quand les
« excès de la tyrannie se calment un moment ! Rome
« respire dans un bon jour de Claude ou dans les
« premières années de Néron. On court aux écoles des
« philosophes et des rhéteurs ; on y entend des personnages
« graves, à l'air digne, au maintien vénérable,
« qui discourent éloquemment sur la justice ou enseignent
« aux jeunes gens tous les secrets de l'art de
« parler. Ailleurs, ce sont des salles de lecture, dans
« lesquelles la plus brillante société de Rome se rassemble
« pour écouter des vers nouveaux et applaudir
« au poëte avec transport. Le bruit des acclamations
« retentit jusqu'au palais de l'empereur. Claude quitte
« son cabinet pour venir prendre place modestement
« parmi les auditeurs. Plus loin, le tribunal des centumvirs
« est ouvert. Des avocats, dans le plus beau
« langage du monde, remuent les passions et arrachent

« des larmes à leurs juges et à la foule qui les presse.
« Les autels fument pour une victoire de Germanicus
« ou de Corbulon. L'heure du souper arrive ; à toutes
« les tables sont assis, à côté du sénateur et du riche
« patron, des Grecs ingénieux qui discutent des ques-
« tions de morale ou de littérature. L'honnêteté même
« et l'antique sévérité de mœurs ne sont pas entière-
« ment éteintes dans cette Rome, la merveille et la
« reine du monde. On y trouve encore des matrones à
« la vie austère, des sénateurs du vieux temps, des Cor-
« nélie et des Caton, au moins par imitation. Quelques
« années après Néron, Tacite et Pline le Jeune seront
« consuls. Quand on lit les lettres de ce dernier, ne se
« prend-on pas à désirer d'avoir vécu de son temps ?
« Qui expliquera ces contrastes ? Qui pourra dire com-
« ment tant de lumières, d'élégance, de raison se
« conciliaient avec tant de barbarie et de corrup-
« tion ? »

J'ai cité avec plaisir cette page vraie et éloquente. Il y avait là toute une société éclairée et polie, amante de l'honnête et disposée à s'y conformer, pourvu que les temps ne fussent pas trop rigoureux. Mais, quand des fléaux tels qu'un Néron ou un Domitien s'abattaient sur elle, alors il lui arrivait ce qui arrivait aux chrétiens dans les persécutions : les méchants se faisaient délateurs, les faibles sacrifiaient aux idoles, et les forts allaient au martyre ; avec cette grande différence pourtant que chaque persécution laissait la société païenne plus débile et plus mourante, et la société chrétienne plus vivante et plus énergique. Rien ne finissait ; tout se remplaça. Les lettres aussi eurent même sort et présentèrent même spectacle. Quelle plus noble fin pourrait-on souhaiter à cette belle littérature latine, que de la voir, sous le coup de l'invasion des barbares et à l'approche d'une éclipse suivie d'une phase nouvelle, se couronner de l'auréole des écrivains chrétiens ?

Henri Estienne s'accusait d'être né paresseux et avec un penchant naturel pour la vie insouciante et oisive. M. de Sacy, loin de se récrier contre une pareille déclaration, et d'énumérer tant et tant de livres, d'éditions et de commentaires, dit tranquillement : « Eh
« bien ! oui, je le crois. Je suis persuadé que tous les
« gens d'esprit sont nés paresseux. Il n'y a que les sots,
« les esprits lourds et lents qui aiment naturellement
« le travail. Pour eux, le travail n'est qu'un exercice
« machinal, sans lequel ils ne se sentiraient pas vivre.
« Leur tête et leur main travaillent. Leur cœur et leur
« âme ne travaillent pas. Le travail de l'âme est le seul
« qui fatigue ; on le redoute, il épuise. On vit si bien
« avec ses propres rêveries ! Il est si doux de ne rien
« faire, quand on est avec soi-même en bonne et aima-
« ble compagnie ! » Je soupçonne fort M. de Sacy d'appartenir lui-même à la gent paresseuse pour laquelle il prend parti. Nous n'avons là qu'une boutade ; en voici le développement complet, animé, inspiré ; il s'agit de la passion de lire : « Quelle est l'âme sensible
« aux lettres qui n'ait pas fait ce rêve d'une vie toute
« plongée dans l'étude et dans la lecture ? Qui ne s'est
« figuré, avec délices, une petite retraite bien sûre,
« bien modeste, où l'on n'aurait plus à s'occuper que
« du beau et du vrai en eux-mêmes, où l'on ne verrait
« plus les hommes et leurs passions, les affaires et
« leurs ennuis, l'histoire et ses terribles agitations,
« qu'à travers ce rayon de pure lumière que le génie
« des grands écrivains répand sur tout ce qu'il repré-
« sente ? Quelles charmantes matinées que celles que
« l'on passerait, par un beau soleil, dans une allée
« bien sombre, au milieu de ce bruit des champs, im-

« mense, confus, et pourtant si harmonieux et si doux,
« à relire tantôt une tragédie de Racine, tantôt l'histoire
« des origines du monde racontée par Bossuet avec
« une grâce si majestueuse! Quel plaisir de ne pas se
« sentir tiraillé, au milieu de ces enivrantes études,
« par l'affaire qui vous rappelle à la maison, de ne pas
« porter au fond de l'âme l'idée importune de l'ennui
« qui vous a donné rendez-vous pour ce soir ou pour
« demain, et qui ne sera, hélas! que trop exact à
« l'heure; de ne rentrer chez soi que pour changer de
« livres et de méditations, ou pour se livrer à ce repos
« absolu, qui est doux comme le sentiment d'une
« bonne conscience! » Ainsi parle M. de Sacy. Mais, si
je sais noter les symptômes et porter un juste diagnostic, c'est là un cas manifeste de paresse confirmée et
raisonnante. Voilà tous les signes: lire et ne rien faire;
les livres et les heures oisives; la pénétrante langueur,
et, au sein de la lecture,

> Cette volupté sage et pensive et muette,

que célèbre André Chénier au sein des doux paysages,

> Quand, sorti, vers le soir, des grottes reculées,
> Il s'égare à pas lents au penchant des vallées,
> Et voit des derniers feux le ciel se colorer,
> Et sur les monts lointains un beau jour expirer.

Dans la lecture, chacun trouve son charme particulier. Le mien, c'est, à mesure que j'y chemine, de prêter l'oreille aux souvenirs qu'elle réveille, aux comparaisons qu'elle suscite, aux échos qu'elle fait parler. Les littératures européennes ont, dans l'antiquité classique, dans le christianisme et le moyen âge, trois racines communes; il y circule, malgré toutes les différences, une même séve que l'esprit peut se complaire à suivre en ses secrets canaux. Aussi n'aimé-je pas à franchir d'un seul trajet l'intervalle qui sépare l'antiquité classique de notre âge classique. Il ne me suffit même pas d'y annexer le seizième siècle et sa Renaissance. L'espace est encore trop grand. Personne n'est plus que moi d'avis qu'on ne doit pas demander à un auteur autre chose ou plus qu'il n'entend donner. Aussi je me contente de remarquer que, dans ces études de M. de Sacy, qui embrassent une telle variété d'objets, rien ne se rencontre sur le moyen âge. Pourtant un passage qui le laisse entrevoir me tente, et je le citerai : « C'est du temps d'Abélard, de saint Ber« nard, d'Innocent II, d'Eugène III, c'est au milieu de « tous ces hommes que Suger a vécu. Il ne suffit pas « de les nommer ; faites-les agir. Montrez-les-moi. Re« levez ces monastères détruits, ces églises abattues. « Que je voie la France du onzième et du douzième « siècle hérissée de tours et de châteaux, entrecoupée « d'abbayes et de couvents, et de loin en loin des villes « et des bourgs enfermés dans leurs hautes murailles ! « Cette société triste et sombre, elle avait cependant sa « grandeur morale et politique; elle courait aux croi« sades; elle avait en Dieu une foi ardente. Des que« relles d'école l'agitaient et la divisaient. Sous le froc « du moine, comme sous le casque du seigneur, la séve « des passions bouillonnait. »

Eh! bien, dirai-je à M. de Sacy, pourquoi vous arrêtez-vous? Entrons dans ces villes ceintes de hautes tours; ouvrons les portes de ces châteaux sourcilleux ; mettons le pied sur les dalles des cathédrales merveilleuses ; observons le luxe d'étoffes, de pierreries et d'armures ; assistons aux tournois où les chevaliers font leurs preuves, aux fêtes où les dames président. Tout cela est-il muet? La poésie et les lettres sont-elles inconnues dans ces demeures? La langue n'est-elle qu'un jargon incapable de rien exprimer? Pas le moins du monde. Leur langue, mère de la nôtre, est plus voisine du latin et, partant, n'est ni barbare ni grossière. Leur vers est le vers saphique, accommodé à la nouvelle prosodie par l'accent; véritable chef-d'œuvre qui, depuis neuf cents ans, n'a pas vieilli. L'esprit légendaire enfante des épopées; l'esprit satirique et frondeur s'épanche en fabliaux ou en compositions héroï-comiques; des chants d'amour, recherchés mais élégants et gracieux, éclosent sous ce nouveau soleil; et, comme dit Schiller dans sa pièce des *Quatre Ages*, « le « moine et la nonne se fustigèrent, le chevalier bardé « de fer joûta; mais, encore que la vie fût sombre et « sauvage, l'amour resta aimable et doux [1]. » Puis, pour comble, ce douzième et ce treizième siècle, anticipant sur de lointaines destinées, donnent à notre littérature, dans toute l'Europe qui écoute, lit, traduit, une influence incontestée. Des types sont créés qui ne seront pas effacés par l'injure des ans; ils vivent encore, sous toutes sortes de formes, dans les souvenirs et dans les œuvres; et, en dépit de la véritable histoire, les douze pairs meurent à Roncevaux avec Roland, dont le cor rappelle vainement Charlemagne de vallée en vallée.

Mais je m'arrête. M. de Sacy refuserait de m'accompagner si loin dans les régions féodales. Pour les douteuses clartés d'une érudition aventureuse, il ne quit-

---

1. Der Mönch und die Nonne zergeiselten sich,
   Und der eiserne Ritter turnierte;
   Doch war das Leben auch finster und wild,
   So blieb doch die Liebe lieblich und mild.

Si j'avais osé, j'aurais traduit *der eiserne Ritter* par *le chevalier fervestu*; locution si fréquente dans nos chansons de geste.

tera pas ce qui le charme. Il me laissera aller seul à ces études que j'ai un moment interrompues pour parler de lui et de son livre. J'ai beaucoup cité ; je l'ai suivi dans ses goûts et dans ses penchants ; j'ai indiqué le ton dominant qui donne l'unité ; j'ai obéi aux digressions qu'il me suggérait ; j'ai considéré comment, en une nature à la fois exclusive et tolérante, cette contradiction se concilie, au profit de l'exclusion qui ne devient point dure, et de la tolérance qui ne devient point banale ; et je me suis complu sans réserve à errer, sous la conduite d'un tel guide, de sujet en sujet, et à revoir ce passé littéraire, ces vingt-cinq ans qui sont, à lui et à moi, la meilleure part de notre vie. Que si l'on dit : c'est une plume amie qui a écrit ces pages, je n'en disconviendrai pas ; et, en me faisant honneur d'être fidèle à nos vieux souvenirs, j'ajouterai que, en tout cas, la plume amie a été plus tardive que l'approbation du public et le succès du livre.

III

NOUVELLE EXÉGÈSE
DE SHAKSPEARE

ou

INTERPRÉTATION DE SES PRINCIPAUX DRAMES ET CARACTÈRES
SUR LE PRINCIPE DES RACES

*New Exegesis of Shakspeare, interpretation of his principal characters
and plays on the principle of races,* Edinburgh, 1859 [1].

I

ENCHAINEMENT HISTORIQUE DES PRODUCTIONS DE LA POÉSIE

Les œuvres de l'esprit humain, comme celles de la nature, sont d'une contemplation infinie. La nature est sans bornes pour le savant et pour l'artiste. Que ne s'est-elle pas laissé dérober depuis que l'humanité, sortie de ses langes, s'essaye à découvrir les lois dont la régularité gouverne l'univers, ou à reproduire, d'une voix et d'un pinceau mortels, les immortelles beautés qui se confondent ou se contrarient dans l'ensemble immense! Quand le physicien et le poëte, sur le bord de l'Océan, assistent à ce grand spectacle d'une eau qui mystérieusement se gonfle et s'abaisse, l'un, tournant les yeux vers le ciel, y reconnaît les deux puissants moteurs qui, en passant, soulèvent les flots

1. *Revue des Deux-Mondes*, 15 novembre 1860.

hors de leur lit, puis les laissent retomber comme un fardeau trop lourd ; l'autre, à l'aspect de cette grandeur, sent le ravissement de la rive solitaire et de la mer profonde, et entend la musique de la vague bruyante, comme l'entendit *Childe Harold* en ces vers qui sont dans la mémoire de tous ; et l'âme va s'anéantir dans la douloureuse volupté de l'infini aussi bien avec la sévère spéculation qui l'éclaire qu'avec l'harmonieuse rêverie qui la charme. De même les œuvres du génie humain nous attirent sans cesse ; elles ont cela de particulier qu'elles sont un choix dans la nature, ne valant que parce qu'elles en tirent vérité ou beauté, la vérité et la beauté telles que la détermine le rapport entre l'esprit et les choses ; elles ont cela de curieux que, disposées l'une auprès de l'autre sur le vaste parcours du temps historique, chacune ne lève qu'un coin du voile et ne montre qu'un côté du monde ; elles ont cela de fécond que, s'enchaînant, elles constituent ce qu'on peut appeler la pensée et l'imagination de l'humanité créant au fur et à mesure le vrai et le beau. Aussi une culture profitable et pieuse ne les a-t-elle jamais délaissées. Le vieil Homère, tant expliqué par les Grecs, est, pour qui sait et qui veut, un thème incessamment nouveau ; et Shakspeare, tant commenté par ses compatriotes et ceux que j'appellerai ses demi-compatriotes, c'est-à-dire les gens du continent, donnera toujours à étudier comment un esprit splendide, à la fin du seizième siècle, idéalisa les hommes et les mœurs.

Bienvenue est donc une nouvelle interprétation de Shakspeare, nouvelle, dis-je, et qui, ne ressassant pas les opinions reçues, ne s'en serve que comme d'un marchepied pour monter plus haut. Il est certain que le poëte a été senti et compris par ses contemporains, qui ont commencé sa réputation, et par les générations suivantes, qui l'ont continuée. Celui qui l'admire aujourd'hui est ému en son âme ainsi que le furent ceux qui l'admirèrent alors; c'est la chaîne d'or décrite par Homère, et celle-là unit les mortels par l'enchantement d'une création idéale qui dure pendant qu'eux durent si peu. De même que Corneille et Racine surent arracher à leur société des applaudissements enthousiastes, de même Shakspeare éveilla dans le public anglais tous les sentiments qu'éveille la belle poésie. Le siècle d'Élisabeth ne se trompa pas plus que le siècle de Louis XIV; les deux publics donnèrent à qui la méritait une palme qui n'a pas été flétrie, et la donnèrent parce qu'ils étaient en pleine communication avec ce qui les charmait. C'est leur gloire, à eux, d'avoir fait la gloire de leurs poëtes; et l'Italie, qui tout d'abord s'éprit de l'épopée de Dante, montre en plein quatorzième siècle combien était vif son sentiment d'une belle, mais sévère poésie. En France, en Angleterre, en Italie, le génie est sorti des entrailles de la société, et la société a reconnu et adoré le fruit de ses entrailles.

La correspondance des poëtes et en général des artistes avec leur milieu, quelque grands qu'ils soient, est un point sur lequel on ne peut trop insister. Déplacez Dante de deux siècles et portez-le au milieu du onzième, ce qu'il produira sera une chanson de geste : il célébrera Charlemagne et ses preux, la lutte suprême de Roland sera chantée comme elle ne l'a été par aucun de nos trouvères, la prouesse féodale aura son Homère, tandis qu'elle n'a eu que des cycliques et un cycle où le génie, vrai et réel dans l'aveugle et collective légende, fait défaut quant à l'exécution réfléchie et particulière; mais la *Divine Comédie* n'aura pas son Dante, la *Divine Comédie*, cette composition où la poésie s'enveloppe de la religion et de la philosophie du moyen âge, où l'amour qui adore place une Béatrix adorable, où même un reflet lointain du monde païen vient se faire entrevoir en cette merveilleuse création de Virgile, *questa anima cortese mantovana*, mettant sa main tranquille en la main tremblante du voyageur égaré et le confortant de la pâle, mais sereine lumière de son regard, — si tant est même qu'un esprit comme Dante, épris aussi bien des austères contemplations que des visions radieuses, ne se fût senti froissé dans le tumulte des mœurs féodales et n'eût gardé le silence. Shakspeare, reculé aussi de deux cents ans, ne domptera pas la loi du temps ; au quatorzième siècle, il fera des mystères où sans doute éclatera une féconde imagination, mais il n'y aura plus ni Hamlet, ni Macbeth, ni Juliette, ni Desdemona, ni toute cette foule de drames que seule permettait la vie plus ample du seizième siècle. Au quinzième, Corneille mettra peut-être sur la scène l'héroïque intervention de Jeanne d'Arc, la défaite des Anglais, le sacre du roi à Reims; Racine, la douloureuse histoire de la captivité de la vierge et de son martyre; mais ils ne seront vraiment ni Corneille, ni Racine, c'est-à-dire des poëtes pleins des beautés de la Grèce et de Rome, inspirés par un temps de politesse et d'élégance, et habiles à ravir l'admiration par des créations grandes et correctes, pompeuses et contenues, c'est-à-dire à réaliser l'idéal qui vivifiait l'âme de leurs contemporains. Si on ne peut reculer vers le passé les esprits créateurs, on ne peut non plus les avancer vers l'avenir. Les anciens chefs-d'œuvre ne se recommencent pas. Si Homère, Shakspeare et Racine revenaient au monde, ils se hâteraient, pour me servir des fortes expressions de Bossuet, de rentrer dans leurs tombeaux pour ne voir pas combien toutes les conditions d'art et de beauté qui firent leur vie sont changées. Aussi, quand il y a des renaissances, elles portent d'autres noms, et les nouveau-venus se nomment Byron, Goethe, Schiller, André Chénier, Alfred de Musset, Lamartine, pour ne nommer que les morts.

M. O'Connell (c'est le nom de l'auteur de la *Nouvelle Exégèse de Shakspeare*) dit excellemment : « Tout génie « de l'ordre suprême, particulièrement dans les arts, est « l'expression, non l'instrument d'un avancement dans « l'évolution sociale. » En effet, la condition relative, si évidente dans le développement scientifique, est, quoique plus cachée et en dépit de préjugés prévalents, réelle en la série des œuvres de l'art. Il y a, dans les sciences, des nécessités que l'esprit le moins exercé aux choses historiques saisit comme insurmontables, et qui font que, pour passer au degré supérieur, il faut mettre le pied sur le degré inférieur. Cette conception, étendue si heureusement par Auguste Comte à l'ensemble des sciences, fut un trait de lumière bien vif, montrant qu'il existe une science générale, ce qu'elle est et comment les membres qui la composent sont aussi subordonnés l'un à l'autre que le sont par exemple les différents membres de la mathématique et de l'astronomie. Cette claire vue n'est venue que très-tard, si bien qu'il a été possible à une philosophie rudimentaire de placer au début et à l'origine de l'humanité une haute sagesse dont nous chercherions péniblement à retrouver les débris. C'est une faute connexe et non moins grande d'attribuer au début et à l'origine de l'humanité une suprême beauté perdue dans le lointain des âges et à peine entrevue par des générations grossières et dégénérées, ou, si l'on veut et pour exprimer cette opinion comme on l'exprime, de penser qu'à un certain moment la beauté est éclose pour ne plus revenir et ne plus avoir que des copies incessamment dégradées, et que les modèles classiques de Grèce et de Rome sont le terme au delà duquel tout décroît. Ce qui prouve que ces modèles, dont au reste je suis un des fervents adorateurs, n'ont pourtant qu'une splendeur relative, c'est que l'*Iliade*, tout *Iliade* qu'elle est et toute pleine d'une merveilleuse poésie, si elle apparaissait aujourd'hui et comme produit de l'art du dix-neuvième siècle, serait informe et puérile, et ce qu'elle a de plus vraiment beau, vu sous le faux jour d'un milieu qui n'est pas fait pour elle, se dégraderait aussitôt ; tant il est vrai que rien dans l'art ne peut être dérangé, que la poésie homérique ne garde son charme infini qu'à la condition d'avoir son vêtement ionien, de se marier au bruit de l'Hellespont et aux ombrages de l'Ida, et de nous raconter dans une langue harmonieuse et antique les antiques récits des dieux et des héros. A ce point de vue, il sera vrai de dire que, non moins que les œuvres de science, les œuvres d'art s'ajoutent les unes aux autres et se complètent, tendant ainsi à constituer un immense idéal qui se développe à mesure que se développe l'humanité.

Donc aujourd'hui il faut embrasser par la pensée ce vaste idéal, afin d'en considérer les stations lumineuses, c'est-à-dire celles qui sont signalées par l'apparition de quelque grand génie. Un esprit comme M. O'Connell, que la nature et l'étude ont fait éminemment philosophique, s'est placé naturellement dans l'ordre d'idées où les chefs-d'œuvre s'apprécient et s'expliquent par l'histoire. Toute critique absolue est épuisée et surannée. Les œuvres d'art renferment d'abord ce qui est du lieu et du temps, puis, si elles sont œuvres de génie, une part qui est destinée à tous les lieux et à tous les temps; et ce mélange inévitable est à la fois la cause qui les empêche de renaître et de se reproduire (car, ainsi que je l'ai dit, qui pourrait tolérer une nouvelle *Iliade?*) et la cause qui leur imprime une singulière beauté (car cette beauté est d'un monde auquel jamais rien de semblable ne reparaîtra). Pour user pleinement de tout l'essor que donne un tel agrandissement, il faut admettre sans restriction qu'il n'y a dans l'histoire, c'est-à-dire dans l'évolution graduelle du genre humain, aucune intervention surnaturelle qui en dérange en bien ou en mal le cours, aucune solution en un point ou en un autre de l'enchaînement des causes et des effets, en un mot que cette évolution est un phénomène naturel et aussi soumis à ses lois propres que l'est l'évolution du chêne depuis le gland jusqu'au moment où il couvre le sol environnant de son vaste ombrage. C'est un des principes fondamentaux de la philosophie positive, et, sans vouloir aucunement enrôler M. O'Connell dans l'école dont je fais partie, je puis dire qu'il admet ce principe et ajouter que tel qui l'admet est d'accord avec nous sur un point essentiel. Le reste, quelque important, quelque grave qu'il puisse être, est affaire de conséquences qui se dérouleront et d'avenir qui prononcera; mais le point décisif est de reconnaître que tout dans ce que nous connaissons obéit, y compris l'évolution des sociétés et l'histoire, à un ordre qui, réglé par les propriétés des choses inanimées ou vivantes, sera nommé naturel, par opposition à l'ordre surnaturel, principe des philosophies primordiales.

Cette conception essentielle, qui dès à présent divise le monde en deux partis, et qui, mieux que toutes les opinions conservatrices ou révolutionnaires, les caractérise l'un et l'autre, n'est encore, dans sa plénitude au moins, du domaine mental que de peu de personnes. Combien en effet y en a-t-il, d'un côté, qui soient disposés à considérer les religions non comme une intervention divine, mais comme un développement naturel par lequel l'humanité réalise son idéal de moralité sociale, ainsi que dans l'art elle réalise son idéal de beauté? et, d'un autre côté, combien y en a-t-il dont la science ait assez grandi et affermi l'esprit pour concevoir que, rien dans le monde ne pouvant être effectivement soustrait à la chaîne des lois universelles, l'histoire n'est qu'un cas particulier, bien que le plus complexe, de ce vaste enchaînement? Heureux ceux qui, dans l'état troublé des sociétés civilisées, sont arrivés à ce point culminant de la pensée philosophique, gage des réorganisations futures! Heureux ceux-là, dis-je avec confiance; car je ressens la satisfaction d'y être, sans craindre (car je ne suis pas celui qui y a conduit) qu'on n'accuse d'orgueil ma satisfaction. M. O'Connell y est aussi parvenu, et je l'y rencontre. Là est entre nous une concorde fondamentale, si bien que, sur les déductions ultérieures, nous pouvons être en discussion sans être en division, et après les douteuses excursions revenir au terrain solide d'où nous sommes partis. C'est qu'en effet difficile et laborieuse est l'extension d'un principe qui commence. Tout est devant lui sans voie et sans jalon; ceux qui s'engagent les premiers sont exposés à entrer en des ouvertures qui n'ont pas d'issue, ou bien à se frayer de faux chemins qui mènent loin du but; mais, quand le labeur de beaucoup de mains a éclairci le sol, alors les directions se dessinent, et l'on voit sans peine quel est celui qui, mené par un heureux instinct, a suivi la bonne.

II

TYPES NATIONAUX DANS LES PIÈCES DE SHAKSPEARE.
LES ITALIENS

D'après M. O'Connell, ce qui fait la grandeur particulière et nouvelle de Shakspeare, c'est que, s'élevant le premier à une contemplation plus étendue à la fois et plus profonde de la nature humaine, il a introduit dans ses drames non plus la peinture seulement d'individus ou de familles, mais l'esquisse et le caractère des races principales qui occupent l'Europe. « Le génie
« du poëte et du philosophe qui innovent est, dit-il, le
« pouvoir de saisir les germes qui naissent au fur et à
« mesure de l'évolution de l'esprit général, et de les
« amener, le poëte à la fleur et le philosophe au fruit.
« Ce génie a l'unité de ce qu'il embrasse, l'unité d'im-
« pulsion, de croissance et d'inspiration, tandis que les
« hommes d'un ordre inférieur n'ont d'autre unité que
« celle de l'objet qui est sous leurs yeux ou de l'art
« dont ils suivent les règles. De l'élaboration chaotique
« suscitée parmi les Grecs par les guerres de Troie, qui
« mêlèrent tant de peuples, et dont les phases et les
« faits prirent un corps mythique dans ce long inter-
« valle, — de cette élaboration, dis-je, naquirent fina-
« lement le grand Eschyle et le drame grec. Ainsi du
« cycle du moyen âge, chaos semblable, mais sur une
« plus grande échelle, de guerres, de races et de ro-
« mans qui personnifièrent les races, naquit à son tour
« Shakspeare. Bien que ces poëtes soient aussi ana-
« logues par l'origine que par l'excellence, leurs do-
« maines furent aussi divers que les époques et les
« scènes. Le Grec était limité à l'expérience d'un coin

« de l'Europe ; le poëte anglais avait l'Europe tout en-
« tière, avec vingt siècles d'histoire de plus. Le premier
« aussi, en sa qualité d'initiateur, doit avoir travaillé
« sur l'extérieur, sur les actions, les costumes, les cou-
« tumes des tribus qui appartenaient à ses traditions.
« L'innovateur moderne, au contraire, doit, allant par
« ordre, passer à l'intérieur, chercher les idées et les
« caractères qui sont les causes de telles apparences
« externes, et par conséquent dépeindre non des fa-
« milles et des tribus, mais des nations ou plutôt des
« races… Tandis qu'Eschyle avec l'ancien drame borna
« la sphère d'action aux limites de la famille, le fon-
« dateur du drame moderne la porta plus loin et jus-
« qu'à des groupes plus larges, conformément au pro-
« grès général dans la connaissance des hommes et de
« la nature. Ce que l'Asie-Mineure et la Hellade étaient
« au peuple d'Athènes, l'Europe, dans sa vaste en-
« ceinte, l'était aux Anglais de la Renaissance. Chez les
« anciens, la théologie, cause tout externe et toute pri-
« mitive, donnait le ressort de l'action et la limite des
« caractères ; chez les modernes, ce ressort et cette li-
« mite s'agrandirent et devinrent la fatalité tout hu-
« maine et tout interne de l'organisation. Les maisons
« des Pélopides et des Labdacides étaient le thème
« d'Eschyle ; les races germanique, italique, celtique,
« furent le thème de Shakspeare. Telle est du moins la
« conséquence des principes mis en avant, et en faire
« la vérification est l'objet de ce volume. »

D'après ce système, Iago, dans *Othello*, représente le caractère de la race italienne, Hamlet, de la race teutonique, et Macbeth, de la race celtique. M. O'Connell ne veut aucunement dire que ourdir des trames scélérates soit le propre de la race italienne, qu'assassiner sous le toit de l'hospitalité un roi débonnaire soit le type de la race celtique, et que la mélancolie d'une âme indécise et troublée soit le type de la race germaine. Non, Iago pourrait être honnête, Macbeth aussi saint que Duncan, et Hamlet aussi royal que le grand Alfred; mais dans l'un ou l'autre cas, dans le bien comme dans le mal, ils n'en seraient pas moins de vrais représentants de leur race, c'est-à-dire obéissant aux impulsions qui la poussent et bornés par les conditions qui la bornent. C'est ainsi que, exemple extrême et qui dira tout de suite ce que M. O'Connell entend, un homme d'une tribu des Peaux-Rouges pourra être aussi noble qu'Uncas et aussi méchant que le Renard-Subtil, sans sortir jamais du cercle fatal que lui impose la qualité de fils des primitives forêts de l'Amérique; ceux-ci ne ressemblent pas aux hommes blancs que l'habile romancier a mis auprès d'eux. Eh bien! ce que Cooper a marqué sans peine au dix-neuvième siècle et entre des types tranchés, Shakspeare, au seizième siècle et à une époque où ce n'était qu'une aperception de génie, l'a marqué pour des types si voisins qu'un grand poëte seul pouvait les dessiner d'une façon distinctive.

 Avant d'entrer en plus de détail avec M. O'Connell, j'ai besoin de prendre certaines précautions et de faire certaines réserves. Je vais marcher d'une part en le suivant, de l'autre en m'écartant de lui, et je veux éviter que cette double marche ait l'air d'une contradiction. La question, fort importante dans l'histoire de l'art, n'est pas autre que celle de l'origine, si souvent controversée, du drame romantique dans l'Europe moderne. Le point de vue nouveau qu'a ouvert M. O'Connell, en la rattachant à la diversité des races nationales, m'attire, et je m'en fais le complaisant et satisfait interprète; mais, par une voie dont le lecteur sera juge tout à l'heure, l'explication qu'il donne tourne à la grande glorification des Celtes, ou, pour parler plus précisément, de la France (et un Français n'a qu'à se réjouir de voir un étranger si plein d'une profonde et sincère admiration pour notre pays), mais aussi au grand détriment de l'Italie et de l'Angleterre. C'est là-dessus que je me sépare. Depuis que l'histoire a été clairement ouverte pour moi, j'ai toujours placé dans un très-haut rang ces deux nations si différentes : l'Angleterre, avec sa haute prospérité, n'avait pas besoin qu'on lui fît justice ; mais l'Italie en eut besoin, et ce n'est pas d'aujourd'hui seulement que je me suis rangé parmi ceux qui reconnaissent hautement ses mérites et sympathisent avec ses vœux[1]. Le livre de M. O'Connell n'a, je l'avoue, changé mon sentiment ni pour l'une ni pour l'autre. Que si l'on me reprochait de ne connaître l'une ou l'autre que de oui-dire et comme je connais Rome et la Grèce antiques, je répondrais qu'au point de vue purement historique où je me borne, il suffit, pour avoir une opinion sur une nation, de considérer quelles ont été ses œuvres dans les lettres, dans les arts et dans les sciences, comment elle s'est gouvernée au dedans et comment elle s'est comportée au dehors.

Venons maintenant à M. O'Connell, aux Italiens et à Iago. Comme la conception historique de M. O'Connell l'a conduit à donner aux Italiens une place secondaire en tant que race, il rencontre d'abord les Romains comme une objection anticipée. Voici donc ce qu'il regarde comme les traits essentiels du caractère romain : dans l'intelligence, nullité de la faculté organisatrice, faiblesse même de la réflexion, prééminence

---

1. Ceci a été écrit au moment où l'armée française, ayant fait sa jonction avec l'armée piémontaise, gagna deux sanglantes batailles, décisives pour l'affranchissement de l'Italie.

de la sensation et de cette compréhension concrète qui gagne en intensité parce qu'elle est étroite, et en clarté parce qu'elle porte sur le détail. Ces traits positifs et négatifs sont manifestes par l'histoire. Les Romains n'eurent jamais un penseur, un philosophe, un système ; le peu d'écrivains spéculatifs qu'ils produisirent copièrent les Grecs, ou furent d'informes compilateurs de faits et de fables, comme Varron et Pline. Ils stigmatisaient du titre d'inconsistance la susceptibilité qu'avaient les Grecs pour les influences de la dialectique ; leur propre stupidité apparaissait solidité, parce qu'elle ne se laissait pas ébranler par de tels mobiles. Les seuls arguments qu'ils affectaient, les seules spéculations qui les intéressaient se rapportaient aux augures et à la divination ; et même leur religion n'était qu'un pur rituel, sans apparence d'âme ou de doctrine. Ce qu'ils voyaient, ils le saisissaient avec précision, avec profondeur, avec obstination, mais en s'élevant à peine au-dessus du physique, du particulier, de la pratique. Leur seule création abstraite est le code de jurisprudence, qui ne demande ni raison ni réflexion, qui même les exclut ; car la loi, étant injonctive et ne s'occupant que de faits, ouvre le champ non à l'argumentation ou à l'inspiration, mais au jugement et à la définition. Le principe moral était, comme la religion, extérieur, et reposait sur l'usage et la superstition. Dans les manières, les Romains étaient plutôt gracieux que polis ; accessibles aux impressions du dehors, mais ne recevant rien de l'intérieur, ils avaient de la courtoisie sans être cordiaux, de la dignité sans être délicats ; ils manquaient de la sympathie et de l'humanité qu'implique le mot *gentleman* ; leur rang eût été bas dans la chevalerie du moyen âge, et de fait leurs descendants trafiquaient au lieu d'aider dans les croisades. Au point de vue public ou social, cette race était patriotique, en tant que patriotique est opposé à personnel et à philanthropique. Le patriotisme, comme le nom l'indique, étant un attachement à la patrie, à la terre, était en plein accord avec le cercle purement physique ou concret de l'intelligence romaine; Rome était territorialement regardée par les Romains comme le chez-soi (*home*) est individuellement regardé par les Teutons. La tendance était par conséquent opposée à la dispersion, et favorisait l'unité, mais l'unité d'agrégation, non d'organisation. Ce fut cette tendance qui les conduisit à la conquête du monde, et ce défaut qui fit qu'ils commencèrent à le perdre dès qu'il eut été conquis. Maintenant tous ces défauts sont voilés par l'idéal qu'on s'est fait de Rome. Dans les conquérants du monde, la rustique ignorance fut vertu et simplicité, le stupide mépris des Grecs subtils fut conclusion profonde d'un sens solide, le manque absolu de conscience fut stoïque fermeté de caractère, la superstition formaliste fut une religieuse scrupulosité, leur impuissance civile d'organisation un sage souci de la liberté publique, leur aveugle avidité de pouvoir et de conquête magnanimité civilisatrice.

J'avoue que je suis, comme M. O'Connell, de ceux qui s'efforcent de dissiper les illusions que l'éloignement et le respect de l'antiquité peuvent créer; j'avoue encore que, dans ce tableau, certains traits sont exacts, par exemple l'infériorité des Latins par rapport aux Grecs quant à la philosophie et aux sciences; mais je ne puis accepter comme portrait ressemblant l'esquisse qui vient d'être citée : des parties font défaut et d'autres sont grossies. Dans un beau passage, M. O'Connell, rappelant que nous n'avons qu'un fragment de la littérature et de l'histoire des Grecs et des Romains, dit :
« Le gouffre des siècles d'obscurité où elles disparurent

« fut un gain et non une perte ; il engloutit ce qu'il y
« avait de vulgaire et de conforme à la simple huma-
« nité dans la Grèce et dans Rome, et n'en laissa sur-
« nager que les grandes parties dans l'enchantement
« d'un mirage. Ces deux nations furent ainsi placées sur
« le piédestal de l'histoire comme une excitation à la
« postérité et un idéal qui sert d'exemple. » Cela est
aussi bien dit que pensé ; mais avoir pu, après s'être
dépouillée, dans le lointain des âges, des humbles et
tristes vulgarités, laisser de soi un idéal, que faut-il
de plus pour rehausser et remettre à sa place la nation romaine?

Cela me suffit ici ; pourtant il est encore une proposition sur laquelle je ne puis être d'accord avec
M. O'Connell, celle où il dit que les Romains atteigni-
rent l'unité de leur empire à travers des siècles de sang
et de crimes. Je la concevrais, sans l'approuver, chez
un moraliste qui, n'ayant pour se diriger qu'un point
de vue abstrait, transporterait dans le passé des appréciations absolues, et jugerait ce qui se fit par ce qui de
son temps doit se faire ; mais, si la morale même est relative, à plus forte raison l'historien est-il tenu d'estimer
les choses conformément à ce qu'elles purent être suivant les temps, les lieux et le développement de l'histoire et de la civilisation. Or la guerre est une de ces
fatalités attachées par la condition des choses aux premières phases de l'évolution du genre humain, fatalité
qui décroît de jour en jour, et dont la philosophie sociale
espère, prévoit même l'extinction, mais qui alors eut
sa raison d'être dans la nature de l'homme et sa pleine
action dans l'histoire. S'emporter contre elle serait
comparable à la colère du naturaliste qui, étudiant les
animaux condamnés à se nourrir d'une proie vivante,
leur ferait leur procès. Sans doute on peut rêver et

souvent moi-même je l'ai rêvé, j'en conviens, on peut rêver que les animaux et l'homme en particulier n'eussent pas été astreints à cette cruelle loi ; mais, quand on étudie, il faut écarter les rêves et les vains souhaits, et envisager la nature dans sa réalité, quelque rigoureuse qu'elle soit. La comparaison est exacte, du moins pour le début des choses : la sauvagerie est toujours en guerre ; dès l'aurore de l'histoire, les Pasteurs subjuguent l'Égypte, et Sésostris porte au loin ses armes. La seule question qui reste, c'est de savoir si les Romains, dans cet exercice inévitable des impulsions primitives, ont été, plus que les autres peuples, souillés de sang et de crimes. Eh bien ! on peut affirmer que, s'ils ne le furent pas moins, ils ne le furent pas plus. Ce fut un grand progrès quand la guerre, de purement destructive, devint conquérante et forma des empires, et quand de conquérante elle devint civilisatrice ; ce qui arriva quand elle fut portée par les Grecs et les Romains dans les contrées barbares. Les Romains eurent conscience de leur rôle alors qu'ils disaient, par la bouche de Virgile :

Tu regere imperio populos, Romane, memento,

et qu'ils célébraient par celle de Pline, dans une phrase encore plus décisive, *l'immense majesté de la paix romaine.*

Ce portrait de la gent latine est aussi, on le comprend, celui des Italiens ; et, selon M. O'Connell, si les Romains revenaient sur le théâtre du monde, ils n'y auraient pas un autre rôle que celui que l'Italie y joue, aujourd'hui que d'autres races, douées de qualités supérieures, ont pris leur place et leur fonction : à quoi j'objecte aussitôt que cette assimilation ne peut être complète, car elle cloche en un point essentiel. Tandis que les Romains n'ont, comme il est reconnu, qu'un rang tout à fait subordonné dans les sciences, l'Italie a noblement payé sa quote-part au tribut apporté en commun par les nations européennes; et, tandis que Rome, belle dans le premier des arts, la poésie, est nulle dans le reste, l'Italie, qui n'a pas pour cela déchu dans la gloire des compositions poétiques, est reine par la musique et par la peinture. Je ne suis pas de ceux qui pensent que l'Italie moderne soit en décadence par rapport à l'Italie ancienne : ce qu'on peut appeler sa déchéance politique ne date que du seizième siècle, est comparable à celle qui ne tarda pas à frapper aussi l'Espagne, dépend, au fond, d'une cause identique, l'oppression ecclésiastique compliquée ici de la domination étrangère, et vient de recevoir un relèvement extraordinaire. Mais à ceux qui l'admettent M. O'Connell demande, en raillant, comment ils peuvent l'expliquer, eux qui prétendent que le sang germanique fut un sang régénérateur pour les nations abâtardies de l'empire latin, et qui savent qu'une portion de ce *noble* sang fut infusé dans l'Italie par la conquête ostrogothe et lombarde. Quant à moi, je l'ai plusieurs fois soutenu et je prends occasion de le répéter, je regarde l'invasion des Germains comme ayant non pas accéléré, mais retardé l'évolution de l'Occident, en ce sens du moins qu'elle mêla des races moins civilisées à des races plus civilisées, créant ainsi un terme moyen et inférieur qui demanda quelque temps pour se relever. Toutefois je pense, et en ceci je vais contre l'opinion de M. O'Connell, qu'une invasion celtique n'aurait pas produit un moindre dommage. Seulement Germains ou Celtes, une fois implantés, devenaient d'excellents éléments, et ce n'était qu'un retard.

Iago appartient à ce type latin ou italien tel que le décrit M. O'Connell, ou, pour parler tout à fait comme lui, c'est un personnage qui, trouvé dans l'ancien récit, est devenu, grâce au génie de Shakspeare, un portrait de la race italienne : personnage méchant ou honnête, il n'importe, je l'ai déjà dit, mais en l'un et l'autre cas personnage enfermé dans un certain ordre de pensées, de mobiles, de combinaisons d'où le poëte ne l'a jamais fait sortir. Iago est le véritable héros de la tragédie : cela, pressenti bien des fois, est remis en lumière par M. O'Connell, qui veut du moins que cette primauté ne soit pas ôtée *à un peuple glorieux, infortuné, et qui a rendu des services ;* je rapporte ses expressions, afin d'écarter l'odieux que suscite au premier abord une telle comparaison. Si je ne pense pas ce que pense M. O'Connell, qu'il y ait dans les traits qui peuvent caractériser l'Italie des traces d'incapacité essentielle pour certaines grandes choses de l'ordre intellectuel et moral, j'accorde pleinement que Shakspeare a dessiné d'une main aussi sûre que délicate ce redoutable personnage, et j'y vois un Italien du seizième siècle qui, sentant bien la criminalité de ses actions (Iago ne laisse pas de doute à ce sujet), se met froidement au-dessus et pratique dans la morale privée ce dont Machiavel fit la théorie dans la morale publique. Au quinzième siècle les schismes et au seizième les déchirements de l'unité catholique portèrent dans la politique et la morale la même dissolution que dans la théologie, et il y eut à ce moment un rude assaut pour la politique et la morale. Les Italiens seuls avaient alors des conceptions assez générales pour embrasser en un système cet état de dissolution, et ils l'embrassèrent par Machiavel ; mais leurs tyrans n'étaient pas plus déloyaux que les Ferdinand de Castille, les Louis XI de France, les Richard d'Angleterre.

Je ne suis pas toujours satisfait du procédé que M. O'Connell emploie pour caractériser les races; cela est sans doute fort difficile, et j'essayerai plus loin, non pas de tracer ces caractéristiques, mais d'indiquer quelques-uns des traits essentiels qu'il importe, suivant moi, de prendre pour guides. En attendant, je dirai qu'à mon avis ce qu'il faut craindre, c'est de prendre le cas particulier pour le cas général. Ainsi est-il vrai de considérer comme un attribut réel du caractère italien l'emploi du poignard pour combattre les tyrans de leur pays et l'arracher aux mains qui l'oppriment? Je ne crois pas que ce soit l'attribut d'aucune nation; mais, si ce l'était, ne devrait-il pas être noté expressément dans la caractéristique de la nation française? Depuis Poltrot de Méré, qui assassine le duc de Guise, jusqu'aux vingt assassinats d'Henri IV, en passant par les Guise que tue Henri III et Henri III que tue Jacques Clément, quelle série de meurtres suscités par le désir de se débarrasser d'hommes politiques qui gênaient! Puis vient sous Louis XIV et Louis XV (car on peut à peine mentionner Damiens) un repos où les assassinats politiques n'apparaissent plus. La révolution éclatant, ils recommencent; Lepelletier Saint-Fargeau, Marat en sont les victimes; Napoléon échappe à la machine infernale; le duc de Berri tombe sous le poignard, et sept tentatives sont faites contre la vie de Louis-Philippe. Il suffit de rapprocher les faits pour montrer que ce sont des passions accidentelles qui soulèvent ces orages. De même, chez les Italiens, le poignard n'est devenu une arme politique que depuis que l'idée d'une libre Italie, s'éveillant dans leurs âmes, a excité les uns à l'insurrection, les autres au guet-apens pour délivrer leur pays.

Iago, Italien raconté dans un récit italien, a nécessairement toutes les touches intérieures et extérieures qui le font indigène d'un pays, membre d'une nation. Le moment créateur dans Shakspeare fut quand il voulut non pas effacer ces touches pour aller à ce qu'il y a de plus général dans l'homme, mais les conserver et les achever pour les superposer, comme fait la réalité, à ce qu'il y a en l'homme de plus général. Là fut l'origine de son drame nouveau. Dès lors que l'œil de son génie s'ouvrait sur cette condition de l'art, tout venait lui faciliter sa tâche. De son temps, les nations, ne s'étant point assimilées autant, portaient des signes visibles. Qui, à première vue, ne reconnaissait un Lombard, un Italien, et qui, dans son esprit, n'avait une idée toute faite de certains types alors frappants? Ces nations, ces variétés humaines posaient, grâce à cent légendes, devant le poëte, et le poëte put voir et crayonner.

III

TYPES GERMAINS ET CELTES

Dans *Othello* sont Iago et les Italiens, dans *Hamlet* les Germains, dans *Macbeth* les Celtes. Si j'ai bien compris M. O'Connell, tandis que l'Italien reçoit naturellement ses impressions du dehors, le Teuton les reçoit naturellement du dedans, et le Celte lie par sa nature intermédiaire les deux points de vue. Cette remarque mérite d'être recommandée à l'attention de celui qui, s'occupant de la biographie des peuples, cherche à introduire dans leur histoire les motifs profonds, mais réels, de leurs actions; mais elle le mérite, suivant moi, sous deux conditions qu'il importe de signaler. D'abord, par Celtes on entendra les Français, puisque, parmi les populations dont l'origine remonte jusqu'aux Celtes, il n'y a que les Français qui témoignent de cette aptitude; les Bas-Bretons durant leur autonomie, les Gallois, les Gaëls d'Écosse et même les Irlandais, qui forment un gros corps de nation, en un mot tous ceux qui n'ont pas été latinisés n'ont jamais joué ce rôle et exercé cette influence. En second lieu, les trois traits de l'Italien, du Teuton et du Celte signalés par M. O'Connell sont une manière d'être de l'esprit qui lui donne une certaine empreinte, mais qui ne le limite en aucune façon. C'est, si je puis me servir de cette comparaison, un timbre propre à chacune de ces nations : dans les corps sonores, le timbre est argentin, ou cuivreux, ou aérien, sans que pour cela le nombre des vibrations soit limité ou la pureté du son altérée. De même ici, France, Italie, Angleterre, Allemagne, Espagne, résonnent différemment aux souffles des événements et des idées, sans que pourtant, d'aucun côté, les grandes choses et les grandes idées aient fait défaut ou doivent faire défaut. Dans le long cours du temps, les équivalents s'établissent entre ces populations qui, comme on le verra dans le paragraphe suivant, ou sont de même race, ou ont été assimilées par une civilisation commune. Bien plus, ce long cours du temps produit, dans le sein d'une même population, des changements appréciables : les Latins étaient sans aptitude pour les hautes parties de l'art, et les Italiens y excellent; les Allemands sont musiciens, et les Germains mêlés de Celtes qui occupent l'Angleterre ne le sont guère. En France, il n'y avait que la chevalerie ou gendarmerie qui fût estimée militairement : on écrasait la *piétaille* à Crécy et à Poitiers; plus tard on soudoyait des fantassins suisses, écossais, allemands, et aujourd'hui l'infanterie française compte parmi les meilleures. A ces faits pris au hasard je n'attache d'autre importance que de montrer ce que des influences diverses peuvent dans une nation, à plus forte raison entre nations. C'est ainsi que, tout en refusant d'admettre entre les races européennes des gradations spécifiques, on découvre un riche fonds de différences nationales, et sur ce fonds Shakspeare a travaillé.

Shakspeare n'a failli ni aux récits qui lui ont fourni Hamlet, ni à son propre génie, en traçant la figure du prince de Danemark, et on le sent bien vivement en passant d'Othello à Hamlet. M. O'Connell a étudié cet antique Teuton d'un œil perçant et sévère; il a mis en lumière de curieux détails, et celui qui aime ce qui est piquant admirera avec quel art, avec quelle passion, avec quelle profondeur parfois, par quels tours de force en d'autres cas, il tire de Shakspeare un portrait du Teuton, ou, pour mieux dire, de l'Anglais, qui n'en fait plus qu'un homme de commerce, de guerre, d'égoïsme brutal et d'intelligence pratique, mais fermée aux hautes conceptions qui savent organiser.

Je note en passant certains points, essentiels à mon gré, et sur lesquels je diffère avec M. O'Connell; je les note dans un esprit de controverse philosophique qui croit devoir au lecteur les motifs de discordance comme ceux de concordance. « Le Teuton, dit M. O'Connell,
« portant, ce semble, le monde de ses intérêts avec
« lui-même, et ne se souciant du monde extérieur que
« comme subordonné à ces intérêts, est l'homme destiné
« à la progression physique et au cheminement, l'homme
« des colonisations, des affaires et du commerce; mais,
« par une autre conséquence de cette direction tout
« externe, il est aussi l'homme des causes finales, car,

« comme tous les hommes, il supplée au côté faible de
« son intelligence en supposant une intervention de la
« Divinité, qui pourvoit. » Il est certain qu'il n'y a pas
longtemps encore les livres anglais étaient infestés de
cette puérile manie de la finalité : témoin ce savant
anglais qui, décrivant les dents longues et tranchantes
d'un saurien antédiluvien, louait la bienveillance de la
Providence de l'avoir ainsi armé, et oubliait, en faveur
du mangeur, les intérêts et les souffrances des mangés.
Toutefois cela est propre non à une nation, mais à un
état théologique de l'esprit pendant certaines périodes.
Nous-mêmes, nous n'avons pas manqué de ces théologies où l'ordre du monde est conçu non comme un ensemble de conditions immanentes, mais comme un
ensemble d'opérations explicables par leur but. Les
anciens, dès que le monothéisme philosophique commença de luire à leurs yeux, abondèrent en ces interprétations; le Grec Galien en fit la base de son grand
traité de l'usage des parties du corps humain. Les causes
finales sont une phase que traversent la science et la
philosophie, et non un terme au delà duquel certaines
nations ne peuvent s'élever.

Enfin viennent Macbeth et les Celtes : Macbeth, prince
des Gaëls d'Écosse, qui parlent encore le vieil idiome celtique; les Celtes, cette race qui, suivant M. O'Connell,
réunissant la maîtresse faculté des deux autres, se
trouve portée sur un plan plus élevé. Voici comment
il la caractérise : « Dans l'intelligence, prédominance
« de la faculté raisonnante, en tant qu'opposée aux
« tendances réflectives et perceptives, ou, dans le lan-
« gage de la méthode, contrôle et complément de l'in-
« duction et de l'analyse par le moyen de la synthèse.
« La conduite est raisonnée, circonspecte, systéma-
« tique. En moralité, la conséquence de l'acte, c'est-

« à-dire la conformité de l'acte avec les promisses, a
« plus de poids que les motifs dictés par la conscience,
« comme chez les Teutons, ou le but poursuivi, comme
« chez les Italiens; car la raison, venant enfin à con-
« naître que les impulsions de l'homme ou ses desseins
« n'ont pas le pouvoir d'altérer l'ordre de l'univers,
« se résigne à étudier et à suivre cet ordre naturel
« à travers un tissu de rapports où tout est gradation
« conséquente. Dans la spéculation, cette race doit être
« méthodique, organisatrice, par opposition à celles qui
« ne savent qu'accumuler ou explorer, et, au point de
« vue théologique, opposer la fixité des institutions à
« la turbulence du prophétisme et à la torpeur de la
« théocratie, ou, en termes concrets, le calvinisme et
« le gallicanisme aux extrêmes contraires du roma-
« nisme et du protestantisme. Les manières doivent être
« à la fois dignes, courtoises et cordiales, en tant que
« procédant d'un tempérament où l'excellence du sys-
« tème nerveux a relevé la servilité du tissu cellulaire
« et la rudesse du système vasculaire. Finalement, les
« tendances sont non pas, comme dans Hamlet, tour-
« nées en dedans et individuelles, non pas, comme
« dans Iago, tournées vers des passions et des intérêts
« de famille, mais dirigées vers la circonférence, expan-
« sives, généreuses, magnanimes, en un mot sociales.
« Ces qualités, ainsi que dans les autres races, ont leurs
« vices, où elles tombent. Celle du raisonnement mène
« à une réserve débilitante, à une timidité dans les en-
« treprises nouvelles ou importantes qui provient de
« la faculté de se représenter d'avance toutes les éven-
« tualités. Dans la morale, l'esprit de conséquence de-
« vient une sorte de callosité à l'égard de toute cruauté
« qui est impliquée dans la logique de la situation.
« Regardant principalement aux moyens qui sont l'ob-

« jet de la raison, non aux motifs, comme dans la con-
« science, ni au but, comme dans la religion, l'homme
« de raisonnement peut, une fois lancé, être poussé de
« crime en crime, sans malveillance de dessein, sans
« cruauté de caractère, mais simplement par obéissance
« aux exigences commandant la conséquence avec ce
« qui est fait et la consommation de ce qui est conçu.
« Le côté faible de la philosophie est une indifférence
« pour les suggestions des sentiments et des supersti-
« tions du genre humain, indifférence inspirée par une
« confiance prématurée en la suffisance de la raison,
« ou, si l'on veut, ce sera un excès de théorie qui n'est
« pas appuyé sur les faits et les traditions appartenant
« aux autres races. Quant aux manières, le défaut se
« manifeste de deux façons : être trop accessible aux
« impressions de la société, ce qui rend inconstant, et
« faire perversement des qualités qui ornent l'homme
« un masque de dissimulation. La manie de la socia-
« bilité atteint son extrême, quand, revêtant cette forme
« d'ambition qui n'est ni avidité brutale ni aveugle do-
« mination, elle devient ce qui a été si bien décrit
« comme la dernière infirmité des nobles âmes, un
« désir de gagner l'approbation ou même un souci du
« monde tel qu'on sacrifie les droits privés à la consi-
« dération collective. »

Ce portrait celtique, où des traits irlandais se remar-
quent, est cependant surtout français. Mais, au fond,
il reste celtique, puisque nous sommes les descendants des Gaulois et leurs héritiers pour ce pays que
baignent l'Océan et la Méditerranée, et que bornent
les Pyrénées, les Alpes et une frontière ambiguë dans
les plaines belgiques. Autrefois cette lisière était Gaule
aussi ; mais depuis longtemps des tribus germaniques
s'y sont établies et y ont gardé leur idiome teuton,

tandis que les Gaulois se laissèrent modifier par l'influence de Rome au point d'échanger leur langue pour le latin : effacement si complet que ce fut une tâche laborieuse pour l'érudition de démontrer que la langue des Gaules était de même famille que le celtique de Basse-Bretagne, du pays de Galles, d'Écosse et d'Irlande ; effacement enfin qui serait très-surprenant, si le même phénomène ne s'était produit aussi en Espagne pour l'ibérien, en Italie pour l'étrusque.

Je recommande aux lecteurs de cet ouvrage le chapitre de Macbeth et des Celtes ; certainement, quelque restriction qu'ils apportent aux vues de M. O'Connell, ils en retireront le profit d'avoir envisagé Shakspeare sous un jour nouveau, et pénétré plus avant dans les sources de son génie. Je parle également aux lecteurs anglais et aux lecteurs français ; seulement, pour goûter ce qu'il y a de neuf et de profond, l'un devra impartialement s'élever au-dessus de la rigueur avec laquelle tout ce qui est anglais est traité, et l'autre au-dessus de la faveur avec laquelle est traité tout ce qui est français. Voyez en effet quelles atténuations on apporte à nos mauvaises actions, et sous quelles grandes qualités on voile nos mauvais côtés. L'esprit routinier qui nous arrête n'est plus qu'une raison étendue qui aperçoit de loin et au loin les éventualités ; les odieuses cruautés qui souillent notre histoire ne sont qu'une logique rigoureuse qui passe de la conception au résultat. Voyez aussi comme ce qui, selon moi, appartient à la date est attribué absolument à la race, je veux dire la rationalité qui caractérise la révolution française. Certes, si cette révolution, au lieu d'éclater en 1789, eût éclaté en 1640 comme la révolution anglaise, non-seulement elle n'eût pas été philosophique et axiomatique comme elle a été, mais encore elle ne pouvait, comme le prouvent la Fronde et ses tumultes contemporains, que rester au-dessous de la révolution anglaise, entre un protestantisme avorté et un catholicisme ébranlé. Pendant que M. O'Connell attribue aux Celtes et aux Français une supériorité de race, il me semble curieux de rappeler qu'à la fin du premier empire et sous l'impulsion des haines violentes suscitées contre notre nation par les guerres impériales, il fut, dans quelque recoin de l'érudition allemande, question de nous comme d'une race inférieure et indigne d'être européenne [1].

Byron a raillé ceux qui, dans la nation anglaise, s'inquiéteraient de savoir s'ils sont de descendance saxonne ou normande, à peu près comme si quelqu'un de nous s'inquiétait en France de savoir s'il est d'origine gauloise ou latine, ou franque, ou burgonde, ou visigothe. Depuis longtemps, tous ces éléments sont confondus en un seul corps, la nation française; même les étrangers qui viennent de temps à autre se fixer chez elle s'y absorbent, et Mirabeau, bien que d'une famille originaire d'Italie, est pleinement français; mais, historiquement, il importe de conserver les filiations nationales, absolument effacées pour les individus. C'est à ce titre que je réclame contre une assertion de M. O'Connell relative aux Normands; je parle des Normands de notre Normandie. Il les range, du moins ceux qui figurent dans les pièces de Shakspeare, parmi les populations teutones. Je ne puis accepter cette assimilation. L'invasion scandinave fut la dernière des invasions germaniques sur le sol de la Gaule; mais elle n'en diffère en aucune façon, et peut même servir à éclairer l'histoire de celles qui, étant

---

1. Ne dit-on pas, aujourd'hui même, dans la victorieuse Allemagne, que nous sommes une espèce de Peaux-Rouges? *Væ victis!*

plus anciennes, sont plus obscures. Nos Normands ne sont pas plus Scandinaves qu'on n'est, dans le reste de la France, Franc ou Visigoth ou Burgonde. A part la descendance de Rollon, le premier duc, descendance qui d'ailleurs ne dura pas très-longtemps, tous ces Scandinaves se fondirent dans la population neustrienne, et y perdirent leurs mœurs, leur état social, leur nom, leur langue. Autrefois en France il y avait, non pas ce que nous appelons des patois, mais des dialectes dans lesquels chaque grande province écrivait ses compositions, sans se conformer, comme aujourd'hui, à une langue unique. Le dialecte normand était un des principaux; et dès la fin du XII° siècle ces prétendus Scandinaves ont, par de longs poëmes, tenu leur place littéraire dans la langue d'oïl. Une étude des dialectes parlés sur le sol de la Gaule depuis la Méditerranée jusqu'aux côtes de l'Océan et au pays wallon montre[1] que ces dialectes, toujours latins, suivent une dégradation régulière à mesure qu'on s'éloigne davantage du territoire latin, sans que jamais un ressaut quelconque indique qu'en tel ou tel point se soit trouvée une population ou franque, ou burgonde, ou visigothe, qui ait donné au parler un caractère plus germanique qu'au reste. Eh bien! cela est vrai pour notre Normandie; là aussi la dégradation dialectique suit sa marche indépendamment de toute influence scandinave. Il est donc vrai que, si nous sommes Celtes, nos Normands le sont aussi et au même titre, c'est-à-dire que, Neustriens devenus Latins comme les autres Gaulois, ils ont, comme les autres Gaulois, absorbé et assimilé les envahisseurs germaniques.

Les Gaulois, en renonçant à leur langue pour adop-

---

[1]. Voy. É. Littré, *Histoire de la langue française*, t. II, p. 91.

ter le latin, ont rompu leurs liens avec les populations celtiques qui gardèrent la leur. Singulier échange qui suggérerait que les Français descendent de colons latins ayant refoulé les indigènes, si l'on ne savait historiquement qu'aucune population latine ne couvrit le sol en assez grand nombre pour submerger la nation gauloise ; Pline témoigne que la Province, que nous nommons aujourd'hui la Provence, était devenue tellement semblable à l'Italie qu'on ne l'en distinguait plus ; cette assimilation gagna de proche en proche jusqu'aux derniers confins de la Gaule ; la langue gauloise fut de plus en plus reléguée. Quand l'invasion germaine commença, on courut risque de devenir Germains comme l'Angleterre le devint ; mais chez nous, comme en Espagne et en Italie, cette invasion fut absorbée et le triomphe des langues d'oïl et d'oc, filles de la latinité, montrèrent que définitivement la population gauloise avait pris le dessus. Cette fusion dans la latinité fut une rupture avec la celticité, rupture qui fut bien profonde, mais qui n'empêcha pas qu'il ne reste des liens véritables entre nous et les populations demeurées pleinement celtiques. A ce titre, l'Irlande, aujourd'hui le seul grand centre celtique qui subsiste, nous intéressera toujours. Je n'ai pas à m'enquérir ici pourquoi elle a été si malheureuse sous le régime anglais ; ce ne fut pas précisément l'oppression tyrannique, car les protestants français ont été, sous Louis XIV et après lui, bien plus opprimés sans être jamais tombés à un tel point de misère. Ce ne fut pas non plus la différence de religion, car les catholiques français du Canada ont merveilleusement prospéré sous la domination britannique, ce qui, en passant, prouve que les Français n'étaient point impropres à la colonisation, et que leur infériorité d'alors ne tint qu'à l'infériorité de leur gouvernement, qui, non contrôlé, devait certainement être vaincu par un gouvernement contrôlé. Quoi qu'il en soit de cette situation irlandaise, il est remarquable que les Irlandais n'aient pas mis en usage le procédé qui de nos jours a réussi à plusieurs nationalités opprimées ou menacées? Je parle de la résurrection d'une littérature nationale autour de la langue nationale remise en honneur. C'est ainsi que les Hongrois, les Roumains, les Bohémiens et même les Flamands de la Belgique se sont défendus tantôt contre l'oppression, tantôt contre l'absorption. Pourquoi les Celtes d'Irlande n'agissent-ils pas de même? Pourquoi les patriotes, les jeunes gens, se groupant autour du vieil et vénéré idiome, n'en font-ils pas le ralliement commun de leurs aspirations nationales et politiques? Je n'ai aucun droit pour répondre à cette question, et c'est en définitive aux Irlandais eux-mêmes qu'il appartient de décider quelle est la voie la meilleure pour sortir d'une position qui les blesse, soit la fusion plus intime avec l'Angleterre, soit une séparation plus profonde avec ou sans l'aide de l'idiome celtique.

De cette revue faite à la suite de M. O'Connell, j'arrive à la même conclusion que lui, à savoir qu'il y a dans Shakspeare plus que le portrait général de l'homme et de ses passions, et que des nuances très-variées, qui proviennent de la diversité des races et des lieux, y tiennent une place importante. « Je ne prétends pas
« soutenir, dit M. O'Connell, que Shakspeare ait eu, plus
« que ses critiques, conscience de toute la portée de ses
« conceptions. Le vrai poëte est philosophe par senti-
« ment, non par système, et tous les grands agents du
« progrès de l'humanité ne connaissent guère leurs ten-
« dances réelles. Le fondateur du drame moderne fut
« mis, par les récits légendaires et poétiques du moyen

« âge, en possession d'une esquisse des principales va-
« riétés de race en Europe, esquisse qui devint entre ses
« mains le germe et le type de ses créations nouvelles. »
Ce fut en effet ainsi que Shakspeare procéda. Les
poëtes, pas plus que les peintres et les musiciens, ne
créent, au sens absolu du mot ; ils mettent en œuvre,
développent, embellissent, transforment, idéalisent les
matériaux que l'histoire, le mythe, la légende leur
apportent ; et, si l'on veut un langage plus précis,
chaque développement de l'histoire produit un nouveau flot d'imagination, masse toute prête pour la
main du génie. Le moyen âge a été prodigieusement
fécond en ces créations variées auxquelles la France,
soit de la langue d'oïl, soit de la langue d'oc, a eu une
si grande part, et desquelles Dante, par toutes les fic-
tions de descente aux enfers composées dans les XIIe et
XIIIe siècles, a tiré sa *Divine Comédie*, l'Arioste, par nos
chansons de geste, son *Roland*, et Shakspeare ses drames
immortels, par des récits empruntés aux diverses littératures.

Shakspeare, comme Molière, prit son bien où il le
trouva. Son génie, à lui, fut d'avoir une vue si claire et
si précise des linéaments que lui fournissaient ses originaux, que, quelque loin que son imagination le portât en remaniant le thème donné, il semble toujours
ne faire que suivre le trait et achever le dessin commencé. Revenez en effet sur ces trois grands drames
dont il vient d'être question, et considérez d'abord cet
Iago et les autres personnages italiens, puisque le récit
d'Italie n'a eu aucun souci d'autres gens que ceux du
pays. Jean-Jacques Rousseau, en rappelant les beaux
sites qu'il a immortalisés dans son *Héloïse*, dit de Julie,
de Claire, de Saint-Preux : « Ne les y cherchez pas. »
Je dirais de même : dans le récit primitif, ne cherchez

pas cette poésie dramatique qui se développe en une action toujours croissante, en des dialogues si décisifs, en des vers si riches d'imagination et d'idéal; mais cherchez-y les points d'où Shakspeare est parti, et, cela posé, demandez-vous si ce Raphaël du drame, suivant l'heureuse expression de M. O'Connell, a fait autre chose qu'illuminer ce qui était obscur, idéaliser ce qui était vulgaire, et imprimer au tout cette réalité de l'art, plus vraie, à un certain point de vue, que la réalité donnée. Ce côté du génie de Shakspeare s'éclaircira à l'aide d'un contraste fourni par un poëte illustre duquel je pense, comme Voltaire, que plus on le lit plus on l'admire. Racine a, dans *Bajazet*, mis en tragédie un récit turc, comme Shakspeare a mis un récit italien; mais à peine est-il entré dans le sérail, qu'il oublie absolument où il est : la cour de Versailles apparaît aussitôt sur la scène, et les nobles seigneurs et les grandes dames viennent en habit ottoman dire ce qu'ils diraient en habit français. Les vers sont beaux, les situations touchantes, et Racine est toujours Racine; mais, si un pareil sujet était échu à Shakspeare, on aurait vu, au lieu de quelques sentiments bien choisis et bien rendus, une situation véritablement ottomane se dessiner, la scène s'étendre et se compliquer, l'unité de caractère se poursuivre au lieu de l'unité d'action, et le drame romantique apparaître. « Un grand poëte a l'unité de « son génie, » dit M. O'Connell. Celle de Racine est dans l'heureuse expression des sentiments; celle de Shakspeare est dans la profondeur de son intuition, qui constitue, avec des rudiments légendaires ou historiques, des portraits vivants et variés, comme Cuvier constitua avec des débris d'ossements toute une faune éteinte.

Avec *Macbeth* s'ouvre une autre perspective. Voilà les âpres montagnes d'Écosse et ces *thanes* aussi âpres qu'elles. Macbeth n'est pas moins scélérat que Iago, lui qui assassine odieusement son roi et son hôte, et souille de cette abominable trahison le toit domestique. Le fond des passions est toujours et partout le même; ici c'est l'ambition, comme tout à l'heure c'était la jalousie et la haine. La légende, curieuse à étudier, met sous la forme extérieure de sorcières provocatrices l'impulsion secrète qui pousse insensiblement Macbeth à la violation de sa foi et au trône. Là encore toute une vie se déroule, depuis la première conception du crime jusqu'aux violences tyranniques qui le suivent et au châtiment qui l'atteint. Les commencements sont donnés par le récit légendaire; Racine les aurait dédaignés, Shakspeare s'y attache. Racine n'y aurait vu qu'une passion universelle soumise à une situation particulière, Shakspeare y voit une situation particulière soumise à une passion universelle : renversement qui fait la différence essentielle du drame romantique et du drame classique. Racine n'éprouve aucun scrupule à mettre ses harmonieux accents et sa poésie dans les bouches les plus diverses nationalement, pourvu que ce soit à l'unisson de quelque corde fondamentale de l'âme; Shakspeare a pour ce procédé une répugnance instinctive; les beaux accents et la poésie n'éclatent chez lui qu'à la condition que ses personnages seront bien ceux que lui fournit la légende ou l'histoire, et qu'il saura étendre et développer dans le sens de l'organisation et de la vie.

C'est dans le même sens que Hamlet est développé : vieille chronique danoise et drame issu de la chronique. La légende de Hamlet est au fond la même que celle d'Oreste : une épouse adultère et meurtrière, un parent qui donne traîtreusement la mort à l'époux trompé, et un fils qui balance entre le devoir de venger un père et celui de respecter une mère. Dans le drame grec, les dieux font tout : ils poussent Oreste à punir les assassins ; puis, quand la fatalité est accomplie et que Clytemnestre a reçu la punition de son forfait d'une main qui n'aurait pas dû la lui infliger, ils apparaissent sous la forme de Furies, poursuivent sans relâche ce fils meurtrier de sa mère, et enfin, l'absolvant après l'avoir ainsi excité et châtié, le réconcilient avec leurs autels sacrés et avec lui-même. Dans l'Oreste danois, comme tout diffère de ce monde hiératique des Hellènes, où à chaque impulsion humaine est substituée une divinité ! A part l'intervention surnaturelle qui apprend à Hamlet comment son père est mort, les choses sortent uniquement de cette réaction, qui est la clé de l'homme, entre sa personnalité et les circonstances extérieures. Il n'est pas besoin de Furies pour troubler l'esprit de Hamlet ; sa navrante situation y suffit amplement entre un père dont le sang crie et une mère dont la tendresse est encore maternelle. De Iago et Macbeth à Hamlet, tout a changé de caractère ; l'immortel artiste a jeté les palettes qui lui avaient servi, et il en a pris une autre chargée de couleurs différentes. Ce sont les sombres traits du récit scandinave qui l'ont saisi et qui lui conduisent la main. La *Sémiramis* de Voltaire a été inspirée par Hamlet, et c'est la même histoire ; mais, obéissant à la tradition qui lui venait du XVIIe siècle, l'auteur français a transformé la riche composition de l'auteur anglais en une action où les personnages ne sont que pour le nœud, tandis que dans le drame anglais le nœud n'est que pour les personnages. De là la prédilection de Shakspeare pour les récits du moyen âge, sûr qu'il était de dérouler le peloton qu'ils renfermaient, et de jeter Hamlet avec sa nature rêveuse, méditative, germanique si l'on veut, à travers un long drame. Une fois introduit dans cette lamentable histoire, une tristesse sans bornes s'empare de Shakspeare; tout tourne en douleurs et en larmes. Ainsi apparaît et disparaît Ophélia, cette pâle et mélancolique vision du poëte, qui, dans sa miséricorde, ouvre enfin à toutes ces victimes la paix du tombeau.

IV

DES RACES

Le mot de *race* se trouve à chaque instant sous la plume de M. O'Connell et sous la mienne, et pourtant on a pu s'apercevoir que nous n'y attachons pas le même sens. Aussi faut-il, pour ôter l'ambiguïté, exposer ce que j'entends par là, et, avant de reprendre le fil de l'étude sur Shakspeare, se retourner un moment vers cette question qui joue ici un rôle important. Suivant mon habitude, je soumettrai aussi clairement qu'il me sera possible au lecteur mes opinions sur la classification du genre humain, afin qu'il les juge à son gré.

La notion des races humaines dépend de deux sciences : l'histoire naturelle et la linguistique, qui, sans se contredire, se complètent l'une l'autre. Dans l'état actuel, il est impossible à l'histoire naturelle seule de pénétrer aussi avant que la linguistique, et à la linguistique seule de dissoudre des associations qui disparaissent devant l'histoire naturelle. La langue, étant un produit des facultés mentales, ajoute une caractéristique profonde au résultat de l'examen de la conformation anatomique. A la vérité, on pourra dire que l'organisation cérébrale, d'où dépend le langage, est en relation nécessaire avec l'organisation totale, et que cette relation doit être perceptible; mais cela est un principe abstrait qui n'a pu encore percer dans la réalité, et l'histoire naturelle est, présentement du moins, incapable de distinguer par exemple un Aryen d'un Sémite. Elle n'en est pas moins le fondement solide des distinctions ultérieures que la linguistique signale; sans elle, celle-ci flotterait et serait exposée ou à exagérer ou à trop réduire les séparations qu'elle entrevoit; c'est l'histoire naturelle seule qui dit combien les Aryens et les Sémites, qui diffèrent tant par la grammaire et la langue, sont voisins par l'organisation. Un cas hypothétique indiquera surabondamment le secours mutuel que se prêtent ces deux sciences. Supposez que l'histoire de Saint-Domingue, avec sa population noire parlant français, fût couverte d'autant de ténèbres que le sont certains peuples anciens connus seulement de nous par quelques débris, supposez qu'il ne fût parvenu de cette île que des crânes trouvés dans les tombeaux et des lignes gravées sur les monuments : l'histoire naturelle montrerait que ces crânes sont ceux de nègres, la linguistique, que ces lignes appartiennent à une langue issue de l'idiome aryen ; et, comme on sait d'ailleurs que cette conjonction est impossible, on en conclurait que la langue dont il s'agit a été importée par quelque circonstance historique à une population qui était incapable de la créer.

Ici, comme dans les autres sciences particulières, la philosophie peut et doit donner des directions et indiquer dans quelle voie il importe que chacune d'elles, à chaque époque, soit cultivée; mais son rôle se borne là : il lui est interdit de substituer ses intuitions aux faits que les sciences trouvent et construisent en théories. L'ensemble de ces théories, rangées dans un ordre déterminé qui en constitue l'enchaînement, forme le fond de la philosophie elle-même, qui, dès lors placée au sommet, voit mieux les routes particulières et donne les conseils, mais qui aussi, étant une résultante, n'entrerait que par un cercle vicieux dans une élaboration d'où elle sort. Quand Descartes et Leibnitz découvrirent l'un la géométrie générale et l'autre le calcul différentiel, ce ne fut pas comme philosophes et en vertu de l'axiome : *je pense, donc je suis*, ou de l'*harmonie préétablie* qu'ils firent leurs découvertes ; ce fut comme géomètres et comme héritiers directs et continuateurs des géomètres qui les avaient précédés. Quand Laplace proposa une hypothèse cosmogonique, il eut soin, sans quoi elle n'aurait pas été écoutée un seul moment, de l'appuyer sur des observations et des calculs purement astronomiques ; et une nouvelle cosmogonie ne remplacera la sienne qu'en s'appuyant aussi sur des observations et des calculs plus précis et plus avancés.

Là en effet est la force, l'autorité des sciences, le frein par lequel elles retiennent les penseurs impatients de s'élancer au loin, et le fouet dont elles repoussent les fausses sciences pullulant autour d'elles dans les limbes de l'imagination et du surnaturalisme. Frêles et rudimentaires, elles n'exerçaient pas cette contrainte salutaire sur les esprits ; développées par la durée et l'enchaînement des travaux dont les derniers reposent sur les précédents, et ainsi de suite jusqu'à l'origine, elles n'acceptent et ne peuvent accepter que le résultat qui, élaboré par leur méthode, dérive de leurs prémisses. Et, de fait, rien de ce qui se produit en dehors ne réussit ; ce sont de faux germes qui avortent. Ici, dans la question des races, toute spéculation a pour conditions actuelles les données actuelles de l'histoire naturelle et de la linguistique, et pour conditions futures les données futures de cette même histoire et de cette même linguistique.

Le genre humain se divise en espèces blanche, jaune, rouge et noire. Chaque espèce se divise en races. Comme il ne s'agit ici de rien de dogmatique et de complet, je me bornerai aux races qui se trouvent en Europe. Je l'ai dit plus haut, l'histoire naturelle n'aurait pas de signes ou n'aurait que des signes très-douteux pour distinguer les races dans l'espèce blanche; mais la linguistique intervient et fournit des caractères de classification ultérieure. L'espèce blanche, la seule qui soit en Europe, comprend quatre races : les Aryens, les Sémites, les Ibères et les Finnois. Les Finnois occupent la Finlande, et, sous le nom de Magyars, une partie de la Hongrie. Les Ibères ou Espagnols tiennent la péninsule ibérique; ils ont changé pour le latin leur langue nationale, qui ne s'est conservée sous le nom de basque qu'en un coin de l'Espagne et de la France. Les Sémites, représentés seulement par les Juifs, sont disséminés partout; la langue des Juifs est une langue morte qui ne dure que par les livres, et qui fut sœur de l'arabe. Les Aryens sont, à beaucoup près, les plus nombreux; leur extension est immense. Partis, selon toute probabilité, des hauts plateaux de l'Asie centrale, ils sont allés à l'est porter leur langue, leur religion et leur civilisation parmi les populations indigènes de l'Inde qu'ils ont ou détruites ou refoulées vers le midi, et dans tous les cas converties au brahmanisme. Non loin de leur siége primitif, ils ont fondé le puissant empire des Perses, célèbre par les conquêtes, célèbre aussi par la religion de Zoroastre et par les livres sacrés qui la conservent, et qu'aujourd'hui, dans l'Occident, on lit et interprète. Mais c'est surtout vers l'ouest que se fit la grande émigration : à des époques reculées et sans doute fort diverses se répandirent sur l'Europe les Grecs, les Latins, les Celtes, les Germains et les Slaves. Ces peuples, ainsi que les Indiens et les Perses, parlent des langues qui, ayant en commun une même grammaire et un nombre immense de radicaux semblables, montrent des analogies d'autant plus évidentes que l'on a de chacune d'elles des documents plus anciens.

D'après la distribution qui vient d'être exposée, le nom de race ne peut plus demeurer aux populations grecques, latines, celtiques, germaines, etc. : elles appartiennent à un degré ultérieur de la classification, et il faut leur attribuer la dénomination de sous-races aryennes, dénomination qui implique leur rapport avec un tronc commun et leur parenté entre elles. Cela étant fondé sur les faits fournis par l'histoire naturelle et par la linguistique, il n'est pas possible d'établir entre ces sous-races des différences naturelles, primordiales, et, si l'on veut me passer cette expression, familiales, qui donnent aux unes sur les autres des facultés prééminentes, et qui permettent à celles-ci d'atteindre dans les régions supérieures de l'intellect des degrés interdits à celles-là. L'aspect de cette race aryenne, disséminée sur une étendue immense de terrain, se présente comme celui des différentes provinces d'un grand empire, la France par exemple. Chez nous, le pays se divise en Bourgogne, Provence, Gascogne, Poitou, Normandie, Picardie et le reste. Ces compartiments diffèrent par le parler, par les habitudes, par les apparences extérieures, par mille nuances qui proviennent de leur situation géographique et des événements de l'histoire locale et anté-française; mais qui pourrait dire qu'aucune de ces provinces l'emporte sur les autres par un heureux privilége qui ferait naître dans son sein les hommes les plus éminents de la commune patrie ? Il n'en est rien : les poëtes, les écrivains, les savants, les politiques, les capitaines proviennent des quatre points de notre horizon, et, en recherchant leur origine, il serait impossible de signaler un terroir plus fertile que le reste en esprits excellents, ou d'affirmer que tel point, moins favorisé jusqu'alors, ne le sera pas autant que les autres un jour à venir.

C'est, sur une bien plus vaste échelle, la condition de la race aryenne avec ses sous-races. Les différences entre les sous-races sont très-grandes : elles sont dues non à la nature, mais aux circonstances extérieures, c'est-à-dire au climat, à l'époque, à l'histoire, et surtout à l'éducation civilisatrice. Celles des sous-races aryennes dont les documents historiques remontent le plus haut sont les Indiens, les Perses et les Grecs. Toutes trois reçurent des communications et des enseignements des peuples à qui l'on doit les premières assises de la civilisation, Égyptiens, Assyriens, Sémites de Sidon et de Tyr. Les Indiens, perdus dans l'extrême Orient et séparés dès lors du vrai courant de la civilisation, firent un monde à part qui ne s'éleva pas au delà du brahmanisme et du bouddhisme. Les Perses furent submergés dans l'Orient ; la religion de Zoroastre fut leur terme, et plus tard l'islamisme coupa chez eux tous les anciens germes. Ce furent les Grecs qui eurent la haute fortune d'ouvrir à la race aryenne les grandes destinées qui lui étaient réservées ; sur leur étroit confin et leur bout de rivage à la fois asiatique et européen, ils reçurent de l'Orient les rudiments de l'éducation sans se laisser envahir ni absorber. Il serait hors de propos d'exposer toutes les conditions auxiliaires : le fait est que, par eux, la race aryenne put développer les puissantes facultés que jusque-là elle ne possédait que virtuellement. Ce lot tomba sur la tête choisie des

Hellènes, et certes jamais heureuse chance ne fut mise à plus beau et plus glorieux profit. Dès lors la civilisation marcha vers l'Occident et rejoignit les sous-races aryennes, restées dans un état d'autant plus barbare qu'on s'enfonçait plus vers le nord. D'abord ce furent les populations latines qui entrèrent dans le giron ouvert, puis les populations gauloises, puis les populations germaines, et finalement les populations slaves. A fur et mesure, ces Latins, ces Gaulois, ces Germains arrivèrent dans les régions de la poésie, de la science, de la politique, de la philosophie ; et, si les Slaves n'y jouent pas encore un rôle égal à celui des autres, on ne peut en accuser que le retard des circonstances. Bientôt, tout l'annonce, ils ajouteront une nouvelle puissance intellectuelle à celle qui, prenant de plus en plus la direction des affaires du globe terrestre, augmente incessamment le trésor du génie humain.

C'est par ce que j'ai nommé plus haut l'éducation de civilisation que se fait l'assimilation ; elle infuse partout l'esprit d'expérience, grâce au progrès des sciences. Les races et les sous-races qui se montrent capables de la recevoir ne tardent pas à devenir dignes d'entrer en compétition avec celles qui sont leurs anciennes dans l'œuvre sociale. En l'état actuel des connaissances anthropologiques, on peut, je crois, affirmer que toutes les races blanches (à plus forte raison les sous-races) sont susceptibles d'atteindre intellectuellement des niveaux qui se balancent. L'Europe en offre des exemples décisifs. Les Ibères ou Espagnols, qui ne sont point de même race que les Aryens, ont, grâce à leur éducation par les Tyriens, par les Carthaginois et finalement par les Latins, précédé en civilisation les Gaulois et les Germains, et sont devenus tels qu'on les confond, sans distinction possible, dans le groupe européen qui dirige le monde. A la vérité, M. O'Connell les agrège à la sous-race des Celtes; mais, bien que les Celtes aient en effet envoyé des peuplades en Ibérie et qu'on y connaisse des peuples celtibériens, pourtant le fond de la population n'a pas été changé par ces invasions, pas plus que le fond de la nôtre ne l'a été par les invasions germaniques. Soutenir que nous autres Français nous sommes des Germains parce que nous avons été envahis, certes M. O'Connell n'y est pas disposé et je n'y suis pas plus disposé que lui; mais ce qui vaut pour ce côté-ci des Pyrénées doit valoir pour l'autre, et, par une raison analogue, les Espagnols sont des Ibères et non des Celtes. Le second exemple d'éducation par la civilisation chez une race blanche se trouve dans les Finnois et les Magyars, qui ne sont ni Aryens ni Ibères et qui ont fini par conquérir leur rang européen. Enfin, pour troisième exemple, je citerai les Sémites disséminés de toutes parts; bien que leur origine remonte haut dans le temps et que leur histoire appartienne aux plus vieilles chroniques du genre humain, ils ont subi l'ascendant de la nationalité commune. Spinoza, auteur d'un puissant mouvement philosophique, et tant d'autres esprits célèbres témoignent qu'ils sont incorporés aussi dans la grande famille civilisatrice. De là on peut inférer que cette autre branche des Sémites, la nation arabe, depuis Mahomet la plus illustre de l'Orient, et qui, créant au moyen âge une renaissance anticipée, donna des lumières à l'Occident, deviendra, par une éducation issue de l'Europe, la rivale aussi bien que l'auxiliaire de l'Europe pour les vastes contrées où elle domine.

Dans les caractéristiques, j'ai quelque défiance des traits détachés, isolés, et je crains toujours qu'on ne les retourne, de sorte que, servant à deux fins, ils ne servent à aucune. M. O'Connell dit en parlant des Celtes que, leur point de vue étant social et non simplement national comme chez les Latins, ni simplement personnel comme chez les Teutons, l'espèce d'ambition qui leur est particulière se distingue le mieux par le nom de gloire. Soit, je ne contesterai point que la gloire ait pour les Celtes un attrait infini ; et, si Roland, dans la geste qui porte son nom, a pour unique souci que

Male chanson de lui ne soit chantée,

il aura éprouvé les sentiments d'un vrai Celte, tout en parlant comme un Français du moyen âge ; mais ce que je contesterai, c'est qu'il y ait là rien qui puisse servir à caractériser soit les Celtes en général, soit les Gaulois en particulier. Ce noble sentiment, bien longtemps avant que Celtes ou Gaulois eussent fait bruit dans les annales du monde, a été chanté par le père de la poésie : Hector, prêt à combattre et demandant qu'on rende, s'il est vaincu, son corps à ses amis, se représente, s'il est vainqueur, la tombe du guerrier qui aura succombé sous son bras, les navires qui, en franchissant l'Hellespont, apercevront cette tombe et les voix qui en partiront pour nommer le héros, si bien *que sa gloire ne périra jamais.* Combien de fois, en lisant ces vers pleins d'un charme ineffable, d'un long souci de l'avenir et d'une mélancolie cachée, ne me suis-je pas rangé parmi les navigateurs futurs qui, le long des siècles qui s'écoulent, accomplissent la prédiction du fils de Priam !

Ceci me conduit à deux remarques qu'en ma qualité d'érudit j'aurais quelque scrupule d'omettre, et qui d'ailleurs sont en rapport direct avec notre sujet. M. O'Connell, donnant pour attribut du caractère teuton la *conscience* prise au sens sinon du remords pour une mauvaise action, au moins d'arbitre de nos impulsions bonnes ou mauvaises, la refuse aux Romains dans son esquisse de leur caractère; il dit que *conscientia*, dans une acception réellement morale, ne se montre peut-être pas avant Tertullien, assertion qu'il met en avant sur la foi de sir W. Hamilton, et qu'il corrige en citant le dicton rapporté par Quintilien : *La conscience vaut mille témoins.* Mais c'est s'arrêter beaucoup trop tôt que s'arrêter à Quintilien. D'abord voici Sénèque disant que la conscience flagelle les mauvaises actions (*Ep.* 97), et Salluste qui dépeint Catilina tourmenté par sa conscience (*conscientia mentem vexat, Catil.* 15). Cicéron ne se sert pas moins de ce beau mot, soit qu'il énonce que grand est le pouvoir de la conscience, aussi bien pour élever au-dessus de toute crainte ceux qui n'ont rien à se reprocher que pour mettre incessamment la punition devant les yeux des coupables (*Mil.* 23), soit qu'il exprime que dans la conscience même est un prix suffisant de la plus belle action (*Phil.* 2, 44), soit qu'il déclare que sa conscience lui est plus chère que les discours du monde (*Attic.* 12, 27), et que nul, dans le cours de la vie, ne doit s'écarter le moins du monde de la droite conscience (*Attic.* 13, 20). Cicéron emploie souvent la locution *conscientia animi*, qui est singulièrement expressive, puisque *animus* signifie à peu près ce que nous entendons par *le moral*. Une multitude d'autres exemples pourraient être trouvés dans les anciens auteurs latins. Que serait-ce si j'ajoutais les autres mots semblablement composés, le verbe *conscire* et l'adjectif *conscius*, le *nil conscire sibi* de Juvénal et le *conscia virtus* de Virgile? Les Latins ont admirablement développé le thème que fournissait cette composition de *cum* et de *scire* (savoir avec soi-même), et ils en ont fait le miroir du moral. Chose singulière, une si féconde expression manque aux Grecs, ces pères de la morale philosophique; mais ce serait juger inconsidérément, si l'on pensait que l'idée leur a fait défaut. Combien de fois, en comparant les différentes langues, ne voit-on pas qu'un terme essentiel est remplacé soit par des périphrases, soit par des détournements de sens! Byron, dans son *Don Juan*, employant le mot français *ennui*, et regrettant de n'en pas trouver l'équivalent dans sa langue, s'étonne que les Anglais, ayant si bien la chose, n'aient pas le mot.

A ce défaut de *conscience*, défaut imaginaire, à en juger par ces textes, M. O'Connell rattache, dans le caractère romain, une autre insuffisance qui serait que, dans leur code, il n'y avait aucune querelle entre la loi et l'équité, querelle si fréquente en Angleterre, où l'équité a souvent moyen de triompher de la loi. Mais cela est-il bien vrai? Qu'était donc le droit prétorien, sinon un moyen d'échapper aux rigueurs d'un droit archaïque et sacré, quand la loi traditionnelle était d'un côté et l'équité de l'autre? Les Romains n'avaient pas moins vu que les Anglais les dangers d'un droit immobile et l'avaient corrigé de la même façon.

Après la morale et le droit reste le dernier texte que je veuille discuter, et qui est relatif à la religion. Il s'agit d'un passage de la *Pharsale* de Lucain, qui dit en parlant des druides :

> Solis nosse deos et cœli numina vobis
> Aut solis nescire datum; nemora alta remotis
> Incolitis lucis. Vobis auctoribus umbræ
> Non tacitas erebi sedes ditisque profundi
> Pallida regna petunt; regit idem spiritus artus
> Orbe alio; longæ, canitis si cognita, vitæ
> Mors media est.

Sur quoi M. O'Connell remarque : « La religion des « Romains était un pur rituel, sans un semblant d'âme « ou de doctrine ; la hiérarchie druidique et le dogme « gaulois de l'immortalité de l'âme étaient, pour ces en- « vahisseurs civilisés, une inconcevable excentricité. » Je ne pense pas que M. O'Connell ait entendu que les Romains ne connaissaient point la durée de l'âme après la mort ; cela serait trop contraire aux témoignages historiques et à la place de la religion romaine dans le polythéisme ancien ; il entend sans doute seulement que le dogme gaulois sur l'âme leur paraissait incompréhensible. En effet, le passage de Lucain n'exprime qu'une différence d'opinion religieuse entre Rome et les druides, et, bien loin qu'il n'y eût pas de doctrine chez ses compatriotes, il oppose doctrine à doctrine. « Ou vous ou nous ne connaissons pas les dieux ; nous, nous les adorons dans des temples ; vous, vous les adorez dans des bois reculés. Ou vous ou nous ne connaissons pas la destinée de l'âme ; nous, nous pensons que les ombres vont dans les demeures muettes de l'Érèbe et dans les pâles royaumes de Pluton ; vous, vous pensez que l'esprit va animer un corps dans un autre monde, et que la mort est un point intermédiaire dans une vie qui dure longtemps. » D'après ce passage, on penserait que les druides admettaient pour l'âme non une vie éternelle, mais une vie longue (*vitæ longæ*), assertion peut-être vraie, dont pourtant je laisse la responsabilité à Lucain. L'opinion des druides a d'ailleurs de l'analogie avec celle d'autres Aryens, ceux du Gange, qui croyaient et croient encore à la métempsychose.

Les dires qui contredisent les dires surgissent à chaque instant et donnent lieu à d'insolubles débats, si l'on ne pose pas d'abord un système de conditions purement ethnographiques et soigneusement purgées de toutes considérations étrangères. Je n'ai aucune envie d'entrer en un sujet aussi vaste; je veux seulement énoncer en peu de mots quelques-unes de ces conditions que je regarde comme essentielles à la caractéristique des races, des sous-races et des peuples, la race se divisant en sous-races, et les sous-races quelquefois en peuples.

Pour la race, la première et la plus essentielle de ces conditions dont je parle est la langue. Véritable produit de l'âme et reflet où se montre une conception primordiale du monde extérieur, elle indique, par les artifices grammaticaux qu'elle emploie, les combinaisons mentales et instinctives dont il est permis à tout esprit studieux d'apprécier la valeur; elle est aussi la seule chose qu'on puisse dire certainement et rigoureusement commune à toute une race. Considérez l'immense race aryenne depuis le Gange jusqu'aux îles britanniques, et essayez, sans ce fil conducteur, d'établir le rapport qui subsiste d'origine entre des membres ainsi dispersés. Mais, réciproquement et en sens inverse, essayez de rompre ce fil et ce rapport, de considérer des membres aussi dispersés comme étrangers entre eux, et aussitôt la langue et la grammaire montreront des identités profondes et incontestables, en établissant qu'à tous appartient un esprit qui a des analogies fondamentales. Au contraire, des différences fondamentales appartiennent à la race sémitique, dont l'esprit a créé une langue soumise, dans ses radicaux et dans sa syntaxe, à d'autres formes et à d'autres règles. Ainsi de races en races et de langues en langues on formera des termes positifs de comparaison. La religion aussi pourra être prise en considération; mais là les difficultés sont plus grandes, car l'on sait comment les religions se propagent et passent de peuple en peuple. Pourtant les recherches de mythologie comparée paraissent démontrer que la race aryenne a en propre un polythéisme dont elle porte partout avec elle les éléments essentiels. Quant à la race sémitique, on dispute sur la question de savoir si le monothéisme des Hébreux n'est qu'une expression plus précise d'une certaine unité religieuse propre aux Sémites, ou s'il est, au sein d'un polythéisme préexistant, une conception due au génie de Moïse.

Dans les sous-races et dans les peuples qui en dérivent, la langue doit encore être considérée, non plus comme création, mais comme modification, c'est-à-dire qu'il y a lieu d'examiner comment chacune des sous-races a modifié le fonds commun. Si la langue descend à ce rôle secondaire, la religion n'en conserve plus guère aucun ; en effet, les principales religions, celles qui dominent, le christianisme, l'islamisme, le bouddhisme, sont d'origine relativement trop récente pour avoir quelque valeur dans des caractéristiques de ce genre. Ce qui prend maintenant le premier rôle et la première valeur, c'est la comparaison des œuvres littéraires, des œuvres scientifiques, des œuvres d'art (peinture, sculpture, architecture, musique), de la législation, du gouvernement et de la politique. Avec ces éléments, qui n'ont rien d'arbitraire et qui peuvent toujours et par chacun être soumis à l'étude, on composera des portraits qui auront pour garantie les plus persistantes et les plus authentiques réalités de la vie des nations.

Surtout, que l'on tienne grand compte des stages de la civilisation et des degrés d'éducation collective qui se superposent ainsi. Rien ne serait plus trompeur que de prendre ce qui en résulte dans les caractères nationaux pour fondamental et caractéristique. L'élimination réfléchie de cet élément qui varie de phase en phase historique est rigoureusement imposée à celui qui discute la valeur des races et des sous-races.

Donc plus on s'avance dans les particularités, plus les éléments se multiplient, se compliquent et deviennent délicats à saisir, difficiles à manier. Dans la race aryenne, la sous-race germanique, à première vue, offre quatre peuples très-distincts, les Allemands proprement dits, les Scandinaves (Danois, Suédois, Norwégiens), les Hollandais et les Anglais. Que de variétés dans cette seule sous-race et que de preuves de l'influence de ce que j'ai nommé les circonstances ! Les Anglais surtout se distinguent profondément des Germains non-seulement à cause de l'élément celtique, qui est si considérable parmi eux (je crois que l'anglais contient plus de radicaux celtiques que le français), mais encore et principalement par la conquête normande, qui modifia leur langue, leur esprit, leur législation et leur fit sentir, de seconde main, il est vrai, et à travers la France, l'influence latine. Parmi ces traits visibles au premier coup d'œil, on peut citer la médiocrité des Anglais dans la musique, bien inférieurs en ce bel art aux Allemands, qui, à leur tour, n'ont rien à opposer aux grands poëmes de Milton et de Byron.

Ce que je viens de dire des Anglais par rapport à la Germanie, qui est leur origine, je le répète à propos des Français par rapport aux Celtes, où ils ont leur souche. Sans parler des colonies latines et des invasions germaniques qui ont mélangé notre sang, sans parler de l'élément ibérien, qui paraît avoir été important au delà de la Garonne, il faut mettre bien au-dessus de toutes ces mixtions la conquête romaine, qui d'un peuple barbare fit un peuple civilisé et lui donna, au lieu de l'idiome celtique encore inculte, une langue cultivée et pleine de toutes les idées de la littérature, de la philosophie et de la science antiques. L'avance n'est pas petite d'avoir de la sorte une langue qui tout d'abord soutient, agrandit, élève notre pensée. C'est à cet ensemble de circonstances que la France dut son éminence dans le haut moyen âge; mais c'est à un tout autre ensemble de circonstances qu'elle doit d'avoir été, dans la dernière moitié du dix-huitième siècle, la directrice de la grande révolution qui s'accomplit; et en cela je suis d'accord avec M. O'Connell quand il constate et célèbre ce moment où les destinées sociales tournèrent sur leur gond. Au reste, les balancements entre les grandes nations européennes, depuis un millier d'années, vont être représentés, à un autre point de vue, dans le chapitre suivant à propos de l'éclat littéraire de l'Angleterre à la fin du seizième siècle.

V

PLACE HISTORIQUE DU DRAME ROMANTIQUE CRÉÉ PAR SHAKSPEARE. — CONCLUSION

Dans l'*Histoire de la langue française*[1], à propos de la farce de *Patelin*, j'ai indiqué très-brièvement les conditions historiques qui avaient fait apparaître sur la scène l'Angleterre, Shakspeare et le drame romantique, à une époque qui, pouvant sans doute être reculée ou ajournée, n'aurait pu être avancée. Aujourd'hui c'est le lieu de reprendre cette esquisse et de l'appuyer à la nouvelle notion introduite par M. O'Con-

1. T. II, p. 4-7.

nell dans l'exégèse du grand poëte anglais, celle des races et des peuples.

Vu la supériorité italienne depuis le courant du quatorzième siècle, vu l'influence qu'elle exerça sur la littérature française dans le seizième et au commencement du dix-septième, on s'était imaginé, et les Français non moins que les autres, que cette situation n'était que le prolongement d'une situation antérieure, et que plus on remontait haut, plus elle devenait manifeste et grandissait. C'était confondre les Italiens avec les Latins. Quand on chercha dans les monuments les traces de cette source de littérature qui aurait coulé de l'Italie vers la France, on ne trouva rien de pareil. L'étonnement fut grand, mais le fait est réel : dans le haut moyen âge, la grande production littéraire appartient non à l'Italie, mais à la France, soit langue d'oc, soit langue d'oïl. Et non-seulement là est l'invention et la culture, mais encore ce qui s'invente et ce qui se chante a le privilége de plaire à l'Italie, à l'Espagne, à l'Allemagne, à l'Angleterre; toute la féodalité européenne fut captivée par les types créés.

Si le régime féodal avait été destiné à une durée plus longue, si les conceptions littéraires qui y trouvaient leur aliment avaient eu place et temps pour se développer avec plénitude, il est possible que le drame, qui commençait par des mystères, fût devenu, comme en Grèce, religieux et héroïque, et eût représenté les légendes pieuses des saints et les prouesses de Charlemagne et de ses barons; mais toutes choses tournèrent court. A peine atteignit-on le quatorzième siècle, et déjà la féodalité était en complète décadence, et la langue d'oïl et la langue d'oc périssaient pour se transformer et faire place au français moderne. Il ne faut pas croire, en effet, qu'il en soit des rapports du vieux français avec le français moderne comme de l'italien moderne avec l'italien ancien, c'est-à-dire qu'il ne s'agisse que de termes archaïques et de formes tombées en désuétude. Non, la différence est bien autrement profonde; elle porte sur le système grammatical. La langue d'oïl, comme la langue d'oc, a des cas ; le français n'en a plus. La langue d'oïl, comme la langue d'oc, est de transition et tient du latin une déclinaison réduite, mutilée, mais réelle ; le français est une langue sans déclinaison et définitivement moderne. Dans cette ruine du régime politique et de la langue, la vieille littérature ne se continue plus, et, avant qu'une nouvelle apparaisse, la place est prise. C'est le tour de l'Italie : Dante, Pétrarque, Boccace, puis le quinzième siècle, puis le seizième, les poëtes, les artistes et toute cette splendeur qui ravit le monde. Puis vint le moment marqué pour l'éclipse; le régime politique qui avait fait la gloire des libres communautés et des petits princes s'affaissa, et cet affaissement, qui dura jusqu'aux premières secousses de la révolution française, et duquel l'Italie est aujourd'hui arrachée, grâce à ses patriotes, à son roi et au secours de la France, aurait été sans compensation et sans lumière, si la culture des sciences, la gloire des arts n'avaient entretenu la grandeur de la nation et ses espérances.

Pendant que la France d'abord et l'Italie ensuite posaient les assises de la littérature occidentale, deux autres nations occidentales, l'Espagne et l'Angleterre, sortaient des limbes de leur histoire; car c'était la destinée de chacune, dans le travail de rénovation qui suivit la chute de Rome et l'invasion des Germains, de se dégager à son heure et d'intervenir parmi les autres en parole et en action. Ici je ne m'occupe que de l'Angleterre.

L'Angleterre, ayant perdu son autonomie anglo-saxonne par la conquête normande, perdit du même coup sa langue anglo-saxonne; le gouvernement, les lois, les tribunaux ne parlèrent que français; et, si cet état de choses avait duré, ou plutôt si l'invasion française avait porté un nombre de colons proportionnel au nombre de seigneurs qu'elle envoyait, il se serait formé un dialecte anglo-normand, c'est-à-dire un dialecte français modifié par la population indigène et la localité. Certes on put le croire durant le douzième siècle, et au fond ce fut un peu ce qui arriva; car, lorsque les conquérants eurent été finalement absorbés et qu'il y eut en Angleterre, non plus des Saxons et des Normands, mais des Anglais, une nouvelle langue apparut, non plus anglo-saxonne, non pas française, mais un mélange de toutes les deux, où le saxon domine, mais où le français tient sa part. Il avait fallu trois siècles pour cette élaboration; jusqu'au quatorzième siècle, il n'est pas question de langue anglaise, d'auteurs anglais, de littérature anglaise. Et comment en aurait-il pu être autrement, puisqu'il n'y avait pas encore de langue, et que la vieille et la nouvelle étaient dans un état de décomposition et de recomposition qui n'en permettait aucun usage? Là se reproduisait sur un plus petit théâtre ce qui s'était produit sur un plus grand, Italie, Espagne et Gaule, quand les langues romanes sortirent d'une décomposition et recomposition analogues. J'insiste avec opiniâtreté sur cette vue d'une langue qui se développe et d'une littérature qui naît, ou, réciproquement, d'une langue qui se défait et d'une littérature qui tombe : non pas que par là j'entende attribuer aux phases de la langue les phases concomitantes de la pensée publique; mais je prends, dans les périodes de formation, l'état variable de la langue comme un indice apparent, irrécusable, des mutations profondes qui autrement se déroberaient à l'œil. Ce n'est pas le mercure du baromètre qui est la cause des inégalités de la pression atmosphérique; mais c'est lui qui en retrace avec la plus rigoureuse exactitude les moindres variations. Donc, quand l'Angleterre commença d'avoir une langue, elle commença d'avoir une littérature; et Chaucer, le vieil imitateur des œuvres renommées de France et d'Italie, est, dans cette voie qui s'ouvrit, le premier qui ait laissé un souvenir durable. Les choses de la vie, soit végétative, soit intellectuelle, demandent toujours un temps pour leur maturité; la pleine maturité ne se produisit que dans la fin du seizième siècle pour l'Angleterre, retardée comme on l'a vu, et elle se produisit alors que l'Italie commençait à baisser, et que la France n'était pas encore complétement sortie de l'éclipse subie au quatorzième siècle.

Les lois du développement de la science générale ont été découvertes par Auguste Comte, qui, pour les exposer, demanda vainement une chaire aux ministres d'alors, mais qui du moins en traça la lumineuse et immortelle esquisse dans son livre. Les lois du développement de l'imagination ne sont pas moins effectives, et elles attendent un historien qui soit pour elles ce que fut Comte pour les sciences. A cette époque du seizième siècle dont je parle, la littérature occidentale avait accompli, soit par la plume de la France, soit par celle de l'Italie, la grande phase des épopées, des narrations légendaires, des récits de sorte diverse, et elle entrait de tous côtés dans celle des créations dramatiques; mais ceci ne pouvait être l'œuvre ni de l'Italie ni de la France, l'Italie, dont la verve s'épuisait, la France, qui cherchait encore la sienne : ce dut donc être l'œuvre de l'Espagne et de l'Angleterre, ces deux nations alors dans toute l'exubérance de la jeunesse littéraire et de la puissance politique.

Maintenant, pour que se montre le drame moderne, création plus compliquée que le drame grec, qui, lui, provient d'un monde moins avancé dans l'histoire, il faut les matériaux et le génie. Les matériaux, c'était tout ce qu'avait vu, imaginé et raconté le moyen âge. Le moyen âge se trouvait encore trop près pour être sorti de la mémoire et de l'intérêt des hommes, et pour être devenu cette barbarie sur laquelle le dix-septième siècle n'osait jeter les yeux sans rougir de honte. Et quelle abondance ! Les souvenirs de Rome la grande, les prouesses de Charlemagne et de ses barons, et les narrations celtiques de la Bretagne, voilà, disait un trouvère au douzième siècle, les sources des récits. Ajoutez-y la Grèce et Troie remaniées au goût du moyen âge (*Troïlus et Cressida* de Shakspeare provient de Chaucer, qui lui-même a emprunté l'idée, indirectement sans doute, à un ancien poème français du douzième siècle, le *Roman de Troie*, de Benoît de Sainte-More); ajoutez-y nos fabliaux, que les Italiens ou imitèrent ou enrichirent de leur cru ; ajoutez-y l'Espagne, le Cid et les Maures; ajoutez-y l'Angleterre et son histoire, la Germanie et ses légendes, et vous verrez quelle masse d'éléments dramatiques le flot de l'histoire avait amenés, éléments encore intacts auxquels personne n'avait touché. La main de Shakspeare les toucha, et ils prirent vie et action. Je comparerais volontiers l'intervention du génie sur ces matériaux à celle d'un grand acteur sur les chefs-d'œuvre qui ornent les scènes de l'Europe. Qu'un Garrick ou un Talma représente devant un public émerveillé quelqu'un des héros de Shakspeare ou de Racine, il ne changera rien au type qui lui est donné; jamais grand acteur ne commit cette faute. Et pourtant il en signalera des nuances, il en fera jaillir des lumières que n'avait jamais vues le lecteur le plus charmé, je dirai même que n'avait pas connues le poëte: c'est un sûr instinct qui s'ajoute à un instinct non moins sûr; c'est un art qui développe un art et qui transfigure des images déjà transfigurées. De la même façon, et par ce don du génie qui transfigure sans défigurer, Shakspeare traça ses personnages dans l'esprit de la légende qui les lui avait donnés. Ovide, en parlant des hommes qui sortirent des pierres de Deucalion et de Pyrrha, dit que de là vient que nous sommes une race dure et soumise au travail, témoignant ainsi de l'origine dont nous provenons :

> Inde genus durum sumus experiensque laborum,
> Et documenta damus qua simus origine nati.

De même les personnages de Shakspeare portent la trace de leur double origine : l'une dans les rudes légendes faites, au moyen âge, en un lieu et pour un lieu, et l'autre dans une élaboration idéale où le génie respecta tout ce qu'il transformait.

L'avancement de l'art sur un terrain plus élevé et plus grand voulait des règles nouvelles. Les immortels créateurs du drame, Eschyle, Sophocle et Euripide, eurent pour thèmes Hercule et Thésée, les fatalités de la maison de Laïus, les guerriers qui assiégèrent et qui défendirent Troie, et les vengeances dans la maison des Atrides. C'étaient des dieux et des héros, ce n'étaient pas des hommes; aussi aucun des trois poëtes ne fut-il tenté de s'engager dans les profondeurs de cette humanité qui est devenue un des grands objets de l'art moderne. De là la simplicité d'action. On peut présenter comme un type de ce drame antique le *Prométhée enchaîné* d'Eschyle. Aux confins de l'univers,

Vulcain et la Force, exécuteurs des ordres cruels de Jupiter, clouent Prométhée sur un rocher, Prométhée, le bienfaiteur des humains malgré le vouloir des dieux. Muet et indomptable tant que ses bourreaux le supplicient, le Titan exhale sa plainte quand ils sont partis: l'Océan et les Néréides viennent gémir avec lui, tous le sollicitent de fléchir sous la main qui l'accable; mais il possède un secret fatal à Jupiter, secret que rien ne peut lui arracher, et qui, provoquant une nouvelle explosion du courroux du roi des dieux, clôt la pièce, la pièce qui ravissait, non sans raison, les Athéniens; car une grande et sonore poésie, des chœurs graves et religieux, ces lamentations des dieux et des éléments, ces mystères de l'inaccessible Caucase et de la destinée humaine, tout jetait dans l'âme l'admiration et la terreur, ces deux passions de la tragédie. Ainsi firent Sophocle et Euripide. Puis vint, après les grands poëtes, le grand philosophe, Aristote, qui, ne généralisant jamais que d'après les faits, tira du drame tel qu'il le connaissait les règles du drame : l'unité d'action, à laquelle il fut facile d'associer l'unité de temps et de lieu.

Autre fut la condition de Shakspeare. C'étaient non plus des dieux et des demi-dieux qu'il avait à mettre en action, mais des hommes, et des hommes venus des quatre points de l'horizon européen, tous avec des attributs dont son génie lui faisait sentir les différences profondes, non sans lui inspirer la tentation d'ourdir avec tant de fils si divers la trame de ses pièces. Ainsi disparut non l'unité, mais la simplicité d'action, et avec elle l'unité de temps et de lieu, qui devint incompatible avec les nécessités du nouveau drame. Ces nécessités provenaient de la nature des matériaux dramatiques qui s'étaient amassés, et ces matériaux eux-mêmes provenaient de l'histoire tout entière du moyen âge. Rien ne fut fortuit ni arbitraire. A l'exemple de Ducis, faites de *Macbeth* un drame classique; mettez *en un temps, en un lieu, un seul fait accompli*, Macbeth tenté, assassin et puni en vingt-quatre heures et dans son château : vous avez le drame classique. Au contraire laissez à Shakspeare le maniement du vieux récit : la tentation, l'assassinat et la punition, qui font le nœud de la vie de Macbeth comme l'action de la pièce, dérouleront, en se déroulant, le personnage, et vous aurez le drame romantique. Ainsi que cela doit être, le premier est plus simple; le second est plus compliqué. Le premier s'attache à une action, et combine dans ce rapide instant les passions qui la déterminent; l'autre s'attache à une phase, longue ou courte, d'une vie humaine, et combine avec elle l'événement qui en fait le caractère. L'exemple de *Macbeth* transformé en tragédie classique montre distinctement le progrès du drame romantique sur le drame classique; il faut mutiler l'un pour produire l'autre. Ainsi réduit, c'est le thème ordinaire d'un crime causé par l'ambition et d'un complot plus ou moins bien conduit : la diversité est dans les circonstances; mais, remis dans son ampleur primitive, c'est un personnage soumis à l'épreuve de l'ambition, du crime et du châtiment dans un intervalle déterminé de son existence, et y laissant voir dans une lumière idéale toutes les nuances d'un homme particulier, le Macbeth d'une légende écossaise. Cet exemple, je l'applique, on le comprend, au drame classique indûment prolongé, mais non au drame grec. Le drame grec, bien loin d'être une réduction ou mutilation, fut une création, et posa la première et glorieuse assise de ce qui devait être, quand l'histoire aurait assez marché, le drame romantique.

S'il faut résumer et définir, le drame classique, tiré

des mythes héroïques et ne peignant que des œuvres divines ou demi-divines, n'a conçu du drame que l'action, sans être obligé d'y rien mettre que les traits généraux de l'humanité, toujours cachée par l'anthropomorphisme sous les images de la divinité; et quand, passant en d'autres mains, il a passé à d'autres sujets, il a traité les personnages historiques comme il avait traité ces dieux et ces demi-dieux, et il a condensé de tragiques destinées en une action où l'intérêt du nœud ne permet qu'une esquisse des personnages. Le drame romantique, tiré des récits du moyen âge et dégagé de toute tradition hiératique et héroïque, a donné à l'action un sens plus étendu, et en a fait non plus le nœud d'un moment, mais le nœud d'une vie, dans l'intervalle où cette vie, déterminée par toutes les circonstances, tisse sa trame bonne ou mauvaise. Ces deux scènes si diverses ont été ouvertes l'une par Eschyle et Sophocle, l'autre par Shakspeare, et, ayant été toutes deux causées par ce qui les avait précédées, elles sont réellement la suite et le progrès l'une de l'autre.

Maintenant quelle est en ceci la place historique du drame français? La période d'invention était passée; saisie au vol par l'Angleterre et par Shakspeare, elle n'était plus à recommencer. A la vérité, la France marchait alors vers une nouvelle et grande époque littéraire qui, continuée dans le dix-huitième siècle, devait lui procurer tant d'ascendant en Europe; mais jamais le moyen âge, qui fut pour Shakspeare la source du drame moderne, ne fut plus loin chez nous du souvenir et de l'étude. Nous ne connaissions que l'antiquité classique, l'Italie et l'Espagne; l'Angleterre était absolument ignorée. La Fontaine seul paraît avoir soupçonné ce qui s'y passait, quand il dit dans la fable dédiée à madame Harvey:

> . . . . . . Les Anglais pensent profondément ;
> Leur esprit, en cela, suit leur tempérament ;
> Creusant dans les sujets et forts d'expériences,
> Ils étendent partout l'empire des sciences.
> Je ne dis point ceci pour vous faire ma cour :
> Vos gens, à pénétrer, l'emportent sur les autres.

Newton put, vers la fin du siècle, poser les bases du système du monde sans qu'ici on s'en doutât. Aussi, sous la fin de Louis XIV, la France n'eut-elle qu'un rôle secondaire dans les sciences mathématiques et astronomiques, qui furent alors les sciences prépondérantes, et Condorcet a dit avec toute raison dans l'éloge académique du comte d'Arcy : « En 1740, la France com-
« mençait à reprendre dans les sciences mathématiques
« le rang qu'elle avait perdu après la mort de Descartes
« et de Pascal, et qu'elle a su conserver depuis. » Les manifestations littéraires sont de l'histoire, procèdent comme l'histoire, et proviennent toujours d'un passé qu'elles modifient ; le drame français, se détournant du moyen âge et ne connaissant ni Shakspeare ni son drame romantique, recula jusqu'au drame classique, le reprit à son compte et le modifia. Un moment Corneille se laissa captiver par la pompe espagnole ; mais Racine rompit soigneusement toute alliance avec ces nouveautés. Ces deux éminents esprits remanièrent le drame grec pour le conformer à la société polie où ils étaient plongés, au goût des dames qui y donnaient le ton, à la splendeur absorbante de la royauté, à la cour de Louis XIV. Que de noblesse, de passion contenue et d'infinie délicatesse dans ces femmes de Racine, Junie, Andromaque, Iphigénie, Monime ! Et qui a jamais tracé plus grandement l'idéal de Rome, reine du monde, que Corneille dans *Horace* et dans *Cinna* ? Mais, tandis qu'on leur accorde toute la hauteur du génie, il faut

reconnaître à leur genre une infériorité historique et poétique. Si le passé le prouve par la façon dont les deux genres furent produits, l'avenir l'a prouvé aussi par la façon dont il les a traités. Quand en France le drame classique fut épuisé, c'est au drame romantique qu'il fallut demander un renouvellement de la scène. Déjà ce jugement que le développement de l'histoire porte sur les choses, l'Allemagne l'avait rendu. Quand ce fut son tour d'avoir un théâtre, les deux génies qui l'en dotèrent rejetèrent le drame français, ne restaurèrent pas le drame grec, et façonnèrent à leur usage le drame romantique. Ce que le drame du moyen âge aurait été en France, on peut l'apprécier, si le théâtre eût pris cette voie, par le *Cid* de Corneille et le *Don Juan* de Molière, deux pièces éminemment romantiques et deux chefs-d'œuvre.

L'Italie a Rossini et Raphaël, et n'a point eu jusqu'ici d'œuvre dramatique qui ait pris rang parmi les manifestations du génie européen; et pourtant la conception et l'exécution d'une musique d'opéra ou d'une toile historique, pour faire un tout dont les parties concordent et pour atteindre les hautes régions de l'art, n'exigent pas moins de force et de grandeur dans l'esprit de combinaison que la conception et l'exécution d'un drame pareil en beauté et en renom. Ainsi dans chaque genre, pour chaque race et pour chaque peuple, se montrent des lacunes qui tantôt restent vides et tantôt se comblent : c'est que dans chaque genre, pour chaque race et pour chaque peuple, la naissance des génies doit être comptée parmi ces circonstances dont j'ai fait un facteur général, et sans quoi les forces innées et latentes ne reçoivent pas d'incorporation visible. Ce balancement dans les hautes parties de la civilisation, ces mutuels besoins entre les différents peuples, ces prouesses intellectuelles de l'un quand l'autre a des défaillances, ces avancements et ces retards alternatifs démontrent l'intime communauté où sont parvenues les nations européennes, et font prévoir de plus sûres et plus étroites associations. Il y a environ cent ans, Voltaire, qui avait pourtant l'esprit si dégagé de préjugés et si ouvert aux nouveautés, après avoir effleuré Shakspeare, quand il fut témoin des tentatives qu'on faisait autour de lui pour renouveler l'art dramatique sur le modèle du poëte anglais, n'eut plus assez d'anathèmes contre la barbarie envahissante et la chute inévitable des lettres et du goût. Quelque chose tombait en effet; mais ce n'était ni le goût ni les lettres. Aujourd'hui, et dans cette courte période de cent ans, les faits ont condamné la continuation du drame classique en France; ils ont donné une consécration nouvelle au drame romantique en Allemagne; et la critique historique appliquée à l'art a fait voir que ces deux genres sont deux phases de création successives, que l'un répond aux conceptions de la Grèce, et l'autre à celles du moyen âge, que le plus ancien est d'un ordre de combinaisons moins compliqué, et que le plus moderne entre plus profondément dans les voies de l'existence humaine, conclusion qui, obtenue par un chemin détourné, n'en vient pas moins confirmer les grandes lois de l'histoire.

IV

LES CHOÉPHORES

Traduction d'ESCHYLE en vers français

Avec le texte en regard

PAR

J. J.-J. PUECH

Professeur agrégé de l'Université au Collège royal de Saint-Louis (1).

C'était le moment où la guerre médique venait de finir; des triomphes inouïs dans la plus juste des causes avaient animé le peuple grec de joie, d'enthousiasme et de confiance en lui-même. Il semblait que son génie, qui déjà préludait à tant d'essais, n'attendît que les extrêmes dangers d'une lutte inégale et les immenses succès qui la suivirent, pour se jeter dans une carrière non moins glorieuse, celle des arts, des lettres et des sciences. Et puis, il y avait déjà longtemps que les peuplades helléniques étaient bercées aux sons d'une grande et magnifique poésie, et écoutaient, émerveillées, les hauts faits de leurs aïeux dans des chants incomparables qui avaient sauvé de l'oubli les vieilles légendes. C'était des ports de l'Aulide qu'étaient partis les mille vaisseaux du roi des rois; c'était de Thessalie que le redoutable Achille était venu combattre les Troyens; c'était de la petite île de Salamine qu'Ajax, le dernier défen-

---

1. *Le National*, 1ᵉʳ avril 1837.

seur des Grecs, quand Hector incendiait leurs vaisseaux, était allé planter sa tente au lieu le plus dangereux, sur le bord de l'Hellespont ; c'était la pauvre Ithaque, dont Ulysse avait cherché le chemin pendant dix ans. Dans les chants d'Homère, les Grecs retrouvaient tout, leurs aïeux et leurs villes, leurs antiques héros et leurs demeures antiques, la gloire de leur nom et la gloire de leur belle patrie ; et le murmure de cette noble et puissante poésie, familière à leurs oreilles comme le murmure éternel de la mer qui battait leurs îles et leurs rivages découpés, avait, de longue main, préparé leurs esprits aux grandes pensées qui les ont signalés dans le domaine des lettres et des arts.

Ce fut surtout la plus démocratique de ces cités qui prit le plus haut rang, et qui devint, à vrai dire, la capitale intellectuelle de la Grèce. Certes, toute la société antique avait dans son organisation un vice radical, l'esclavage ; mais, dans chacune d'elles, la condition des hommes libres variait beaucoup, et Athènes fut celle qui réalisa le mieux ce que pouvait être la démocratie dans l'antiquité ; ce fut elle aussi qui fut marquée et choisie comme la cité glorieuse qui devait produire les plus beaux fruits du génie hellénique. Dans la Grèce, nulle république ne lui contesta cette prééminence ; et, hors la Grèce, ni Carthage, avec son riche commerce et ses habiles navigateurs, ni Rome, avec ses invincibles légions et sa conquête du monde, ne peuvent lui disputer l'honneur d'avoir produit ce qui a le plus charmé et servi les hommes. En un espace de temps presque aussi étroit que la langue de terre où la ville de Minerve avait élevé, sur le sommet de sa plus haute colline, le plus magnifique des temples, tout se pressa d'éclore et de grandir. Ses créations exercèrent (l'avenir l'a prouvé) une puissante influence sur la destinée du monde. Le passé fuit rapidement, ses ombres enveloppent à demi le souvenir des plus grands empires et des plus grandes cités; on doute de l'existence de Troie; on douterait également de celle de Thèbes aux cent portes, si ses ruines gigantesques n'étaient encore gisantes sur les rives du Nil; mais le phare glorieux qu'Athènes alluma avant de se dépouiller de sa grandeur et d'entrer dans son tombeau n'a rien perdu de son éclat et projette toujours sur la civilisation humaine son flot de lumières.

L'art théâtral est un des plus beaux fleurons de la couronne d'Athènes. Eschyle, Sophocle, Euripide sont des noms immortels. Bien que les conditions de l'art aient changé, bien que le temps ait amené parmi d'autres peuples et sous d'autres cieux des combinaisons qu'ils n'avaient pas soupçonnées, la grandeur simple et régulière de leurs conceptions n'en est pas moins restée un monument majestueux du génie grec; et les accents graves et harmonieux qui émurent la scène antique ne se sont pas tellement affaiblis en traversant tant de siècles, que la muse moderne n'y prête à son tour une oreille attentive et n'écoute avec admiration ces glorieux précurseurs de Shakspeare, de Racine et de Schiller.

Le fonds dans lequel la tragédie grecque a puisé uniquement est, à part bien peu d'exceptions, la mythologie ou l'époque appelée héroïque. C'est là qu'elle prend tous ses sujets, ce sont les seuls héros qu'elle veuille représenter, et elle n'admet pas dans l'enceinte de son théâtre d'autres catastrophes que celles qui ont frappé les demi-dieux et les Titans, ou la vieille Mycène, ou le palais ensanglanté de Thèbes, ou le peuple de Troie assiégé dix ans, ou les chefs qui avaient conduit les mille vaisseaux sur les bords de l'Hellespont.

A quoi tient cette prédilection constante? Quelle cause a jeté les trois grands tragiques dans le champ mythologique? D'où vient qu'ils ont orné de tout l'éclat de leur imagination ces vieux récits traditionnels, et que les Grecs ont prêté à cette poésie nouvelle et splendide une oreille attentive et charmée?

Prendre les sujets de la tragédie dans l'histoire contemporaine, c'est aller contre les véritables idées de l'art tragique. A l'art tragique il faut une certaine liberté d'invention qui lui permette de donner à ses personnages un caractère conventionnel, si l'on veut, mais vrai dans leur idéal. Cette liberté n'existe plus dès que le poëte se trouve en face de l'exactitude imposée à la représentation de tout événement contemporain. Qu'auraient dit les spectateurs si Eschyle avait reproduit sur la scène Thémistocle ou Miltiade, le défilé des Thermopyles, ou le détroit de Salamine? Qu'auraient été les situations tragiques à côté de la réalité même de l'histoire? Il n'y avait là aucune place pour la tragédie telle que la conçurent ses premiers fondateurs. Phrynicus, il est vrai, avait composé une pièce sur la prise de Milet, événement contemporain; les Athéniens le frappèrent d'une amende pour avoir réveillé en eux les souvenirs douloureux d'une catastrophe qu'ils auraient pu peut-être empêcher, et Eschyle, à son tour, dans sa tragédie des *Perses*, voulut célébrer les victoires de ses concitoyens. Il se plut à représenter les palais de Suse remplis des gémissements du peuple vaincu, et il essaya d'égaler les lamentations des Perses à la gloire des Grecs; mais ici l'éloignement des lieux et la différence du pays tenaient lieu de l'éloignement des temps. Et puis, cette tentative n'eut aucune suite, personne ne s'engagea dans cette voie, et la tragédie ne sortit plus du cercle mythologique qui lui appartenait. Là elle trouvait toute la liberté qu'elle pouvait réclamer; là les dieux et les héros venaient prendre un rôle dans ses compositions; rien ne la gênait pour donner aux formes changeantes dont elle disposait l'idéal qu'elle était capable de concevoir; rien ne l'empêchait de tenir les fils du destin et de planer dans des hauteurs où la poésie déployait ses ailes.

A cette question du fonds où la tragédie grecque a puisé se rattache celle de son origine même et de sa cause. C'est, en effet, un phénomène remarquable que la création primitive d'un genre de composition qui ne réussit jamais mieux que lorsqu'il émeut douloureusement les spectateurs et leur arrache des larmes. Que la comédie gaie et rieuse soit venue de bonne heure appeler à ses représentations le peuple grec; que les traits d'une critique plaisante, les peintures d'une imagination spirituelle et les exagérations bouffonnes des auteurs comiques aient répandu le rire et le plaisir au milieu des spectateurs pressés dans l'immense enceinte du théâtre, cela se conçoit; mais, au premier abord, conçoit-on aussi bien que les mêmes hommes soient venus écouter en frémissant les graves et sévères compositions d'Eschyle, ou verser des larmes dans les pièces touchantes de Sophocle? Cependant, il faut bien en convenir, il n'y eut, dans ce goût des Grecs pour la tragédie, rien de factice, rien de conventionnel, rien qui vînt de l'imitation. Les Grecs ne reçurent de personne le théâtre; ils le créèrent, et, s'ils entrèrent dans la voie sombre et triste où les appelait la tragédie, ce fut par un mouvement spontané de leur cœur, par un penchant vers le sérieux des grandes choses. Les Grecs eurent toujours beaucoup moins de goût pour les émotions physiques que pour les émotions morales, et leur exemple prouve mieux que ne pourrait le faire aucune démonstration esthétique que le genre de plaisir que l'on va chercher à une tragédie n'est pas réellement l'émotion violente qu'elle peut causer. A ce titre, les Romains auraient été les plus grands auteurs de tragédies, eux qui plaçaient leur passe-temps dans le spectacle des gladiateurs, eux qui tenaient à voir de vraies blessures, des morts véritables, et le sang inonder l'arène. Ils cherchaient, en effet, par ces atroces représentations, à se donner des sensations violentes. Les Grecs cherchaient autre chose. Voir de près le sombre destin qui mène la vie humaine; assister aux péripéties qui en changent souvent le cours et qui frappent de coups inattendus les têtes les plus élevées; contempler la lutte d'hommes forts et courageux avec le malheur, avec la passion, avec la nécessité; revêtir ce jeu, fait à l'imitation de la réalité, d'un langage splendide, plus noble, plus sonore, plus harmonieux que celui des hommes entre eux; placer cet ensemble dans le cadre pompeux d'un théâtre où tous les arts venaient donner la main à la tragédie : voilà ce que les Grecs conçurent, voilà ce qu'ils exécutèrent, et tel fut le grave et sérieux attrait qui leur fit inventer et écouter la tragédie.

Un caractère essentiel distingue le théâtre grec des théâtres modernes : c'est le chœur. Il apparaît dès le début de l'art théâtral; il n'appartient pas moins à la comédie qu'à la tragédie, et sa part est d'autant plus grande et plus belle que la scène grecque brille de plus d'éclat. C'est dans Eschyle et dans Sophocle que le chœur est à la fois lié intimement à l'action et plein de mouvement lyrique. Déjà, dans Euripide, ces deux conditions se séparent, et le chœur ressemble davantage à un hors-d'œuvre poétique. Son origine est sans doute hiératique; il se lie aux premiers essais de l'art théâtral et aux fêtes de Bacchus, qui y avaient donné lieu. Mais les grands génies qui portèrent la scène grecque à son plus haut degré de perfection, trouvant le chœur établi, l'incorporèrent à leurs conceptions, lui donnèrent un type propre et original et en firent un des rouages principaux de leurs œuvres. Le chœur, sur la scène, est un intermédiaire entre le poëte et les spectateurs. Uni à l'action comme témoin intéressé, il la suit, la juge, s'en émeut; et ces impressions, il les exprime dans un langage lyrique, figuré, pompeux, aidé d'une mélodie musicale, ce qui les adoucit, les élève et transporte le spectateur dans la sphère de la poésie et de la contemplation. A mesure que la scène se noue, que les événements surviennent, que les catastrophes éclatent, le chœur est là qui y mêle sa voix grave et pénétrante; et, au milieu même de l'intérêt du drame, il jette une harmonie qui captive et des sons qui vont aux profondeurs de l'âme. La tragédie grecque est une association, inconnue dans l'art moderne, de la poésie lyrique et du drame, association où le chœur est le lien.

La tragédie des *Choéphores*, que M. Puech a traduite en vers, fait partie d'une de ces trilogies que les poëtes grecs se plaisaient souvent à composer. Les trois pièces qui forment celle-ci sont : *Agamemnon*, les *Choéphores* et les *Euménides*. L'objet de la première est le meurtre d'Agamemnon par Clytemnestre; dans la seconde, Oreste venge son père en tuant sa mère. Cette action, quoique accomplie d'après de puissants motifs, est cependant contraire à l'ordre naturel : le souvenir de son père le justifie; mais, quelque méritée qu'ait été la mort de Clytemnestre, la voix du sang l'accuse intérieurement. C'est ce problème moral qui, dans les *Euménides*, est représenté comme un sujet de discussion entre les dieux, dont les uns approuvent l'action et les autres la poursuivent. Dans les deux premières pièces, des allusions évidentes sont faites à la suivante. Dans *Agamemnon*, Cassandre et le chœur prédisent à l'orgueilleuse Clytemnestre et à son complice la punition que leur infligera Oreste. Dans les *Choéphores*, Oreste, aussitôt après le meurtre, perd tout repos; les Furies de sa mère commencent à le persécuter, et il annonce son dessein d'aller se réfugier à Delphes. Il n'est peut-être pas hors de propos de donner ici une idée de ce grand cycle tragique.

Dans *Agamemnon*, le poëte a représenté l'homme qui tombe soudainement du faîte du bonheur et de la gloire. Il entre en matière d'une manière qui frappe vivement l'attention du spectateur. Clytemnestre a besoin de n'être pas surprise par l'arrivée de son mari; en conséquence, elle a fait établir, de Troie jusqu'à Mycène, une ligne de signaux qui doivent lui annoncer le grand événement. La pièce s'ouvre par le discours d'un gardien qui demande aux dieux d'être enfin affranchi de ses fatigues; car, depuis dix ans, exposé à la froide rosée des nuits, il voit les étoiles passer sans cesse au-dessus de sa tête, et il cherche en vain le signal attendu. Dans ce moment, la flamme brille, Troie est tombée, et il court annoncer à sa maîtresse la grande nouvelle. Un chœur de vieillards paraît sur la scène et rappelle dans ses chants l'origine de la guerre de Troie, les prophéties qui s'y rattachent, et le sacrifice d'Iphigénie qui dut acheter le départ des Grecs. Bientôt arrive le héraut Talthybius, qui décrit, comme témoin oculaire, le spectacle de la ville prise, pillée et livrée aux flammes, les transports des vainqueurs et la gloire du chef de l'armée. Il y mêle aussi le récit des malheurs des Grecs à leur retour, leur dispersion, les naufrages; signes où se manifeste d'abord la colère des dieux. Enfin, Agamemnon entre lui-même sur la scène, porté sur une espèce de char de triomphe et suivi par Cassandre. Clytemnestre l'accueille avec une joie et un respect trompeur; elle fait étendre sur le sol les tissus de pourpre les plus précieux, afin que le pied du vainqueur ne touche pas la terre. Agamemnon, avec une sage modération, refuse cet honneur qui n'appartient qu'aux dieux; il cède à ses invitations et entre dans le palais. Le chœur commence à exprimer de funestes pressentiments ; Clytemnestre revient et se sert d'un langage amical pour attirer Cassandre dans le piége commun. Celle-ci reste muette et immobile; mais à peine la reine est-elle éloignée, que, saisie d'un délire prophétique, elle éclate en plaintes confuses. Bientôt, elle dévoile au chœur l'avenir plus clairement : elle voit en esprit tous les forfaits dont ce palais funeste a été le théâtre; elle voit aussi le meurtre qui se prépare; et, quoique effrayée par le poignard qui l'y attend, elle se précipite dans l'intérieur comme entraînée par une force irrésistible. On entend derrière la scène les derniers gémissements d'Agamemnon qui expire. Le palais s'ouvre, et l'on aperçoit Clytemnestre debout à côté du corps de son mari; et, non-seulement elle confesse son crime, mais encore elle s'en vante et le représente comme une juste représaille du meurtre d'Iphigénie sacrifiée à l'ambition d'Agamemnon.

Un long espace de temps s'est écoulé; l'action des *Choéphores* commence; le jeune Oreste, arraché aux mains des meurtriers de son père, a grandi, et l'oracle d'Apollon lui a ordonné de les punir. Le théâtre représente le tombeau d'Agamemnon. Oreste, accompagné de son ami Pylade, prononce sur ce tombeau une invocation où il annonce une prochaine vengeance, et il la termine en déposant une boucle de ses cheveux. Il se retire, en voyant arriver sa sœur Électre et le chœur composé de Troyennes captives. Elles viennent, d'après l'ordre de Clytemnestre, effrayée par un songe menaçant, faire des libations sur la tombe du roi de Mycène. Là, Électre et le chœur supplient aussi les dieux qui règnent sous la terre de venger le meurtre qui a été commis, et déplorent amèrement le sort du roi illustre tombé dans un lâche guet-apens. Tout à coup, Électre aperçoit la boucle de cheveux, dont la ressemblance avec les siens lui fait croire qu'Oreste est dans le voisinage. En effet, celui-ci paraît et dissipe ses derniers doutes par des témoignages certains. Il explique comment Apollon l'a menacé des punitions les plus terribles, s'il n'entreprend pas de venger l'assassinat de son père. Suivent alors les chants du chœur et d'Électre, qui contiennent des prières à Agamemnon et aux divinités souterraines, et qui représentent avec vivacité tous les motifs qui poussent Oreste à la vengeance. Celui-ci s'informe du songe de Clytemnestre qui l'a décidée à faire un sacrifice sur le tombeau d'Agamemnon, et il apprend qu'elle a rêvé qu'elle présentait le sein à un serpent qui suçait le sang avec le lait. Il veut être ce serpent, et s'éloigne avec Pylade, après avoir expliqué comment il entend exécuter son plan. Le chœur suivant s'occupe de la licence criminelle des hommes et surtout des femmes, et il rapporte les exemples fameux de l'histoire mythologique, où la justice avait toujours fini par frapper le coupable. Oreste revient en étranger, avec Pylade, et demande à être introduit dans le palais. Clytemnestre sort, et, apprenant de lui la mort d'Oreste, elle lui accorde l'hospitalité. Après une courte prière du chœur, la nourrice d'Oreste vient sur la scène et pleure la mort de son nourrisson. Le chœur lui suggère quelques espérances, et lui conseille de faire venir, sans gardes, Égisthe, à qui Clytemnestre l'envoie. A ce moment où la catastrophe approche, le chœur supplie Jupiter et Mercure de faire réussir l'entreprise. Égisthe arrive et s'empresse d'entrer dans le palais, pour s'assurer de la mort d'Oreste. Le chœur n'a le temps d'adresser qu'une courte prière, et on entend retentir le cri d'Égisthe, frappé à mort. Un esclave s'élance vers la demeure des femmes, pour avertir Clytemnestre ; elle l'entend, sort, et demande une hache pour se défendre ; mais, comme Oreste court aussitôt sur elle, l'épée sanglante à la main, le courage lui manque, et elle s'adresse de la manière la plus pathétique à ses sentiments de fils. Il hésite un moment et interroge Pylade, qui l'excite en quelques mots pleins d'énergie. Après un échange rapide de reproches et d'excuses, il la poursuit dans le palais, pour la tuer sur le corps d'Égisthe. Le chœur, dans un chant sombre et sévère, se réjouit de l'accomplissement de la punition. La grande porte du palais s'ouvre, et montre dans l'intérieur le couple immolé, étendu sur un lit. Oreste fait déployer le vêtement où les assassins avaient enveloppé son père, pour l'égorger sans qu'il pût se défendre. Mais à ce moment il sent que sa raison s'égare, et il annonce qu'il va se réfugier dans le temple de Delphes. Je citerai ce morceau dans la traduction de M. Puech :

Comme un coursier fougueux qui méconnaît les rênes,
Mon indocile esprit m'emporte malgré moi,
Mon cœur frémit de rage et tressaille d'effroi ;
Mais assez calme encore, amis, je le proclame,
Je devais immoler dans ma mère l'infâme

Qui m'a ravi mon père et qu'abhorraient les cieux.
. . . .
Et maintenant, voyez, prêt à fuir ce rivage
Avec cette couronne et ce manteau sacré,
Je vais porter mes pas vers le mont vénéré,
Retraite d'Apollon et centre de la terre,
Qu'une divine flamme incessamment éclaire ;
J'y veux laver mon bras teint du sang maternel :
Apollon d'autres dieux m'a défendu l'autel.

En effet, la pièce des *Euménides* s'ouvre devant le temple célèbre de Delphes qui occupe le fond ; la Pythie, âgée, revêtue de ses habits sacerdotaux, adresse ses prières au dieu et entre dans le temple pour se placer sur le trépied sacré. Elle en sort pleine d'horreur et raconte qu'elle y a vu un homme suppliant et couvert de sang, et autour de lui des femmes en cheveux de serpents qui dormaient. Apollon vient sur la scène avec Oreste, qui est en habit de voyage et qui porte une épée et un rameau d'olivier. Il lui promet sa protection et l'engage à se réfugier à Athènes. Oreste sort par le côté des étrangers, Apollon rentre dans le temple, qui reste ouvert et où l'on aperçoit les Furies endormies dans l'intérieur. Alors apparaît l'ombre de Clytemnestre, pâle, portant encore les blessures qu'elle avait reçues et enveloppée de vêtements aériens : elle adresse des reproches aux Furies et disparaît. Celles-ci se réveillent, et, ne trouvant plus Oreste, dansent pendant le chant du chœur une danse sauvage. Apollon sort de nouveau du temple, et il les chasse comme des êtres odieux qui souillent son sanctuaire. A ce moment la scène change : on aperçoit le temple de Minerve sur la colline de l'Aréopage, et les décorations latérales représentent Athènes et le paysage environnant. Oreste vient comme un voyageur, et il embrasse en suppliant la statue de Pallas placée devant le temple. Le chœur (il était, d'après l'indication précise du poëte, vêtu de noir avec une ceinture rouge, des serpents dans les cheveux, les masques comme de belles et effrayantes têtes de Méduse où la vieillesse était légèrement indiquée), le chœur arrive sur ses traces. D'abord les Furies s'étaient montrées, comme des oiseaux de proie, furieuses que leur victime leur eût échappé; maintenant elles chantent avec une dignité calme leurs hautes et redoutables fonctions parmi les mortels, réclament la tête d'Oreste qui leur est dévouée, et le consacrent, avec des paroles mystérieuses, à des tourments sans terme. Pallas vient, appelée par la prière du suppliant : elle écoute Oreste et ses adversaires et enfin se charge du rôle d'arbitre qui lui est offert par les deux parties. Les juges convoqués prennent leur siége sur les degrés du temple. Le héraut commande au son de la trompette le silence au peuple. Apollon s'avance pour défendre son protégé, et les motifs pour et contre l'action d'Oreste sont rapidement discutés. Les juges jettent leur vote dans l'urne, et tout est dans la plus grande attente. En comptant les votes, le nombre des boules noires est égal au nombre des boules blanches, et, sur la déclaration de Pallas, l'accusé est acquitté. Sa reconnaissance s'exprime avec ardeur, tandis que les Furies déclament contre la licence des jeunes dieux qui se permettent tout contre les dieux descendus des Titans. Pallas supporte leur colère avec douceur et leur parle même avec respect. Ces êtres, tout à l'heure si indomptables, ne peuvent résister à sa douce éloquence : les Furies promettent de bénir le pays où elle règne, et Pallas de leur accorder dans le territoire de l'Attique un sanctuaire où elles seront appelées les Euménides, c'est-à-dire les bienveillantes. Tout se termine par une sortie solennelle et des chants de bénédiction; et des troupes d'enfants, de femmes et de vieillards, vêtus d'habits de pourpre et tenant les flambeaux, accompagnent les Furies hors du théâtre.

Telle est l'analyse de cette vaste trilogie où Eschyle a répandu les flots de sa fière et haute poésie, et où un sens profond est évidemment caché. Oreste a obéi à Apollon et à la voix du sang en frappant sa mère; mais bientôt cette voix du sang parle en sens opposé; les Furies vengeresses du sentiment qu'il a violé s'éveillent; et cette difficulté qui s'élève souvent dans la vie, c'est-à-dire la nécessité de choisir entre des devoirs qui se contredisent, est représentée comme un différend qui divise les dieux. Les anciens dieux, ceux qui descendent des Titans, n'écoutent que la voix aveugle du sang et condamnent Oreste; les jeunes dieux, qui appartiennent à un nouvel ordre de choses, prononcent son absolution.

M. Puech, qui vient de publier la traduction des *Choéphores*, appartient à cette école de traducteurs rigides qui s'efforcent de reproduire un auteur dans ses formes, dans ses tours, dans ses expressions caractéristiques et jusque dans les plus minutieux détails de sa composition; c'est, à vrai dire, la seule bonne méthode de traduction. Le système des traductions libres n'a en sa faveur que la facilité de l'exécution et une certaine élégance; mais il dénature toute chose et ne laisse plus entrevoir que sous les plus fausses apparences les contours de l'original. Plus le modèle est soigné dans son style, plus l'obligation de traduire fidèlement est étroite, et jamais elle ne l'est plus que lorsqu'il s'agit de traduire un poëte en vers.

La traduction en prose fait, par cela seul, abandon du rhythme et de la couleur, et dès lors la fidélité devient tout à fait illusoire. Mais il faut que le traducteur en vers aborde toutes les difficultés de son modèle : les intentions du poëte, l'éclat du style, la hardiesse des métaphores, le mouvement, *le pouvoir d'un mot mis en sa place*, tout doit être senti, pesé, examiné, tout doit être l'objet d'un minutieux travail. Il ne suffit pas que la pensée soit rendue, qu'une expression exacte reproduise l'expression du modèle; le traducteur n'a encore accompli qu'une partie de sa tâche, il n'a, pour ainsi dire, exécuté que la représentation matérielle, qu'un calque fidèle de son original; il faut maintenant y souffler la vie et la poésie, il faut que toutes les traces du mot à mot s'effacent, et que la traduction, parée des couleurs étrangères qu'elle emprunte à son modèle, se meuve d'une allure libre et élégante. Là est la grande difficulté d'une traduction exacte; car si, en dernier résultat, la véritable fidélité est de produire le même effet que l'original, et s'il peut arriver que cet effet soit détruit par un asservissement trop grand aux formes d'une langue étrangère, il se présente quelques points délicats où le traducteur doit être assez sûr de son tact pour acheter une fidélité réelle au prix d'une inexactitude apparente.

A ce propos, je ne puis m'empêcher d'adresser ici une observation à M. Puech. J'aurais désiré que, dans les chœurs, il supprimât davantage les vers irréguliers, et suivît de plus près les formes cadencées de l'ode française. Les vers inégaux et ne constituant pas de véritables stances ne me paraissent pas correspondre à la dignité du rhythme grec; il y a dans ce rhythme, dans la mesure variée et fortement accentuée de la composition originale, quelque chose de soutenu que les vers français irréguliers ne reproduisent pas, mais dont on peut rendre, je crois, le sentiment et l'effet en maniant habilement les coupes graves et majestueuses de l'ode française. En se rapprochant du mouvement lyrique, on ne s'éloignera jamais du caractère essentiel de la tragédie grecque. M. Puech ne se bornera pas sans doute à son travail sur les *Choéphores;* je l'engage à étudier attentivement, de ce point de vue, le texte d'Eschyle, et à chercher, parmi les combinaisons les plus heureuses de nos stances lyriques, celles qui donneront le mieux une idée de la pompe et de la majesté des chœurs grecs. Ce n'est pas trop de toutes les ressources de la poésie française, quand il s'agit de lutter avec un modèle aussi grand et aussi difficile qu'Eschyle.

Je suis privé, dans ces colonnes, du moyen de faire ressortir un des mérites particuliers de M. Puech. Il faudrait, surtout dans les endroits où il a le mieux réussi, citer le texte grec, le comparer, dans ses détails et dans ses délicatesses, avec la traduction française, et montrer avec quel labeur M. Puech a surmonté les difficultés de l'original; mais il est des morceaux où l'exactitude se laisse d'autant mieux voir que la traduction est plus heureuse. Une poésie grande, quoiqu'un peu sauvage, éclate dans ces vers que le poëte a mis dans la bouche d'Oreste, et elle ne s'est pas effacée sous la plume du traducteur :

> Jupiter, Jupiter, vois donc ce qui se passe.
> De l'aigle qui n'est plus vois l'orpheline race;
> Lui mourut dans les plis et dans les noirs anneaux
> D'une affreuse vipère; eux, nourrissons nouveaux,
> Ne peuvent, accablés par une faim cruelle,
> Rapporter à leur nid la chasse paternelle.
> . . . .
> Malgré la piété dont t'honora mon père,
> Si tu détruis sa race, où trouver une main
> Qui t'offre tant d'honneurs en un sacré festin?
> Fais périr les aiglons; par quels certains messages

Annoncer aux humains tes célestes présages ?
Sèche l'arbre royal ; dans les jours solennels,
Tu verras son appui manquer à tes autels.

La traduction des *Choéphores* n'est qu'un spécimen d'un travail complet sur Eschyle. Dans cette œuvre longue et difficile, M. Puech a besoin d'être encouragé, et il le mérite. Ce qui manque à ce premier essai, c'est, dans certains endroits, une allure ferme, une indépendance qui s'allie, dans des rapports convenables, avec la soumission nécessaire au texte original, et une pompe de style qui rivalise avec celle du tragique athénien. Les qualités qu'on y remarque sont le sentiment des beautés de l'auteur grec, l'intelligence des exigences d'une bonne traduction, une lutte persévérante avec toutes les difficultés, sous quelque forme qu'elles se présentent, et une versification qui, lorsqu'elle est heureuse, laisse voir le caractère du modèle. J'omets dans ce jugement les petites incorrections, qui ne sont rien à côté de l'effet général : c'est à cet effet que M. Puech doit viser ; le reste n'a pas grande importance, et disparaîtra quand il le voudra.

V

ARISTOPHANE ET RABELAIS[1]

En mettant en regard Aristophane et Rabelais, ces deux grands railleurs de leur époque, j'entends faire non pas une comparaison littéraire mais une comparaison historique, c'est-à-dire que je veux étudier comment leur raillerie, appliquée premièrement aux choses contemporaines, se comporte secondairement à l'égard du passé et de l'avenir. Suivant que l'époque sera une époque de passé ou d'avenir, le railleur se rejettera vers ce qui est en arrière comme le type vers lequel il faut retourner, ou aspirera à ce qui est en avant avec une espérance vague mais confiante. Aristophane et Rabelais (leur renom me dispense de faire ressortir leur importance) sont excellents pour représenter une pareille situation. Un destin tout différent attend la société où l'un et l'autre sont placés. Celle d'Aristophane, toute brillante qu'elle est encore, est incurablement malade; une décadence très-prochaine va s'en emparer, décadence non pas momentanée et transitoire, mais définitive et mortelle, si bien qu'au bout de quelques siècles, il n'en restera plus que d'immortels souvenirs. Celle de Rabelais, au contraire, toute troublée qu'elle paraît, est pleine de vie et de force; aucune décadence ne la frappera; loin de là, elle se saisira, par la science positive, d'un engin puissant

[1]. *La Philosophie positive*, juillet-août 1870.

qui, la plaçant au nœud même des révolutions religieuses et politiques, lui inspirera la vaste et féconde vue d'une humanité puissante régissant sagement le globe terrestre. Tout cela est inconscient chez Aristophane et Rabelais; mais tout cela se marquera dans ces bouffonneries qui, à leur temps, furent un événement social aussi bien qu'un événement littéraire. Rabelais aurait pu être un Aristophane, c'est-à-dire flageller son époque en rehaussant le passé; cela était facile, car le seizième siècle offre toutes les prises qu'on voudra à la plus véhémente critique; mais la grandeur de son esprit l'en préserva. Aristophane n'aurait pu être un Rabelais; car toute vue d'avenir, si elle avait été réelle, aurait été une vue de désespoir; et nul ne pouvait imaginer combien d'années et de détours seraient nécessaires pour que la société, d'antique devenant moyen âge, se rassît et continuât son développement.

Il ne faut pas se laisser tromper par ce mot de comédie qui désigne les pièces d'Aristophane. Cette comédie antique n'est point la nôtre. On n'y trouve ni action, ni nœud, ni intrigue; c'est une suite de scènes vives et pétillantes, sans autre liaison que la critique, à chaque occurrence, des choses et des hommes politiques d'Athènes. De la sorte, elle se trouve très-comparable avec l'œuvre de Rabelais, qui groupe autour de quelques personnages permanents, non point pour le théâtre il est vrai, des récits pleins de malices pénétrantes et de vérités hardies. Tous deux ont le don et le goût de la fantaisie. Aristophane met en scène les dieux, les guêpes, les oiseaux, les nuées. Rabelais se joue avec ses géants, ses diables de Papefiguière, ses Papimanes et sa dive bouteille. Aristophane, en sa qualité de conservateur, ne paraît pas redouter la ciguë, mais il ne manque pas de courage, et met sur le théâtre le puissant démagogue Cléon. Rabelais, novateur, craint les fagots; il s'avance *jusqu'au feu exclusivement*, comme il le dit; et surtout il se gare, tant qu'il peut, derrière cette belle idéalisation de la royauté d'alors, *Grandgousier*, *Gargantua* et *Pantagruel*; d'ailleurs, il compte sur ses bouffonneries, pour se faire pardonner ses témérités.

Il y a encore un autre côté, et c'est un méchant côté, par lequel ils se ressemblent, c'est la grossièreté et l'obscénité. Pourtant je fais une différence, c'est du moins ainsi que je sens, et je trouve cela plus supportable dans Rabelais que dans Aristophane. Rabelais, c'est un livre; on le tient à la main, on est seul, et ses gros mots ne sont pas articulés, ne viennent pas effaroucher l'oreille, et n'excitent pas le dégoût de l'obscénité en commun. Au contraire, Aristophane, c'est un théâtre; un immense public est assemblé, les femmes y sont, les gros mots tombent sur cette foule, qui rit et ne rougit pas. Il y a déjà longtemps que ce cynisme public m'a fait rabattre de l'opinion trop favorable au niveau du développement hellénique. Tout se tient dans les choses morales; et il ne se peut qu'il y ait beaucoup de délicatesse dans le reste, quand il y en avait si peu en ceci. Mon observation se vérifie immédiatement dans le seizième siècle, qui se plaisait tant aux obscénités sur le théâtre et dans les livres, et qui y alliait si volontiers la violence, la perfidie et la cruauté. On n'oubliera pas non plus combien étaient grandes la cruauté, la perfidie, la violence au quatrième siècle avant l'ère chrétienne, au temps des aristocraties qui écrasaient les démocraties, des démocraties qui frappaient les aristocraties, au temps de Lysandre dont on connaît la pratique à l'égard des serments, au temps de toute sorte de tyranneaux qu'un coup de violence mettait en possession d'une ville.

C'est à l'époque des trente tyrans, avanteux et après eux, qu'a vécu Aristophane; il est l'ardent défenseur de la république; et ses comédies sont une arme politique dont il se sert, non pour la désorganiser, mais pour la soutenir. Comment comprend-il cette défense? Pas autrement qu'en vantant le passé et en recommandant le retour vers ce qui fit jadis la gloire et la force d'Athènes. Dans cette célèbre satire où il exposa à la risée dans Socrate toute la philosophie comme téméraire, immorale et désorganisatrice, il introduit deux personnages, le Juste et l'Injuste, représentant, l'un les anciennes mœurs, l'autre les nouvelles. Ils plaident l'un contre l'autre, et le Juste est vaincu. Voici le plaidoyer du Juste : « Je vais dire quelle était
« l'ancienne éducation aux jours florissants où j'en-
« seignais la justice, où la modestie régnait dans les
« mœurs. D'abord, il n'eût pas fallu qu'un enfant fît
« entendre sa voix. Les jeunes gens d'un même quar-
« tier, allant chez un maître de musique, marchaient
« ensemble dans les rues, nus et en bon ordre, la
« neige tombât-elle comme la farine d'un tamis; là
« ils s'asseyaient les jambes écartées, et on leur appre-
« nait ou l'hymne : « Redoutable Pallas, destructrice
« des villes, » ou « Cri retentissant au loin; » ils con-
« servaient la grave harmonie des vers transmis par
« les aïeux. Si quelqu'un s'avisait de faire quelque
« bouffonnerie ou de chanter avec les inflexions molles
« et recherchées, introduites par Phrynis, il était
« frappé et châtié comme ennemi des Muses. Au gym-
« nase, ils devaient être assis les jambes étendues,
« pour que les voisins ne vissent rien d'indécent.....
« On ne leur permettait de manger ni raifort, ni

« l'aneth réservé aux vieillards, ni céleri, ni poisson,
« ni grives; ils n'eussent jamais croisé les jambes...
« C'est cette éducation qui forma les guerriers de Ma-
« rathon (*Les Nuées*). »

Dans une autre pièce, sous la forme burlesque qui lui est propre, il célèbre l'attachement des femmes aux anciennes coutumes. « Je vous ferai voir combien les
« femmes sont plus raisonnables que nous. D'abord il
« n'en est aucune qui ne lave la laine dans l'eau
« chaude, à la manière antique; on ne les voit point es-
« sayer de nouveautés. Le salut d'Athènes ne serait-il
« pas assuré, si elle agissait de même, et si elle ne
« cherchait pas les innovations? Elles s'asseoient pour
« faire griller les morceaux comme autrefois; elles por-
« tent les fardeaux sur leur tête comme autrefois; elles
« pétrissent les gâteaux comme autrefois; elles mal-
« traitent leurs maris comme autrefois; elles ont chez
« elles des amants comme autrefois; elles fraudent sur
« les dépenses de la cuisine comme autrefois; elles ai-
« ment le vin pur comme autrefois; elles se plaisent
« aux ébats voluptueux comme autrefois (*L'Assemblée*
« *des femmes*). »

Je mets encore ce passage sous les yeux du lecteur :
« Voici le moment d'éveiller ton esprit fécond en res-
« sources et ta sollicitude pour les intérêts du peuple.
« C'est dans l'intérêt de la prospérité générale qu'il
« faut déployer cette intelligence habile qui assure à
« un peuple civilisé toutes les jouissances de la vie, et
« lui montre ce qu'il est capable de faire. Voici le mo-
« ment; notre république a besoin d'un plan sagement
« conçu; mais n'essaye rien qui ait déjà été pratiqué
« ou proposé; car tout ce qui est ancien les ennuie
« (*L'Assemblée des femmes*). » *Tout ce qui est ancien les
ennuie!* Sans doute, si le nouveau, l'innovation appor-

tait plus de grandeur et de stabilité à la république, Aristophane n'y aurait que reprendre; mais loin de là, tout déchoit, et dans son illusion il crie : Que cherchez-vous, insensés? le remède est près de vous; revenez aux idées et aux mœurs des aïeux.

Tous ceux qui sont familiers avec l'histoire grecque de ce temps savent que les principaux d'Athènes tenaient en très-petite recommandation la démocratie de leur patrie, et qu'ils inclinaient vers le gouvernement aristocratique et, en particulier, vers celui de Sparte. Il est de fait que Sparte triompha de sa rivale après une longue lutte de vingt-huit ans, et qu'elle régna sans conteste pendant quelque temps. Mais que fit-elle de cette prépondérance? absolument rien. Elle la perdit, tomba à son tour dans la décadence, passa par le joug des tyrans et finit par devenir dans le mouvement politique général aussi insignifiante qu'Athènes vaincue. L'aristocratie ne la sauva pas plus que la démocratie n'avait sauvé la cité de Minerve. Dans ce que devint Athènes, il n'y a rien à arguer de son gouvernement. Voyons donc ce qui attendait cette ville, glorieuse entre toutes, et en face de quoi Aristophane, avec sa critique et ses conseils, se trouvait réellement placé.

Les causes de dissolution étaient profondes et bien éloignées de la vue et de la portée des hommes d'État. Que peuvent d'ailleurs les hommes d'État quand ils ne sont pas soutenus par un milieu favorable? Athènes, relevée de la défaite infligée par Lacédémone, reprit position dans le petit monde hellénique; mais ce ne fut que pour un intervalle très-court; la Macédoine se dresse et profite de la faiblesse croissante des démocraties et des aristocraties pour fonder son empire. Du moins, dans cette lutte suprême entre la liberté hellénique et l'asservissement aux Macédoniens, Athènes, grâce à Démosthène, eut la bonne fortune de mourir d'une mort héroïque et qui, comme le dit lui-même le grand orateur, ne fit pas honte aux vaillants de Marathon. Certes, si à ce moment Sparte avait conservé le moindre reste de la solidarité hellénique, ses bataillons se seraient trouvés, à côté des Athéniens et des Thébains, au dernier rendez-vous de Chéronée. Philippe, Alexandre et leurs successeurs batailleurs sont les maîtres. Est-ce tout? non. Voilà que de l'Occident lointain s'élève le peuple conquérant par excellence; Rome met sa main puissante sur la Grèce, respectant sa captive, et faisant pour elle la seule chose qui pût être faite, c'est-à-dire recueillant ses lettres, sa philosophie, sa science; inestimable trésor et salut de l'humanité. Est-ce tout enfin? non encore. Voilà que d'un Occident encore plus lointain et du Nord sortent des hordes de barbares, les Germains, les Goths, les Huns; ils passent sur la Gaule, sur l'Italie, sur la Grèce; et, quand enfin le débordement en est épuisé, qu'ils se fixent et que commence un ordre nouveau moitié barbare, moitié romain, Athènes échoit à l'empire d'Orient, et il n'y a plus rien à dire d'elle; tout rôle lui est ôté dans les destinées humaines.

Mais peut-être que, prête à périr de cette grande mort politique, Athènes et la Grèce ont conservé le foyer des idées, foyer toujours prêt à se raviver et à redonner la force à qui la mérite. Il n'en fut rien. Ce splendide Parthénon va être mutilé et transformé en église; les statues où resplendissaient la beauté idéale et le génie de Phidias, qualifiées par Lactance de poupées fardées, vont être traitées comme des poupées et cassées par des mains fanatiques et grossières. Saint Paul prêcha la résurrection des morts à l'Aréopage et fut raillé par la savante Athènes. Certes la savante Athènes avait raison de prêter une foi médiocre à la résurrection des morts; mais elle avait tort de mettre le monde sous la garde de Jupiter, de Minerve, d'Apollon et de tous les autres; conception multiple qui, vu l'évolution mentale, ne pouvait plus soutenir la concurrence de la conception unique d'un seul moteur. Le christianisme balaya sans retour le polythéisme hellénique. Les lettres, les arts, les sciences n'échappèrent pas au destin qui les condamnait; ce sol, jadis si fécond, cessa de les porter; tout fut jeté aux quatre vents; et c'est la civilisation générale qui, assaillie elle-même, mais finalement victorieuse, recueillit ces débris et en fit son plus précieux trésor. Enfin je ne sais plus quel empereur chrétien ferma les écoles d'Athènes restées païennes; ces derniers des Athéniens, comme par une dérision du sort, allèrent chercher un asile auprès du roi de Perse; et tout fut dit pour la Grèce jusqu'au moment où une petite Hellénie, se portant héritière, a demandé à l'Europe ses sympathies, sa protection et la communication de son savoir.

Ce n'est pas que, dans cette longue dissolution plutôt que rétrogradation, on n'ait essayé de se retenir, de se reformer autour de quelque position meilleure que les autres : tout fut en vain; et le terrain se déroba constamment sous les pieds. La Grèce fit un effort de ce genre quand elle essaya de repousser le joug des Macédoniens. Plus tard, Rome fut appelée à une semblable épreuve; elle perdit la partie contre les Césars. En même temps, on demandait à la philosophie ce que la politique refusait, et l'on se constituait en groupes autour de Platon, d'Aristote et de Zénon; le stoïcisme se rendit le dernier, et sous les empereurs il rallia une élite qui donna de grands exemples. Là n'était point, l'événement le montre, le noyau, le germe d'un nouvel ordre social. Le ralliement, c'est-à-dire un premier groupement susceptible de s'étendre incessamment et de se développer, ne commença qu'avec le christianisme. Dès qu'il eut franchi les limites de la Judée et semé quelques Églises gréco-romaines, le mouvement de reconstitution ne s'arrêta plus. D'abord on fonda la société religieuse; et, bien que les circonstances devinssent singulièrement mauvaises, la société civile se fonda à son tour sous la discipline intellectuelle et morale de la religion qui l'avait précédée. Ce régime catholico-féodal n'était pas destiné à toujours durer; mais il était tel qu'il put se dissoudre sans que le cours des choses sortît, comme cela était arrivé lors du régime antique, de sa grande teneur; loin de là, à mesure qu'il s'effaçait, il laissait apparaître la puissante ère moderne, l'industrie et la science.

Quand on considère de la sorte la trajectoire de la civilisation, on se demande, non point pour lutter puérilement contre les faits accomplis, mais pour les mieux comprendre, comment il est advenu qu'elle ait subi de pareilles perturbations; car enfin la ligne directe était que la brillante Grèce ne s'éclipsât pas et qu'elle demeurât l'assise solide sur laquelle le reste s'élèverait. De la sorte, beaucoup de temps, ce semble, beaucoup de catastrophes et beaucoup de souffrances aurait été épargné. La trajectoire a, nous le savons maintenant à postériori, pour formule : substituer aux notions fictives les notions réelles, construire la science positive, et, sous sa direction, accommoder le mieux possible nos destinées à la constitution du globe, à la constitution de l'homme, à la constitution des sociétés. Ainsi l'idéal aurait été, au temps de Périclès, de Socrate et d'Aristophane, de conserver l'ordre de choses et d'attendre, en le conservant, que le savoir positif fût assez fort pour prendre, sans l'inutile catastrophe du monde ancien, la place qu'il occupe dorénavant parmi nous. Mais, pour que cela fût possible, il fallait deux bases qui faisaient défaut à ce moment : l'une matérielle de domaine et d'extension ; l'autre intellectuelle et de principes toujours démontrables et capables de résister à la plus sévère discussion.

La base matérielle de domaine et d'extension est relative à l'étroite limite dans laquelle était renfermé le peuple civilisateur par excellence, celui qui, avec raison à ce point de vue, traitait les autres de barbares, n'en déplaise à l'antique Égypte, à l'orgueilleuse Babylone et à l'opiniâtre Judée. Cette toute petite Europe, qu'on appelait l'Hellénie, ne pouvait résister à ce vaste monde qui la pressait à l'Orient et à l'Occident, et il suffit du Macédonien pour la décapiter. Même l'empire romain, devenu héritier de la mission de la Grèce, ne fut pas encore assez solidement assis pour braver tous les conflits extérieurs, et succomba sous le flot des peuplades de la Germanie et de la Scythie. Depuis, il y eut encore des craintes, mais il n'y eut plus de catastrophes ; et l'Europe, avec ses essaims d'Amérique, d'Australie et d'Afrique, est désormais en état de défier tous les orages de ce genre. Mais, nous-mêmes, que penserions-nous de la stabilité de notre civilisation, si nous n'étions qu'un nombre tout petit en face de multitudes infinies, et sans autre ressource qu'un peu plus de discipline contre de formidables agressions ? L'industrie, guidée par la science, multiplie sans limites les forces individuelles ; un vapeur cuirassé coulerait toute la flotte du grand roi, contre laquelle la Grèce n'avait que des rames et des rameurs.

En cet état, à un moment donné, le petit monde fut vaincu par le grand.

La base intellectuelle et de principes toujours démontrables concerne le polythéisme qui formait la trame de la société hellénique. Il n'est pas besoin de dire que rien n'était moins démontrable que la gestion du monde par Jupiter, le gouvernement de la mer par Neptune, et celui de la terre par Demeter. Aussi, malgré la vigilance des Athéniens qui défendaient leurs dieux comme autant de palladiums de la cité (et ils n'avaient pas tout à fait tort), le crédit des divinités baissait sensiblement devant la raillerie des uns, le raisonnement des autres et l'indifférence de beaucoup. De ce côté, le milieu hellénique restait ouvert à toutes les décadences; il était impossible que les croyances antiques se maintinssent; la solution, s'il en advenait une, ne pouvait être que théologique ou métaphysique. On sait qu'en effet une solution advint : Israël donna son monothéisme, la Grèce donna sa philosophie. Dans la nouvelle religion, ce ne fut pas le dogme monothéique qui eut l'efficacité sociale; car on voit, par l'exemple des musulmans, qu'un monothéisme peut être tout à fait improgressif; mais ce qui importa beaucoup, ce fut le caractère moral qu'elle imprima à toutes choses. Confier la direction à une morale effective, en un temps où l'on ne pouvait la confier à la science, fut une grande et salutaire nouveauté sociale. Déjà Socrate avait pressenti qu'il en devait être ainsi, et, à sa suite, la philosophie grecque, qui fut toujours, plus ou moins, une école de mœurs. C'est sous l'institution morale du christianisme que les hommes passèrent les temps d'épreuves, et devinrent capables de soustraire leurs destinées sociales à la domination de ce qui ne peut être ni connu ni démontré.

Que faire devant un présent peu encourageant et un avenir encore si lointain? Les nouveautés ne manquaient pas, mais elles étaient malsaines; et plus elles se manifestaient, plus l'état politique se dégradait. Plusieurs, dans ce désarroi, prêchaient le retour au passé qui avait été si beau; les hommes libres regrettaient les formes républicaines dont la ruine emportait la liberté; mais, quand on essayait de rétablir l'ancien ordre de choses, on était vaincu : Démosthène perdait la bataille de Chéronée, Brutus celle de Philippes; et l'empereur Julien succombait sous le Nazaréen. Dans l'intervalle, Aristote, avec le profond sentiment scientifique qui le dominait, faisait l'histoire et la description des différents gouvernements connus de son temps. Platon se jetait dans l'utopie (qu'on me passe ce mot dû à un philosophe qui lui est de tant postérieur), et composait le plan d'une république à la fois aristocratique et communiste. Avant lui, Aristophane n'avait pas manqué un aussi bon sujet de comédie : il mit sur la scène le communisme en liesse; et, quand on demanda qui cultiverait la terre pour satisfaire aux besoins de ces joyeux communistes, le narquois répondit : les esclaves.

Une société ainsi dépourvue appelait des maîtres. Il lui en vint de tous les côtés. Mais elle échut, et cela ne pouvait plus être autrement, à tout ce que l'ambition personnelle a de plus étroit et de plus désordonné. On le vit à suffisance dans les guerres des successeurs d'Alexandre, dans les compétitions au trône des Césars, et dans les partages des roitelets germains sur le sol romain.

Quoi! ne restait-il donc rien? Il restait beaucoup, il restait ce principe de vie et de développement que la Grèce avait désormais communiqué au savoir humain et qui ne devait plus s'éteindre. La science se maintint et se prolongea ; qui ne connaît les beaux travaux des Grecs en mathématiques pures, la création de l'algèbre, et la fondation de l'astronomie géométrique? La philosophie n'abandonna point les discussions qu'elle avait entamées ; et c'est là que l'on doit reconnaître le grand service rendu par la métaphysique : rien de plus éminent que cette philosophie dans ces intervalles désolés, et rien de plus social que sa fonction. Enfin la religion, reprenant vie au contact de la philosophie et se transformant en monothéisme, souleva la société et la tira de sa vieille ornière. Tels sont les trois éléments qui firent le salut commun. De ces trois, la science n'était considérée que comme une belle chose qu'il fallait entretenir, sans qu'on se doutât que l'avenir lui réservait la prépondérance; la philosophie plaisait aux grands esprits de la Rome impériale, mais sans pouvoir se développer en système social; la religion seule se trouva prête à prendre la haute main et à se charger des destinées communes.

Aristophane, se mettant en scène dans une de ses pièces, la *Paix*, comme cela se pouvait faire sur le théâtre d'Athènes, s'adresse en ces termes aux spectateurs : « Un poëte qui se vanterait lui-même en cette
« occasion mériterait d'être battu de verges; mais, s'il
« est juste, ô Minerve, d'honorer le meilleur et le plus
« célèbre de tous les comiques, notre poëte croit
« avoir droit à de grands éloges. D'abord il est le
« seul qui ait forcé ses rivaux à ne plus faire rire
« des haillons et de la vermine; le premier il a décré-
« dité et banni ces Hercules qui broyaient du grain,
« ces gueux, ces affamés, ces vagabonds, vivant
« de tromperies et venant d'eux-mêmes s'offrir aux
« coups... Supprimant toutes ces inepties et ces bouf-
« fonneries ignobles, il a agrandi son art, et l'a relevé

« par la noblesse du style et l'éclat des pensées et par
« des plaisanteries de bon goût [1]. Jamais il ne s'atta-
« qua à des particuliers obscurs ou à des femmes;
« mais il s'arma du courage d'Hercule pour affronter
« des monstres terribles. Oui, j'osai le premier as-
« saillir cette bête aux dents aiguës (le démagogue
« Cléon), dont le regard lançait des feux effrayants.
« Les langues perverses de cent flatteurs léchaient son
« front à l'envi; elle avait la voix d'un torrent qui
« sème le ravage, l'odeur d'un phoque, les cuisses
« d'une lamie. L'aspect de ce monstre ne m'effraya
« pas; je marchai contre lui, et combattis pour vous
« et pour les îles. C'est à vous maintenant de vous
« souvenir de ces services, et de m'en témoigner votre
« reconnaissance. On ne m'a point vu, dans l'ivresse
« du succès, parcourir les palestres pour y corrompre
« les jeunes gens; je me retirais aussitôt avec mon
« bagage, après avoir causé peu de chagrin, beaucoup
« de gaieté, et fait en tout mon devoir. »

Avec justice, Aristophane se rend ce témoignage;
oui, il a donné beaucoup de gaieté, et il a fait son devoir, puisque son devoir était de défendre la vieille
république contre une désorganisation qui devait
aboutir au triomphe du Macédonien et à la ruine de la
Grèce. Dans ce gré général, il est un gré que je ressens
et qu'il me plaît de ne pas omettre, c'est d'avoir eu des
paroles de commisération pour le sort de Phidias.
Phidias finit mal, κακῶς πράξας, dit Aristophane, et c'est
le seul témoignage contemporain et certain que nous
ayons de cette triste fin. On perdit le grand sculpteur
par une accusation d'impiété, dangereuse accusation

---

1. Cela montre que les obscénités qui abondent chez Aristophane
ne passaient aux yeux de personne pour choses de mauvais goût.

devant le peuple d'Athènes, qu'Alcibiade, tout favori qu'il était, n'osa braver, et qui fit boire la ciguë à Socrate. La paix et Phidias, dit le poëte, disparurent ensemble, la paix si belle et qui tenait sans doute sa beauté de son alliance avec lui. Phidias a-t-il jamais été plus senti et mieux loué?

Il avait raison pour Phidias, il eut tort pour Socrate. Il sut apprécier les beautés de l'art, il ne sut pas apercevoir les beautés de la philosophie. Je ne sais si ses plaisanteries plurent aux Athéniens; mais, pour la postérité, le Socrate qu'elles poursuivent est si faux, que nous ne pouvons nous y associer. Qu'Aristophane, le défenseur des vieilles choses, ait frémi devant un pareil novateur, cela se conçoit; mais il est fâcheux pour lui qu'il n'ait fait aucune réserve, jetant dans un chœur ou une parabole quelque vers inspiré sur les grandeurs morales qu'il était digne d'entrevoir. Quand Rabelais lança dans le monde son audacieuse satire, Calvin ne s'y trompa pas, il aperçut le libre penseur et le dénonça. Rabelais se contenta de demander que ces gens qui le dénoncent *soient réputés abuseurs, prédestinateurs, imposteurs et séducteurs* (Pantagruel, II, prologue). Les *prédestinateurs*, c'est Calvin et ses sectateurs; il stigmatise la prédestination, dogme qui fait frémir tout ce qui n'est pas calviniste; mais il n'a livré à la moquerie ni la philosophie, ni la science.

Le fait est qu'à son moment, l'avenir social était bien différent. J'entends déjà le vieux préjugé historique qui gronde. Eh! quoi! me dit-il, prétendez-vous opposer à la brillante Athènes, au siècle des Périclès et des Phidias, à toute la magnificence des lettres et des arts, l'informe seizième siècle, barbare issu des plus barbares? Sans doute, et si, comme je l'ai fait voir, ces deux temps ne valaient pas mieux l'un que l'autre pour la scandaleuse obscénité, je tiens à montrer qu'ils peuvent être opposés l'un à l'autre pour les grands achèvements dans l'œuvre de la pensée. Seulement, à cette époque, le domaine social, et c'est un grand résultat, s'est immensément étendu; la nouvelle Grèce est l'Occident tout entier, Allemagne, Angleterre, Espagne, Italie et France.

Et cette nouvelle Grèce peut hardiment lever la tête et subir la comparaison avec son aînée. D'abord notons qu'elle tient du temps immédiatement précédent deux grandes découvertes, l'imprimerie et l'Amérique avec la connaissance du globe, sans parler de la poudre à canon un peu plus ancienne, mais toujours due à la période dite barbare. Puis, cela fait, demandons-nous devant qui devrait céder la palme et s'avouer vaincu : dans les arts, Raphaël et ses émules ; dans les lettres, Shakespeare, Cervantes et Montaigne ; dans les sciences, Copernic ; dans le mouvement social, Luther, Calvin, et derrière eux les libres penseurs, Rabelais en tête. On le voit, le seizième siècle a ses grandeurs et ses beautés; mais, plus heureux que le siècle de Périclès, il n'eut point à en craindre la décadence, à en déplorer la ruine, et à regretter que le temps ne s'arrêtât pas dans son cours. Loin de là, à sa dernière année il se sentait plus fort et plus actif qu'à sa première.

Ce fut à cette impulsion d'avenir qu'obéit la satire de Rabelais. Placé comme Aristophane, il eût, pour faire honte à son temps, tourné les yeux vers ce monde féodal qui se dissolvait de toutes parts. Il y avait là de quoi regretter; et aujourd'hui encore ceux pour qui la foi catholique est restée un suprême idéal, ne peuvent se consoler qu'un aussi grand ordre où l'idée chrétienne était au faîte de la société, de ses institutions, de ses opinions et de ses mœurs, ait été emporté par l'évolution sociale. Aristophane vantait la vieille république; Rabelais aurait vanté le pape et son gouvernement spirituel, le suzerain et ses vassaux, les abbés avec les grandes abbayes livrées à la piété et à la prière, les hauts barons, généreux dans leurs manoirs, vaillants à la guerre, enfin les chevaliers pleins de courtoisie, l'honneur des dames et les brillants tournois. Mais je le vois qui se bouche les oreilles à de pareils conseils. Ce n'est rien de tout cela dont il va faire l'esprit de son audacieuse bouffonnerie.

Au milieu de son enfer, Dante s'arrête pour s'écrier :

O voi, ch'avete gl'intelletti sani,
Mirate la dottrina che s'asconde
Sotto'l velame delli versi strani.

Ces vers ont beaucoup occupé les commentateurs du grand poëte, sans qu'ils aient pu tomber d'accord sur le sens profond, caché *sous le voile des vers étranges*. Mais aucun doute ne peut rester sur le sens caché de l'œuvre de Rabelais. Lui-même nous avertit, dans un joyeux prologue, de ne pas nous arrêter à la surface. « A quel propos, en vostre advis, tend ce prelude et « coup d'essay? Pour aultant que vous mes bons dis-« ciples et quelques aultres fols de sejour, lisant les « joyeulx titres d'aulcuns livres de nostre invention, « comme Gargantua, Pantagruel, Fessepinte, la dignité « des Braguettes, des Pois au lard *cum commento*, etc., « jugez trop facilement n'estre au dedans traicté que « mocqueries, folatreries et menteries joyeuses, veu que « l'enseigne exteriore (c'est le tiltre), sans plus avant « enquerir, est communement receue à derision et « gaudisserie. Mais par telle legiereté ne convient esti-« mer les œuvres des humains.... C'est pourquoi fault « ouvrir le livre, et soigneusement peser ce que y est

« deduict. Lors congnoistrez que la drogue dedans
« contenue est bien d'autre valeur que ne promettoit
« la boiste; c'est-à-dire que les matieres icy traictées
« ne sont tant folastres, comme le tiltre au-dessus
« pretendoit. Et posé le cas qu'au sens litteral vous
« trouvez matieres assez joyeuses et bien correspon-
« dantes au nom, toutesfois pas demourer là ne fault,
« comme au chant des syrenes, ains à plus haut sens
« interpreter ce que par adventure cuidiez dict en
« guayeté de cueur.... Veistes vous oncques chien ren-
« contrant quelque os medullaire? C'est, comme dict
« Platon, la beste du monde plus philosophe. Si veu
« l'avez, vous avez peu noter de quelle devotion il le
« guette, de quel soing il le garde, de quelle ferveur il
« le tient, de quelle prudence il l'entomme, de quelle
« affection il le brise, et de quelle diligence il le suce.
« Qui l'induict à ce faire? Quel est l'espoir de son es-
« tude? Quel bien pretend-il? Rien qu'ung peu de
« mouelle. Vray est que ce peu plus est delicieux que
« le beaucoup de toutes aultres.... A l'exemple d'icelluy
« vous convient estre sages pour fleurer, sentir et es-
« timer ces beaulx livres de haulte gresse, legiers au
« prochas et hardis à la rencontre, puis par curieuse
« leçon et meditation frequente rompre l'os et sucer
« la substantificque mouelle (*Gargantua, Prologue*). »

Dans ce passage, Rabelais, tout en ne voulant qu'attirer notre attention sur la *substantificque mouelle*, nous
fait pénétrer dans la nature même de son esprit, dans
la composition de son livre, et comprendre comment
la moelle et l'os, le dehors et le dedans, ne sont qu'un.
Ne croyez pas en effet qu'il ait conçu un sens moral,
puis qu'il l'ait allégorisé sous les étranges faits et gestes
de Gargantua et de Pantagruel. Ne croyez pas non plus
que les Gargantua et les Pantagruel soient des créations

purement fantasques auxquelles, après coup, il a adjoint un sens moral. Non, tout est de même jet ; les *joyeuses menteries* sont dites de gaieté de cœur, mais le *haut sens* y est incorporé. Dans cette singulière imagination, à la fois bouffonne et profonde, tout prend le double caractère de l'extrême fantaisie et de la sagesse la plus ferme et la plus pénétrante. Il tient certainement beaucoup à ce qu'on ne méconnaisse pas le fond sérieux ; mais il ne tient pas moins à ses *gaudisseries*, et il serait mortifié si on ne s'intéressait à toute cette histoire qui se passe on ne sait où, on ne sait comment, on ne sait entre qui, et qui pourtant nous attache aux personnages et à leurs aventures. Ce n'est pas du merveilleux, car le merveilleux consiste à faire intervenir les puissances occultes, soit du ciel, soit de l'enfer, soit de la cabale, soit de la magie, et à demander les effets à la logique surnaturelle. Ici, rien de pareil ; le procédé consiste à concevoir les disproportions les plus étranges ; alors entre ces personnages les uns tout grands, les autres tout petits, s'établissent les singuliers rapports qui font la trame de leur histoire, la joie de Rabelais, l'amusement du lecteur et la vive satire des choses.

La Bruyère, dans son premier chapitre, dit de notre auteur : « Rabelais est incompréhensible. Son livre est
« une énigme, quoi qu'on veuille dire, inexplicable :
« c'est une chimère, c'est le visage d'une belle femme,
« avec des pieds et une queue de serpent, ou de quel-
« qu'autre bête plus difforme ; c'est un monstrueux
« assemblage d'une morale fine et ingénieuse, et d'une
« sale corruption. Où il est mauvais, il passe bien au
« delà du pire ; c'est le charme de la canaille ; où il est
« bon, il va jusqu'à l'exquis et à l'excellent ; il peut
« être le mets des plus délicats. » Incompréhensible,

non ; mais La Bruyère se serait bien gardé de comprendre la guerre que le libre penseur du seizième siècle fait à l'établissement catholique, et il croyait toutes choses trop bien réglées et affermies sous la majesté du grand roi, pour rien voir dans le livre de Rabelais qu'une œuvre d'art et d'imagination. Inexplicable, pas davantage : La Bruyère avait certainement, comme tous les lettrés de son temps, sauf Perrault et les autres amis des modernes, beaucoup de respect pour Aristophane ; or, le charme de la canaille est pire encore dans le poëte athénien ; cela est le produit de mœurs qui se ressemblaient entre le siècle de Périclès et le seizième siècle. L'exquis, l'excellent demeure, et ce n'est pas une petite part de cet exquis, de cet excellent, d'avoir été mis au service de pensées qui dépassaient la réforme et atteignaient en plein le dix-huitième siècle.

Si la foi en la stabilité religieuse et monarchique telle que Louis XIV la fondait, empêcha La Bruyère d'aller jusqu'à la *substantificque mouelle*, chez Voltaire le préjugé qu'il n'y avait de langue française que celle du dix-septième et du dix-huitième siècle fit obstacle à son jugement. Lui, pourtant, ne s'est pas mépris sur les intentions du curé de Meudon : « Son livre, à la « vérité, est un ramas des plus impertinentes et des « plus grossières ordures qu'un moine ivre puisse vo« mir ; mais aussi il faut avouer que c'est une satire « sanglante du pape, de l'Église et de tous les événe« ments de son temps... Jamais ce livre n'a été défendu « en France, parce que tout y est caché sous un tas « d'extravagances qui n'ont jamais laissé le loisir de « démêler le véritable but de l'auteur. » (*Mélanges litt.*, *Lettre sur Fr. Rabelais.*) Un moine ivre qui se donne le plus sérieux des buts, et qui sait à la fois le cacher et le montrer ! Un moine ivre qui fait, comme le fera Voltaire lui-même et ses amis, la satire du pape, de l'Église et de tous les événements de son temps ! Seul et n'ayant que quelques sympathies rares et secrètes, au milieu du seizième siècle, alors que catholiques et protestants, d'accord sur le fond du christianisme, se déchirent pour le plus ou le moins, Rabelais entreprend l'œuvre de critique radicale qu'accompliront les philosophes du dix-huitième siècle, nombreux et soutenus.

Au reste, le véritable but de l'auteur avait été bien plus aperçu qu'il ne plaît à Voltaire de le dire. Calvin, je l'ai rappelé, ne s'y était pas trompé, et bien d'autres non plus. Un des procédés de Voltaire, pour se couvrir dans ses hardiesses, était de faire quelque déclaration hypocritement orthodoxe : par exemple, dans cette même lettre sur Fr. Rabelais, après avoir rapporté des passages fort téméraires, il ajoute : « Nous citons tous « ces scandales en les détestant, et nous espérons faire « passer dans l'esprit du lecteur judicieux les senti- « ments qui nous animent. » Non autrement proteste Rabelais quand il dit qu'il allumerait de ses propres mains le bûcher qui devrait le consumer, si ombre d'hérésie était dans ses livres. Au reste, le passage tout entier où il signale les dangers qui le menacent, et où il se couvre tant qu'il peut, mérite d'être rapporté : c'est dans l'épître au cardinal Odet de Chastillon, qui, un peu plus tard, se fit protestant.

« La calomnie de certains cannibales, misanthropes,
« agelastes, avoit tant contre moi esté atroce et desrai-
« sonnée, qu'elle avoit vaincu ma patience, et plus
« n'estoit deliberé en escripre ung iota. Car l'une des
« moindres contumelies dont ils usoient, estoit que tels
« livres tous estoient farcis d'heresies : n'en povoient

« toutes fois une seule exhiber en endroit aulcun; de
« follastries joyeuses, hors l'offense de Dieu et du roy,
« prou (c'est le subject et theme unicque d'iceulx
« livres); d'heresies poinct, sinon, perversement et
« contre tout usaige de raison et de langaige commun,
« interpretant ce que à poine de mille fois mourir, si
« aultant possible estoit, ne vouldrois avoir pensé,
« comme qui pain interpreteroit pierre, poisson ser-
« pent, œuf scorpion. Dont quelquesfois me complai-
« gnant en vostre presence, vous dis librement que
« si meilleur christian je ne m'estimois qu'ils ne mons-
« trent estre en leur part, et que si en ma vie, escripts,
« parolles, voire certes pensées, je recongnoissois scin-
« tille aulcune d'heresie... par moy mesmes, à l'exem-
« ple du phœnix, seroit le bois sec amassé et le feu al-
« lumé, pour en icelluy me brusler. Alors me distes que
« de telles calumnies avoit esté le deffunt roy François
« d'eterne memoire, adverty; et curieusement ayant,
« par la voix et pronunciation du plus docte et fidele
« anagnoste [lecteur] de ce royaulme, ouy et entendu
« lecture distincte d'iceulx livres miens (je le dis, parce
« que mechantement l'on m'en ha aulcuns supposé
« faulx et infames), n'avoit trouvé passaige aulcun
« suspect; et avoit eu en horreur quelque mangeur de
« serpens qui fondoit mortelle heresie sus une *n* mise
« pour une *m* par la faulte et negligence des impri-
« meurs[1]. Aussi avoit son fils nostre tant bon, tant
« vertueux et des cieulx benist roy Henry, lequel Dieu
« nous vueille longuement conserver, de maniere que,
« pour moy, il vous avoit octroyé privilege et particu-
« liere protection contre les calumniateurs. » Quelle

---

1. Il s'agit de la plaisanterie entre *asme* (âme) et *asne*, qui fut supprimée dans les éditions postérieures.

innocence! Certes on lui ferait bien grand tort de le prendre pour un hérétique.

Voltaire, dans les *Honnêtetés littéraires,* rassemble en une phrase dédaigneuse, comme il savait les faire, tout les gens de bas mérite qui l'assaillaient : petits auteurs, ou ex-jésuites, ou convulsionistes, ou précepteurs chassés, ou petits-collets sans bénéfices, ou prieurs, ou argumentants en théologie, ou travaillant pour la comédie, ou étalant une boutique de feuilles, ou vendant des mandements et des sermons. Bien avant lui, Rabelais avait adjugé les vieux quartiers de lunes à la sequelle de ceux qui l'inquiétaient : « Vous adjugez quoi?
« à qui? tous les vieux quartiers de lune aux caphards,
« cagots, matagots, botineurs, papelards, burgots, pa-
« tespelues, porteurs de rogatons. Ce sont noms horri-
« ficques seullement oyant leur son ; à la prononciation
« desquels j'ay veu les cheveuls dresser en teste de
« vostre noble ambassadeur. Je n'y ay entendu que le
« haut allemant, et ne sçay quelle sorte de bestes
« comprenez en ces denominations. Ayant faict dili-
« gente recherche par diverses contrées, n'ay trouvé
« homme qui les advouast, qui ainsi tolerast estre
« nommé ou designé. Je pressuppose que c'estoit quel-
« que espece monstrueuse de animaux barbares, ou
« temps des hauts bonnets; maintenant est deperie en
« nature, comme toutes choses sublunaires ont leur fin
« et periode, et ne savons quelle en soit la deffinition,
« comme vous sçavez que, subject pery, facilement
« perit sa denomination. » (*Ancien prologue du IV⁰ livre.*)

Peut-être la crainte de la persécution et du bûcher lui fit-elle épaissir ces gaudisseries qui à la fois cachaient d'autant le sérieux de ses paroles et le recommandaient à la bande joviale des rieurs et des amateurs de bons contes; mais voilà tout. Le fond, la trame était donnée par la nature de l'esprit qui conçut, et par les conditions du temps où il vécut. Quand on pense au seizième siècle comme on pensera au dix-huitième siècle, certes il faut s'envelopper; et, si l'on est Rabelais, on s'enveloppera des conceptions les plus fantasques, des railleries les plus fines et des gauloiseries les plus grossières; car, s'il en veut aux patepelues et aux porteurs de rogatons, il en veut aussi aux *agelastes*, c'est-à-dire à ceux qui ne rient pas. La pointe de vigueur du seizième siècle est dans ces échappées qui dépassent la réforme et la lutte entre catholiques et protestants. Ce qui fait la force du livre, et, je dirai, sa merveille, c'est la persécution menaçante, le besoin de dire la vérité dangereuse, l'enveloppe dont elle se revêt, et le rire immortel qui éclate sous ce singulier déguisement.

Rire immortel! Voltaire dit que de son temps le Rabelais avait eu quarante éditions; et depuis, combien ne faut-il pas en compter! A la vérité, il ajoute : « Très-peu de lecteurs ressemblèrent au chien qui « suce la moelle. On ne s'attacha qu'aux os, c'est-à- « dire aux bouffonneries absurdes, aux obscénités af- « freuses dont le livre est plein. » Soit : les uns s'amusèrent aux mirifiques histoires des géants Gargantua et Pantagruel; les autres se gaudirent à des propos graveleux, à des contes licencieux comme ceux de nos anciens fabliaux, et à des chapitres célèbres; mais plusieurs aussi furent, pour me servir des termes mêmes de Rabelais qui caractérisent si bien son désir et son espérance, *sages à trouver, légers au pourchas, et hardis à la rencontre*; c'est-à-dire qu'ils surent lire entre les lignes, qu'ils pourchassèrent avec énergie la vérité, et qu'ils ne s'effrayèrent pas en la rencontrant.

Rabelais, en même temps qu'il voit décroître (et

il prend part à cette décroissance) les puissances spirituelles qui naguère ont régi le monde, voit aussi s'élever la nouvelle puissance qui est dans le savoir, et il la célèbre avec un véritable enthousiasme : « Encores
« que mon feu pere de bonne memoire Grandgousier
« eust adonné tout son estude à ce que je profflctasse
« en toute perfection et sçavoir politique, et que mon
« labeur et estude correspondist très-bien, voire encore
« oultrepassast son desir, toutesfois, comme tu peulx
« bien entendre, le temps n'estoit tant idoine ne com-
« mode es lettres comme est de present, et n'avoit co-
« pie de tels precepteurs comme tu as eu. Le temps
« estoit encores tenebreux et sentant l'infelicité et cala-
« mité des Goths, qui avoient mis à destruction toute
« bonne litterature. Mais, par la bonté divine, la lu-
« miere et la dignité ha esté, de mon eage, rendue es
« lettres, et y voi tel amendement que de present à
« difficulté serois-je receu en la premiere classe des pe-
« tits grimaulx, qui en mon eage virile estois, non à
« tort, reputé le plus sçavant dudit siecle.... Mainte-
« nant toutes disciplines sont restituées, les langues
« instaurées, grecque (sans laquelle c'est honte qu'une
« personne se die sçavant), hebraïque, caldaïque, la-
« tine, les impressions tant elegantes et correctes en
« usance, qui ont esté inventées de mon eage par in-
« spiration divine, comme à contrefil l'artillerie par
« suggestion diabolique. Tout le monde est plein de
« gens sçavants, de precepteurs très-doctes, de librai-
« ries très-amples ; et m'est advis que ny au temps de
« Platon, ny de Ciceron, ni de Papinian, n'estoit telle
« commodité d'estude qu'on y veoit maintenant. Et ne
« se fauldra plus doresenavant trouver en place, ny en
« compagnie, qui ne se sera bien expoly en l'officine de
« Minerve (*Pant.* I, 8). »

Ainsi parle Gargantua à son fils Pantagruel ; ainsi ne parle personne dans Aristophane. Je l'ai dit, le spectacle de cette grande société hellénique ou romaine qui s'en allait, sans qu'on pût apercevoir son remplaçant, ne laissait aux meilleurs d'autre perspective que vers le passé. Tacite prévoyait la fin de l'empire et redoutait les barbares ; quoi de plus triste que Tacite ? Toute contraire est l'issue du moyen âge ; sans doute, il était entré, à son tour, dans une décadence non moins irrévocable que celle qui avait frappé le paganisme ; mais une vertu qui lui était propre avait rendu sa ruine féconde, et, en digne héritier de l'antiquité, il avait enfanté qui valait mieux que lui. La Renaissance, voilà ce qui succède au moyen âge, et le mot dit tout. L'imprimerie, le nouveau monde, la réforme, l'ardeur pour les lettres grecques et latines, Copernic et sa grande découverte, tout l'agite, tout l'enivre. Lui, non plus, ne finira pas sans enfanter meilleur que soi ; et Gargantua et Pantagruel sont chargés de nous apprendre ses aversions, ses espérances et sa confiance en l'avenir.

VI

DON QUICHOTTE DE LA MANCHE

PAR

MIGUEL DE CERVANTÈS SAAVEDRA

Traduit et annoté par LOUIS VIARDOT

Vignettes par T. JOHANNOT [1].

« J'imagine, dit Cervantès, dans la deuxième partie
« de son *Don Quichotte*, qu'il n'y aura bientôt ni peu-
« ple ni langue où l'on en fasse la traduction. » (T. II.
p. 33.) L'augure de l'immortel écrivain s'est vérifié.
Les deux siècles qui se sont écoulés depuis la publication de son œuvre en ont consacré et augmenté la
gloire; et il n'est ni peuple ni langue du cercle européen qui n'ait adopté, autant que faire se pouvait, le
livre de Michel Cervantès : succès mérité, merveilleux,
et dont rien ne peut faire prévoir la limite dans les temps
futurs. Et cependant, si, par la pensée, on présentait
le livre de Cervantès aux générations mortes au lieu
de le présenter aux générations qui naissent, nul doute
qu'il ne fût ni compris ni goûté, et qu'il ne parût le
jeu d'une imagination vagabonde, sans charme, sans
profondeur, sans utilité. Écrit en grec ou en latin,
ces langues reines des autres, comme dit Cervantès

---

1. *Le National*, 30 décembre 1837.

lui-même, et offert aux sociétés polies qui admiraient Sophocle et Aristophane, Plaute et Virgile, il n'éveillerait ni leur intérêt ni leur curiosité; et cette masse d'idées qui se sont ajoutées les unes aux autres depuis l'ère antique jusqu'à l'ère moderne s'interposerait comme un nuage impénétrable au-devant du rayonnement des plus belles pages écrites par Cervantès. Ainsi le veut la loi de génération et de développement.

Que d'événements avaient dû s'accomplir dans les sociétés humaines, pour qu'un livre, tel que le *Don Quichotte*, devînt possible! Il avait fallu que l'empire romain fût renversé, que des barbares se répandissent sur toute sa surface et se mêlassent partout à la population qui restait. Il avait fallu que la société politique se morcelât indéfiniment, et que cette formation innombrable de petits centres produisît un état de conflit où la violence armée avait grand jeu. Il fallut en même temps qu'à côté de ce tumultueux appel à la force et au combat, se développassent des notions de justice et de générosité qui faisaient un devoir à l'homme fort, c'est-à-dire armé, de protéger tout ce qui était faible et sans armes. Mais ce n'était pas encore assez pour que le *Don Quichotte* pût se concevoir : cet ordre de choses devait, à son tour, faire place dans l'Europe à un nouvel établissement ; car qui, au milieu de la chevalerie florissante, aurait songé à attacher à la chevalerie le stigmate de la folie? Quand les écrivains satiriques du moyen âge en ont fait la critique, ils ont pris pour type Ysangrin et Renart dans le célèbre poëme qui porte ce dernier nom. Et encore, c'est lorsque le moyen âge fini et la chevalerie enterrée eurent donné naissance à une multitude de romans fastidieux, que Cervantès put penser à prendre la plume et à composer son livre, fait pour amuser et instruire si longtemps les hommes. L'époque et le passé qui l'a précédée sont, en la conception de *Don Quichotte*, de moitié avec le génie créateur de Cervantès ; et, dans le champ de la littérature comme dans le champ des événements historiques, le choix volontaire de l'homme, bien plus limité qu'on ne croirait au premier abord, reçoit le caractère et le sceau de circonstances auxquelles il n'a jamais participé. L'œuvre littéraire la plus capricieuse en apparence n'échappe pas à cette nécessité. Est-ce diminuer en quoi que ce soit le talent et le mérite de l'écrivain et de l'artiste ? Non, pas le moins du monde ; c'est seulement constater la coordination générale des choses, qui ne permet pas que rien naisse sans un sol fécondé, croisse sans un aliment préparé, et fructifie sans chaleur et sans lumière. En définitive, là est le gage le plus certain de la force, et, si je puis m'exprimer ainsi, de la réalité de l'esprit humain ; c'est qu'il lui est à jamais impossible de travailler dans le vide et de se dégager des conditions qui lui servent, il est vrai, de limite, mais qui lui servent aussi de soutien.

On sait que Paul-Louis Courier avait songé à traduire Hérodote en vieux français, et qu'il en a même publié un spécimen fort curieux. L'idée qui a dicté cet essai est à certains égards une idée juste ; car plus l'auteur que l'on veut traduire est ancien, plus la difficulté que l'on éprouve est grande ; et se servir d'un idiome vieilli, c'est en quelque sorte se rapprocher de l'original, et se délivrer de quelques-uns des obstacles qui naissent de la seule distance des temps. Mais ce retour vers un langage qui n'est plus en usage est bien difficile, et on le voit dans l'essai même de Courier, qui est demeuré un fragment et une curiosité. La traduction de *Don Quichotte* est, par ce côté, mal aisée à aborder.

Cervantès a composé son livre tout à fait à la fin du seizième siècle; la forme du style à cette époque s'éloigne grandement du style espagnol de nos jours, et on peut ajouter du style français; car les langues contemporaines et voisines suivent un développement parallèle. Au traducteur qui veut rendre en français *Don Quichotte*, les mots manquent souvent, les tournures plus souvent encore. Notre idiome du seizième siècle se prêterait avec bien plus de souplesse à une translation fidèle et élégante du chef-d'œuvre de Cervantès; la phrase savante de l'écrivain espagnol, sa période ample et développée, son style soigné trouveraient plus facilement, dans le français ancien que dans le français moderne, des équivalents heureux. Le français moderne serre de plus près la pensée que le français ancien; et ce n'est pas un avantage quand il s'agit de reproduire les idées d'un vieil auteur toujours moins précises, à nos yeux du moins, et, en réalité même, suivant moi, que les idées actuelles.

Il fallait bien connaître tant de difficultés pour les vaincre, et M. Viardot en possède pleinement la connaissance. Il a vu l'Espagne, il l'a étudiée avec attention, avec amour même; il a visité ses villes et admiré les chefs-d'œuvre de ses artistes; il s'est familiarisé avec les productions de sa littérature aux époques les plus diverses; d'autant plus sûr de comprendre et de sentir les beautés et les délicatesses du goût castillan qu'il connaîtrait mieux les usages, les localités, les monuments, l'histoire. Qui pourrait demander plus de garanties à un traducteur? Ajoutons qu'il respecte et admire trop l'œuvre de Cervantès pour se jouer, en quelque sorte, de son modèle et le dépouiller de ses traits caractéristiques, et qu'il a toujours eu présente à l'esprit l'obligation de ne rien mutiler, de ne rien déformer dans le livre immortel de l'écrivain espagnol.

La critique qui voudrait disputer avec M. Viardot sur le sens d'une phrase espagnole n'aurait raison que bien rarement. Le système de traduction qu'il a suivi est bon, puisque c'est celui d'une grande exactitude. Il ne resterait donc qu'à examiner jusqu'à quel point il a su faire passer dans le français la vie et la couleur de l'original. Sur une œuvre de longue haleine et de grande difficulté, il m'a toujours répugné de prononcer un jugement tranchant et rapide, car il faut avoir lutté soi-même avec les obstacles pour apprécier le mérite de celui qui les a surmontés. Il s'agirait donc, pour rendre la critique fructueuse, de choisir plusieurs morceaux saillants dans *Don Quichotte*, de comparer la traduction avec l'original, et de montrer par l'exemple (car comment le montrer autrement?) en quoi elle pèche, si elle pèche. Je n'ai pas ici l'espace nécessaire pour me livrer à un examen aussi détaillé. Tout ce que je puis dire, c'est que, plus l'épreuve sera rigoureuse, plus elle sera favorable à la traduction de M. Viardot; et le lecteur, celui-là même qui serait le plus disposé à lui reprocher de trop grands scrupules de fidélité, finira, à mesure qu'il avancera dans le livre, par se familiariser avec cette manière et par s'y complaire.

Il est souvent très-difficile de traduire les plaisanteries et les jeux de mots espagnols que Cervantès met dans la bouche de ses héros et surtout de Sancho. Ici la traduction littérale serait inintelligible, et il faut chercher des équivalents. M. Viardot a parfois trop tôt désespéré d'en trouver; l'étude de nos anciens auteurs en fournirait certainement quelques-uns; je n'en citerai qu'un exemple : « Ceux qui gouvernent « des îles, dit Samson Carasco, doivent au moins « savoir la grammaire. — Ne parlons point de ce que

« je n'entends pas, répond Sancho. » M. Viardot met en note que Sancho répond ici par un jeu de mots à propos de *gramatica* (grammaire) : « Avec la *grama* « (chien-dent), je m'accommoderais bien ; mais de la « *tica* je ne saurais que faire, car je ne l'entends pas. » De cette plaisanterie que M. Viardot n'a pas essayé de traduire, deux vers de Molière auraient offert facilement une excellente traduction. Dans les *Femmes savantes*, Bélise dit à Martine :

Veux-tu toute ta vie offenser la grammaire?

Et Martine répond comme Sancho :

Qui parle d'offenser grand-père ni grand'mère?

Dans un endroit, Sancho dit : « Béni soit celui qui « a inventé le sommeil, manteau qui couvre toutes les « humaines pensées, mets qui ôte la faim, eau qui chasse « la soif, feu qui réchauffe la froidure, fraîcheur qui « tempère la chaleur brûlante, finalement monnaie « universelle avec laquelle s'achète toute chose, et ba- « lance où s'égalisent le pâtre et le roi, le simple et « le sage. » Don Quichotte admire l'élégance du langage de son écuyer, et il a raison ; mais n'est-il pas curieux de trouver dans un contemporain de Cervantes, mort la même année que lui et presque le même jour, un passage tout à fait analogue? Ce contemporain est Shakespeare. Il fait dire à un personnage d'une de ses tragédies qui vient de commettre un assassinat :

« J'ai entendu, ce me semble, une voix crier : « Ne dors « plus ; Macbeth tue le sommeil, l'innocent sommeil, le som- « meil qui débrouille l'écheveau embrouillé des soucis, le « sommeil qui est la mort pour la vie de chaque jour, « bain pour les labeurs épuisants, baume pour les esprits

« blessés, second service dans le repas de la grande nature
« et principal aliment au festin de la vie[1]. »

La similitude des deux morceaux est frappante; les images sont presque les mêmes. Seulement, on remarque dans les comparaisons de Cervantès plus de simplicité, quelque chose de plus droit, si je puis ainsi parler ; celles de Shakspeare sont plus métaphoriques, elles semblent plus recherchées; mais il faut se souvenir que ce qui nous paraît de la recherche est au contraire l'expression d'autant plus naturelle que les langues sont moins travaillées par le laps de temps et le génie des hommes. Ce serait un travail important de comparer à cet égard l'influence que les idiomes dérivés de l'ancien germain et les idiomes dérivés du latin ont exercée sur les productions de l'esprit. Et l'on pourrait montrer que cette simplicité de goût, plus grande dans les œuvres de l'un que dans celles de l'autre, provient de ce que les langues néo-latines se sont développées sur un fond déjà très-cultivé, tandis que les idiomes d'origine germanique sont sortis d'une langue qu'un long usage n'avait pas encore autant assouplie aux idées abstraites.

Continuons les comparaisons, e ajoutons, sur le sommeil, un passage de Byron, qui vaut la peine d'être rapproché de ceux de Cervantès et de Shakspeare :

« La foule est écoulée, les gens de la fête reposent; l'hôte
« courtois et l'invité qui approuve tout, regagnent cette
« couche accoutumée où la joie se calme, où le chagrin

---

1. Methought I heard a voice cry, sleep no more.
   Macbeth does murder sleep, the innocent sleep;
   Sleep, that knits up the ravelled sleave of care,
   The death of each day's life, sore labour's bath,
   Balm of hurt minds, great nature's second course,
   Chief nourisher in life's feast. (*Macbeth*, II, 2.)

« soupire après le sommeil, où l'homme épuisé par la lutte
« de son existence s'enfonce dans un doux oubli de la
« vie. Là gisent l'espérance fiévreuse de l'amour, les arti-
« fices de la ruse, l'esprit inventif de la haine, et les trames
« de l'ambition qui se berce. Sur chaque vaine paupière
« planent les ailes de l'oubli; et l'existence interrompue
« se tapit dans un tombeau. Quel meilleur nom donner à
« la couche du sommeil? Sépulcre de la nuit, habitacle uni-
« versel, où force, faiblesse, vice, vertu, tout vient s'éten-
« dre, gisant également dans une nudité sans défense,
« joyeux de respirer un moment sans en avoir conscience,
« mais à la charge de se réveiller pour lutter avec la crainte
« de la mort, et pour éviter, malgré les maux que chaque
« jour entasse, ce sommeil, le plus doux, puisqu'on y rêve
« le moins [1]. » (*Lara*, 1, 19.)

Ce morceau porte l'empreinte manifeste de la mélancolie métaphysique qui a occupé une si grande place dans les œuvres du dix-neuvième siècle. La mélancolie a été sans doute de tous les temps; mais elle a sa forme suivant les siècles, et voici une de celles qu'elle avait, 1800 ans avant notre époque. Il s'agit toujours du sommeil :

1. The crowd are gone, the revellers at rest;
The courteous host, and all-approving guest
Again to that accustom'd couch must creep,
Where joy subsides, and sorrow sighs to sleep,
And man, o'erlabour'd with his being's strife,
Shrinks to that sweet forgetfulness of life.
There lie love's feverish hope and cunning's guile,
Hate's working brain, and lull'd ambition's wile.
O'er each vain eye oblivion's pinions wave,
And quench'd existence crouches in a grave.
What better name may slumber's bed become?
Night's sepulchre, the universal home,
Where weakness, strength, vice, virtue, sunk supine,
Alike in naked helplessness recline;
Glad for a while to heave unconscious breath,
Yet wake to wrestle with the dread of death,
And shun, though day but dawn on ills increast,
That sleep the loveliest, since it dream's the least.

> Nox erat, et placidum carpebant fessa soporem
> Corpora per terras, silvæque et sæva quiérant
> Æquora; quum medio volvuntur sidera lapsu,
> Quum tacet omnis ager, pecudes pictæque volucres,
> Quæque lacus late liquidos, quæque aspera dumis
> Rura tenent, somno positæ sub nocte silenti,
> Lenibant curas et corda oblita laborum. (*Æn.* IV, 521.)

Le poëte a mêlé toutes les magnificences de la nature à ce doux sommeil qui charme les peines des êtres endormis. Dans une antiquité plus reculée encore, dans Homère, le sommeil est le frère de la mort; là nous touchons aux images qui appartiennent aux plus vieilles civilisations et qui forment un fonds considérable de la poésie grecque. La peinture antique, imprégnée de ces idées symboliques, aurait essayé de figurer le sommeil tel que Sancho se le représentait; M. Tony Johannot, qui a orné de dessins la nouvelle traduction du livre de Cervantès, n'y a pas songé et ne pouvait y songer; car, plus l'art est dans l'esprit moderne, plus il abandonne le symbole.

Dans de nombreux dessins, M. Tony Johannot a prodigué l'abondance de son crayon facile et spirituel. Et en effet, il avait devant lui une multitude infinie de personnages et de situations créées par l'auteur espagnol : la longue et maigre personne de Don Quichotte si fou à la fois et si sage, le gros Sancho, si lourd et si fin, Rossinante, si nécessaire à toute l'histoire, et le grison qui suit Rossinante à peu près comme Sancho suit Don Quichotte. Autour des deux héros de ce livre inimitable et qui le remplissent, se trouvent groupés les personnages les plus divers, gentilshommes castillans, dames élégantes, paysans, hôteliers fripons, étudiants, tous avec des traits différents et qui offrent à l'artiste un emploi de tout ce que son talent a de plus souple et de plus ingénieux. Puis, Don Quichotte n'aperçoit-il pas perpétuellement dans la moindre auberge un château magnifique avec ses ponts-levis et ses tourelles? n'entend-il pas dans le bêlement des troupeaux le tumulte d'armées qui s'apprêtent au combat? et ne croit-il pas voir reluire, au travers des tourbillons de poussière, les magnifiques armures des plus brillants chevaliers? ne rêve-t-il pas sans cesse de palais enchantés, de jardins merveilleux, de dragons et de géants formidables? Et l'artiste, après avoir usé de toutes ses ressources pour tracer avec fidélité et finesse les portraits dont Cervantès lui offre les modèles, peut soudain, s'il le veut, lâcher les rênes à son imagination et lutter avec l'écrivain de fécondité et d'originalité.

Ce doit être pour un homme qui est épris des beautés de son art et qui se sent capable d'en manier toutes les ressources, ce doit être, dis-je, pour lui une vive jouissance d'étudier, pour la reproduire au crayon, la pensée d'un grand écrivain, de s'en rendre le maître et de donner un corps véritable et une apparence réelle à ce qui n'est que descriptions par la parole et l'écriture. L'écrivain n'a, si je puis m'exprimer ainsi, que donné le signalement de ses personnages; son mérite à lui, c'est, après les avoir créés, d'avoir su trouver, dans cet instrument si rebelle qu'on appelle une langue, de quoi les caractériser fortement, leur marquer une empreinte, et les rendre en quelque sorte visibles au lecteur. Ce caractère précis, cette empreinte que j'appelle visible par une métaphore empruntée aux choses matérielles, c'est à l'artiste de la reconnaître sous les paroles qui l'enveloppent tout en la montrant; en un mot, il faut qu'il fasse le portrait de gens qu'il n'a jamais vus, de scènes auxquelles il n'a pas assisté, de paysages qu'un autre a rêvés, et il faut que ces portraits soient ressemblants, que ces scènes soient fidèles, que ces paysages soient exacts. A quelle condition l'artiste résoudra-t-il ces problèmes, triomphera-t-il de ces difficultés? A la condition de saisir nettement ce qu'il y a d'idéal dans la conception de l'écrivain, et de le transporter sur le papier avec le crayon; car c'est là ce que les lecteurs du livre qui se complairont à examiner l'œuvre de l'artiste reconnaîtront dans ses dessins; c'est là ce qui fera la ressemblance de la page dessinée et de la page écrite.

Il ne sera pas peut-être sans intérêt de comparer ensemble la traduction de M. Viardot et celle de M. Tony Johannot; car, à vrai dire, ce sont deux traductions, l'une en français, l'autre en une langue plus universelle. Le traducteur français, interprète du génie de Cervantès, a eu besoin de transmettre à sa traduction assez de la forme noble et du haut caractère empreints sur l'œuvre originale pour que ses compatriotes comprissent l'admiration des Espagnols : immense difficulté; car le style, la période, la volubilité du son et le coulant d'une suite heureuse de consonnes et de voyelles, ont pris leur origine avec l'idée primitive et font partie de son essence. Le traducteur artiste, de son côté, se sert d'une langue universelle; ce n'est pas plus pour des Français que pour d'autres qu'il compose, et il sera compris de tous ceux qui auront lu *Don Quichotte* en quelque langue que ce soit. Mais, pour lui, la difficulté est dans l'universalité même de cette langue qu'il emploie, dans ces formes palpables qui doivent fixer sur le papier et rendre reconnaissables à tous les conceptions profondes, ingénieuses, gracieuses de Cervantès. Le but à atteindre, pour le traducteur français, est que l'on sente quelque chose de l'élégance et de la grandeur du style original; le but, pour le traducteur artiste, est de faire reconnaître dans ses dessins ce que Cervantès a mis de vérité, d'observation et de réalité philosophique dans les scènes. L'un est soutenu par le modèle, mais il paye ce soutien de toute sa liberté; l'autre est plus libre dans son allure, mais il s'égare s'il perd un seul instant de vue la lumière intérieure qui reluit dans son modèle, et qui, seule, rend distinctes pour le dessin les images fugitives de la parole. L'un ne peut jamais être assez pénétré du génie de sa propre langue, assez habile à en imprimer tous les caractères sur une œuvre étrangère, assez français, en un mot; l'autre, au contraire, ne peut jamais être trop fidèle aux types généraux dont l'auteur espagnol a entendu marquer ses personnages, jamais assez se dépouiller des spécialités de son temps et de son école; et jamais, non plus, l'un et l'autre ne peuvent être assez fidèles à Cervantès.

Cervantès, en publiant son livre, rendit un grand service. La littérature d'alors était infectée par les plus stupides productions, que l'on décorait du nom de romans de chevalerie; presque tous ces romans sont profondément oubliés, beaucoup même sont impossibles à retrouver, et c'est Cervantès qui les a plongés dans ce discrédit mérité, d'où ils ne sont plus sortis. Ces mauvais livres gâtaient le goût et nuisaient même aux mœurs; aussi des corps politiques avaient-ils élevé des réclamations contre cette littérature. En vain le clergé les condamnait; en vain quelques princes rendaient même des décrets contre eux, rien ne servait. Cervantès, lui, réussit là où tant de puissances avaient échoué, et son immortelle satire dissipa au vent les cendres de tous ces livres dont il décrit lui-même l'incendie sous les fenêtres de Don Quichotte.

C'est sans doute une particularité curieuse à noter dans l'histoire littéraire; c'est une preuve du pouvoir du génie là où les autres pouvoirs demeurent impuissants. Mais ce service rendu au bon goût est aujourd'hui oublié, et il servirait peu à la gloire de Cervantès si son livre n'avait pas eu d'autres recommandations.

Quand Cervantès commença son œuvre, il n'avait bien certainement dans l'esprit que le projet de ridiculiser la chevalerie errante, et d'en mettre toutes les extravagances sur le compte d'un fou; mais, non moins certainement, son idée primitive se modifia à mesure que la composition de son livre avança; et dans la seconde partie surtout, ce n'est plus un simple monomane qu'il représente livré à toutes les illusions de son intelligence troublée; c'est un homme fou, il est vrai, dans un certain ordre d'idées, mais doué, pour tout le reste, de l'intelligence la plus saine, de l'esprit le plus élevé et du cœur le plus noble. Don Quichotte étonne ceux qui le rencontrent, autant par la rectitude de son bon sens et de sa raison que par l'extravagance de ses actes et la singularité de ses hallucinations. Cette conception était tout à fait neuve quand Cervantès la produisit au monde, et elle n'est pas moins profonde qu'elle n'était neuve.

Je ne m'occuperai pas ici de l'infinie abondance d'incidents que Cervantès a tirés de cette donnée première, ni du piquant de tous les contrastes qu'elle lui a fournis; ce que je veux faire remarquer seulement, c'est cette donnée en elle-même. Cervantès l'a exploitée avec un grand bonheur et un grand talent; mais il n'est pas moins certain qu'il a saisi, par intuition, sans se rendre un compte bien exact, un des points les plus importants de la psychologie historique, à savoir l'alliance de l'hallucination avec la raison, et l'influence de cette alliance. Il a mis le doigt sur une observation profonde, sur un fait d'une haute portée, et il en a tiré cette merveilleuse histoire de Don Quichotte, où tout a un si grand caractère de réalité, et que ce génie artiste a parée de toute la beauté et de tout l'éclat de la langue espagnole.

L'hallucination plus ou moins compliquée a joué dans les affaires du monde un plus grand rôle qu'on ne le suppose communément. Si je m'exprime ainsi, ce n'est pas pour prononcer une condamnation hautaine sur ce qui est advenu dans le passé ; mais c'est pour mettre en son vrai jour un des faits les plus curieux de l'histoire de notre espèce ; c'est pour effacer le reproche d'imposture adressé à de puissants caractères ; c'est pour faire comprendre l'énergie de quelques-unes de ces folies, et l'ascendant qu'elles ont exercé nécessairement. Je ne veux pas, pour expliquer ma pensée, d'autre exemple que le *Don Quichotte* lui-même, car ce livre admirable a, pour ainsi dire, épuisé le sujet. Supposez Don Quichotte plus ancien de deux siècles ; mettez-le à une époque où, en effet, les chevaliers ont cherché les aventures ; placez-le dans un temps où la violence armée opprime souvent l'être faible et sans défense : croyez-vous que sa folie sera aperçue ? Non, nul ne s'en doutera. Mais il lui restera sa haute raison, son cœur noble et pur, sa générosité sans bornes, son dévouement à tous ses devoirs, et cette incroyable ténacité de la folie, qui surpasse toutes les autres ténacités. Que Don Quichotte ait alors des circonstances favorables, et non-seulement il sera un grand homme, mais encore il exercera la plus bienfaisante influence sur tout ce qui l'aura entouré.

Ce que je viens de supposer pour Don Quichotte s'est réalisé pour plusieurs personnages plus réels, dans une multitude de circonstances. Les hommes ont cru longtemps à la possibilité de communications surnaturelles avec Dieu, avec les anges, avec les morts. Celui qui, au milieu d'une opinion générale ainsi établie, venait dire qu'il avait des communications pareilles, n'était point un imposteur, car il ne se mentait pas à lui-même; mais il n'était pas, ce qui arriverait immanquablement aujourd'hui, déclaré fou, car tout le monde croyait à la réalité des prodiges. De là vient cette foule d'hommes qui ont cru être fils de Dieu, entendre sa voix ou celle de ses ministres, et qui étaient fermement persuadés qu'ils transmettaient ses ordres à leurs semblables. De là viennent encore le démon de Socrate, les visions d'Apollonius de Tyane, les ravissements de saint Paul, et cette multitude d'inspirés qui ont joué quelquefois de si grands rôles. Voyez encore les conséquences ultérieures de ce fait psychologique : ces hommes, qui se croyaient et se disaient en communication surnaturelle avec Dieu et ses ministres, puisaient dans cette illusion même de grandes idées de morale, de justice, de bonté, pratiquaient avec une imperturbable ténacité les vertus qu'ils prêchaient, et, en définitive, servaient la cause de l'humanité par leur aberration même.

Mais il faut voir l'autre côté des choses. Les régions surnaturelles ne renferment pas seulement des divinités bienfaisantes ; elles en renferment de malfaisantes et de perverses. La raison humaine reçut l'atteinte des unes comme des autres; les communications avec les dieux infernaux, avec les mauvais génies, avec les diables engendrèrent la multitude bizarre des magiciens, des nécromans et des sorciers. On sait jusqu'où alla cette folie, il y a trois ou quatre siècles. On brûla des milliers de sorciers, qui se laissaient brûler en confessant qu'ils avaient été au sabbat ; mais il faut dire aussi que la justice, qui commit tant d'atrocités, avait cependant un point de justification ; car ces fous, qui se croyaient et se disaient en relation avec les divinités méchantes, ressentaient dans leur conduite les influences funestes de ces puissances occultes qui gouvernaient leurs destinées.

Ainsi va l'esprit humain dans son orbite, qu'il accomplit, soumis à des lois aussi constantes que celles qui gouvernent les phénomènes matériels. Les perturbations s'y montrent, il est vrai ; mais, après quelques balancements, l'équilibre se rétablit, et la loi naturelle maintient toute chose dans sa voie et vers son but. De même sur le globe terrestre, la seule puissance de la chaleur suffit pour y entretenir le cours perpétuel des eaux : le soleil en vaporise d'immenses quantités sur la vaste étendue des mers ; le froid des hautes régions de l'atmosphère fixe ces vapeurs, en masses de neige, sur le sommet des montagnes, et le retour de la chaleur les précipite en torrents et en fleuves, et les rend au réservoir de l'océan. En vain les ouragans éclatent, les tempêtes troublent l'atmosphère, les vents desséchants règnent, les déluges d'eau tombent : l'immense équilibre se rétablit, et la simple et merveilleuse machine se suffit à elle-même.

Donc Cervantès a touché aux conditions psychologiques d'une grave et importante question, et mis en jeu mystérieusement des puissances cachées que recèle l'esprit humain. Mais comment cette combinaison, qui contient une si étrange et si curieuse alliance avec la réalité, s'est-elle produite ? Elle est née de la nature même du sujet et des éléments qu'il renfermait. Un gentilhomme tout confit en la lecture des extravagants romans de chevalerie était un fou; mais en même temps la chevalerie avait le renom de l'honneur et du dévouement. Ces deux conditions s'imposèrent ensemble au génie de Cervantès; et il enfanta ce type merveilleux où l'hallucination et la raison se croisent toujours, sans se nuire jamais.

VII

SCHILLER ET D'AUBIGNÉ [1]

On se demandera peut-être ce qu'ont de commun un grand poëte de l'Allemagne et un vieil historien français assez peu connu, quoique fort digne de l'être. Rien sans doute dans leur vie, dans leurs aventures, dans leurs ouvrages, rien qu'une scène dramatique entre une femme et son mari, scène d'initiative intrépide de la part de la femme et d'acquiescement résolu de la part du mari, scène enfin que d'Aubigné raconte comme réelle, et que Schiller met comme inventée dans une de ses tragédies. Que l'Allemand en ait emprunté l'idée au Français, c'est sur quoi je reviendrai un peu plus loin. En tout cas, le fait de la rencontre du poëte avec l'historien existe. Peut-être croira-t-on permis de supposer que la vraie poésie a le don de deviner la force et la grandeur de la nature humaine, et que cette confidente des hautes pensées et des nobles sentiments trouve, de son côté, et indépendamment du réel, les actions et les scènes du drame de la vie. Mais, avant de s'engager dans les conjectures sur ce qu'a fait ou n'a pas fait l'imagination poétique, il importe d'examiner les textes, et de comparer, dans le rapprochement de la réalité et de la fiction, les situations et les caractères.

Guillaume Tell est, à mon gré, le plus bel ouvrage du

1. *Gazette Littéraire*, revue française et étrangère de la littérature, des sciences, des beaux-arts, etc., n° du 25 mars 1830.

poëte allemand. C'est là qu'on voit la tragédie historique se développer dans toute sa grandeur et sa magnificence. Le premier acte est destiné à peindre l'oppression qui pèse sur la Suisse, les ressentiments qui s'amassent dans les cœurs, et les menaces d'une prochaine explosion. Un de ceux qui sont les plus affligés des maux de la patrie, c'est un paysan suisse, Werner. Sa femme a compris ses chagrins, et c'est elle qui va le décider à une résolution hardie et généreuse. Après quelques propos où elle lui rappelle les dangers qui le menacent, elle lui adresse ces paroles que les vers qui suivent traduisent fidèlement,

GERTRUDE.

Écoute mon conseil. — Tu sais combien chez nous,
Ici, dans Schwytz, les gens de bien se plaignent tous
Des fureurs de Gesler avide et sanguinaire.
Ne doute pas non plus que là-bas, en la terre
D'Underwald et d'Uri, le peuple ne soit las
De supporter un joug qui ne s'allège pas.
Comme Gesler nous tient sous sa main violente,
Landberg, sans plus de frein, tyrannise et tourmente
Ceux d'au-delà du lac, sur l'autre bord de l'eau ;
Et nous ne voyons plus arriver un bateau
Qui n'apporte avec lui le bruit de nouveaux crimes
Et les gémissements de nouvelles victimes.
Partant il serait bon que quelques gens de cœur
Tinssent conseil entre eux dans le commun malheur,
Avisant à briser un joug insupportable.
Et Dieu, crois-moi, Werner, vous sera secourable.
Dieu ne délaisse pas le plus juste parti ;
Dans Uri n'as-tu pas quelque sincère ami
A qui tu peux t'ouvrir en toute confiance ?

WERNER.

J'y connais bien des gens de rang et d'importance,
Bien des gens résolus, d'un cœur vaillant et droit,
Qui me sont attachés par un lien étroit.....
 (Il se lève.)

De pensers périlleux, ô femme, quel orage
Dans mon sein calme encore éveille ton langage!
Tu retournes mon cœur et le mets sous mes yeux.
Ce que je n'osais voir en ce fond ténébreux,
Ta langue hardiment l'apporte à mes oreilles!
As-tu bien entrevu ce que tu me conseilles?
C'est la guerre sauvage et le bruit du clairon
Que tu veux appeler dans cet heureux vallon.
Nous, peuple de pasteurs, nous sans force aguerrie,
Braver le roi du monde et sa chevalerie!
Qu'attend-il? un semblant, par quoi lui soit permis
De lâcher sans pitié sur ce pauvre pays
Des farouches soldats la horde meurtrière,
D'exercer en vainqueur l'affreux droit de la guerre,
Et briser, sous couleur de justes châtiments,
De notre liberté les anciens monuments.

GERTRUDE.

Vous savez manier la hache et l'arbalète,
Et pour l'homme vaillant l'aide du ciel est prête.

WERNER.

Gertrude, que la guerre autour d'elle a d'horreurs!
Elle tue à la fois et troupeaux et pasteurs.

GERTRUDE.

Ce que le ciel envoie, il faut qu'on le subisse;
Nul noble cœur ne doit supporter l'injustice.

WERNER.

De ta neuve maison l'aspect te réjouit;
La guerre, sans merci, la brûle et la détruit.

GERTRUDE.

Si je savais mon âme à ces biens asservie,
Moi-même je voudrais y porter l'incendie.

WERNER.

Tu crois à la pitié....! Cet horrible fléau
Ne fait pas même grâce à l'enfant au berceau.

GERTRUDE.

L'innocence, là-haut, trouve les bras d'un père;
Werner, vois en avant, et non pas en arrière.

WERNER.

Nous, du moins, nous pouvons mourir en combattant ;
Mais vous, femmes, mais vous ! quel destin vous attend ?

GERTRUDE.

Le dernier choix est libre au plus faible des êtres.
Un saut dans ce torrent, et me voilà sans maîtres !

WERNER.

Celui qui sur son cœur presse un si noble cœur
Saura pour ses foyers combattre avec ardeur ;
Il ne craint d'aucun roi l'armée et la puissance[1].

1. Voici le texte allemand :

GERTRUD.

So höre meinen Rath. Du weist, wie hier
Zu Schwytz sich alle Redlichen beklagen
Ob dieses Landvogts Geiz und Wütherei,
So zweifle nicht, dass sie dort drüben auch
Im Unterwaldner und im Urner Land
Des Dranges müd sind und des harten Jochs.
Denn wie der Gessler hier, so schafft es frech
Der Landenberger drüben überm See.
Es kommt kein Fischerkahn zu uns herüber,
Der nicht ein neues Unheil und Gewalt-
Beginnen von den Vögten uns verkündet.
Drum that es gut, dass eurer etliche,
Die's redlich meinen, still zu Rathe giengen,
Wie man des Drucks sich möcht entledigen.
So acht ich wohl, Gott wird euch nicht verlassen,
Und der gerechten Sache gnädig seyn.
Hast du in Uri keinen Gastfreund, sprich,
Dem du dein Herz magst redlich offenbaren ?

STAUFFACHER.

Der wackern Männer kenn ich viele dort,
Und angesehen grosse Herrenleute,
Die mir geheim sind und gar wohl vertraut.

(Er steht auf.)

Frau, welchen Sturm gefährlicher Gedanken
Weckst du mir in der stillen Brust ! mein innerstes
Kehrst du ans Licht des Tages mir entgegen,
Und was ich mir zu denken still verbot,
Du sprichsts mit leichter Zunge kecklich aus.
Hast du auch wohl bedacht, was du mir räthst ?

Quelle grandeur et quelle simplicité héroïque dans cette scène! Comme Gertrude, sûre et fière de son mari, prend l'initiative d'un dessein hasardeux et le pousse à la plus hardie des résolutions! Les dangers d'une femme aimée peuvent arrêter un homme de cœur, mais non lorsqu'elle s'y associe, et que, satis-

> Die wilde Zwietracht und den Klang der Waffen
> Rufst du in dieses friedgewohnte Thal.
> Wir wagten es, ein schwaches Volck der Hirten,
> In Kampf zu gehen mit dem Herrn der Welt?
> Der gute Schein nur ists, worauf sie warten,
> Um loszulassen auf dies arme Land
> Die wilden Horden ihrer Kriegesmacht,
> Darin zu schalten mit des Siegers Rechten,
> Und unterm Schein gerechter Züchtigung
> Die alten Freiheitsbriefe zu vertilgen.
>
> GERTRUD.
>
> Ihr seid auch Männer, wisset eure Axt
> Zu führen, und dem Muthigen hilft Gott.
>
> STAUFFACHER.
>
> O Weib, ein furchtbar wüthend Schreckniss ist
> Der Krieg, die Heerde schlägt er und den Hirten.
>
> GERTRUD.
>
> Ertragen muss man, was der Himmel sendet,
> Unbilliges erträgt kein edles Herz.
>
> STAUFFACHER.
>
> Diess Haus erfreut dich, das wir neu erbauten.
> Der Krieg, der ungeheure, brennt es nieder.
>
> GERTRUD.
>
> Wüsst ich mein Herz an zeitlich Gut gefesselt,
> Den Brand wärf ich hinein mit eigner Hand.
>
> STAUFFACHER.
>
> Du glaubst an Menschlichkeit! Es schont der Krieg
> Auch nicht das zarte Kindlein in der Wiege.
>
> GERTRUD.
>
> Die Unschuld hat im Himmel einen Freund.
> Sieh vorwärts, Werner, und nicht hinter dich.
>
> STAUFFACHER.
>
> Wir Männer können tapfer fechtend sterben;
> Welch Schicksal aber wird das eure seyn?

faite d'avoir rempli son rôle de généreuse conseillère, elle ne demande plus qu'à partager toutes les chances du sort. C'est elle qui, plus que Werner encore, ressent l'oppression autrichienne. C'est elle qui veut voir son pays libre et libre par son mari; c'est elle qui lève tous ses scrupules, écarte toutes ses craintes. Certes la poésie prend là un noble langage; et c'est ainsi, ce me semble, qu'on doit la concevoir, vraie et idéale à la fois, comme la sculpture des Grecs.

En l'histoire de d'Aubigné figure une pareille scène, singulièrement pénétrante et animée. Comme dans Schiller, on y trouve l'intervention inattendue de la femme, les objections du mari qui hésite, et la réponse où d'un cœur ferme sont acceptés d'avance les périls communs. Nous sommes à l'entrée des guerres religieuses de France. Les persécutions continuaient contre les protestants; on les brûlait juridiquement, on les massacrait dans des émeutes populaires, et ils avaient supporté tant de souffrances et de supplices avec la ferveur et la force de l'enthousiasme religieux. Durant ces années d'afflictions où tant de confesseurs avaient scellé leur foi de leur sang, par ces persécutions mêmes, le parti protestant avait grossi, et il s'était recruté de puissants seigneurs, le prince de Condé, l'amiral de Coligny, Dandelot et le cardinal de Châtillon, ses frères et plusieurs autres.

GERTRUD.
Die letzte Wahl steht auch dem Schwächsten offen;
Ein Sprung von dieser Brücke macht mich frei.

STAUFFACHER (*stürzt in ihre Arme*).
Wer solch ein Herz an seinen Busen drückt,
Der kann für Heerd und Hof mit Freuden fechten,
Und keines Königs Heermacht fürchtet er.

Wilhelm Tell, I, 2.

Coligny était, par sa réputation, sa capacité et sa puissance, un homme dont l'exemple devait être influent. On le pressait de prendre les armes : il s'y refusait. D'Aubigné nous raconte ce qui l'y décida :

« Le prince de Condé voyant Paris saisi par ses ennemis, et n'ayant de forces que trois cents gentilshommes et autant de soldats, quelques escholiers et bourgeois sans experience, qui n'estoit pas pour resister aux moines seulement; d'ailleurs voyant declarer contre lui le parlement, la maison de ville, l'université (tous lesquels avec le clergé constituent la ville), il se fallut resoudre à quitter Paris. D'autre costé s'estoient assemblez à Chastillon-sur-Loing, près l'amiral de Coligny, le cardinal et Dandelot, ses freres, Senlis, Boucard, Bricquemaut et autres, pour le presser de monter à cheval. Ce vieil capitaine trouvoit le passage de ce Rubicon si dangereux, qu'ayant par deux jours contesté contre cette compagnie et, par doctes et specieuses raisons, rembarré leur violence et les avoir estonnez de ses craintes, il n'y avoit comme plus d'esperance de l'esmouvoir, quand il arriva ce que je veux donner à la posterité, non comme un intermeze de fables bienseantes aux poetes seullement, mais comme une histoire que j'ai apprise de ceux qui estoient de la partie. Ce notable seigneur, deux heures après avoir donné le bon soir à sa femme, fut resveillé par les chauds souspirs et sanglots qu'elle jettoit. Il se tourna vers elle, et, après quelques propos, il lui donna occasion de parler ainsi :

« C'est à grand regret, monsieur, que je trouble vostre
« repos par mes inquietudes. Mais, estans les membres de
« Christ deschirez comme ils sont, et nous de ce corps,
« quelle partie peut demeurer insensible? Vous, monsieur,
« n'avez pas moins de sentiment, mais plus de force à le
« cacher. Trouverez-vous mauvais de vostre fidelle moitié
« si, avec plus de franchise que de respect, elle coule ses
« pleurs et ses pensées dans votre sein? Nous sommes ici
« couchez en delices; et les corps de nos freres, chair de
« nostre chair et os de nos os, sont, les uns dans les ca-
« chots, les autres par les champs, à la merci des chiens et
« des corbeaux. Ce lict m'est un tombeau, puisqu'ils n'ont
« pas de tombeaux. Ces linceux me reprochent qu'ils ne
« sont pas ensevelis. Pourrons-nous ronfler en dormant, et

« qu'on n'oye pas nos freres aux souspirs de la mort? Je re-
« memorois ici les prudents discours desquels vous fermez
« la bouche à messieurs vos freres; leur voulez-vous aussi
« arracher le cœur et les faire demeurer sans courage
« comme sans response? Je tremble de peur que telle pru-
« dence soit des enfants du siecle, et qu'estre tant sages
« pour les hommes ne soit pas estre sage à Dieu, qui vous
« a donné la science de capitaine. Pouvez-vous en con-
« science en refuser l'usage à ses enfants? Vous m'avez
« advoué qu'elle vous resveilloit quelques fois : elle est le
« truchement de Dieu. Craignez-vous que Dieu vous fasse
« coulpable en le suivant? L'espée de chevalier que vous
« portez est-elle pour opprimer les affligez ou pour les arra-
« cher des ongles des tyrans? Vous avez confessé la justice
« des armes contre eux; pourroit bien vostre cœur quitter
« l'amour du droict pour la crainte du succès? C'est Dieu
« qui osta le sens à ceux qui lui resisterent sous couleur
« d'espargner le sang. Il sait sauver l'ame qui se veut perdre
« et perdre l'ame qui se veut garder. Monsieur, j'ai sur le
« cœur tant de sang versé des nostres. Ce sang et vostre
« femme crient au ciel vers Dieu et en ce lict contre vous,
« que vous serez meurtrier de ceux que vous n'empeschez
« point d'estre meurtris. »

« L'admiral répond : Puisque je n'ai rien profité par mes
« raisonnements de ce soir sur la vanité des esmeutes po-
« pulaires, la douteuse entrée dans un parti non formé,
« les difficiles commencements, non contre la monarchie,
« mais contre les possesseurs d'un estat qui a ses racines
« envieillies, tant de gens interessez à sa manutention,
« nulles attaques par dehors, mais generale paix, nouvelle
« et en sa premiere fleur, et, qui pis est, faicte entre les
« voisins conjurez et faicte exprès à nostre ruine; puisque
« les deffections nouvelles du roi de Navarre et du connes-
« table, tant de forces du costé des ennemis, tant de foi-
« blesse du nostre, ne vous peuvent arrester, mettez la main
« sur vostre sein, sondez à bon escient vostre constance, si
« elle pourra digerer les desroutes generales, les opprobres
« de vos ennemis et ceux de vos partisans, les reproches
« que font ordinairement les peuples quand ils jugent les
« causes par les mauvais succès, les trahisons des vostres,
« la fuitte, l'exil en pays estrange; là les choquements des

« Anglois, les querelles des Allemands, vostre honte, vostre
« nudité, vostre faim et, qui est plus dur, celle de vos en-
« fans. Tastez encores si vous pouvez supporter vostre mort
« par un bourreau, après avoir veu vostre mari trainé et
« exposé à l'ignominie du vulgaire; et pour fin vos enfants
« infames vallets de vos ennemis accreus par la guerre et
« triomphans de vos labeurs. Je vous donne trois semaines
« pour vous esprouver; et, quand vous serez à bon escient
« fortifiée contre tels accidents, je m'en irai perir avec
« vous et avec nos amis. » L'admirale répliqua : « Ces trois
« semaines sont achevées; vous ne serez jamais vaincu par
« la vertu de vos ennemis. Usez de la vostre et ne mettez
« point sur vostre teste les morts de trois semaines. Je vous
« somme au nom de Dieu de ne nous frauder plus, ou je
« serai tesmoin contre vous en son jugement[1] ».

Où trouver plus de courage et de noblesse dans la pensée, plus de grandeur et d'énergie dans l'expression? Je distingue soigneusement ici la pensée et l'expression; car, s'il est certain que l'une appartient à Coligny et à sa femme, il est certain aussi que l'autre appartient à d'Aubigné. Quiconque connaît son style en retrouvera dans ce grand morceau toutes les formes et toutes les qualités. Ce fut sans doute en paroles plus brèves et moins travaillées que les deux époux se communiquèrent leurs sentiments sur la suprême résolution. D'Aubigné, par des témoins dignes de foi, apprit ce qui avait été dit dans le secret épanchement, et il en transmit à la postérité le sens dans le langage qui lui était propre quand il tenait la plume, au lieu de tenir une épée.

D'Aubigné, auteur de cette *Histoire universelle* d'où est tiré notre passage, et de plusieurs autres ouvrages, fut l'écuyer de Henri IV. Brave entre les braves, pro-

---

1. *Histoire universelle du sieur d'Aubigné*, t. I, p. 131, édition de 1616.

testant intraitable, homme d'honneur jusqu'au rigorisme, faisant des vers, sachant le grec, le latin, l'hébreu, il eut une vie pleine d'aventures et de traverses, mais pleine aussi d'actes d'un éclatant courage et d'une incorruptible probité. Il avait reçu de son père une de ces consécrations qui ne s'effacent jamais. Passant à Amboise dans le moment où on voyait encore exposées les têtes des conjurés, son père s'écria : « Les bour« reaux ! Ils ont décapité la France. » Puis il lui mit la main sur la tête en lui disant : « Mon enfant, il ne faut « pas épargner ta tête après la mienne, pour venger « ces chefs pleins d'honneur dont tu viens de voir les « têtes. Si tu t'y épargnes, tu auras ma malédiction. »

Je ne le quitterai pas sans lui emprunter une courte citation, qui montrera en peu de lignes tout son talent d'écrivain. C'est à la fin de la bataille de Montcontour, perdue par les protestants. Ceux-ci firent quelques charges heureuses pour protéger les débris de leur défaite. Les reitres en eurent presque tout l'honneur. D'Aubigné ajoute :

« De ces charges de retraitte la principale gloire est aux
« reitres, pourveu qu'ils permettent à Saint-Cyr Puygref-
« fier d'en avoir sa part. Ce vieillard aïant rallié trois cor-
« nettes au bois de Mairé, et recogneu que par une charge
« il pouvoit sauver la vie à mille hommes, son ministre,
« qui lui avoit aidé à prendre cette resolution, l'avertit de
« faire un mot de harangue. A gens de bien, courte ha-
« rangue, dit le bonhomme; freres et compagnons, voici
« comment il faut faire. Là-dessus, couvert à la vieille fran-
« çoise d'armes argentées jusqu'aux greves et sollerets, le
« visage descouvert et la barbe blanche comme neige, aagé
« de quatre-vingt-cinq ans, il donne vingt pas devant sa
« trouppe, mena battant tous les mareschaux-de-camp, et
« sauva plusieurs vies par sa mort [1]. »

1. *Histoire universelle du sieur d'Aubigné*, t. I, p. 307.

Je reviens à la question de savoir si Schiller, dans sa scène de *Guillaume Tell*, a imité le récit de D'Aubigné dans son *Histoire universelle*. Un préliminaire utile est fourni par une jolie pièce de vers qu'on lit dans ses poésies et qui est intitulée *le Gant*. J'en donne la traduction, avec le texte en note.

« Devant sa lice aux lions, attendant le spectacle du « combat, le roi François était assis, et autour de lui les « grands de sa couronne, et en cercle sur un haut balcon « les dames en un charmant cordon.

« Et comme il fait signe avec le doigt, s'ouvre l'ample « ménagerie; et dans l'arène, d'un pas réfléchi, s'avance « un lion; muet, il regarde tout autour de lui, avec un « long bâillement, et secoue sa crinière, et s'étire les mem- « bres et se couche à terre.

« Et le roi fait un nouveau signe, aussitôt s'ouvre une « seconde porte; à bonds sauvages, un tigre en sort. Dès « qu'il aperçoit le lion, il pousse un rugissement, et bat « de sa queue un rond formidable, et allonge la langue, et « tourne, craintif, autour du lion, avec un murmure de « colère, et puis se couche de côté tout en grondant.

« Et le roi fait un nouveau signe : la loge doublement « ouverte vomit à la fois deux léopards. Ils se lancent, « pleins d'une ardeur belliqueuse, sur le tigre, qui les « saisit avec ses pattes formidables; et le lion, rugissant, « se dresse; le silence se fait; et tout autour, dans cette « arène chaude d'une rage meurtrière, se cantonnent ces « terribles chats.

« A ce moment tombe du balcon le gant d'une main char- « mante, juste au milieu entre le tigre et le lion.

« Et au chevalier Delorges, d'une façon moqueuse, s'a- « dresse madame Cunégonde : « Sire chevalier, si votre « amour est aussi ardent que vous me le jurez à tout mo- « ment, eh bien, ramassez-moi mon gant. »

« Et le chevalier, d'une course rapide, descend dans la « terrible arène; son pas est ferme, et d'entre les monstres « il enlève le gant d'une main hardie.

« Et avec étonnement, avec frisson le voient les cheva- « liers et les nobles dames; lui, calme, rapporte le gant. Il

« n'est point de bouche où n'éclate sa louange. Mais avec
« un tendre regard d'amour, qui lui présage son prochain
« bonheur, le reçoit madame Cunégonde. Il lui jette le
« gant au visage : « Je ne demande point, madame, de re-
« merciement. » Et il la quitte à l'heure même¹. »

1. **Der Handschuh, eine Erzählung.**

Vor seinem Löwengarten
Das Kampfspiel zu erwarten,
Sass König Franz,
Und um ihn die Grossen der Krone,
Und rings auf hohem Balcone
Die Damen in schönem Kranz.
    Und wie er winkt mit dem Finger,
Aufthut sich der weite Zwinger,
Und hinein mit bedächtigem Schritt
Ein Löwe tritt,
Und sieht sich stumm
Rings um.
Mit langem Gähnen,
Und schüttelt die Mähnen,
Und streckt die Glieder
Und legt sich nieder.
    Und der König winkt wieder,
Da öffnet sich behend
Ein zweites Thor;
Daraus rennt
Mit wildem Sprunge
Ein Tiger hervor.
Wie der den Löwen erschaut,
Brüllt er laut,
Schlägt mit dem Schweif
Einen furchtbaren Reif,
Und recket die Zunge,
Und im Kreise scheu
Umgeht er den Leu
Grimmig schnurrend;
Drauf streckt er sich murrend
Zur Seite nieder.
    Und der König winkt wieder,
Da speit das doppelt geöffnete Haus
Zwei Leoparden auf einmal aus;
Die stürzen mit muthiger Kampfbegier
Auf das Tigerthier,

De ce récit, nous avons l'original dans Brantôme :

« J'ay ouy faire un conte à la cour aux anciens d'une
« dame qui estoit à la cour, maistresse de feu M. de Lorge,
« le bonhomme, en ses jeunes ans l'un des vaillants et re-
« nommez capitaines des gens de pied de son temps. Elle,
« en ayant ouy dire tant de bien de sa vaillance, un jour
« que le roy François Ier faisoit combattre des lions en sa
« cour, voulut faire preuve s'il estoit tel qu'on luy avoit
« fait entendre, et pour ce laissa tomber un de ses gans
« dans le parc des lions, estans en leur plus grande furie,
« et là-dessus pria M. de Lorge de l'aller querir, s'il l'ai-
« moit tant comme il le disoit. Luy, sans s'estonner, met

>Das packt sie mit seinen grimmigen Tatzen;
>Und der Leu mit Gebrüll
>Richtet sich auf, da wird's still,
>Und herum im Kreis
>Von Mordsucht heiss,
>Lagern sich die gräulichen Katzen.
>Da fällt von des Altans Rand
>Ein Handschuh von schöner Hand
>Zwischen den Tiger und den Leu'n
>Mitten hinein.
>Und zu Ritter Delorges spottender Weis'
>Wendet sich Fräulein Kunigund :
>« Herr Ritter, ist eure Liebe so heiss,
>« Wie ihr mir's schwört zu jeder Stund,
>« Ei so hebt mir den Handschuh auf. »
>Und der Ritter in schnellem Lauf
>Steigt hinab in den furchtbar'n Zwinger
>Mit festem Schritte,
>Und aus der Ungeheuer Mitte
>Nimmt er den Handschuh mit keckem Finger.
>Und mit Erstaunen und mit Grauen
>Sehen's die Ritter und Edelfrauen,
>Und gelassen bringt er den Handschuh zurück.
>Da schallt ihm sein Lob aus jedem Munde.
>Aber mit zärtlichem Liebesblick —
>Er verheisst ihm sein nahes Glück —
>Empfängt ihn Fräulein Kunigunde.
>Und er wirft ihr den Handschuh ins Gesicht :
>« Den Dank, Dame, begehr' ich nicht, »
>Und verlässt sie zur selben Stunde.

« sa cappe au poing et l'espée à l'autre main, et s'en va
« asseurément parmi ces lions recouvrer le gant. En quoy
« la fortune luy fut si favorable que, faisant tousjours bonne
« mine et monstrant d'une belle assurance la pointe de son
« espée aux lions, ils ne l'oserent attaquer; et, ayant re-
« couru le gand, il s'en retourna devers sa maistresse et
« luy rendit; en quoy elle et tous les assistants l'en esti-
« merent bien fort. Mais on dit que, de beau depit, M. de
« Lorge la quitta pour avoir voulu tirer son passe-temps de
« luy et de sa valeur de cette façon. Encores dit on qu'il
« luy jetta par beau depit le gand au nez; car il eust mieux
« voulu qu'elle luy eust commandé cent fois d'aller enfoncer
« un bataillon de gens de pied, où il s'estoit bien appris
« d'y aller, que non de combattre des bestes, dont le com-
« bat n'en est guere glorieux[1]. »

Ainsi, il est de fait que Schiller n'a pas dédaigné de jeter le regard sur nos auteurs du seizième siècle. Le récit raconté par D'Aubigné lui aura-t-il aussi passé sous les yeux ? On aura bien de la peine à en douter, si l'on se représente toutes les ressemblances que les deux scènes, l'historique et la fictive, ont entre elles. Sans doute Schiller n'a pris que le fonds, qu'il a élaboré conformément aux exigences de la situation qu'il créait et des personnages qu'il mettait en mouvement; mais le fonds est tout. Nous avons en parallèle, dans un beau langage, la femme de Coligny et Gertrude, le vieil amiral de France et le paysan suisse. L'histoire a précédé la fiction. Cela, en tout cas, est assuré; et cette priorité suffit à tout ce qu'ici j'ai voulu montrer.

1. *Vie des dames galantes*, 6⁰ discours. Ce récit a été reproduit en abrégé par Saintfoix, *Essais sur Paris*, t. I, p. 227, Paris, 1776, 7 vol. in-12.

VIII

DE L'USAGE PRATIQUE
DE LA LANGUE GRECQUE

PAR

M. GUSTAVE D'EICHTAL [1]

Un homme qui s'est occupé de plus d'un sujet philosophique, et qui vient de marquer sa trace dans l'étude toujours ardue des Évangiles, remet sur le tapis (on verra plus bas à quelle fin) la question, souvent débattue entre les érudits, de la prononciation du grec ancien. On sait que les nations littéraires de l'Occident, chez qui le grec fait plus ou moins partie de l'éducation classique, le prononcent chacune suivant le son qu'elle attribue aux consonnes, aux voyelles, aux diphthongues, sans compter que chacune aussi accentue le mot suivant les règles d'accentuation qui lui sont propres. Comme très-certainement le grec n'a pas été fait pour être prononcé à la française, à l'italienne, à l'allemande, à l'anglaise, à l'espagnole, il est clair que toutes ces prononciations sont vicieuses, ce n'est pas assez dire, sont détestables. Mais elles se recommandent par leur commodité; car elles n'obligent à aucun exercice, à aucun effort, puisqu'elles ne sont que la prononciation de la langue nationale appliquée au grec

1. *Journal des Débats*, 13 mai 1865.

ancien; et, dans les classes, elles font que les dictées sont saisies facilement par l'oreille de l'écolier et reproduites avec peu de fautes.

Pour les déposséder d'un emploi qui, on le voit, n'est pas destitué de quelque motif d'utilité, il faut offrir des avantages qui l'emportent sur ceux-là.

Le seul qui mérite de triompher est celui qui nous procurera une approximation effective vers la prononciation réelle du grec ancien. C'est un véritable chagrin (l'expression n'est pas trop forte : on la pardonnera du moins à un érudit qui a passé une partie de sa vie sur des textes grecs), c'est un véritable chagrin de sentir qu'on estropie misérablement toutes ces articulations d'une langue riche et sonore. Que dirait-on de l'italien prononcé à la française, ou du français prononcé à l'italienne? Qui ne fuirait devant une aussi horrible barbarie? Eh bien! voilà ce qui arrive au grec dans la bouche d'un Français, d'un Italien, d'un Anglais, d'un Allemand.

Il est vrai de dire que rien ne pourrait restituer une prononciation qui serait perdue, et que les choses orales n'ont d'existence que par une tradition non interrompue; mais il est vrai aussi que sur un même sol, en dépit du changement des langues, les générations se transmettent beaucoup d'intonations avec fidélité. Ainsi l'italien retient plus d'une partie de la prononciation latine; et, si l'on veut savoir comment les gens du temps de Philippe-Auguste et de saint Louis disaient le français, on le saura, pour la plupart des articulations fondamentales, en écoutant le français d'aujourd'hui. Cela s'applique aux habitants de la Grèce; mais ils affirment quelque chose de plus : ils prétendent que chez eux tout a beaucoup moins varié que dans l'Occident, et que, par exemple, un évêque du troisième ou du quatrième siècle qui, sortant de son tombeau, reconnaîtrait les cérémonies et les costumes de l'Église, reconnaîtrait aussi les sons qui frapperaient son oreille. Ces dires, l'érudition occidentale les a soumis à la critique; et elle admet que si, dans la prononciation moderne, tout n'est pas de bon aloi, il y reste assez de parties correctes pour représenter un vrai grec, bien qu'entaché de certaines défectuosités. Devant le vrai grec ne peut tenir le faux grec des prononciations occidentales.

Les langues sont comme les familles humaines; quelques-unes disparaissent sans laisser d'héritiers, ou languissent dans une décadence que rien ne paraît devoir interrompre; les autres produisent une postérité qui pullule et remplit les places vides. L'étrusque a disparu sans qu'il en reste de traces; l'égyptien, cette vieille langue qu'on voit écrite sur les plus anciens monuments du monde, après s'être longtemps prolongé dans le copte, a fini par s'éteindre il n'y a pas beaucoup d'années; l'ibère ne subsiste plus que dans le basque; et le celtique, chassé de la plus grande partie de son domaine, est relégué au rang de parler provincial. Tel n'a pas été le sort du latin et du grec; l'un a revécu dans les langues romanes, l'autre dans le grec moderne ou romaïque, avec cette différence que le romaïque s'écarte notablement moins du grec ancien que les langues romanes ne s'écartent du latin.

Dire que la prononciation actuelle des Grecs est une approximation vers la prononciation antique, n'est pas dire que ce soit cette prononciation elle-même. D'ailleurs ce terme de prononciation antique est vague de sa nature et ne peut être précisé. La prononciation d'Homère et d'Hésiode, celle de Périclès et de Thucydide, celle de saint Paul devant l'aréopage et celle des empereurs byzantins ne peuvent avoir été identiques ; un si vaste intervalle de temps ne s'est pas écoulé sans avoir produit des variations dans l'articulation des voyelles et des consonnes. Mais ce sont des variations autour d'un thème qui demeure fixe, et dans cette longue transmission on ne trouve nulle part une solution de continuité.

Sans être en état d'indiquer quelles ont été les différences de la prononciation byzantine avec celle des hauts temps, on a beaucoup de témoignages qui montrent que cette prononciation byzantine est celle que les Grecs pratiquent aujourd'hui. Dans l'Occident, pendant le moyen âge, les transcriptions de mots grecs en caractères latins y sont conformes : *epidemia* y est *epidimia*, *oiconomos* y est *iconomos*. De sorte que l'iotacisme tant reproché aux Grecs d'aujourd'hui n'est pas nouveau. C'est cet iotacisme qui a confondu, par la prononciation *èmeis*, nous, avec *umeis*, vous ; disant pour les deux, *imis* ; ici il doit être en faute ; le discours aurait été bien embarrassé s'il n'avait distingué ces deux pronoms ; probablement les Grecs anciens donnaient à l'*u* un son analogue à celui que les Français lui donnent. Mais il n'y a pas de faute quant à la diphthongue *ei*, qui, dans de très-bons temps, a eu le son de l'*i*.

Donc, en critiquant ceci ou cela dans la prononciation actuelle, il faut reconnaître que le gros en est traditionnel. L'accentuation est venue avec le reste. Et, à vrai dire, de toutes les parties d'une prononciation, c'est l'accentuation qui se conserve le mieux. Encore aujourd'hui, l'italien, bien qu'il soit une autre langue par rapport au latin, en reproduit merveilleusement l'accent. Le français lui-même, qui au premier abord paraît si loin de son type étymologique, est fidèle à l'accentuation ; et ces bouches gauloises, qui, mutilant les mots, faisaient *prêtre* de *presbyter* et *meür* de *maturus*, n'ont pas manqué de retenir l'accent sur la syllabe qui le portait; si bien qu'avec l'italien, avec le français, avec l'espagnol, on reconstruirait, si l'on en avait besoin, l'accentuation latine.

Ici se présente un phénomène digne de remarque. Les langues issues du latin, l'espagnol, le français, l'italien, ont toutes éteint la quantité pour laisser à l'accent la domination exclusive du mot. Non pas que ces langues n'aient des longues et des brèves; mais chez elles toute syllabe accentuée équivaut à une longue, contrairement à l'usage ancien qui permettait que l'accent se plaçât sur une brève. En dehors de cela, elles n'ont plus de longues que par position, c'est-à-dire par accumulation de consonnes. Ainsi, tandis que, dans le latin *anima*, le premier *a* est à la fois bref et accentué, cet *a*, dans l'italien *anima* et dans le français *âme*, est à la fois accentué et long. Dans ces langues, un mot comme *animas*, où *a* est accentué et *as* long, est impossible; et dans l'espagnol *almas*, qui est la représentation de *animas*, *as*, étant non accentué en latin, est devenu bref. Le romaïque, resté si archaïque en tant de points, est moderne en celui-ci : il abrége les syllabes non accentuées, bien qu'elles soient longues dans le grec ancien; et de *anthrópos*, qui a l'accent sur *an*, il fait *anthropos*, abrégeant *thrô*, parce que cette syllabe n'est pas accentuée.

Ceci n'est pas sans conséquence. Le vers grec et latin est fondé sur la quantité; c'est-à-dire qu'un certain nombre de longues et de brèves, disposées suivant un certain ordre, le constituent. Or le grec moderne, abrégeant toutes les syllabes longues qui ne sont pas accentuées, pèche contre cette constitution même et fait disparaître un des éléments de la versification classique. Il y a là une discordance qu'on ne peut nier, un problème de prononciation qui n'est pas résolu. A la vérité, quelques érudits prétendent qu'avec l'exercice on peut parvenir à accentuer une syllabe sans l'allonger, de sorte que l'on conserve à la fois leur valeur respective à l'accent et à la quantité. Si la chose est faisable, elle n'est certainement pas aisée; et, en tout cas, nous ignorons si c'est de cette façon qu'Athènes et Rome levaient une difficulté qui leur est commune. Je suis porté à croire que non, quand je considère la force de l'accent dans les langues modernes, et quand je reconnais qu'il a abrégé les longues non accentuées aussi bien dans le latin par l'italien que dans le grec par le romaïque. Plus je me persuade que le romaïque est un assez fidèle héritier de l'antique prononciation, plus je suis porté à penser que cette prépondérance de l'accent s'exerçait en Italie et en Grèce longtemps avant le temps où les grammairiens crurent utile de noter cet accent que la langue donnait aux mots.

A cela une objection considérable se présente immédiatement : c'est que le vers ancien est fondé non sur l'accent, mais sur la quantité, et qu'il témoigne de la prépondérance de la quantité sur l'accent, lequel je prétends au contraire avoir été prépondérant sur la longueur et la brièveté des syllabes. Cela est incontestable ; mais il faut se rappeler que le vers grec (le vers latin n'a rien d'ancien et est une importation due aux lettrés) appartient non pas à cette antiquité moyenne dont je parlais tout à l'heure, mais à une antiquité bien autrement reculée, à celle des temps homériques. Que s'est-il passé alors ? A cette origine, l'accent était-il faible et la quantité forte, de sorte que le vers s'est constitué d'après elle ? ou bien le chant musical (les anciens vers étaient toujours chantés) a-t-il imposé la règle des durées, au lieu de se soumettre à celle des accents ? Je pose la question, je ne la résous pas.

Dans cette hypothèse, à mesure du perfectionnement de l'oreille et de la prononciation, l'accent serait devenu prépondérant et la quantité subordonnée. Le fait est que les Latins, qui reçurent fort tardivement le système de la métrique grecque, se vantaient d'avoir une versification plus sévère, *musas severiores*. Cette sévérité plus grande consiste en ceci, qu'instinctivement ils apportèrent du soin à disposer l'accent de manière qu'il coïncidât souvent avec la quantité, c'est-à-dire que, dans un dactyle, il occupât la première syllabe, et dans un spondée aussi la première. C'est là un perfectionnement qui, à notre oreille moderne, rend d'ordinaire le vers latin plus agréable et plus familier.

En lisant des vers anciens, nous éprouvons du plaisir, notre oreille est flattée d'une certaine cadence; c'est une expérience que chacun de nous a faite; et cependant il est certain que nous péchons en beaucoup de mots contre la quantité. Si je note ceci, qui est très-réel, c'est que, à mon avis, les anciens, ceux que j'ai dit de la moyenne antiquité, dominés par l'accent qui changeait la valeur de plusieurs syllabes, péchaient contre la quantité et jouissaient cependant de la cadence et de l'harmonie de leurs vers. On traitera peut-être de barbare cette explication d'une difficulté que je voudrais voir résolue par les savants qui s'occupent particulièrement de la métrique ancienne. Dans ce vers d'Ausone :

Est et arundineis modulatio musica ripis,

je ne doute pas qu'au quatrième siècle et si près des langues romanes, l'accent, qui dans *arundineis* est sur *di*, n'eût effacé la longueur de la syllabe *is*; et cependant Ausone dut s'applaudir de son vers, vers charmant où l'on entend les harmonies de la nature, et qui est frère de ceux où Byron se plaît à la musique de l'Océan :

> There is a pleasure in the pathless woods,
> There is a rapture on the lonely shore,
> There is society, where none intrudes,
> By the deep sea, and music in its roar;

et de ceux où Lamartine dit au rossignol :

> Tu prends les sons que tu recueilles
> Dans les gazouillements des flots,
> Dans les frémissements des feuilles,
> Dans les bruits mourants des échos.

Au dix-septième siècle et au dix-huitième, les lettrés professaient une vive admiration pour le système de la versification ancienne, au prix duquel celui de la versification moderne leur paraissait une barbarie, grossier héritage des âges de ténèbres. Cette opinion pèche de deux côtés. D'une part, comme il vient d'être dit, on sait trop mal comment les anciens se tiraient du conflit entre la quantité et l'accent pour qu'on puisse pleinement apprécier leur système; et, d'autre part, il y a injustice à lui sacrifier celui des modernes, qui est aussi élégant qu'harmonieux. Les barbares ne sont pour rien dans cette création, et les peuples nouveaux ne firent que mener à terme la révolution qui donnait à l'accent la suprématie; c'est un développement, non une rétrogradation ou une mutilation. Dès lors le vers fut assujetti non plus à un ordre déterminé de longues et de brèves, mais à un ordre déterminé de syllabes accentuées. Telle est la règle du vers italien, provençal, espagnol, français, et ajoutons celle du vers allemand et anglais. Au reste, les langues modernes, en profitant de la qualité qu'a l'accent d'élever la voix sur la syllabe, pourraient très-bien faire des vers métriques; en italien, *lamentabile regno* est une aussi bonne fin d'hexamètre que *lamentabile regnum* de Virgile ; et en français, *ô déplorable Sion* constitue l'hémistiche correct d'un pentamètre.

Cette discussion montre que l'accentuation que le grec moderne donne au grec ancien, et qui ne tient pas compte de la quantité, n'est aucunement une raison pour écarter la prononciation que le grec moderne donne au grec ancien.

La prononciation nous conduit à la langue elle-même. Quand les Grecs eurent reconquis une indépendance politique, et surtout une indépendance intellectuelle, cette renaissance attira bientôt leur attention sur leur idiome, et ils s'aperçurent qu'il offrait à la fois une rouille due à l'esclavage sans culture et une grande ressemblance avec le grec ancien. De là naquit chez les lettrés un vif désir d'épurer cet idiome et de le rapprocher du type dont il provient.

Ce qui excite et entretient ce désir, c'est la discordance qui s'est manifestée entre des esprits subitement éclairés de toutes les lumières de l'Occident et une langue qui représente une phase malheureuse, opprimée, inculte de la nation. Un exemple hypothétique éclaircira l'idée. Au dixième siècle, la langue française était à peu près au latin ce que le grec moderne est à l'ancien : déjà distincte, sans cependant avoir encore acquis l'indépendance à l'aide de toute cette littérature du douzième et du treizième siècle, à qui échut une grande fortune dans tout l'Occident. Si à ce moment il y eût eu quelque part une civilisation (notons qu'il n'y en avait nulle part) capable d'être pour la France le rayon que l'Occident a été pour la Grèce régénérée, les lettrés, s'élevant soudainement au-dessus de leur peuple et de leur temps, auraient été choqués des barbaries de ce demi-latin qu'on nommait langue rustique, et, s'ils avaient songé à l'épurer, ils se seraient tournés vers le latin. Réussissant, ils auraient empêché le français et restauré, en la modernisant, la latinité. La chose n'était peut-être pas impossible. Il existait alors une déclinaison à deux cas, le nominatif et le régime; on l'aurait agrandie; des formes comme *la gent francor, gens Francorum*, auraient fait ressusciter un génitif pluriel; on avait un plus-que-parfait sans auxiliaire, on l'eût entretenu; dans quelques dialectes l'imparfait était en *eve, abondeve* et non *abondoit*, on serait revenu à *abundabat*. Quand on lit cette ligne du dixième siècle : *Maximien, qui rex ert a cels dis soure pagiens*, on sent combien il serait facile d'en faire : *Maximianus qui rex erat ad illos dies super paganos*. Toutefois remarquons que *cels* aurait opposé une grande résistance. *Cels* est non pas *illos*, mais *ecce illos*. Là, le moderne est inscrit, et sans doute la bouche populaire ne s'en serait pas défaite aisément, non plus que du futur *j'aimerai*, qui est *aimer-ai* (j'ai à aimer), et qui, sous la forme simple, est aussi bien une expression composée que le *tha grapso* des Grecs modernes et le *ich werde lieben* des Allemands.

Toutefois, en disant que le grec moderne est à peu près avec le grec ancien dans le même rapport que le français du dixième siècle avec le latin, je n'ai pas complétement rendu justice au romaïque. Celui-ci a un caractère d'antiquité que ne possède plus aucune langue moderne, ni d'origine latine, ni d'origine germanique : il a un passif simple, je veux dire un passif exprimé non par un auxiliaire, mais par une désinence. La seule trace du passif simple que les langues néolatines aient conservée est le participe, *aimé, amat, amato, amado*, de *amatus;* dans tout le reste un auxiliaire intervient. Elles disent : *Il est écrit, è scritto*, etc., et non *scribitur*, comme le latin; le romaïque dit, comme ses ancêtres, *graphetai*.

Appuyés sur ces fortes ressemblances, les lettrés grecs ont pensé qu'il n'était pas impossible d'écarter le grec populaire, qui porte tant de stigmates de barbarie et qui varie de province à province, et de ramener à la lumière et à l'usage le grec ancien. Ils ont joint l'exemple au précepte, et, d'épurations en épurations, ils en sont venus à écrire des pages que des contemporains de Longin et de Plutarque comprendraient sans peine.

Un pareil procédé d'épuration a trouvé dans un érudit renommé un contradicteur. M. Egger pense que les divisions, les principes, les formes de la grammaire séparent nettement l'idiome actuel de la langue ancienne, de sorte que la restauration qu'on entreprend, si elle réussissait, tuerait une langue vivante pour une langue morte depuis des siècles. Il reconnaît que l'état du romaïque appelle et justifie mainte correction. « On peut le réformer, dit-il, mais je supplie qu'on n'aille point jusqu'à le transformer. »

De tout ceci il ressort que le romaïque n'est point encore une langue fixée; c'est justement parce qu'elle ne l'est pas que les lettrés croient possible de substituer au type actuel le type ancien. En tout cas, au point de vue philologique, c'est un intéressant spectacle qui s'ouvre, et il sera curieux d'observer qui l'emportera, ou la tenacité du populaire qui conserve d'ordinaire son parler avec tant de force, ou la hardiesse des lettrés qui, par l'exemple et par l'école, entreprennent de rendre à la bouche vulgaire le système de la grammaire antique. A un étranger il appartient seulement de souhaiter que, quoi qu'il arrive, ce qui arrivera tourne à l'avantage et à la gloire de cette Grèce dont le nom ancien est un brillant souvenir et le nom nouveau une jeune espérance.

La restauration, dans les écoles d'Occident, de la prononciation du grec telle que la Grèce la pratique, et l'épuration du romaïque à l'aide du grec ancien ne sont, pour M. d'Eichthal, qu'un acheminement à une proposition qui dépasse de beaucoup les simples considérations philologiques, c'est de faire de la langue grecque la langue universelle entre les nations civilisées. « Que tous les peuples, dit-il, marchent aujour-
« d'hui à une commune organisation, à une société
« universelle, c'est ce dont il n'est plus possible de
« douter. La religion, la politique, la philosophie, les
« arts, les sciences, l'industrie, le commerce, condui-
« sent également à cette conclusion. Mais, si tel est
« l'avenir, l'avenir prochain peut-être de l'humanité,
« la conséquence première de ce grand événement
« doit être l'établissement d'une langue commune qui,
« tout en laissant subsister les idiomes nationaux,
« signe et gage de l'individualité des peuples, soit
« cependant le *medium* des relations internationales
« entre les peuples et les individus; qui en même
« temps serve à l'expression de ces vérités suprêmes
« qui sont à la fois et le principe et le lien commun
« des sociétés, et, à ce titre, doivent partout revêtir
« une forme identique et universelle. »

C'est la langue grecque à qui, selon M. d'Eichthal, ce vaste rôle doit échoir. Elle le devra à ses qualités, à sa richesse, à son euphonie, à l'antiquité et à la beauté de sa littérature, au nécessités qui l'ont maintenue dans l'enseignement classique de tout l'Occident ; enfin à cette vitalité singulière qui fait qu'elle dure et persiste encore sous une forme qui permet de songer à une véritable restauration.

L'un des publicistes les plus distingués de la Grèce, M. Renieris, qui a pris pour devise : *Notre originalité, c'est l'hellénisme*, assume pour sa nation une haute mission, d'accord avec son histoire et son passé, mission qui consiste essentiellement à remettre la civilisation moderne en communication directe avec la Grèce antique, effaçant par là les travers et les déformations contractées en passant par un milieu défavorable. Si désormais l'espace qui me reste n'était fort petit, je contesterais à M. Renieris non pas la haute mission (car personne plus que moi ne souhaite de grandes destinées à la Grèce affranchie), mais les raisons sur lesquelles il se fonde, à savoir que ce qui fait l'excellence de la jeune Grèce, c'est de n'avoir point passé, comme les nations occidentales, par le moyen âge. En fait, les nations occidentales qui ont passé par le moyen âge sont devenues les directrices du genre humain, et c'est d'elles que part le mouvement de revivification qui gagne les nations arriérées. En théorie, il serait facile de montrer que l'évolution historique voulait qu'il y eût une étape entre le génie de l'ère antique et le génie de l'ère moderne, et que le moyen âge a été cette étape nécessaire, et, par conséquent, salutaire.

A la vue plus générale de M. Renieris sur l'avenir du peuple grec se lie la vue plus particulière de M. d'Eichthal sur l'avenir de la langue grecque. L'avénement d'une langue à un grand rôle n'est pas quelque chose de fortuit, et le latin dut son universalité aux conditions sociales ; il la perdit quand ces conditions changèrent. Les langues modernes, grandissant, s'emparèrent de tous les domaines, à mesure que le latin se prêtait moins aux nouveautés qui s'élevaient dans le monde. On répond que le grec s'y prêtera, vu que, si le latin est une langue ancienne morte, le grec est une langue ancienne vivante. Soit, mais alors viennent d'autres considérations et d'autres difficultés.

S'il arrive un moment où la tendance vers un moyen universel de communication agisse avec assez de force pour faire capituler les langues modernes, on peut se demander en faveur de qui le particularisme actuel sera vaincu. Le choix se portera-t-il sur le français, vu qu'il a joui, dans le dix-septième et le dix-huitième siècle, d'une faveur exceptionnelle qui, diminuée, n'est pas tout à fait éteinte? Ou bien s'attachera-t-on à l'anglais, à cause que, dans un avenir prochain, ce sera l'idiome qui comptera le plus de bouches, l'Amérique du Nord et l'Australie étant destinées à parler anglais? Ou bien enfin se fixera-t-on sur une langue classique, qui est un terrain neutre, et sur le grec nommément, le seul qui reste pour cette tâche depuis la défunte universalité du latin?

Je n'ai aucune envie d'écarter ceux qui, comme M. d'Eichthal, s'efforcent de devancer les temps. Je note seulement que les temps ne se sont pas manifestés, et qu'aucun signe n'est encore apparent qui montre ce qu'il doit advenir du problème d'une langue universelle. Pour le moment, M. d'Eichthal doit se contenter, et ce n'est pas peu, d'exciter la méditation. Le reste est remis aux tendances de l'évolution générale, ou, pour me servir du langage d'Homère, qui ici ne sera pas déplacé, *repose sur les genoux des dieux (theôn en gounasi keitai)*. C'est la même idée rendue différemment d'après des notions que séparent trois mille ans d'intervalle. M. d'Eichthal a assez fréquenté le maître de la philosophie positive pour ne pas me démentir.

Je ne serai pas non plus démenti quand je féliciterai l'Occident d'avoir retrouvé le peuple grec, et le peuple grec d'avoir confondu ses destinées avec celles de la civilisation universelle, dont il devient un des ouvriers. Nous autres Gaulois, Ibères, Germains et Bretons, quelque haut rang que nous tenions entre les nations depuis la chute de l'empire romain et le renouvellement des choses, il faut bien que nous portions à l'Italie honneur et révérence pour avoir eu d'illustres aïeux, alors qu'il n'était sorti de nos têtes et de nos mains aucune œuvre dont les siècles aient gardé la mémoire. Voici venir la Grèce, dont les aïeux, plus anciens que ceux de l'Italie, les dépassent de beaucoup, sinon pour la politique et pour la guerre, du moins pour les lettres, pour les arts, pour les sciences, pour l'éternel enseignement du genre humain. C'est un ralliement dont l'Occident s'est applaudi tout d'abord. S'il est fils politique de Rome, il est fils intellectuel de la Grèce. Il avait l'Italie; la Grèce lui manquait.

IX

COLLECTION
DES AUTEURS LATINS

AVEC LA TRADUCTION EN FRANÇAIS

(En 25 volumes)

SALLUSTE, JULES-CÉSAR, C. VELLEIUS PATERCULUS & A. FLORUS

Un volume grand in-8 [1].

La *Collection des auteurs latins, avec la traduction en français*, est une entreprise propre à faciliter et à répandre la connaissance de la littérature latine; connaissance favorable à la bonne culture des lettres et à la propagation d'une solide instruction historique. Le premier volume renferme Salluste, César, Velleïus Paterculus, Florus : Salluste, qui nous raconte deux épisodes considérables des derniers temps de la république; César, dont les mémoires sont une grande part de l'histoire de Rome jusqu'à sa mort; Florus, qui s'étend dans la dernière partie de son abrégé sur les guerres du triumvirat et sur le règne d'Auguste; Velleïus Paterculus, qui nous montre les commencements de Tibère et nous mène jusqu'aux *Annales* de Tacite. Ces quatre auteurs servent donc, dans la latinité, d'intermédiaire entre Tite-Live, dont l'histoire est mutilée à l'époque de la deuxième guerre de Macédoine, et Tacite, qui commence la sienne avec le règne de

---

1. *National*, 1er août 1837.

Tibère. Durant cet intervalle la république s'écroule, l'empire se fonde, les premiers empereurs lui donnent son caractère : toutes choses qui ont eu une certaine influence sur les destinées du genre humain.

L'examen des historiens en tant que penseurs et écrivains est utile, même à côté de la contemplation de l'histoire en soi ; et, s'il faut étudier les faits et les événements, il est bon de connaître sous quel jour ils ont été vus par les hommes qui nous en ont transmis le souvenir, quelles conséquences ils en ont tirées, et à quelles généralités ils sont arrivés.

Salluste a fait précéder ses deux livres de *Catilina* et de *Jugurtha* par un préambule où il développe quelques considérations qui lui ont paru sans doute importantes. Quintilien, parlant de ces préambules, dit que Salluste a commencé ses deux ouvrages par des chapitres qui n'ont aucun rapport avec l'histoire. Si Quintilien a entendu par ce mot *histoire* le récit des guerres de Catilina et de Jugurtha, il a raison ; mais, s'il a pris ce terme dans sa signification la plus étendue, il s'est trompé, ne voyant pas que Salluste montrait dans ces deux débuts le point de vue d'où il apercevait les choses humaines, indiquait la mesure à laquelle il rapportait les événements, cherchait la raison des mutations historiques, et exposait ce que certains appellent aujourd'hui la philosophie de l'histoire. Salluste avait médité sur ce sujet, et c'est le résultat de ses méditations qu'il a resserré en quelques lignes dans ses deux commencements.

Suivant lui, jadis on a pu douter à qui, de la force corporelle ou de l'intelligence, appartiendrait l'empire du monde ; mais le procès est définitivement jugé. C'est à l'intelligence que revient la direction de toute chose ; elle est le guide, elle est la dominatrice de la vie humaine (*dux atque imperator vitæ mortalium animus est*). Politique, agriculture, navigation, architecture, tout est soumis à la force de l'esprit. L'empire quitte ceux qui laissent dépérir en eux les hautes facultés. Ne vous plaignez donc pas, ô mortels, de la faiblesse de votre nature, et de la brièveté de votre vie ; l'intelligence est quelque chose qui vous appartient ; cultivez-la, et vous laisserez de vous une trace qui ne s'effacera pas, une gloire que le monde admirera. En effet, de cette domination de l'intelligence sur les choses humaines, Salluste tire la conclusion qu'il faut avoir une occupation qui en relève, et que c'est se dégrader soi-même que de faire, contre le vœu de la nature, du corps un objet de volupté, de l'âme un fardeau. Celui-là seul lui paraît vivre et jouir de son âme (*vivere atque frui anima*) qui se livre à quelque travail, à quelque occupation, à quelque œuvre qui aille au-delà des appétits du corps et qui soit du domaine de la force intellectuelle.

Aux yeux de Salluste n'avait point échappé le désordre qui s'était emparé de Rome maîtresse du monde. Le gouvernement de la république était en proie à d'incessantes perturbations ; et les clairvoyants pensaient qu'il marchait à cette terminaison habituelle des républiques grecques, la tyrannie ou domination d'un seul. Dans cette situation qui s'était déjà présentée sur le théâtre complexe de la Grèce, le remède paraissait aux bien intentionnés être le retour vers la constitution et les mœurs antiques qui avaient été délaissées ; les regrets et les conseils étaient tous dans ce sens.

Telle ne fut pas la vue de Salluste. Mais, apercevant la puissance de l'intelligence dans le développement des arts et des sciences et dans le maintien ou le progrès de la force des empires, il demande aux hommes politiques de s'appuyer sur elle et d'écarter par là de la chose publique les maux qui l'assaillent. Admettre que l'histoire humaine est le triomphe de l'intelligence humaine, prendre ce fil pour se guider à travers les événements, apprécier les sociétés d'après cette mesure, puis ajouter que les hommes politiques ne méritent ce nom qu'autant qu'ils obéissent à cette influence salutaire, et qu'ils sont dignes de mépris s'ils se livrent aux suggestions d'un égoïsme grossier, certes, c'est pourvoir d'un lumineux aperçu la science historique ; et Quintilien a parlé avec beaucoup de légèreté de ce qu'il n'avait pas compris, en disant qu'il n'y avait rien là qui eût rapport à l'histoire.

Salluste résume sa doctrine en une phrase remarquable : « L'esprit, dit-il, incorruptible, éternel, suprême directeur du genre humain, anime, possède tout, et n'est point possédé. (*Animus incorruptus, æternus, rector humani generis, agitat atque habet cuncta, neque ipse habetur.*) » Qu'entend Salluste par ce *suprême directeur du genre humain, qui mène et possède tout sans être possédé lui-même?* Si je l'interprète bien, à considérer le genre humain dans son ensemble, on y reconnait un esprit général, qui n'est point sujet à s'altérer; il a la permanence, il n'est la propriété exclusive de personne, et c'est lui qui donne les impulsions. Sous cette direction suprême sont l'histoire et les affaires du monde. De là à conclure qu'elles ne peuvent pas s'égarer indéfiniment hors d'une certaine route, et qu'elles sont soumises à ce que nous nommons aujourd'hui des lois, il n'y aurait pas loin.

Si nous perdions soudainement le souvenir de tous les siècles qui nous ont précédés, nous n'aurions pas même le soupçon que le genre humain, dans son développement, suit une marche dont le tracé est régulier. Si, au contraire, de fidèles annales nous avaient conservé la narration et l'exposé de tout ce qui s'est fait dans les temps antérieurs à nos temps historiques, nous aurions une connaissance plus étendue et mieux établie du progrès de ce développement. Aussi, toutes les fois que quelque circonstance a agrandi le champ de la géographie, a révélé des pays ignorés, a fait entrer dans le cercle de la civilisation commune des peuples qui avaient vécu jusque-là dans l'isolement, il s'est créé de nouveaux éléments propres à jeter du jour sur d'aussi difficiles et d'aussi importantes questions[1]. A un aussi grand secret on ne peut pas arriver par une seule voie, a dit Symmaque en parlant d'autre chose que de l'histoire (*Uno itinere non potest pervenire ad tam grande secretum*). Quand on veut apprécier cette direction suprême du genre humain que Salluste invoque, il faut se placer au point de vue d'où l'on découvre l'agrandissement du terrain historique, la conquête de la terre et la chaîne des événements.

A ce titre, la conquête des Gaules par César est un fait d'une grande importance et d'une grande instruction. Si César n'a vu, dans la demeure de nos aïeux, que la terre théâtre de ses exploits et matière de ses importants mémoires, il faut en ce moment que nous y voyions autre chose; car ce fut la découverte d'une vaste contrée que la géographie ignorait presque complétement et dont on ne connaissait bien ni les fleuves, ni les montagnes, ni le sol, ni le ciel; ce fut un grand peuple, avec ses aptitudes spéciales, qui entra dans la communauté de la civilisation, et que rien n'en détacha depuis. Les peuplades qui parlaient le celtique, langue aryenne, n'étaient pas nées dans la contrée

---

[1]. La découverte de l'homme fossile, préhistorique, a donné à ces idées une extension dans le temps et l'espace qui n'était pas soupçonnée au moment où j'écrivais ceci.

où César les trouva ; elles étaient venues des lointaines régions de l'Orient ; et, à une époque reculée, elles aussi avaient découvert la Gaule et conquis des indigènes, leurs prédécesseurs. Que ne nous est-il resté quelques documents sur ces anciens établissements ! Certes, l'histoire comparée tirerait un précieux enseignement de l'étude de la conquête aryenne et de la conquête romaine, faites à un si long intervalle l'une de l'autre. Si les résultats de la première sont ignorés, les résultats de la seconde ne le sont pas, et ils rentrent manifestement dans l'ordre des importants événements de l'histoire. La découverte d'un pays, sa connaissance plus exacte, l'exploration des annales d'un nouveau peuple, son accession dans la civilisation commune, tout cela équivaut, dans la science historique, à ce qu'est dans les sciences physiques l'observation d'un fait inconnu ; et tout cela agrandit le domaine de l'intelligence, à qui Salluste adjuge, en définitive, l'autorité dans les événements humains.

César fit de la Gaule un champ de bataille où le soldat romain si impitoyable et le Gaulois si farouche se disputèrent la liberté, l'honneur, la vie et les biens. Chaque guerre, ou plutôt chaque phase de guerre, me paraît digne d'un sévère examen pour quiconque ne traite pas l'histoire comme une pure matière à récit. Soit que la guerre soit provoquée par des intérêts ou des opinions, soit qu'elle se fasse entre des peuples égaux ou inégaux en civilisation et par conséquent en moyens de puissance, soit qu'elle éclate à une époque ou à une autre, soit qu'elle use de l'arc ou du fusil, il faut étudier tout un côté moral de l'humanité, le degré de fureur ou d'héroïsme, la grandeur qui s'y montre, les horreurs qui s'y rattachent, les souffrances qui s'y endurent, les penchants qui y entraînent. L'histoire ne peut, dans ses recherches ultérieures, se passer de cette étude. C'est un témoignage du développement auquel arrivent certaines passions, et dont on n'aurait aucune idée sans le spectacle de la guerre ; c'est une preuve que la *dure loi de souffrir*, comme dit Bossuet, se fait sentir par intervalle avec une rigueur inaccoutumée.

L'idée que j'ai empruntée à Salluste m'emporte par delà le mérite de César comme capitaine et grand historien, par delà ses expéditions habilement conçues et si hardiment exécutées, par delà ses *Commentaires* admirables dans leur élégante simplicité, et me jette dans des considérations d'un ordre différent. César a préparé la France en conquérant la Gaule. Quelle source de réflexions dans ce peu de mots! que de germes à voir se développer! quel enchaînement de causes et d'effets à poursuivre! L'obscure bourgade des Parisiens deviendra l'opulent et puissant Paris ; une langue nouvelle, née aussi du latin par une connexion non moins digne d'étude que celle des événements politiques, prêtera ses richesses à des chefs-d'œuvre qui auront une secrète affinité avec les chefs-d'œuvre latins ; des hommes d'un génie inventeur augmenteront le trésor des sciences et seront les bienfaiteurs du genre humain ; et les descendants de ces Gaulois compteront, après dix-huit siècles, parmi les promoteurs les plus effectifs d'une démocratie dont la démocratie romaine ne soupçonna jamais ni l'étendue, ni la portée, ni la grandeur.

César, qui ne voyait et ne pouvait voir dans l'histoire future du pays qu'il conquérait, que l'annexion d'une province, en ignorait l'histoire passée, et ne se doutait pas, en réunissant la Gaule à l'empire latin, qu'il réunissait deux branches séparées d'un même tronc. Ce tronc est la race aryenne, de laquelle les Gaulois descendent comme les Romains. César cite souvent des noms terminés en *rix*, tels que Dumnorix, Orgetorix; il s'inquiétait peu de savoir que cette terminaison avait la même signification que *rex* en latin, la même racine que *regere;* il ignorait de même que les peuplades germaines, qu'il croyait si différentes et des Gaulois et des Romains, avaient le même mot *recht*, *right;* il ne savait pas enfin que ce même terme (*raja*) se retrouvait sur les bords du Gange dans une langue sœur de toutes ces langues, chez un peuple frère de tous ces peuples. Ainsi un son fugitif, plus vieux que les pyramides, se propage de siècle en siècle et de pays en pays! Ainsi une idée, incorporée indissolublement à un son, le soutient, est soutenue par lui, et marche à travers les générations! Que Salluste a été profond quand il a parlé de cet esprit général qui plane au-dessus des choses humaines! Que Symmaque a eu raison de déclarer qu'on n'arrive pas à un grand secret par un seul chemin, et quelles lumières l'étude des langues jette sur l'histoire!

César, dans ses *Commentaires*, dit, pour expliquer une de ses entreprises contre les Germains, qu'il était bon que ces peuples ne s'habituassent pas à franchir le Rhin; Tacite, inquiet déjà du salut de Rome, souhaite qu'ils consument dans des querelles intestines leurs forces menaçantes pour la société romaine. Dans l'intervalle, Velleius Paterculus vante la sécurité de l'empire, en invoque l'éternité, et finit son ouvrage par une prière aux dieux de la ville aux sept collines, où il demande qu'ils conservent intacts l'état actuel des choses et la paix dont les Romains jouissent. Il y eut, en effet, à ce moment, une décision singulière prise par les chefs du gouvernement. Rome impériale renonça à tout projet de conquête au delà du Rhin, mit ses légions à cette limite, et déclara qu'elle ne la franchirait pas et n'y ferait plus que la guerre défensive. Ce que ce renoncement volontaire produisit, l'histoire nous l'a appris; ce qu'une conduite contraire, ce que la poursuite des plans de conquête aurait apporté de changements, nul ne peut le dire. Mais il y a du moins dans cette résolution prise par Rome impériale, et dans les résultats qui en sortirent, un grave enseignement : c'est que, tant que les peuples sont absolument différents par les mœurs, par les penchants, par la civilisation, la paix n'est pas possible entre eux, et que, s'il doit arriver un temps où la guerre cessera entre les nations, ce sera lorsqu'elles seront parvenues à une assez grande communauté d'idées, de penchants et de lumières, pour n'avoir plus entre elles de ces contrastes qui rendent les conflits inévitables.

La tranquillité que la victoire de Rome avait procurée au monde romain a frappé beaucoup d'historiens de l'antiquité. Pline l'Ancien, quand il se représente les faciles communications dans tout l'empire, les barrières brisées entre les peuples et tous les bienfaits de cette grande union, s'incline devant *la majesté de la paix romaine (pacis romanæ majestate)*, cette paix dont Tacite, dans son esprit prophétique, entrevoyait la fin prochaine. Florus aussi en célèbre le spectacle solennel; cependant il n'a pas la confiance de Velleïus Paterculus; il s'aperçoit que l'empire vieillit, et il soupçonne que ce grand corps pourrait bien, comme un corps mortel, cesser de vivre et se dissoudre. Florus ajoute, il est vrai, que, sous le règne de Trajan, Rome retrouve des forces, et que la vieillesse de l'empire reverdit contre l'espérance de tous. Mais ce qui était contre l'espérance de tous ne devait pas durer, et l'organisation romaine était entrée dans une période de décadence et de sénilité. Pouvait-elle en sortir par ses propres forces? Les destins ne lui en laissèrent pas le temps. Les fables grecques racontent que Médée rendit le vieil Eson à la jeunesse, en lui infusant dans les veines un sang étranger. Le monde romain fut cet Eson. L'inflexible Médée ouvre toutes les veines de ce vieux corps, et les barbares du nord y infusent leur sang.

Ce mythe farouche, que les Grecs avaient attribué à la Colchide, est l'image de la douloureuse transformation qu'éprouva le monde antique. Tout fut ravage, destruction, dépopulation; les ruines s'amoncelèrent sur les ruines. Thucydide raconte, dans l'histoire de la guerre du Péloponèse, que la république d'Athènes avait pris à sa solde un corps de Thraces, et que, ne pouvant s'en servir, elle renvoya ces auxiliaires dans leur patrie. Les Thraces, dans leur retour, surprirent la ville de Mycalessus, en Béotie, et, là, ils massacrèrent tout ce qui se présenta à leurs coups, les hommes, les femmes, les enfants qu'ils allèrent chercher jusque dans les écoles. Cette soif de sang parut horrible à la Grèce de ce temps, où les lois de la guerre étaient elles-mêmes si sanguinaires; et Thucydide ajoute que les Thraces, comme tous les barbares, ont, quand ils sont livrés à eux-mêmes, un irrésistible instinct de meurtre et de carnage. Cette observation profonde de l'historien grec se vérifia sur une immense échelle dans la destruction de l'empire romain. L'instinct meurtrier et destructif de hordes diverses s'y déploya sans frein pendant de bien longues années.

Comme les clochers élevés attirent la nue nuageuse et la foudre, de même les villes, avec leur vaste enceinte, leurs hautes tours et leurs riches basiliques, attiraient de loin les files infinies des barbares septentrionaux. Là où le Sicambre avait passé, le Vandale passait à son tour et agrandissait la désolation des cités et la brèche de leurs murailles. Chaque peuplade des bords du Rhin, de l'Elbe, du Danube et du Volga accourait à la grande curée et se précipitait sur l'immense proie. Et pour que rien ne manquât à cet effroyable tumulte, à ce sauvage débordement, la race la plus destructive du globe envoya, du fond de l'Asie, un de ses essaims sur l'Europe, et le Fléau de Dieu (quel nom dans un tel temps!) lança le tourbillon de ses innombrables cavaliers dans les campagnes désolées, et passa comme un ouragan sur ceux qui pillaient l'empire et sur ceux qui en défendaient les derniers lambeaux. Ce n'est pas tout ; la nature, sur la fin de ce long désordre, laissa échapper de son sein une de ces forces de mort dont la science humaine commence à peine à entrevoir quelques-unes des conditions : une peste universelle, dévastatrice, se répandit sur la face de la terre connue, et elle y enleva les hommes par millions. Ainsi finit le monde antique.

La distance du temps, comme la distance de l'espace, empêche d'ouïr les cris des victimes et de voir la flamme des embrasements. Nous n'entendons pas, à travers quinze siècles, la clameur de tant d'hommes égorgés, le hurlement de tant de vainqueurs, la ruine de tant de maisons, l'écroulement de tant de palais et de temples. Aussi, l'historien, surtout l'historien moderne, en retraçant d'aussi sanglantes époques, d'aussi lamentables histoires, a-t-il souvent fait abstraction des souffrances passées pour ne voir que l'avènement de révolutions nécessaires, de rénovations fatales, qui s'accomplissent comme le changement des saisons ou les phases d'une planète. Se plaçant ainsi dans le domaine des idées, qui ne sentent ni ne gémissent ni ne pleurent jamais, il a pu, avec un stoïcisme inaltérable, contempler d'un œil curieux la destruction des existences humaines, étudier les crises formidables qui changent la face des empires, et créer autour d'observations réelles et profondes une apparence mensongère d'optimisme. L'histoire ne se passe pas dans une sphère de substances insensibles; et, pour être complète, vraie et fidèle à l'essence de l'humanité, il faut qu'elle fasse une large part à la considération des souffrances, et qu'elle ne jette pas brutalement le résultat, tel quel, en compensation des douleurs qui ont été subies. Schiller a raison : *les larmes qui ont coulé sont et demeurent versées, et le bonheur des arrière-neveux ne réveille pas les ancêtres dans leurs tombeaux*[1]. L'optimisme politique méconnaît ces vérités, cherche à nous faire illusion sur la condition humaine, et oublie que l'histoire offre souvent la réalisation de ce qu'Ovide a dit des hommes, à propos du mythe qui raconte comment ils naquirent des pierres lancées par Deucalion et Pyrrha : *Nous sommes une race dure et soumise au labeur, et nous portons le témoignage de notre origine.*

   Inde genus durum sumus experiensque laborum,
   Et documenta damus qua simus origine nati.

Ces deux vers, sous la dépendance du mythe qui les a suggérés, ne sont pas sans relation avec la pensée de Salluste, que j'ai essayé de développer plus haut; et, si l'on veut concevoir quelque chose à l'histoire, il faut, en effet, unir la *dureté de notre espèce et de notre origine* avec l'action directe et bienfaisante de l'intelligence humaine. Mais j'abandonne ces considéra-

---

1. Die Jungfrau von Orleans, III, 3.

tions qui m'entraîneraient trop loin, et je touche aux limites de ce petit travail qu'on nomme un article de journal. Du moins je ne veux pas le clore sans exprimer, en quelques mots, aux éditeurs le plaisir que m'a fait éprouver le volume si plein et à si bon marché qu'ils viennent de publier, et sans rendre aux traducteurs qui ont donné leurs soins à ce premier volume le témoignage qu'ils ont exécuté avec un goût éclairé et une instruction solide la tâche imposée.

X

ÉCONOMIE POLITIQUE DES ROMAINS

PAR

M. DUREAU DE LA MALLE
Membre de l'Institut

(ACADÉMIE DES INSCRIPTIONS ET BELLES-LETTRES) [1]

I

POPULATION DE ROME

Quelle a été la population de Rome antique, de Rome arrivée au plus haut point de sa puissance, alors qu'elle avait soumis à sa domination tout le littoral du bassin de la Méditerranée, que les eaux de l'Océan lui-même avaient vu ses vaisseaux et ses aigles, et que des pays qui sont aujourd'hui de grands États n'étaient que des provinces de son empire? Bien des évaluations ont été faites, et elles sont tellement différentes qu'évidemment elles ne reposent sur aucune donnée qui limite les erreurs. La population de Rome a été évaluée à quatorze millions, à huit millions, à quatre millions, à un million deux cent mille habitants. Ces chiffres si considérables ont été le résultat moins d'une recherche scientifique que de l'impression laissée dans les souvenirs par Rome maîtresse du monde. En comparant le

---

1. *National*, 29 mars, 10 et 20 avril 1841.

territoire possédé par cette ville souveraine avec celui de la France, de l'Angleterre et de l'Espagne, on crut qu'elle avait dû contenir dans ses murs une population bien plus considérable qu'aucune capitale de ces royaumes; et Paris, Londres, Madrid obligeaient les imaginations classiques à s'élever à des nombres qui dépassassent notablement ces termes de comparaison. Mais des raisons de ce genre n'ont pas une valeur positive, et ne peuvent en aucun cas tenir lieu des données de la statistique.

Cette question est historiquement importante; car elle donne une idée de ce que fut la puissance réelle de Rome; elle intéresse tous ceux qui s'occupent d'études classiques. Qui, en effet, ne désire avoir un aperçu de l'étendue et de la population de cette ville qui

> Tantum alias inter caput extulit urbes,
> Quantum lenta solent inter viburna cupressi?

Je vais, à l'aide de M. Dureau de la Malle, essayer de mettre les éléments de cette question sous les yeux du lecteur. Avant toutes choses, il faut savoir que c'est surtout la statistique moderne qui fournit les moyens de refaire la statistique antique. Sans la première, on ne serait pas en état de combler quelques-unes des lacunes de la seconde, tenue jadis avec le plus grand soin, mais, à part quelques débris, anéantie dans le naufrage de la civilisation gréco-romaine. Le calcul est donc nécessairement indirect; et, chose singulière qu'on a plus d'une fois l'occasion de remarquer dans les sciences, en éclairant le présent on crée des ressources pour éclairer le passé.

Les éléments que l'on possède sont au nombre de trois : 1° la superficie de Rome; 2° la consommation journalière en blé; 3° le nombre des maisons. Il faut examiner séparément le résultat approximatif que l'on peut tirer de chacun de ces éléments.

1° *Superficie.* — Rome a eu successivement deux grandes enceintes, qui sont les seules dont il y ait à s'occuper ici. La première est celle de Servius Tullius, limite qui fut observée pendant plusieurs siècles si religieusement que, du temps de Tite-Live et de Denys d'Halicarnasse, écrivains du siècle d'Auguste, elle n'avait pas encore été dépassée. La seconde est celle d'Aurélien, qui, après avoir pris l'avis du sénat, agrandit la circonscription des murs de Rome. Cette nouvelle enceinte existe encore de nos jours, et il est facile de la mesurer avec exactitude. D'Anville a prouvé que la première enceinte de Rome, celle de Servius Tullius, avait 6,187 1/2 toises de tour ou 8,186 pas romains; il a prouvé de même que l'enceinte des murs d'Aurélien était de 9,938 1/2 toises ou 12,345 pas romains.

La circonférence de Paris est de 12,187 toises 0,3 [1]; mais le périmètre, tant qu'on n'en connaît pas la figure, n'est pas une condition suffisante pour qu'on détermine la superficie circonscrite; deux villes peuvent avoir sensiblement le même périmètre et différer beaucoup pour la superficie. Il faut donc calculer directement l'aire des deux enceintes de Rome. C'est ce qu'a fait M. Dureau de la Malle. Il résulte du calcul, exécuté d'après le grand plan de Nolli, dont l'exactitude est reconnue, que la première superficie de Rome était de 638 hectares 72 ares 24 centiares, et la seconde de 1,396 hectares 46 ares 9 centiares. La superficie de Paris, tel qu'il existe en 1840, circonscrit par le mur des barrières, est de 3,439 hectares 68 ares 16 centiares. Ainsi la première Rome est moins du cinquième de Paris,

---

1. Il s'agit, bien entendu, du Paris de 1841.

et la seconde est un peu plus des deux cinquièmes.

Si la population n'avait pas été plus dense à Rome qu'elle ne l'est à Paris, l'enceinte de Servius Tullius aurait renfermé environ 140,000 habitants et celle d'Aurélien environ 290,000. Mais la connaissance de la superficie d'une ville ne pourra servir à en déterminer approximativement la population qu'autant que l'on connaîtra en outre la contenance des terrains bâtis et la hauteur des maisons.

Paris, en 1818, sur 3,439 hectares de superficie totale, en avait 1,496 en terrain nu, et seulement 1,943 en terrain bâti. Rome avait-elle beaucoup moins d'espace vacant? Selon Pline, elle renfermait 265 places en carrefour. On peut se figurer l'espace qu'occupaient 424 temples mentionnés dans la *Notice de l'empire*, et dont plusieurs étaient entourés de bois sacrés; il est vrai que la *Notice de l'empire* est postérieure à Aurélien; par conséquent ce nombre ne peut servir que comme terme d'approximation. Les forum Romanum, Boarium, Julium, Augustum, Ulpianum, Olitorium, les marchés de Flore, de Néron, occupaient un assez vaste espace, ainsi que les greniers d'abondance, tels que ceux dont parle Suétone, qui étaient près du mont Palatin. Le Grand-Cirque, dont Denys d'Halicarnasse donne les dimensions et la description, tel qu'il était sous Auguste; les cirques Agonal, Flaminien, de Cœlius, et les Esquilies étaient autant de vastes surfaces non habitées. Il faut y ajouter les théâtres, les basiliques et les thermes, qui n'étaient remplis que temporairement, et qui occupaient des emplacements très-vastes. Agrippa donna au peuple l'usage gratuit de 170 bains, et Pline dit que, de son temps, ce nombre s'était infiniment accru. Autour de ces édifices, autour des fours, des fontaines et des autres monuments publics, on

devait laisser un espace vide de 15 pieds, d'après les règlements relatifs à la voirie qui étaient en vigueur sous Auguste. Si nous considérons les hôtels ou palais des grands et des riches, nous voyons qu'il leur fallait un grand espace et que de vastes emplacements y étaient consacrés au luxe, à l'agrément et aux jouissances de leurs opulents propriétaires. Sept quartiers de Rome, du temps de Néron, avaient des espaces vides très-larges et des portiques consacrés à l'agrément; aussi, dans l'incendie qui éclata sous ce prince, il y périt moins de monde que dans les autres quartiers. L'espace non habité était, comme on voit, considérable; il s'agrandit encore après cet incendie. Néron, dit Tacite, s'établit sur les ruines de sa patrie, et il construisit un palais moins étonnant encore à cause de l'or et des pierreries, décorations ordinaires et depuis longtemps prodiguées par le luxe, que parce qu'on y trouvait des terres en culture et des lacs, des espèces de solitudes avec des bois d'un côté, de l'autre des espaces découverts et des perspectives. Le palais de Néron s'étendait depuis le mont Palatin jusqu'aux Esquilies, et il occupait plus de terrain que les Tuileries, le Louvre et le Luxembourg réunis. Le reste de Rome changea aussi d'aspect après cet incendie; on limita l'épaisseur des massifs de maisons, on donna aux rues de larges dimensions, on réduisit la hauteur des édifices. Il est permis d'envisager ces innovations de Néron comme des embellissements utiles, ainsi que le dit Tacite, sans regarder toutefois comme dénuée de fondement l'opinion qu'il rapporte en ces termes :
« Quelques-uns croyaient l'ancienne forme plus con-
« venable pour la salubrité. Ces rues étroites et
« ces bâtiments élevés ne laissaient pas à beaucoup
« près un passage aussi libre aux rayons du soleil, au

« lieu que maintenant toute cette largeur, restant à
« découvert sans aucune ombre qui la défende, est en
« butte aux traits d'une chaleur brûlante. » Rome ancienne contenait donc une population plus nombreuse que Rome rebâtie sous Néron, puisque les constructions y étaient plus serrées; et la différence avait dû refluer dans les faubourgs.

En définitive, tout cela montre que Rome, même avant Néron, renfermait, dans son enceinte, de très-grands espaces non bâtis. Par conséquent, ce n'était pas l'entassement des édifices qui aurait pu donner à sa population une densité exorbitante et hors de toute proportion avec la densité de celle de Paris. Si l'hectare à Paris, y compris les terrains bâtis et non bâtis, renferme environ 206 habitants, l'hectare à Rome, avant l'incendie de Néron, n'a pas pu, dans les mêmes conditions, renfermer 21,909 habitants, 12,519 habitants. 6,259 habitants, 1,877 habitants, suivant qu'on suppose, comme on l'a fait, une population de 14,000,000, de 8,000,000, de 4,000,000, de 1,200,000 habitants. Il y avait à Rome trop d'espaces non bâtis, pour que la disproportion entre la densité des deux populations atteignît même le plus petit de ces nombres.

La hauteur des maisons est une condition qui influe sur la densité de la population. Elle était considérable à Rome, mais non pas assez pour permettre de dépasser toutes les probabilités fournies par la comparaison de Paris. Nous savons par Strabon qu'elle fut fixée par Auguste au maximum de 70 pieds romains ($20^m 74$). Ce maximum fut réduit à 60 pieds romains ($17^m 77$) par un édit de Trajan, dont Aurélius Victor nous a transmis les termes.

Rome avait-elle des faubourgs qui, augmentant démesurément sa population, la portassent à quelqu'un de ces grands nombres admis par plusieurs historiens? Pour juger cette question, mentionnons les faits que M. Dureau de la Malle a rassemblés. Rome ne s'étendait pas jusqu'à la mer, puisque le bourg d'Alexandre, qui n'était qu'à trois milles comptés du Capitole, formait un village séparé; le témoignage d'Ammien est positif: *Vicum Alexandri tertio lapide ab urbe sejunctum.* La propriété de Phaon, affranchi de Néron, dans laquelle ce prince se cacha et se tua, était située à quatre milles de Rome entre les voies Salaria et Nomentana; elle est représentée par Suétone comme couverte de buissons, d'épines et de roseaux. « A « quatre milles de la ville, dit Festus, était la forêt « Nævia, repaire d'hommes perdus et de malfaiteurs. » On ne trouve dans aucun auteur que les bourgs s'étendissent le long de la voie Flaminienne jusqu'à Otricoli. Saxa Rubra, lieu situé sur cette voie et où campa Antonius Primus en venant au secours du Capitole assiégé par Vitellius, était un endroit bien séparé de la ville; c'était une carrière de scories volcaniques rouges, exploitée pour les réparations de la grande route.

Dans une foule d'auteurs, nous voyons que la campagne s'avançait jusque sous les murs de Rome, et couvrait la plus grande partie des lieux compris aujourd'hui dans son enceinte. Les soldats de Vitellius campent sur les pentes malsaines du Vatican, *infamibus locis.* Les jardins de Julius Martialis couvrent la colline du Janicule; ceux de Varius Torquatianus s'étendent entre les portes Prénestine et Gabienne. C'est près de là qu'on vient de découvrir le curieux tombeau de Virgilius Eurysaces. On sait que les lois et les règlements s'opposaient formellement à ce que les sépultures fussent placées parmi les habitations; or, chaque jour on trouve des tombeaux, soit dans l'enceinte de

Rome actuelle, soit au milieu des faubourgs actuels. Sur la voie Salaria, du côté de la porte Colline, les faubourgs n'étaient pas continus; cela est indiqué par le passage suivant de Tacite : « Cerialis fut détaché « en avant, à la tête de mille chevaux, pour gagner « Rome par les routes de traverse du pays des Sabins, « et entrer dans la ville par la voie Salaria. Il fut reçu « par les Vitelliens avec de l'infanterie mêlée parmi « leur cavalerie. On se battit non loin de Rome, entre « des maisons et des jardins coupés de chemins tor-« tueux, connus des Vitelliens et inconnus aux au-« tres. » Strabon circonscrit positivement l'étendue des faubourgs de Rome, lorsqu'il dit que Collatia, Antemnæ, Fidènes, Cænina et autres lieux qui formaient autrefois de petites cités, sont, au temps où il écrit, de simples bourgs possédés par des particuliers, et sont tous situés à 30 ou 40 stades de Rome. Strabon nous peint le quartier du Champ de Mars, qui était alors un des faubourgs de Rome, comme renfermant beaucoup de terrains vides, et ce géographe écrivait sous Tibère. Il décrit la grandeur étonnante de ce Champ, où des milliers d'hommes peuvent tous ensemble, dit-il, se livrer aux courses de chars et de chevaux, aux exercices de la paume, du disque et de la palestre; il mentionne la couronne de collines demi-circulaires dont les deux extrémités s'appuient à la rive du Tibre; tout auprès, un second champ, avec beaucoup de portiques alentour, des bois sacrés, trois théâtres, un amphithéâtre et des temples magnifiques, presque contigus les uns aux autres; les monuments funéraires des plus illustres personnages des deux sexes, principalement le mausolée d'Auguste, couronné d'arbres toujours verts; derrière, un bois sacré formant des promenades charmantes; en avant, la place du bûcher, plantée de peupliers et défendue par une double enceinte, l'une de marbre blanc, l'autre de fer.

Un passage de Juvénal nous apprend que les environs de la porte Capène et de la fontaine Égérie étaient couverts de grands bois, où venaient s'abriter les Juifs mendiants. Le terrain auprès de la même porte était presque entièrement occupé par des tombeaux ; Cicéron cite entre autres ceux de Calatinus, des Scipion, des Servilius, des Metellus ; celui de Cæcilia Metella, fille de Metellus Creticus et femme de Crassus, y est encore debout. La solitude de ces lieux y avait attiré une bande de malfaiteurs, qui s'y livraient en toute sécurité à leurs brigandages. Sur la voie Appienne, dit Asconius, est, près de la ville, le monument de Basilius, lieu jadis très-célèbre par les vols dont il fut le théâtre. Un ami de Cicéron, Lucius Quintius, qui lui apportait des lettres d'Atticus, fut assailli près de ce tombeau de Basilius, dévalisé et couvert de blessures. Il est évident que les faubourgs de Rome ne s'étendaient pas sur la voie Appienne ; et cependant c'était la grande communication de cette capitale avec la Campanie et l'Italie inférieure, celle par conséquent qui semblait surtout devoir appeler sur ses bords les agglomérations de maisons et d'habitants. Le Vatican, sur lequel on a bâti le palais des papes et la célèbre église de Saint-Pierre, n'était pas très-habité du temps de Vitellius, l'an de Rome 822 ; car son armée victorieuse et maîtresse de Rome fut obligée de camper sous des tentes dans ces lieux insalubres, toujours désignés sous le nom de champs, *campi Vaticani*. L'église de Saint-Laurent, près de la porte de ce nom, fut construite par Constantin sur une plaine nue, le long de la voie Tiburtine, *via Tiburtina, in agro verano*.

Suivant le témoignage de Festus, des jardins remplissaient l'espace compris entre les voies Ardeatina, Asinaria et Latina. Enfin, un passage de Pline le Jeune, passage décisif dans cette question, prouve que les routes mêmes d'Ostie et de Laurentum, dans un espace de 11 à 14 milles à partir des portes de Rome, étaient peu habitées et n'offraient de chaque côté que de grandes forêts et de vastes prairies : « *Varia hinc atque inde facies; nam modo occurrentibus silvis via coarctatur, modo latissimis pratis diffunditur et patescit. Multi greges ovium, multa ibi equorum boumque armenta, quæ, montibus hieme depulsa, herbis et tepore verno nitescunt.* (Epist. II, 17, 3.) » Nardini, ce savant distingué qui a fait de Rome l'étude de toute sa vie, dit positivement : « Rome, même au comble de sa grandeur, n'avait pas, « hors des murs de Servius, des agglomérations d'édi« fices continus, comme le prouvent les villas, les « champs, les terres et les villages voisins alors de ces « murs. »

En résumé la connaissance de la superficie circonscrite par l'enceinte de Rome, l'étendue des espaces vides qui y étaient compris, la limite que les règlements avaient fixée à la hauteur des maisons, l'état des faubourgs, qui étaient loin d'entourer la ville d'une enceinte continue et profonde d'édifices habités, tout cela prouve indubitablement que la disproportion entre la densité de la population romaine et celle de la population parisienne, ne peut pas avoir été très-considérable, et que la comparaison de Rome avec nos villes modernes et, en particulier, avec Paris, fournit, dans une approximation suffisante, un maximum que la population de Rome n'a pas dû dépasser. Bornons-nous pour le moment à ce résultat, et voyons s'il est possible de fixer un chiffre.

2° *Consommation du blé.* — La consommation journalière d'un citadin était d'un peu plus de deux livres de blé. Cela résulte de différents passages, et surtout d'un fragment de l'*Histoire de Salluste*, où il est dit que les plébéiens habitants de Rome, dotés par la loi frumentaire, recevaient chacun par mois cinq *modius* de blé (67 livres et demie, poids de marc). Cette donnée a permis à M. Dureau de la Malle de tirer un parti heureux d'une autre notion fournie par Spartien. Cet historien rapporte que Septime Sévère laissa, en mourant, un approvisionnement en blé pour sept ans, au taux de 75,000 *modius* par jour. Le *modius* étant de 13 livres et demie, les 75,000 *modius* donnent 1,010,500 livres, ce qui, à deux livres de blé par personne, porte la population de Rome, pour cette époque, à 505,250 individus.

Ce chiffre, déterminé par une voie tout à fait indépendante de la considération de la superficie, et se trouvant pourtant dans les limites assignées par les conditions matérielles de la ville et de ses faubourgs, acquiert, par ce rapprochement et cette concordance, une grande probabilité.

3° *Nombre des maisons.* — Il y a une célèbre description de Rome qui a souvent servi de base à des calculs exagérés sur la population de cette ville : c'est celle de Publius Victor, qui compte dans cette ville 45,795 *insulæ* et 1,830 palais ou *domus*. Et ce nombre ne peut être soupçonné d'une altération sensible, puisqu'il est l'addition de la somme des *insulæ*, énumérées quatorze fois par partie dans chacune des quatorze régions ou quartiers de Rome. « Lorsqu'on a, dit M. Dureau de la « Malle, appliqué au mot *insula* le sens indiqué par « son acception primitive, je veux dire celui d'île ou « massif de maisons isolées de tous côtés par des « rues, on a dû nécessairement attribuer à Rome une

« population quintuple ou décuple de celle de Paris.
« Paris ayant, en 1827, 26,301 maisons et 713,966 ha-
« bitants, 45,795 îles ou massifs de maisons à Rome,
« devaient donner 183,180 maisons, ne comptant même
« que quatre maisons par île. On y ajoutait 1,830 palais;
« et, comme les faubourgs sont exclus de la description
« de Victor, on était conduit par un raisonnement con-
« séquent, mais fondé sur une base fausse, à ce dilemne
« absurde : ou d'entasser 4 millions d'habitants sur
« une superficie égale aux deux cinquièmes de celle de
« Paris, ou de changer la face des lieux, l'enceinte des
« murs d'Aurélien, qui, par intervalles, existent encore
« tout entiers. »

Les recherches auxquelles M. Dureau de la Malle s'est livré pour lever cette difficulté, montrent que non-seulement le mot *insula* ne signifie pas *île*, ou pâté de maisons, mais encore qu'il ne signifie qu'une petite habitation. Sous Tibère, l'an 36 de J.-C., il y eut un incendie qui brûla une partie du Cirque, *gravi igne deusta parte Circi* (Tacite); Tibère fit tourner ce désastre à sa gloire; il paya le prix des maisons et des *îles* brûlées, *exsolutis domuum et* INSULARUM *pretiis*. Ce fut dans ce même cirque que prit naissance l'incendie qui consuma, sous Néron, dix des quatorze quartiers de Rome, *ubi per* TABERNAS *simul cœptus ignis longitudinem Circi corripuit*. On voit que TABERNA est ici synonyme de INSULA, car il s'agit du même lieu et de la même espèce d'édifice. L'*insula* est définie par Papinien, qui dit : « Sous le nom de *maison, domus,* est comprise « aussi l'*insula* jointe à la maison. » *Appellatione domus insulam quoque injunctam domui videri, si uno pretio cum domo fuisset comparata* (Digest., XXXII, leg. 91, § 6). De ces passages et d'autres semblables qu'il rapporte, M. Dureau de la Malle conclut que les *insulæ* servaient, soit de boutiques pour le commerce de détail et pour toutes sortes d'industries, soit de logements dont la petitesse convenait parfaitement à cette foule de célibataires oisifs qu'attiraient à Rome les jeux, les spectacles, les distributions gratuites et dont le nombre s'accrut de siècle en siècle sous les empereurs. Les *insulæ* étaient de deux espèces : ou c'étaient des boutiques avec entre-sols annexées à un hôtel, comme à Paris le passage de l'Opéra l'est à l'hôtel de Vindé; ou c'étaient une série de boutiques placées sur l'*area* d'un palais et protégées par un portique, à peu près comme les galeries de pierre du Palais-Royal, mais beaucoup moins élevées. Les boutiques simples, *insulæ*, ou boutiques avec logement, *insulæ cum cœnaculo*, étaient presque toujours, surtout depuis Néron, de véritables annexes des maisons; elles étaient placées sur les rues, soit aux côtés, soit sur la façade de l'hôtel. Cependant elles étaient comptées à part dans le dénombrement des habitations, ce qui explique la disproportion des nombres (45,795 *insulæ* et 1,830 *domus*) de Publius Victor dans sa description de Rome.

Vu l'espace donné, le peu de hauteur des galeries à *insulæ*, les habitudes de célibat des Romains, on ne peut attribuer à chacune de ces *insulæ* une population considérable. M. Dureau de la Malle pense qu'en donnant cinq habitants à chacune, on prendra un nombre plutôt trop fort que trop faible. De cette façon, et en multipliant par 84 habitants les 1,830 hôtels ou *domus*, il trouve, pour Rome comprise dans l'enceinte d'Aurélien, une population de 382,695 habitants. « Les faubourgs de Rome au IVe siècle de l'ère chré-
« tienne, ajoute M. Dureau de la Malle, devaient avoir
« perdu de leur étendue et de leur population; car
« la crainte de l'invasion des barbares avait dû porter

« la population à se renfermer dans les enceintes forti-
« fiées. Si j'accorde aux faubourgs de Rome, à cette
« époque, 120,000 habitants, je serai plutôt au-dessus
« qu'au-dessous des limites de la probabilité. Or, ce
« nombre, joint aux 383,695 habitants de l'enceinte
« d'Aurélien, donnerait pour la ville et les faubourgs
« 502,000 habitants en nombre rond. Il faut y joindre
« 30,000 soldats et les étrangers. Le nombre de ces
« derniers à Paris, où la population était, en 1817, de
« 714,000, s'est toujours maintenu, dans le cours de
« vingt ans, entre 20,000 et 30,000 ; les registres des
« hôtels garnis ont fourni, pour ce calcul, des données
« positives. En supposant à Rome 30,000 étrangers et
« 30,000 soldats stationnaires, et les joignant aux
« 502,000 habitants de la ville et des faubourgs, on
« trouvera que la population entière ne s'élève qu'à
« 562,000 têtes. »

Revenons un moment sur nos pas pour apprécier la nature du problème dont M. Dureau de la Malle a tenté la solution, les données qu'il a eues à sa disposition, et la confiance que méritent les résultats par lui obtenus. Dans le peu que nous possédons des écrits anciens, il ne se trouve conservé aucun passage qui nous apprenne le chiffre précis de la population de la ville de Rome. Un document statistique de cette nature manquant, rien ne le remplace, et dès lors une approximation est tout ce que la critique historique peut et doit vouloir. Dans ce problème, l'inconnue à dégager est le nombre des habitants de Rome ; ce que l'on connaît, c'est la superficie de la ville, le maximum de la hauteur des maisons, et, jusqu'à un certain point, l'étendue des espaces vides. Cela permet de comparer Rome ancienne à Paris, et de fixer un maximum pour la population romaine. Ce maximum, à son tour est soumis au contrôle de deux autres termes. Le premier de ces termes est la consommation journalière en blé, laquelle donne un nombre comprenant à la fois les habitants de la ville et ceux des faubourgs; cette remarque fait immédiatement tomber au-dessous de 500 mille têtes le nombre des habitants renfermés dans l'enceinte d'Aurélien; car la population des faubourgs a dû dépasser 100,000 habitants. Enfin, le second terme, qui est le nombre des maisons, appuie les résultats précédents et en est appuyé; car, d'un côté, si la nature des logements romains n'admet pas, en moyenne, un grand nombre d'habitants, d'un autre côté le chiffre donné par la consommation journalière du blé permet de déterminer cette moyenne. De la sorte, la population de Rome, ville et faubourgs, soldats et étrangers, à partir d'Aurélien, doit être estimée à 500 ou 600 mille têtes.

On s'étonnera peut-être de voir réduire à ces proportions l'étendue et la population de Rome impériale; mais l'étendue est rigoureusement connue par l'enceinte d'Aurélien, dont on peut suivre la trace, et les recherches précédentes montrent que la population ne fut pas en désaccord avec l'étendue. D'ailleurs, Rome n'était pas, comme Paris et Londres le sont, manufacturière et commerçante; c'était plutôt, comme Versailles dans le dernier siècle, un centre d'ambition, de plaisir, d'oisiveté et de luxe. Madrid, qui pendant un siècle et demi depuis Charles-Quint a été la capitale d'une partie de l'Europe et de la moitié du nouveau monde, offre beaucoup de rapports avec Rome à ce point de vue, et sa population ne s'est pas accrue en raison de son importance politique.

Virgile, qui écrivait au moment où Rome était au faîte de sa puissance et semblait maîtresse des destins à venir, se plaisait, par un contraste naturel, à se représenter les faibles commencements de la ville impériale, et promenait son héros sur les lieux déserts et sauvages qui devaient un jour porter le Capitole.

> Hinc ad Tarpeiam sedem et Capitolia ducit
> Aurea nunc, olim silvestribus horrida dumis.

Et un peu plus loin :

> Talibus inter se dictis ad tecta subibant
> Pauperis Evandri, passimque armenta videbant
> Romanoque foro et lautis mugire Carinis.

Un autre grand poëte se promet que ses vers dureront :

> Dum Capitolium
> Scandet cum tacita virgine pontifex.

Depuis longtemps *le prêtre ne monte plus au Capitole avec la vierge silencieuse*, et les vers du poëte durent encore. Le flux de la fortune de Rome était alors dans son plein, et les deux poëtes n'en avaient pas pressenti le reflux. Mais, cent ans plus tard, un esprit non moins éminent, Tacite, s'apercevait que le destin de l'empire penchait vers son déclin, et que l'ascendant passait aux peuples du septentrion. En effet, quelques générations encore, et bientôt, pour parler le langage de notre poëte français, Rome, dans son enceinte souveraine,

> Verrait du Nord les peuplades sans gloire
> De leurs manteaux secouer les frimas.

M. Dureau de la Malle, à la fin de ses recherches sur la population de Rome, frappé lui-même de l'exiguïté du nombre que les faits lui ont montré, ajoute : « On « avait cru jusqu'ici que Rome, ayant subjugué une « partie de l'Europe, de l'Afrique et de l'Asie, ayant

« poussé très-loin ses conquêtes et maintenu très-
« longtemps sa puissance, devait avoir nécessairement
« une population très-nombreuse. Le raisonnement
« était conséquent, l'induction semblait naturelle ; et
« cependant le contraire, l'invraisemblable est réelle-
« ment la vérité historique. C'est avec 750,000 citoyens
« de dix-sept à soixante ans que Rome a vaincu Anni-
« bal, soumis la Gaule Cisalpine, la Sicile et l'Espagne.
« C'est avec une population libre moins considérable
« qu'elle a subjugué l'Illyrie, l'Épire, la Grèce, la Ma-
« cédoine, l'Afrique et l'Asie-Mineure. L'empire s'était
« accru de la Syrie, des Gaules, de la Palestine et de
« l'Égypte; et, sous la dictature de César, l'Italie n'avait
« plus que 450,000 citoyens de dix-sept à soixante ans.
« Tout cela est prouvé par les recensements, est ap-
« puyé sur des nombres positifs. Ce qu'il y a de singu-
« lier, c'est que, dans l'histoire de la puissance ro-
« maine, le merveilleux se trouve être le vrai, et que,
« en dernière analyse, il reste comme un fait avéré que
« Rome a fait les plus grandes choses avec de très-faibles
« moyens. »

Ceci a besoin de distinction. Sans doute, si l'on compare la population militaire sur laquelle Rome exerçait
son recrutement avec celle des États modernes, on trouvera ses ressources exiguës, et l'on pensera que les grandes choses qu'elle a faites l'ont été avec de faibles
moyens. Mais tout est relatif ; et c'est avec les États anciens qu'il faut la comparer. Or, la population militaire de la puissante république d'Athènes, qui joua un
si grand rôle, n'était que de 20,000 citoyens; celle de
Sparte, qui eut la suprématie de la Grèce, de 9,000; les
autres États de la Grèce, de la Sicile, de l'Italie, avaient
des proportions analogues; Carthage devait être constituée à peu près de même, puisqu'elle employait tant

de soldats étrangers. Rome, loin d'être plus faible que ces États, était donc beaucoup plus forte; et quant aux royaumes asiatiques qui pouvaient mettre en mouvement de grandes masses, l'insuffisance de leur discipline ne leur permettait pas de tirer tout le parti possible de leurs nombreuses armées. La population considérable de plébéiens que l'organisation politique de Rome avait créée et maintenait, faisait que le nombre de ses citoyens dépassait de beaucoup celui des autres États constitués d'une manière analogue, et, comme dans ces constitutions il n'y avait de soldats que les citoyens, lui donnait une immense supériorité numérique. Sa population militaire était, au temps d'Annibal, plus de trente fois celle des Athéniens au temps de leur puissance. Disposant d'une base comparativement aussi large, est-il étonnant qu'elle ait eu une aussi prodigieuse fortune? Plus riche en citoyens, c'est-à-dire en soldats, que les États aussi habiles qu'elle dans l'art militaire, plus habile que ceux qui appelaient aux armes des levées très-considérables, elle sut user de ses avantages, et elle fit de très-grandes choses, il est vrai, mais avec de grands moyens. Seulement, de l'intéressante et ingénieuse remarque qui a été suggérée à M. Dureau de la Malle par une étude exacte des faits, et qui m'a suggéré à mon tour ces réflexions, il faut conclure que, dans les sociétés anciennes, les éléments de la force militaire étaient tout autrement répartis qu'ils ne le sont dans les sociétés modernes.

II

PROPRIÉTÉ FONCIÈRE

L'organisation politique de l'État romain était assujettie à une certaine constitution de la propriété foncière ; cela entraînait dans l'administration la nécessité du cens et du cadastre ; dans la société, des conditions d'existence toutes différentes de celles qui nous régissent.

Florus (1, 6) nous dit que la république se connaissait parfaitement elle-même, et que le gouvernement d'un grand empire était tenu dans tous ses détails avec le même soin que l'administration d'une petite maison par un simple particulier. Il n'y a, dans ce dire, rien d'exagéré. La connaissance exacte est prouvée par des témoignages positifs, que M. Dureau de la Malle a réunis sous les yeux du lecteur. Il faut voir dans le recueil des *arpenteurs (agrimensores)*, quels soins attentifs et minutieux présidaient à la pose et à la désignation des limites, soit du territoire entier, soit des propriétés privées de toute nature. Ces bornes étaient de formes, de couleurs variées, de pierres ordinairement étrangères au pays, portant des inscriptions qui indiquaient le nom du territoire, celui du possesseur, l'étendue de la terre : *Titulos finitis spatiis positos, qui indicent cujus agri, quis dominus, quod spatium tueatur.* Cet usage de bornes écrites se conserva très-longtemps ; car on trouve mentionnées dans Arcadius, arpenteur du moyen âge, dans Latinus et Mysrontius, arpenteurs du bas-empire, des bornes garnies de lames de cuivre, qui portaient les noms d'Auguste, de Néron, de Vespasien et de Trajan, avec les mesures et indications rapportées plus haut.

Le plan cadastral du territoire entier d'un municipe ou d'une colonie était gravé sur cuivre et déposé dans les archives, *tabularium*, soit de la république, soit de l'empereur; un double était conservé dans les archives de la colonie ou du municipe; la description jointe à ce plan, mentionnant toutes les conditions de la propriété, *data, assignata, concessa, excepta, commutata, reddita veteri possessori*, était gravée sur cuivre, signée par l'auteur du cadastre, puis transportée sur des toiles de lin déposées et conservées aussi dans les archives. Un passage très-curieux de Siculus Flaccus nous apprend qu'il existait de son temps, sous Domitien, des cadastres semblables, *publica instrumenta*, qui remontaient aux fondateurs des colonies, *cum pulsi essent populi*, par conséquent aux deuxième, troisième, quatrième et cinquième siècles de la république, et même que les bornes posées par les Gracques et par Sylla subsistaient encore. Frontin, au sujet de la Calabre, de la Lucanie et du Brutium, cite les bornes posées par les Gracques.

Les accroissements qui avaient eu lieu sur une propriété depuis l'ordonnance du recensement devaient être déclarés avant que le cens fût clos. Le *censiteur* devait dégrever ceux qui n'avaient pu jouir de leur bien par des causes indépendantes de leur volonté. Au contraire, ceux qui avaient coupé leurs vignes ou leurs arbres étaient soumis à l'impôt sur le même pied que dans le cas précédent, à moins qu'ils ne prouvassent au censiteur la nécessité de cette destruction. Les mutations et les corrections dans le cens ou dans le cadastre, même dans les déclarations des propriétaires qui en formaient la base, étaient inscrites avec autant de soin qu'on en avait mis à exécuter les travaux d'arpentage, de délimitation, de classement, d'estimation de la valeur des propriétés. Les *agrimensores* furent chargés de ce travail; ils formaient une classe nombreuse et considérée, et Théodose le Jeune leur concéda le rang et le titre de *spectabilis*. A l'imitation des jurisconsultes, ils avaient ouvert des écoles régulières, et les étudiants mêmes étaient qualifiés de *clarissimi*.

Niebuhr pense qu'avec un cadastre et des règlements semblables, la faculté de vendre des morceaux d'une mesure arbitraire était interdite. Ce mode de vente, auquel nous sommes habitués, eût fait échouer tout l'art et toute l'habileté que les *agrimensores* apportaient dans l'arpentage et la détermination de l'étendue et des limites primitives. D'après le savant allemand, les partages et les ventes, lorsque le fond n'était pas aliéné en entier, avaient toujours lieu sur le pied duodécimal, et c'est ce qui explique pourquoi, dans le Digeste, il est si souvent parlé de plusieurs propriétaires du même fonds (*fundus*). « Je n'hésite pas à admettre avec
« Niebuhr, dit M. Dureau de la Malle, qu'un *fundus*
« assigné par l'État ou possédé par un particulier
« était considéré comme une forme close, comme
« un tout dans des limites invariables. Cette opinion
« est mise hors de doute par la loi de *Finium regundo-*
« *rum*, dans laquelle plusieurs propriétaires d'un
« même *fundus* sont regardés comme un seul et même
« individu. Nous savons par les Pandectes, les inscrip-
« tions et les anciens titres, qu'un *fundus* portait ordi-
« nairement un nom qui ne variait pas selon le chan-
« gement de possesseur. Au contraire, il se perpétuait
« si bien, qu'aujourd'hui encore, dans l'Italie et le
« midi de la France, on retrouve plusieurs centaines
« d'exemples de la conservation des noms de proprié-

« tés romaines. M. de Bausset, dans un mémoire ma-
« nuscrit sur les antiquités de Béziers, cite vingt-cinq
« villages ou *fundi* qui portent encore des noms
« romains, tels que Cornélian, dérivé de *Cornelianus*;
« Salvian, de *Salvianus*; Gubian, de *Gubianus*; Poup-
« pian, de *Puppienus Sevir*, et beaucoup d'autres sem-
« blables. »

Le cadastre, on le voit, n'appartient pas aux modernes, et il était exécuté dans l'empire romain avec une régularité qui ferait honneur aux États les plus éclairés de nos jours. On comprend combien de lumières pour ses décisions, combien de sûreté pour sa marche l'administration romaine devait à des documents aussi complets et aussi précieux.

L'état civil n'était pas tenu avec moins d'exactitude. Quand même des textes précis ne nous l'apprendraient pas, il serait facile de concevoir qu'il ne pouvait pas en être autrement. « Les 20,000 citoyens d'Athènes,
« dit M. Dureau de la Malle, les 450,000 citoyens
« romains du temps de César, étaient réellement une
« noblesse privilégiée, quoiqu'elle portât le nom de
« peuple; les esclaves, les étrangers ne jouissaient pas
« des mêmes droits. De même que le Livre d'or, à
« Venise, contenait l'état de toutes les familles patri
« ciennes, de même les registres de naissance, de
« décès, par sexe et par âge, étaient indispensables à
« Rome et dans l'Italie. L'âge où un citoyen prenait
« la prétexte, la robe virile, y était consigné : sans
« cela, comment aurait-on pu établir son admissibilité
« aux divers emplois publics? La loi fixait un âge
« pour sortir de la tutelle, un âge pour être admis
« dans l'ordre équestre ou sénatorial, pour être
« nommé tribun du peuple, questeur, édile, préteur,
« censeur ou consul. Il en était de même pour être

« apte à se marier, à tester, à contracter, à prêter
« serment en justice. »

Les codes Théodosien, Justinien, et surtout le jurisconsulte Ulpien, en traitant du cens, *de censibus*, nous ont transmis la forme de ces tables de recensement ou de dénombrement (*tabulæ censuales*), qui étaient une statistique détaillée, appuyée, pour les individus libres des deux sexes, sur des registres de population, par noms, ordre, âge, état, pays, revenus, divisés en pères de famille, mères, fils et filles, et de plus comprenant, pour les esclaves mâles et femelles, l'emploi, la profession et le produit de leur travail.

Les villes municipales de l'Italie avaient de pareils registres. Cicéron les indique dans son plaidoyer pour le poëte Archias : « Archias, dit-il, a obtenu le droit
« de cité à Héraclée. Vous nous demandez les registres
« publics d'Héraclée, que nous savons tous avoir péri
« dans la guerre d'Italie par l'incendie des archives de
« la ville, *tabulas Heracliensium incenso tabulario inte-*
« *riisse scimus omnes.* » Ailleurs, il cite les registres publics qui contenaient l'état de toutes les propriétés de l'Italie et de la Sicile. Suétone allègue nominativement ceux d'Antium. Nous avons même un témoin irrécusable de l'exactitude avec laquelle se tenaient ces registres, qui étaient rédigés jour par jour et divisés par chapitres et par pages numérotés : c'est une inscription trouvée à Cære, en 1548, et qui est rapportée par Gruter et par Orelli. On y lit : *Commentarium cottidianum municipii Cæritum. Inde pagina XXVII, kapite VI..... Inde pagina altera, kapite primo..... Inde pagina VIII, kapite primo.*

Rien ne peut, plus que l'existence de pareils documents, faire regretter les pertes immenses, résultant de l'invasion des barbares, qui rompit la chaîne des temps, et causa immédiatement ou consécutivement la destruction de tant de monuments écrits de Rome et de la Grèce. Si nous possédions la série de données statistiques qui se trouvaient accumulées dans les archives romaines, que de problèmes d'anthropologie et d'organisation sociale, inabordables encore, seraient dès à présent susceptibles de solution! C'était une masse de faits tout acquis, de chiffres tout groupés, d'expériences toutes faites; faits, chiffres, expériences dont depuis bien peu d'années nous réunissons de nouveau les éléments avec un grand labeur.

L'administration, ainsi pourvue d'un cadastre très-complet et d'un état civil très-bien tenu, régissait une société dont la propriété foncière se trouvait soumise à des conditions toutes particulières. Il faut examiner brièvement quels furent, sur la puissance et la stabilité des nations antiques, les effets de ces conditions qui constituent les lois agraires. On attache vulgairement à ces lois l'idée d'un bouleversement général des propriétés; mais c'est une idée très-fausse. Chez les Romains, les lois agraires étaient le fondement de la constitution entière. Les anciens désignaient par ces mots une certaine limitation de la propriété foncière entre les citoyens actifs, limitation qu'il n'était pas permis de dépasser. Cette mesure, qui défendait à un homme de posséder au delà de certaines bornes, nous semble, dans l'état actuel de la société, incompatible avec la liberté des transactions; c'était cependant la base de l'existence et de la prospérité des anciennes républiques, tant l'état social de ces temps diffère du nôtre! Leurs fondateurs, Minos, Lycurgue, Romulus, Solon, avaient tous établi des lois agraires, et partagé également les terres. « Cela seul, dit Montes-
« quieu, faisait un peuple puissant, c'est-à-dire une

« société bien réglée; cela aussi faisait une bonne
« armée, chacun ayant un égal intérêt, et très-grand,
« à défendre sa patrie. »

Le but et l'effet de ces lois étaient de maintenir la population primitive dans un équilibre qui ne se dérangeait pas, dans une vigueur qui se renouvelait sans cesse. Tant que les lois agraires étaient exécutées, c'est-à-dire tant que les propriétés n'allaient pas s'accumulant dans un petit nombre de mains, la somme des citoyens se conservait ou s'augmentait; ces citoyens, étant propriétaires, avaient une certaine aisance et tout ce qui, moralement et physiquement, résulte de l'aisance; placés au-dessus des étrangers domiciliés, des affranchis, des esclaves, en un mot, de toute la portion de population qui ne jouissait pas des droits politiques, ils formaient un corps d'élite, ayant seuls le droit de délibérer sur la place publique et de combattre à l'armée. Telle était la condition du légionnaire romain et de l'hoplite athénien ou spartiate. Si, au contraire, les lois agraires étaient abolies ou éludées, si les propriétés s'accumulaient en un petit nombre de mains, si les grands propriétaires absorbaient les petits, les citoyens dépossédés cessaient de se reproduire comme auparavant; ce qui en restait perdait son indépendance et sa moralité. Gardant toujours son caractère de corps privilégié, mais n'ayant plus ni possession ni travail, le plébéien devenait oisif, vénal et turbulent. La conservation de la propriété selon la forme voulue par les lois agraires était donc le gage de la conservation de l'État.

Un coup d'œil très-général jeté sur la fortune de Rome montre qu'elle atteignit un haut degré de puissance et de grandeur sous ses derniers rois, Tarquin l'Ancien, Servius Tullius et Tarquin le Superbe; qu'à cette période succède un intervalle de faiblesse, où elle cesse de primer les nations de l'Italie ; qu'ensuite elle reprend son essor et jouit d'une prospérité qui dure plusieurs siècles ; qu'enfin à l'époque des Gracques les signes de décomposition se manifestent, les déchirements surviennent, et la république, succombant, fait place à l'empire.

Sans doute, dans un corps politique, comme dans un corps organique, tout concourt et conspire, tout est action et réaction ; et ce serait une erreur que de faire dépendre toute chose d'une cause unique. Cependant il est certain que la constitution de la propriété foncière, influant sur l'accroissement ou la diminution des citoyens, a influé considérablement par cela même sur la puissance de Rome, et a eu une grande part dans les alternatives de prospérité et de décadence que cet état a présentées. Or, Rome eut sous ses derniers rois une organisation qui permit à la population plébéienne de se multiplier, et qui, par conséquent, lui donna une pépinière inépuisable de soldats ; de là vint sa force entre les cités italiennes. Les rois ayant été chassés, les patriciens s'emparèrent du pouvoir et l'exploitèrent à leur profit ; les plébéiens furent réduits à la misère par l'usure, et perdirent leurs propriétés. De là, faiblesse relative pour Rome ; et vraisemblablement elle aurait fini, comme Athènes et Sparte, par manquer de bras et périr, non faute d'hommes, mais faute de citoyens, si les lois agraires portées par Licinius n'eussent changé la face de l'État, tiré les plébéiens de la pauvreté et de la souffrance où les patriciens les avaient tenus jusqu'alors, et rouvert la carrière de prospérité qui avait été momentanément fermée.

La loi agraire de Licinius portait qu'aucun citoyen, sous quelque prétexte que ce fût, ne pourrait à l'avenir posséder plus de cinq cents jugères de terre, et qu'on distribuerait gratuitement ou qu'on affermerait à vil prix le surplus aux citoyens pauvres; que, dans ce partage, on assignerait au moins sept jugères par tête à chaque citoyen; qu'on ne pourrait avoir sur ses terres, pour les faire valoir, qu'un nombre déterminé d'esclaves; que le nombre des troupeaux serait limité aussi et proportionné à la quantité de terre que chacun occuperait; que les plus riches ne pourraient nourrir ni envoyer dans les communaux et les pâturages publics plus de cent bêtes à cornes et de cinq cents moutons; enfin, que le sénat, les chevaliers et le peuple jureraient solennellement d'observer cette loi, et que ceux qui dans la suite y contreviendraient, seraient condamnés à une amende de 10,000 as (environ 1,630 fr.). Cette loi fut observée assez exactement jusqu'au temps de la vieillesse de Caton le Censeur, c'est-à-dire depuis l'an de Rome 388, date de la promulgation, jusque vers l'an 600.

Elle fut donc en vigueur pendant plus de deux cents ans. Cette époque est celle du développement régulier de l'État romain. Les plébéiens, assurés dans leur existence par la possession d'une propriété foncière, prospérèrent sans interruption, et présentèrent sur la place publique un corps politique indépendant et moral, dans les camps un corps militaire d'élite ayant, dans une population croissante, des ressources capables de réparer les plus grandes pertes. Les hommes puissants, contenus dans leurs désirs d'accroître leur fortune, mirent toute leur gloire et tout leur intérêt au succès des affaires publiques, et se montrèrent toujours dignes d'être les chefs d'un peuple aussi vigoureusement constitué. Le reste des habitants, privé de droits politiques, ne causait guère d'embarras; car les esclaves, les domiciliés et la population industrielle étaient peu nombreux. Rome, agricole et guerrière, se mut régulièrement dans l'orbite tracée par les lois agraires; et l'œuvre conçue par les anciens fondateurs se trouva réalisée. Mais dans cette œuvre manquaient bien des éléments : l'Athénien aurait fui cette cité inculte où il n'y avait place ni pour les arts, ni pour les lettres, ni pour les sciences, ni pour la philosophie; et le Spartiate lui-même aurait regretté, sur les rives du Tibre alors muettes, la poésie d'Homère, souveraine des cœurs et des intelligences, et dont la Grèce entière était un écho. Puis la démocratie artificielle du plébéien propriétaire, laquelle n'était elle-même qu'une sorte d'aristocratie, ne pouvait pas éternellement résister à l'inégalité qu'elle consacrait par le bout inférieur contre les esclaves et les affranchis, et contre laquelle elle luttait dans le bout supérieur, c'est-à-dire les aristocrates et les riches.

III

INVASION DES RICHESSES A ROME

Les historiens, les moralistes, les poëtes anciens ne se sont pas mépris sur la cause de la ruine de la constitution romaine. Tous, d'un commun accord, l'imputent à l'invasion des richesses, fruit de la conquête et de la rapine. En effet, plus l'opulence crût entre les mains des chefs de la république, plus le frein des lois agraires devint difficile à supporter. Elles furent d'abord éludées frauduleusement; les riches acquirent des propriétés plus considérables sous des noms supposés; ensuite, encouragés par leur nombre, ils levèrent le masque et continuèrent à les posséder par une violation ouverte et scandaleuse de la loi. De plus, pour soustraire leurs domestiques aux charges du service militaire, et dans l'espoir d'augmenter leurs revenus, ils firent valoir leurs terres par des esclaves importés des pays étrangers, réduisirent par là les hommes des campagnes à la plus grande misère, et les forcèrent à se réfugier au sein de la ville pour y trouver leur subsistance dans les largesses des grands. La république ne fut donc plus composée que de riches et de pauvres également corrompus, de citoyens opulents qui prétendaient aux places et aux dignités, non plus par leurs talents et leurs vertus, mais par la brigue et la corruption, et de citoyens indigents qui ne cherchaient qu'à vendre leur suffrage au plus offrant. Presque toute la classe des petits propriétaires avait disparu, dépossédée par l'usure, la fraude ou la violence.

Cette diminution des citoyens est constatée par les recensements et par plusieurs témoignages. Il suffira de citer le suivant : Tite-Live rapporte qu'en 405 de Rome, c'est-à-dire 17 ans après la promulgation des lois liciniennes, le sénat, voyant l'État menacé de deux guerres étrangères, de la révolte générale de ses alliés, et se trouvant réduit à ses propres forces, forma sur-le-champ jusqu'à dix légions, chacune de 4,200 fantassins et de 300 cavaliers; cet historien ajoute : « Si, « dans l'état actuel, pour repousser une invasion, on « avait besoin d'une armée extraordinaire, il serait « difficile de rassembler tout à coup autant de soldats « dans ce même empire, qui s'étend presque aux ex- « trémités de la terre; tant il est vrai qu'il n'a crû « qu'en luxe et en richesses qui minent et consument « nos forces réelles. » Tite-Live, on le comprend, ne parle pas de la population totale de l'empire; mais il parle des citoyens romains, qui seuls entraient dans le recrutement de l'armée. C'est la diminution de cette population qui suggère à Tite-Live sa réflexion comparative, et qui obligea Auguste à enrôler des esclaves.

L'histoire des septième et huitième siècles de Rome présente ce contraste singulier, qu'on voit l'agriculture et les produits de l'Italie romaine décroître à mesure qu'étendant ses conquêtes et sa puissance, elle attire dans son sein les richesses d'une grande partie de l'univers. La diminution des produits agricoles de l'Italie, diminution signalée par Auguste et Tibère, s'était établie assez rapidement. La cause en était dans la concentration des propriétés en un petit nombre de mains. Tant que les terres avaient été partagées entre beaucoup de possesseurs, elles avaient nourri une population très-considérable qui diminua dès que ces terres furent ou changées en pâturages, en parcs de plaisance, ou cultivées par des esclaves. Cela explique d'une manière précise et naturelle l'existence d'une agriculture très-florissante et d'une population libre très-nombreuse dans la même contrée qui, deux ou trois siècles plus tard, ne conservait qu'une faible partie de ses habitants, et cependant ne pouvait plus suffire à leur nourriture.

Les Gracques essayèrent de rétablir la république sur ses anciennes bases, et de prévenir ainsi les catastrophes qui en firent pendant cent ans une arène de discordes, de guerres, de massacres et de proscriptions. Leur entreprise fut éclairée, car elle était suggérée par la nature même du mal; courageuse, car elle était destinée à contenir les puissants et à protéger les faibles; honnête, car elle tendait à subordonner la cupidité privée à l'intérêt public. Ils supposèrent que ce qui avait été utile dans le passé pouvait continuer à l'être dans l'avenir, et ils résolurent de faire rentrer les riches dans les limites des lois liciniennes, de rendre de cette façon la population plébéienne propriétaire, et, par cette organisation qui, pendant plus de deux cents ans, avait tenu les choses en équilibre, d'empêcher les riches d'acheter la république et les plébéiens de la vendre. Ils succombèrent, et l'aristocratie romaine conserva, par la violence et par le meurtre, des propriétés mal acquises.

Les Gracques pouvaient-ils réussir, je ne dis pas à mener à fin la promulgation de leurs lois (cela serait arrivé s'ils avaient eu, comme les patriciens, la hardiesse de la violence et de l'illégalité), mais je dis à atteindre le but qu'ils s'étaient proposé? Leur succès n'aurait jamais été que transitoire. L'histoire de Rome avant les Gracques montre que les lois liciniennes étaient quelque chose d'artificiel qui faisait violence à la fois au pauvre, désireux de vendre, et au riche, désireux d'acheter. S'il n'avait pas été facile de les maintenir quand la république était pauvre, combien la difficulté croissait à mesure que la république devenait riche! Evidemment les lois liciniennes devaient, un jour ou l'autre, par la force des choses, tomber en désuétude; le pillage des nations conquises avança ce jour. Et ici je ne me mets aucunement en contradiction avec les louanges que j'ai données plus haut à l'entreprise des Gracques. Sans doute, les lois liciniennes ayant été transitoires, la restauration n'en aurait pas été durable; car les obstacles s'étaient accrus. Mais ce triomphe eût remis, pour un temps du moins, à la discussion et à la légalité romaines le jugement d'une querelle qui ne fut plus qu'une alternative de violences, de réactions, de guerres et de meurtres. Le succès de l'aristocratie contre les Gracques ayant amené la ruine de la république, et l'ayant amenée par une série de catastrophes horribles et d'actes détestables, cela seul suffit pour donner raison aux deux frères qui moururent pour la même cause.

Longtemps après les Gracques, un homme d'État qui eut Virgile et Horace pour amis, Mécène, proposa une réforme qui aurait peut-être exercé une influence considérable sur les destinées de l'empire : ce fut de faire, de tous les sujets de Rome, des citoyens romains, supprimant ainsi toutes les distinctions, et transformant une agglomération de peuples grands et petits en un État véritablement un. Auguste rejeta cette proposition; et, quand Caracalla la reprit et étendit à tous la qualité de citoyen romain, qualité devenue de bien peu de prix, l'empire s'acheminait vers sa dissolution, laissant arriver les barbares sur la scène du monde, fermant la période de l'antiquité, et, par sa chute, ouvrant entre les institutions, les arts et les sciences des anciens et les institutions, les arts et les sciences des modernes, une vaste lacune à jamais regrettable.

Les législateurs grecs et romains s'étaient posé le problème de maintenir la population libre à un certain taux réglé, et de la composer de citoyens d'élite. Pour maintenir cette population, ils arrangeaient les lois, de manière qu'elle ne cessât jamais d'être propriétaire; pour en faire une population d'élite, ils la superposaient aux esclaves, aux affranchis, aux domiciliés, en un mot à une foule sans droit politique. L'expérience a prouvé que le problème, posé dans ces termes, n'était soluble que transitoirement. Toutes les organisations politiques fondées sur cette idée se sont usées d'elles-mêmes, et ont succombé sous toute violence intérieure ou extérieure.

Pourquoi ? parce qu'il arrivait immanquablement ceci : la distribution normale de la propriété s'altérait; les uns devenaient de grands propriétaires; les autres perdaient toute propriété. De là naissaient deux conséquences également nuisibles : le nombre des citoyens diminuait, c'est ce qu'on nommait l'*oliganthropie* [1], et la force de la cité s'affaiblissait en face de l'ennemi extérieur; puis ces citoyens déclassés perdaient leurs qualités politiques, et la constitution républicaine s'affaiblissait devant l'ennemi intérieur, c'est-à-dire les ambitieux.

Une pareille organisation ne permet qu'avec bien des réserves la comparaison entre la situation des anciens et la situation des modernes. Voyez en effet l'Angleterre; les *latifundia* [2], qui, au dire de tous les historiens et suivant la nature des choses antiques, produisirent, chez les Romains, de si mauvais effets sur la population et sur la culture, n'empêchent pas ce pays de croître en population et d'avoir une culture magnifique. Au contraire, en France, la classe la plus nombreuse de la population, celle des campagnards, possède, par petites portions, la plus grande partie du sol; et la loi du partage égal, entre frères ou sœurs, des héritages vient en aide à la constitution fractionnaire de la propriété foncière. Cette loi était intervenue après une révolution qui avait à la fois et déplacé et mobilisé une masse énorme de biens-fonds. Entre la loi qui décompose incessamment les propriétés, et l'habileté individuelle qui les recompose, l'équilibre subsiste; les propriétés, réparties entre beaucoup de

---

1. Ὀλίγος, peu, et ἄνθρωπος, homme.
2. Grandes propriétés territoriales : de *latus*, étendu, et *fundus*, fonds de terre.

mains, alimentent une population nombreuse et une agriculture productive; et le simple mécanisme de la loi de succession opère ce que les anciens législateurs avaient voulu obtenir par les lois agraires, c'est-à-dire le maintien du partage des terres.

Ainsi voilà deux pays modernes dont l'un pratique la grande propriété tant redoutée des anciens démocrates, et l'autre la loi agraire tant combattue par les anciens aristocrates; et ces deux régimes qui, dans l'ère gréco-romaine, eurent pour caractère, l'un de compatir avec la démocratie, le maintien du nombre des citoyens et une bonne culture, mais d'être précaire, l'autre de compatir avec l'aristocratie et d'être plus durable, mais d'éteindre peu à peu la classe des citoyens et d'amoindrir la culture; ces deux régimes, dis-je, sont, dans l'ère moderne, privés de leur efficacité propre, et deviennent des rouages subordonnés dans un ensemble politique qui obéit à des lois supérieures d'évolution.

L'influence de l'organisation de la propriété foncière a été à son maximum dans les anciennes républiques de la Grèce et de l'Italie. C'est un fait moins éclatant que le bruit des batailles et des conquêtes; mais, tout particulier qu'il paraît, les studieux de l'histoire reconnaîtront qu'il a plus pesé que le fer et les armes dans la destinée de ces mémorables cités qui ont décoré le monde antique et légué au monde moderne un si riche héritage de lettres, d'arts et de sciences.

XI

HISTOIRE DU CANTON DE VAUD

DEUXIÈME ÉDITION

3 vol. in-12, Lausanne [1].

M. A. Verdeil, homme bien connu dans le canton de Vaud, où il a rempli des fonctions élevées et où il appartenait au parti conservateur libéral, a publié une histoire de ce canton. Cet ouvrage, qui est à sa deuxième édition, s'est répandu principalement dans la population rurale du petit pays de Vaud, classe cultivée et désireuse de connaître les annales de ses ancêtres. L'histoire locale a pour elle, du reste, l'attrait spécial de retracer les faits des anciennes familles du pays, qui ont gardé leur illustration en quelque sorte municipale, même sous le régime démocratique.

Quand, après la chute de l'empire romain et les invasions barbares étant terminées, l'organisation féodale se fut étendue sur l'Europe, ce qu'on nomme présentement la Suisse se trouva partagé en deux parties qui, profondément divisées par la langue et par les origines comme aujourd'hui, n'avaient ensemble aucun lien politique; rien même n'annonçait qu'elles dussent jamais en avoir. L'une était allemande, l'autre était

---

1. *Journal des Débats*, 1ᵉʳ septembre 1857.

romane, ou, comme on dit, romande. L'une, outrageusement opprimée par les baillis de l'Autriche, se souleva contre eux et se sépara de l'empire; l'autre, que l'oppression n'avait pas atteinte, ne participa point non plus au soulèvement. L'une, combattant l'Autriche et la féodalité, fondait une association de cantons, ceux-ci démocratiques, ceux-là aristocratiques; l'autre conservait son organisation féodale, sous laquelle elle prospérait. Ainsi tout tendait à tenir séparée la Suisse romande de la Suisse proprement dite; chacune suivait sa pente; et les regards des populations romandes se tournaient non point du côté des Cantons et de l'Allemagne, mais du côté de la France, de la Bourgogne et de la Savoie. « Ce n'était ni à Berne, « ni à Zurich, dit M. Verdeil (t. Ier, p. 169), que la « jeunesse destinée à l'Église allait étudier; c'était « dans les écoles de Paris, de Lyon, de Chambéry et de « Genève. Ce n'était point sous les bannières de l'Au« triche ni sous celles des villes de Berne et de Zurich « que les Vaudois allaient courir les hasards de la « guerre; c'était en Orient, en France, en Italie; c'était « là que les Gruyère, les Granson, les Cossonay, les « Montfaucon d'Orbe, les Estavayer, les Mont, les Blo« nay, les Gingins, les Goumoëns, conduisant sous « leurs étendards les chevaliers et les hommes d'armes « des villes et des communautés vaudoises, prenaient « part aux expéditions lointaines. »

A ce moment, tout portait à croire que la possession de l'Helvétie romande se consoliderait entre les mains de la maison de Savoie. Mais les accidents de l'histoire en décidèrent autrement; et il advint que ce pays, qui, sous cette maison, serait resté catholique, ayant été arraché par la violence à ses anciens maîtres, suivit le mouvement protestant et fut, par Genève, une des citadelles de la réforme. L'événement qui changea ainsi le cours des choses fut la folle guerre de Charles le Téméraire contre les Suisses. Le désastre de la maison de Bourgogne étant complet, les Suisses vainqueurs voulurent d'abord, lorsqu'on traita, s'approprier tout le pays de Vaud et la ville de Genève, avec son territoire ; mais Louis XI, qui, sans se montrer, avait joué un rôle important dans les événements et qui avait beaucoup d'influence en Suisse, obtint que ces prétentions fussent réduites. Une partie de la Suisse romande n'en passa pas moins sous la domination des Cantons, et peu à peu le reste s'achemina sous leur souveraineté. Les Cantons, avec leur démocratie rurale ou leur aristocratie urbaine, constituaient, à cette fin du moyen âge, une puissance véritablement redoutable ; ils étaient ambitieux, et à leur ambition venait en aide la dissolution universelle qui précéda la réforme et qui se manifesta par les schismes, par les anti-papes et par les querelles incessantes entre les bourgeoisies et les évêques. A chaque instant Genève et Lausanne, agitées par ces querelles, réclamaient les secours de Fribourg et de Berne, et le protectorat se fit sentir longtemps avant que l'incorporation eût été consommée.

La réforme acheva ce que les événements politiques avaient commencé. Elle ne trouva pas dans la Suisse romande un accueil uniforme. Genève l'embrassa avec ardeur, chassa son évêque, rompit ses liens avec le duc de Savoie, se fit république indépendante, et, après quelques vicissitudes, devint un canton. Dans le pays de Vaud, au contraire, on demeurait attaché au catholicisme ; et, n'eût été la pression et la violence des prédicateurs appuyés de toute la force de Berne, probablement il ne devenait pas protestant. Mais enfin, quand de gré ou de force le protestantisme s'y fut établi, la Suisse romande se trouva tout entière séparée, par la religion, de la Savoie et de la France, vers lesquelles jusqu'alors avaient été ses affinités. C'est de ce moment qu'elle devint véritablement Suisse. M. Verdeil, Romand lui-même, et d'ailleurs doué d'un esprit impartial, a mis en lumière les cupidités des Cantons quand ils vainquirent le duc de Bourgogne, et leurs persécutions quand ils appuyèrent le protestantisme. Ce furent de tristes épisodes pour la Suisse romande; mais, les plaies une fois cicatrisées, un temps arriva où le Suisse romand se trouva fier de sa patrie, heureux de lui appartenir, et n'eût plus voulu entrer sous le régime religieux et politique des contrées desquelles il avait jadis dépendu.

Une ingratitude de François Ier ne contribua pas peu à la ruine définitive d'un des plus grands seigneurs de la Suisse romande. Michel, comte de Gruyères, baron d'Aubonne, seigneur d'Oron, de Palézieux, du Pays-d'Enhaut, et dernier représentant de cette féodalité qui prit naissance sous les rois de la race de Charlemagne, avait commencé en 1539 un règne qui devait finir dans l'exil et la pauvreté. Il était beau, galant, fastueux, hospitalier; mais le séjour de ses prédécesseurs dans les cours, les franchises accordées aux dépens du fisc, une mauvaise administration financière, des dettes accumulées avaient fait des brèches considérables à la fortune de sa maison. Cependant ce jeune comte vivait fastueusement, soit dans ses châteaux, soit à la cour de Charles-Quint ou à celle de François Ier. Sa ruine fut bientôt imminente; elle s'acheva quand en 1544 il équipa à ses frais un corps de 2,000 hommes de ses vassaux de Gruyères et de Vaud, à la tête duquel il fit, sous les drapeaux de François Ier, la campagne d'Italie contre l'armée impériale et combattit à Cerisoles. Les troupes du comte Michel furent écrasées par l'infanterie espagnole; et François Ier, quoique victorieux dans cette bataille, refusa de payer leur solde; alors le comte de Gruyères, trahi par la fortune, dépouillé, abandonné, poursuivi pour des dettes qui atteignaient le chiffre énorme de 116,000 écus d'or, vit en 1554 ses États saisis par Berne et Fribourg, ses plus avides créanciers. Michel survécut vingt ans au désastre de sa maison. Son frère Pierre, curé de Gruyères, fit annoncer sa mort dans les églises de l'antique comté dont il convoqua les anciens vassaux à un service funèbre. Tous les bergers des Alpes romandes, dit une chronique, descendirent de leurs montagnes. Le bailli des seigneuries de Fribourg, voyant accourir cette foule de montagnards sous les voûtes abandonnées du vieux château de Gruyères, et entendant toutes les cloches des vallées s'ébranler en même temps, fut saisi de terreur; mais bientôt, instruit par le curé que Michel son frère était mort, le bailli, transporté d'une grande joie, annonça cette nouvelle aux bourgeois, les gracieux souverains de Fribourg et les heureux successeurs des fiers comtes de Gruyères.

Pendant que Genève devenait l'égale des autres cantons, le pays de Vaud, moins favorisé, devenait le sujet de Berne. Ce fut sous ce régime que s'effacèrent les derniers vestiges de ses droits politiques. Des aristocraties bourgeoises se constituèrent dans les villes, et la noblesse perdit toute son influence. Pourtant il fut heureux et même libre, en comparaison des contrées limitrophes de France ou de Savoie : Vaudois ou étranger, noble ou roturier, citadin ou paysan, quiconque se soumettait aux ordonnances souveraines du patriciat bernois pouvait jouir plus que partout ailleurs de la protection d'un gouvernement absolu, il est vrai, mais paternel; il jouissait de l'égalité devant la loi, et le bourgeois conservait des priviléges qui, flattant sa vanité, lui faisaient oublier sa nullité politique. Vaud était une part trop importante de la seigneurie de Berne pour ne pas exercer à son tour une action sur ceux qui le régissaient. L'opinion qui animait ses gentilshommes, ses bourgeois, ses savants, son clergé, sa population tout entière, la bravoure de ses milices, donnèrent de la confiance au gouvernement bernois, et lui inspirèrent des actes qui contribuèrent à lui assurer un haut rang en Suisse et même en Europe.

La protection des réfugiés politiques ou religieux fut, plus même que de la Hollande, l'honneur du canton de Berne et de son appendice le pays de Vaud. Les premiers qui profitèrent de cette hospitalité furent des révolutionnaires anglais expulsés par la restauration de Charles II. L'Allemagne, la France et l'Espagne repoussaient inexorablement les juges de Charles I*er*; et la Hollande, bien qu'ennemie de la maison restaurée, livrait ceux qui s'étaient réfugiés chez elle; transportés en Angleterre, ils y furent condamnés à mort et exécutés. Le lieutenant-général Ludlow, Lisle et Cowley, compris dans cette sentence de proscription, durent quitter Genève, qui leur refusait un asile, intimidée par les menaces de la cour de France. Les réfugiés s'adressèrent aux seigneurs de Berne pour demander protection, en quoi ils furent secondés avec beaucoup d'affection par le bourguemestre de Lausanne. L'acte de protection fut accordé sous leurs noms, et Ludlow remarque, dans ses *Mémoires*, que ce fut une preuve de générosité et de courage que de les recevoir et d'avouer leur cause, tandis qu'ils avaient été abandonnés de ceux qui avaient le même intérêt à poursuivre. Ludlow et ses deux amis furent bientôt rejoints à

Lausanne par d'autres régicides anglais. Six d'entre eux quittèrent Lausanne pour Vevey. « Les magistrats « et le peuple de Vevey, dit Ludlow, nous reçurent « avec toutes les marques de civilité et de bienveillance. « Le vin de la ville nous fut offert en abondance, et le « banneret, accompagné de la plupart des membres « du conseil, nous rendit visite et nous remercia de « l'honneur que nous faisions, disait-il, à leur ville de « venir y demeurer. Les souffrances que vous avez en- « durées pour la liberté de votre pays, ajouta le ban- « neret, sont le principal motif de notre empressement « à vous offrir cordialement nos services. » Le zèle du protestantisme contribuait à cet empressement; on regardait la maison des Stuart comme favorable à la religion catholique; et les presbytériens, qui faisaient le plus grand nombre des républicains anglais, se rapprochaient, par leurs sentiments, des Églises helvétiques. Dans le fait, la révolution anglaise, avec son caractère demi-religieux et demi-politique, sans susciter en Europe un ébranlement moral qui puisse se comparer à celui de la révolution française, n'en éveilla pas moins, étant un épisode de la grande crise sociale non encore terminée, des hostilités et des sympathies toutes de principes. Je connais une famille de bourgeois, perdue dans une petite ville de France, dont un des aïeux alla servir la cause du Parlement et revint d'Angleterre avec le grade et le surnom d'*officier*, surnom qui passa à la branche descendue de lui.

Mais, malgré la protection du gouvernement de Berne et les sympathies du pays de Vaud, les réfugiés anglais ne furent pas en sûreté dans leur asile. Les haines qu'ils avaient suscitées les y poursuivirent. Comme on ne pouvait pas les atteindre par la vengeance légale et l'échafaud, on essaya de les atteindre par la vengeance privée et l'arquebuse. Le 14 novembre 1663, une troupe de douze hommes, enveloppés de larges manteaux, débarquèrent pendant la nuit à Vevey, et s'embusquèrent dans les rues que devait suivre Ludlow pour se rendre à l'église, tandis que des bateliers les attendaient les rames disposées et prêts à partir. Pour assurer leur fuite après le coup, ces inconnus avaient eu la précaution de couper aux bateaux du port les attaches d'osier qui servaient à tenir les rames; mais l'alarme fut donnée, et les inconnus se rembarquèrent précipitamment pour la Savoie sans avoir pu mettre leur projet à exécution. Tous ces détails furent révélés par un batelier suspecté d'y avoir pris part et menacé de l'estrapade. Plusieurs tentatives du même genre eurent lieu pendant l'été; l'une d'elles fut fatale à John Lisle, réfugié à Lausanne. Un homme, le dimanche 11 août, entre dans la boutique d'un barbier, voit Lisle, sort de la boutique, le salue à son passage, le suit jusque sur la place Saint-François, et, au moment où Lisle allait entrer dans l'église, tire de dessous son manteau une carabine qu'il lui décharge dans le dos et l'étend roide mort. Le recul de l'arme fait tomber l'assassin, qui se relève aussitôt, abandonne son arme et son chapeau, court vers la place de Saint-François, et rejoint un cavalier qui l'attendait avec un cheval. L'assassin s'élance à cheval, crie *vive le roi!* et, avec son compagnon, s'enfuit à bride abattue sur la route de Morges. Ils rencontrent des paysans, et leur crient : *Nos respects à messieurs de Lausanne; nous boirons à leur santé!* Les magistrats suisses redoublèrent de vigilance pour défendre ceux qui étaient sous leur protection, firent fortifier la maison de Ludlow et de ses compatriotes, et ordonnèrent qu'au signal d'alarme chacun prendrait les armes et saisirait tous les étrangers inconnus.

Le jeu de la politique interrompit ces tentatives contre la vie des républicains anglais. Louis XIV faisait, de concert avec la Hollande, la guerre à Charles II, roi d'Angleterre. Un Suisse, le général Stouppa, fut envoyé dans les Cantons pour lever des compagnies franches. Cet officier jugea que Ludlow, qui avait commandé en chef pendant les guerres civiles d'Angleterre, pourrait être utile à l'expédition projetée par Louis XIV. Il promit de l'argent au nom de la France, si lui et ses amis les réfugiés anglais voulaient agir contre Charles II pour le bien de l'Angleterre. En même temps un agent de la Hollande venait à Lausanne à l'effet de lever un régiment de 3,000 hommes, et le grand pensionnaire, Jean de Witt, écrivait à Ludlow d'accepter les offres de la Hollande et de la France, et de prendre part à l'entreprise qui se concertait. Ludlow, qui déclarait être prêt à employer tous les moyens légitimes et honorables et à donner même sa vie pour le rétablissement de la république, ne se méprit pourtant pas sur la situation. Il répondit que tout ce qu'on projetait était inutile, vu que la brouillerie entre les rois de France et d'Angleterre serait bientôt terminée. Il ajouta qu'en se mêlant à des entreprises étrangères il risquait de perdre la protection du canton de Berne, et que son devoir était de s'abstenir de toute espèce d'intrigue dans un pays qui lui offrait l'hospitalité. Ludlow ne s'était pas trompé. La brouille des deux rois était peu profonde, la paix se fit entre eux, et Louis XIV ne tarda pas à tourner ses armes contre la Hollande, qui tout à l'heure s'entendait avec lui contre Charles II.

Le sol hospitalier de la Suisse, et en particulier du pays de Vaud, s'ouvrit bientôt à d'autres réfugiés. Ceux-là étaient, non pas comme les républicains anglais quelques individus, mais tout un flot de population que la persécution religieuse arrachait à ses foyers. Les protestants français, chassés de chez eux, arrivaient en foule. Il est peu d'actes politiques aussi inexcusables que celui-là et signalés par une cruauté plus gratuite. « C'était un étrange contraste, dit Voltaire, que « du sein d'une cour voluptueuse, où régnaient la « douceur des mœurs, les grâces et les charmes de la « société, il partît des ordres si durs, si impitoyables. » Mais ce qui, pour l'histoire et la postérité, rend cet acte aussi stupide qu'il fut cruel, c'est qu'il se commit tout à la fin du dix-septième siècle, au seuil même du dix-huitième, alors que la pacification, quant aux idées religieuses, entrait dans les esprits et que la tolérance inaugurait peu à peu son règne de charité philosophique. Dans la révocation de l'Édit de Nantes, effet posthume de passions éteintes, on doit voir, à côté du bigotisme privé d'un roi vieilli, l'infatuation de la toute-puissance; et on en a, si je puis me servir de cette expression, le digne commentaire dans la barbare ineptie de la marquise de Prie et de son amant, le duc de Bourbon, qui, gouvernant la France à la majorité de Louis XV, et n'étant poussés par des croyances d'aucune espèce, enchérirent par l'édit de 1724 sur les rigueurs de Louis XIV et aggravèrent toutes les persécutions.

Les protestants arrivèrent par milliers à Genève et dans le pays de Vaud, et bientôt ils parurent en si grand nombre sur les bords du Léman que Berne dut ordonner à la plupart d'entre eux de porter leurs pas plus loin pour faire place aux nouveaux arrivants. Un jour, à Lausanne, on en compta plus de deux mille. Chacun les secourait à l'envi : conseillers, bourgeois, étrangers, chacun ouvrait sa maison aux fugitifs. A Berne, la ville donnait deux batz par jour à chaque réfugié, et six creutzers aux enfants. Beaucoup restèrent dans le canton, et, peu d'années après le grand passage, on y en comptait plus de six mille, dont quatre mille prirent leur domicile dans le pays de Vaud. « La « présence des réfugiés, dit M. Verdeil, produisit au « bout de peu d'années un changement dans les « mœurs et dans l'industrie du pays de Vaud. On « comptait parmi ces réfugiés plusieurs familles nobles « qui apportèrent cette urbanité française, cette élé-« gance de mœurs qui, pendant le dix-huitième siècle, « distinguèrent la population lausannoise. Il vint des « savants, des ministres, des orateurs, des littérateurs « qui répandirent le goût de l'étude. Des protestants « d'une autre classe contribuèrent à développer l'in-« dustrie des villes où ils se fixèrent. Ce furent ces « Français qui établirent des chapelleries, des impri-« meries, des poteries, des fabriques d'indienne, de « coton, de bas ; d'autres ouvrirent des boutiques et « exercèrent diverses industries qui rendirent la pros-« périté à Lausanne et la créèrent dans d'autres villes. « L'activité des réfugiés changea le système de com-« merce, excita une grande émulation dans toutes les « branches de production et même dans l'agriculture, « qui reçut de nombreux perfectionnements par l'in-« telligence de ces paysans français qui, eux aussi, « avaient quitté leur chaumière pour trouver la liberté « religieuse dans le pays de Vaud. » Un marin illustre, Henri Duquesne, fils de celui qui avait commandé les flottes françaises avec tant de succès et de gloire, se réfugia dans le pays de Vaud après la révocation de l'édit de Nantes; il y devint baron d'Aubonne; et, lorsqu'en 1689 le pays de Vaud fut menacé par le duc de Savoie, on le chargea d'organiser une marine sur le Léman. Il fit construire un port à Morges pour servir de point de réunion et d'abri à la flottille destinée à protéger les côtes. Des barques furent équipées ayant chacune soixante-dix pieds de long, douze rames, vingt-quatre rameurs, trois canons et six doubles arquebuses en batterie sur les côtés. Chacune de ces barques pouvait transporter quatre cents hommes d'infanterie, et avait un équipage armé de mousquets, de haches et de piques d'abordage. Ce réfugié qui contribuait ainsi à la défense du pays de Vaud avait apporté de Paris le cœur de l'illustre amiral à qui la France refusait la sépulture. Sur le tombeau qu'il érigea dans l'église d'Aubonne à la mémoire de son père, il fit graver les paroles suivantes : « Passant, interroge la cour, « l'armée, l'Église et même l'Europe, l'Asie, l'Afrique, « et les deux mers ; demande-leur pourquoi on a élevé « un superbe mausolée au vaillant Ruyter et point à « Duquesne, son vainqueur ?... Je vois que, par res- « pect pour le grand roi, tu n'oses rompre le si- « lence. »

Berne avait pour sujet le pays de Vaud, et sa domination était douce, relativement du moins. C'est un témoignage que lui rend un diplomate de ce temps, M. de Lamberty, qui se retira à Nyon pour mettre en ordre ses papiers et publier ses mémoires : « J'ai choisi « les terres de Vos Excellences pour deux raisons : la « bonté salutaire de l'air et le doux et incomparable « gouvernement de Vos Excellences ; j'ai séjourné en « divers États de l'Europe ; j'y ai remarqué avec soin « diverses formes de gouvernement ; celle de votre ré- « publique m'a paru le plus conforme à la douceur de « la vie civile. » Pourtant une domination étrangère, quelque sage qu'elle soit, ne peut guère se défendre d'être une exploitation ; et des maîtres sont jaloux, parfois avec excès et à tort, de leur pouvoir. C'est ce qui advint au sujet de dissensions religieuses. Dans le pays de Vaud, comme ailleurs, le protestantisme se partagea en sectes : les arméniens, les universalistes, les piétistes, les anabaptistes y apparurent. Berne s'alarma de ces divergences, et voulut y mettre un terme en faisant rédiger un formulaire de doctrine qu'elle imposait. Les consciences s'alarmèrent, beaucoup de ministres refusèrent, et la persécution commença. Elle fut violente. On emprisonna, on exila, on vendit même comme forçats à Gênes et à Naples nombre de dissidents. Le gouvernement bernois n'attachait pas dans le fond une grande importance aux articles de foi que renfermait le formulaire; mais, blessé de la résistance du clergé vaudois et outré de la manifestation de l'opinion publique en faveur du clergé rebelle, il voulait prouver à ses sujets du pays romand qu'il fallait obéir à ses ordres souverains.

Un incident singulier mit un terme à l'oppression religieuse. Il y avait un officier vaudois, le major Davel, qui avait servi dans les armées du prince Eugène et de Louis XIV, et qui récemment s'était distingué à la bataille de Villmergen entre les protestants et les catholiques de la Suisse. Davel, que sa piété, sa charité, sa sobriété, sa politesse et sa parfaite urbanité avaient rendu l'objet du respect général, appartenait à la secte des piétistes; il avait habituellement des visions, et l'état du pays le troublait et l'affligeait. Ces deux conditions se réunissant, Davel conçut le projet de délivrer sa patrie du joug de Berne, et en même temps, ayant prié pour savoir si son projet était approuvé par le ciel, *il se sentit*, ainsi qu'il le déclara lui-même, *entraîné et comme forcé par un pouvoir supérieur*. Comme notre Mallet, dans sa conspiration en 1812 contre Napoléon Ier, il ne mit personne dans sa confidence, mena son complot tout seul, se servit de son commandement pour convoquer quelques compagnies qu'il conduisit sans leur faire aucune communication, et ne dit mot jusqu'à ce qu'il fut sur la place de Lausanne. Mais l'homme de guerre qui ne livrait rien au hasard et qui n'affrontait les dangers qu'après avoir tout examiné et tout calculé, l'homme de guerre, dès l'instant où il reçut les ordres du ciel, disparut et fit place à l'inspiré. Davel suit aveuglément le plan que lui trace sa vision, acceptant avec une joie égale le triomphe et le martyre. Sa vision l'avait mal conseillé, et au dernier moment tout échoua : les magistrats de Lausanne, n'osant pas, ne voulant pas se lever contre Berne, séparèrent Davel de ses hommes et l'arrêtèrent. Il remit son épée en disant avec calme : « Je sais bien que je « serai la victime de cette affaire. Mais n'importe, il « en reviendra quelque avantage à ma patrie. » Ses visions et son courage le suivirent dans la prison. Mis à la torture, on avait ordre de lui serrer les pouces entre deux plaques de fer jusqu'à ce qu'il criât ; mais ce fut inutile ; bien que ses pouces fussent écrasés, on ne put lui arracher une plainte, ni même altérer la sérénité de son esprit et de ses traits. Un de ses examinateurs, surpris de ce calme, lui dit : *Souffrez-vous, monsieur?* — *Oui, monsieur, et même de grandes douleurs.* Et, avec le plus grand sang-froid, il continua à répondre pendant la torture. Mais ce ne fut pas tout : on voulait des aveux et des complices. Davel n'avait pas de complices et ne fit pas d'aveux : les plus cruelles souffrances ne lui suggérèrent aucun mensonge qui, accusant autrui, le laissât respirer un moment au milieu du déchirement de ses membres. Il est mis à la question ordinaire : on l'enlève à deux pieds de terre au moyen d'une corde nouée aux deux poignets ; tandis qu'il est ainsi suspendu, on lui demande de nommer ses complices ; lui justifie les officiers qui l'avaient suivi et prouve que tous ignoraient son dessein. Le lendemain, il est appliqué à la question extraordinaire : on lui fixe un poids de 25 livres aux pieds, et le bourreau le suspend, ainsi chargé, par les poignets. Davel confirme toutes ses déclarations. « Ceci est douloureux, assurément, répond-il à un de ses examinateurs qui lui demande s'il souffrait : mais, monsieur, je suis persuadé que vous souffrez autant que moi. » Sur l'échafaud où sa tête tomba, Davel porta la même tranquillité et la même douceur. Son entreprise ne périt pas tout entière avec lui, et, comme il l'avait annoncé au moment où elle échouait, *il en revint quelque avantage à sa patrie.* Deux mois après, Berne abolissait la signature du formulaire ; et, dit le célèbre historien Gibbon, « ce ne fut point la honte ni les larmes du « peuple qui mirent fin aux persécutions, ce fut le « courage de Davel, enthousiaste, il est vrai, mais en- « thousiaste pour le bien public. » Jeanne d'Arc est le type le plus sublime de ces âmes visitées à la fois par l'émotion des malheurs publics et par l'illumination ; et après elle le major vaudois n'est pas indigne d'être nommé.

Le dix-huitième siècle fut pour le pays de Vaud ce qu'il fut pour la France et les pays voisins : un siècle que pénétraient l'amour des hommes, la raison et la justice sociale cherchant à s'appuyer sur les sciences positives et sur les connaissances réelles. Ces tendances, toutes salutaires qu'elles étaient et qu'elles sont demeurées (car elles entrent dans la foi du dix-neuvième siècle et feront de plus en plus celle des siècles à venir), ces tendances, à cause des écarts qu'elles comportaient et des résistances qu'elles rencontraient, allaient droit et du pas le plus rapide à la révolution française. Elle éclata, et le pays de Vaud, non plus que la Suisse entière, n'y demeura pas étranger ; il en partagea les émotions et les passions. Chose singulière et qui prouve la simultanéité de ces flots d'opinion qui entraînent et bouleversent tout, quand Louis XVI s'enfuit des Tuileries pour aller se mettre à la tête du parti royaliste, cette nouvelle, arrivée dans le pays de Vaud, anima d'une vive allégresse les partisans du privilége et consterna les adhérents de la révolution. Mais bientôt l'arrestation de Varennes transporta d'un camp à l'autre la consternation et la joie ; au premier bruit de cette arrestation, les partisans des nouvelles idées n'en peuvent croire leurs oreilles, ils craignent de s'abuser, lorsqu'un horloger nommé Jequier court au-devant du courrier de Paris et rapporte à Lausanne une gazette dont le contenu est écouté avec les plus bruyantes démonstrations de triomphe. Et pourtant le malheureux prince n'était rien aux gens qui applaudissaient tant à son revers, rien, sinon qu'il devenait de jour en jour davantage l'adversaire d'une inévitable révolution. Après avoir lu ces détails, on comprend que l'acte du maître de poste qui arrêta Louis XVI ne fut pas un acte isolé, et que partout des Drouet guettaient le roi fugitif pour peu qu'il fût reconnu.

Le carnage des Suisses au 10 août et les fureurs de la révolution suspendirent, il est vrai, dans le pays de Vaud l'élan novateur ; mais le coup n'en était pas moins déjà porté, et bientôt la Suisse entière se trouva impliquée dans les affaires de la France et de la coalition, dans la guerre et dans le bouleversement. Elle en sortit profondément modifiée, et le pays de Vaud, désormais affranchi de sa sujétion envers Berne, devint un canton indépendant et obtint sa part de souveraineté dans la gestion des affaires de la Suisse. Telles furent les destinées de ce petit pays : d'abord gaulois, puis conquis par les Romains, il resta roman lors de la chute de l'empire; sous l'organisation féodale il demeura étranger à la Suisse proprement dite, et eut toutes ses liaisons avec la Savoie et la France. La folie et la ruine de Charles le Téméraire le soumirent au canton de Berne, qui, plus tard, l'entraîna dans le protestantisme et le gouverna aristocratiquement, mais, en somme, avec modération. Enfin, tout près de notre temps, quand *les droits de l'homme*, pour me servir du langage de l'époque, ébranlèrent toutes les vieilles constitutions, il s'insurgea, rompit ses liens, et, prenant possession de lui-même, entra avec confiance dans la vie démocratique. Le théâtre est étroit, mais l'intérêt n'est pas petit; et M. Verdeil, puisant aux sources, compulsant les archives, interrogeant les documents inédits, a donné à son livre toute l'autorité et le relief que comporte une histoire locale; son livre, dont la mort, lui laissant à peine le temps d'y mettre la dernière main, l'a empêché de voir le succès domestique et de recueillir le fruit pendant une vieillesse honorée.

XII

ŒUVRES DE BONIVARD[1]

COMPRENANT :

1° *Advis et devis de l'estat ecclésiastique*, 1856 ; 2° *Advis et devis des lengues et amartigenée, c'est-à-dire de la source du péché*, 1865 ; 3° *De l'ancienne et nouvelle police de Genève ; — De noblesse et de ses offices*, 1865 ; 4° *Chroniques de Genève*, 1867 [2].

Byron, errant parmi les sites de la Suisse, arriva au château de Chillon, situé près du lieu où J.-J. Rousseau place la scène du lac et du bateau, cause de la maladie et de la mort de Julie ; et là, voyant un vieux donjon, une prison avec sept piliers, la trace sur le pavé des pas des captifs, il imagina la légende de sept frères, une longue captivité, un seul survivant dont il se complut à peindre la douleur pénétrante et la résignation finale. Puis, mieux informé, il n'effaça pas son poëme, ce qui eût été grand dommage, mais il ajouta un sonnet où il rend aux choses leur vérité et aux hommes leur justice. Le prisonnier, c'est Bonivard tenu longtemps dans les fers par le duc de Savoie pour avoir défendu l'indépendance de Genève. Voici les deux tercets du sonnet :

---

1. *Journal des Savants*, août 1870.
2. Cinq volumes, imprimés à Genève, chez Jules-G. Fick. Le premier volume a été publié par MM. Chaponnière et Gust. Revilliod, et les quatre derniers par M. Revilliod seul, M. le docteur Chaponnière étant venu à mourir dans le cours de l'œuvre commencée.

Chillon! thy prison is a holy place
And thy sad floor an altar — for 't was trod,
Until his very steps have left a trace,
Worn as if thy cold pavement were a sod,
By Bonivard! may none those marks efface!
For they appeal from tyranny to God [1].

Il est vrai de dire que Bonivard, par son dévouement à l'indépendance de Genève et par les souffrances qui lui en advinrent, mérite l'éloge du grand poëte. Je ne rappellerai point sa biographie, fort bien faite par M. le docteur Chaponnière; je dirai seulement qu'il se trouva à ce moment périlleux où la ville, gouvernée par l'évêque, convoitée par le comte de Genève, puis par les ducs de Savoie, finit par assurer sa liberté en s'unissant à la Suisse. Bonivard lutta contre le duc de Savoie, accepta la réforme et se mit avec Calvin et les étrangers contre le parti de ceux qui résistaient à l'austérité calviniste. Ce furent les trois événements qui firent de cette petite ville ce qu'elle fut, et qui lui donnèrent un rôle bien plus considérable que ne le comportait son étendue. Durant tout le temps de la lutte, le danger fut pressant et pour Genève et pour les défenseurs de son indépendance. Bonivard en fut quitte pour six ans au château de Chillon. Mais son ami Berthellier, homme de mœurs assez légères, mais ardent défenseur de la liberté de la ville, et, pour me servir des paroles mêmes de Bonivard, *le plus grant mespriseur de mort qu'il eut oncques veu ni leu* (Chron., t. II, p. 66), y perdit la vie et fut décapité par l'ordre du duc de Savoie. Un autre, Pecollat, que l'on avait

---

1. « Chillon, ta prison est un lieu consacré, et ton triste pavé, un autel; car il a été foulé par Bonivard, jusqu'à ce que ses pas y laissassent une trace, comme si ton froid carreau était un gazon. Que nul n'efface ces marques : elles appellent de la tyrannie à Dieu. »

torturé et que l'on voulait retorturer, le mot est de Bonivard, pour le faire parler, saisissant un moment favorable et renouvelant les exemples antiques, se coupa la langue avec un rasoir (*Chron.*, t° II, p. 87). C'est au milieu de ces hommes énergiques que Bonivard tint sa place.

Ce qu'il pensait de Genève et des ducs de Savoie, on le voit par ce qu'il dit de Florence et des Médicis : « Le
« premier de ceste mayson, qui fut avancé en tel cre-
« dict que les Medicis, au lieu de citoiens en esgalitté,
« se sont faitz monarches et tyrans de Florence, fut ce
« Cosmes, que les escrivains eslievent jusques au ciel
« pour les vertus qu'ilz dient havoir estées en luy, et
« à bon' droict en aucun passage, et non seullement
« de luy, mais de tous ses successeurs, qui hont tous-
« jours avancées les bones letres et les professeurs d'i-
« celles à Florence et partout où ilz hont eu credict;
« mais à la reste ilz hont esté de grantz tyrans, qui,
« estantz naiz en ville franche et libre, hont toujours
« tasché à l'assubjectir, voire asservir à eux. » (*De l'idolâtrie*, p. 53.)

Dans sa poursuite de Genève, le duc de Savoie cherchait incessamment à se débarrasser des hommes qui s'opposaient à ses projets ; et Bonivard, étant sorti de la ville pour des affaires avec un sauf-conduit, fut, malgré le sauf-conduit, arrêté et emprisonné : « Quant
« nous fusmes près Sainte-Catherine sur le Jurat, voicy
« le capitaine du chastel de Chyllon, nommé messire
« Anthoine de Beaufort, seigneur de Bierez, avec un
« bailly de Thonon nommé Rossey, qui estoient em-
« buschés au boys avec douze ou quinze compaignons,
« qui sortent de l'embusche sur moy. Je chevaulchoie
« lors une mulle, et mon guide ung puissant cortault.
« Je luy dis : Picque, picque ! et picquay pour me saul-

« ver, et mis la main à l'espée. Mon guide, au lieu de
« picquer avant, tourne son cheval et me saute sus,
« et, avec un coustel qu'il avoit tout prest, me couppa
« la çaincture de mon espée. Et sur ce ces honnestes
« gens arriverent sur moy, et me feirent prisonnier de
« la part de Monseigneur, et, quelque sauf-conduict
« que leur monstrisse, me menerent lié et guerroté à
« Chillon, où je demeuray non plus longuement de
« six ans, jusque Dieu, par les mains de messieurs de
« Berne accompaignez de plusieurs de Genève, me de-
« livra des mains de ces honnestes gens. » (*Chron.*,
t. II, p. 407.)

Malgré le mal que lui avait fait le duc de Savoie, Bonivard est ou du moins veut être impartial à son égard : « Au duc Philibert, pour ce qu'il mourut sans
« enfans, succeda Charles, son frere de par pere, se-
« cond de ce nom, des mœurs et conditions duquel
« n'est besoing que je parle ; car, pour ce que j'ay re-
« ceu de luy plusieurs maulx, si j'en disoie du mal,
« l'on me pourroit tenir suspect de ce faire pour me
« venger ; si j'en disoie du bien, que je le fais pour
« acquerir gloire de non estre subjet à vengeance. Et
« pourtant je n'ay deliberé d'en parler, sinon de ses
« œuvres que concerneront à l'affaire que j'ay à traic-
« ter, laissant au liseur le jugement de la qualité d'i-
« celles ; et ne pense estre suspect de menterie, veu
« que ce ne sera fors de choses manifestes. » (*Chron. de Genève*, t. I, p. 306.) Cela est simple et ferme. Tacite appuyait son impartialité sur ce que les personnages dont il avait à raconter l'histoire ne lui étaient *neque injuria neque beneficio cogniti* ; Bonivard appuie la sienne sur ce que son personnage lui est *injuria cognitus*.

Quand l'introduction du protestantisme à Genève s'agita parmi les Genevois, ceux qui s'y montrèrent fa-

vorables les premiers étaient des hommes à mœurs licencieuses qui voulaient se débarrasser des prêtres et s'emparer de leurs biens. Ils étaient fort liés avec Bonivard, d'autant qu'ils le savaient *grant ennemi de tyrannie et principallement de la papale, pour ce qu'elle opprimoit le general et lui aussi en particulier.* Ils lui disaient qu'il fallait abolir toutes les cérémonies papales, chasser tous les prêtres et les moines, et appeler des ministres de l'Évangile qui prêchassent et introduisissent dans la cité la vraie réformation chrétienne. A ces instigations Bonivard répondait par un langage qui mérite d'être rapporté : « Je trouve certes votre opinion louable que
« tend à la reformation de l'eglise en ceste ville ; car tous
« les ecclesiastiques, du nombre desquelz je suys[1], en
« havons bien mestier [besoin], veu que je cognois bien
« que en vie et doctrine nous sommes assez difformes.
« Mais il ne faut pas que ceux refforment qui ne sont
« reformez les premiers ; car je voudroie bien sçavoir
« si c'est pour amour de l'evangile, ou par la haine que
« vous nous portez. Si vous portiez amour à l'evangile,
« telle que vous dites, vous vous reformeriez les pre-
« miers ; pour quoy certes l'on voit manifestement que
« c'est pour la haine que vous nous portez. Et qui
« espeluchera bien pourquoy vous nous haïssez, trou-
« vera que ce n'est pour ce que nos mœurs sont aux
« vostres contraires, mais semblables.. .. Nous
« sommes paillards, aussy estes vous ; nous sommes
« yvrognes, aussi estes vous ; joueurs, blasphemeurs,
« aussi estes vous. Pourquoy nous estes vous si
« contraires ? Nous ne vous empechons pas de faire
« vos menuz plaisirz ; faictes nous le semblable. Vous
« nous voulez chasser pour mettre en nos places des

---

1. Bonivard était prieur de Saint-Victor.

« ministres d'eglise lutherienne ; advisez que vous
« ferez : vous ne les haurez pas gardez deux ans que
« vous serez plus faschez de eux que de nous, et nous
« souetteriez. Je sçai bien que cerchez une liberté char-
« nelle de manger de chair aux jours deffendus par le
« pape et autres; ilz vous permettront assez de con-
« trevenir aux deffenses du pape, mais non pas à celles
« de Dieu. Car si le magistrat les appelle pour instruire
« luy et le peuple en la loi de Dieu, ils induiront le
« magistrat à observer et faire observer icelles, que
« sera que l'on ne paillarde, que l'on ne joue, et com-
« mander au peuple de faire le semblable soubz griefve
« paine. Ha! combien cela vous faschera! Pourquoy
« faictes de deux choses l'une : c'est asçavoir, ou que
« nous laissiez en nostre premier estat pour la pareille,
« ou que si nous voulez reformer, que vous reformiez
« les premiers. Voire, si voulez vivre selon la liberté de
« l'Evangile par Luther permise, nous la vous com-
« porterons assez ; faictes que le magistrat seculier
« vous fasse le semblable. » (*Advis et devis es difformes
reformateurs*, p. 151.) Je pense que Bonivard, écrivant
ceci longtemps après l'événement, a donné plus de
précision à ses prédictions; car, autrement, elles auraient été réalisées de point en point. En effet, ceux
qui, pour me servir des expressions de Bonivard, *estoient
plustot pour difformer que pour reformer*, appelèrent les
prédicants; mais ils ne les gardèrent pas deux ans, les
chassant et en appelant d'autres, qu'ils chassèrent de-
rechef. Beaucoup de débats s'émurent, jusqu'à ce qu'enfin *les gens de biens* (ce sont ceux qui pensaient comme
Bonivard) prirent la défense des prédicants. Le couteau
s'en mêla; les brouillons furent en partie expulsés, en
partie mis à mort. Quelque opinion qu'on ait sur les
deux partis, les libertins et leurs adversaires les prédi-

cants avec Calvin à leur tête, Genève sortit de la lutte la vaillante Genève que nous connaissons.

Tout dévoué qu'il est à la réformation, Bonivard ne se fait pas scrupule de signaler les vices et les violences qui la déshonorent. Il stigmatise un de ces difformes réformateurs, un prédicant qui, au temps où le magistrat n'avait pas encore défendu les cérémonies papales, faisait épier les prêtres catholiques alors qu'ils devaient dire la messe. On les saisissait tout revêtus; on prenait les calices, les patènes, les corporaux; on saccageait leurs maisons, on n'y laissait pas *la coquille d'un œuf*; on menait le prêtre en prison où on le gardait jusqu'au dimanche suivant, et alors le prédicant le faisait comparaître, et devant tout le peuple l'accablait de reproches; après quoi il le renvoyait chez lui. Aussi Bonivard met-il dans la bouche des princes catholiques ces paroles que lui arrache son indignation : « Par quelle
« rayson souffrerons nous à nos subjectz abandonner la
« relligion de noz ancestres et les leurz pour se renger
« à celle que havez trouvée nouvellement? De quoy
« en deviendront-ilz meilleurz ? Nous sçavons bien
« que ne reprenez pas à tort la vie de nos pasteurz;
« mais Ciceron dict que celluy qui veut autruy reprendre doit estre luy irreprehensible. Si vostre doctrine
« estoit bone, vostre vie le seroit aussy. Et pour tant
« nous ne voulons pas, puisque voions le contraire,
« que nos subjectz abandonnent leurz institutions anciennes pour embrasser les vostres et vos mœurz et
« conditions, que ne sont pas meilleures que les nostres. » (*Ib.*, p. 134.)

Un de ses dictons favoris, qu'il répète en divers endroits, est : Ce monde est fait à dos d'âne, tout penche d'un côté ou d'autre, rien ne peut demeurer au milieu; tout à l'heure il penchait du côté de la domination

papale, maintenant il penche du côté de l'anarchie.
« Les abus, dit-il, introduictz en l'eglise ont esté
« grandz, et s'est on bien essaié de y remedier; mais
« coment? Devant l'an 1400 Wickleff anglais s'en es-
« saia; après ladicte année, deux Bohemiens, à savoir
« Johannes Husz et Hieronime de Praga, mais ilz furent
« bruslez et s'en alla en fumée tout cela. Après, de
« nostre temps, l'eglise peu à peu s'estoit accumulé de
« mauvaises humeurz, tellement qu'elle devint hydro-
« pique et mesmement du temps des medecins, qu'es-
« toient pape Leon et son frere le cardinal de Medicis,
« duquel temps elle estoit preste à crever. Et que pis
« est, ces medecins, qui la devoient guerir, la remplis-
« soient davantage, tellement que l'on n'i sçavoit plus
« remede, sans un Saxon appelé Martin Luther, qui ne
« la voulut pas purger soubdain, observant les regles
« de medecine, que dient que toute soubdaine altera-
« tion est dangereuse. Pour quoi luy donna des syropz,
« des juilleps et des minoratifz, pour preparer les hu-
« meurz à purgation. Mais qu'en advint? les humeurz
« n'en furent qu'esmeues davantage, sans que purga-
« tion s'en suivict. Come la tragedie commença entre
« le pape et Luther, regardez Sledan, qui en a faict
« un ample volume; mais de moy, je voudroie bien
« sçavoir à quel fruict il travailla tant. Il ha bien
« amoindrie la tyrannie du pape et de ses suppostz;
« mais quel bien ha il mis au lieu de ce mal? au lieu
« de tyrannie, anarchie, en laquelle autant qu'il y a
« de testes, autant y ha il de tyrans. » (*Ib.*, p. 134.)

J'aime tout cela; ce sont paroles d'un cœur loyal auquel l'esprit de parti ne suggère pas le mensonge. Mais il s'en faut que je sois aussi content de ce qu'il dit de Servet. Là, le sentiment sectaire reprend le dessus, dans ce qu'il a de plus violent et de plus implacable. Sans doute il ne faut pas demander à un protestant du seizième siècle une étincelle de tolérance ; il n'en a pas beaucoup plus qu'un catholique de ce temps-là ; on n'en trouverait guère alors que chez Rabelais et les pantagruélistes. C'est seulement cent cinquante ans plus tard que la tolérance, du moins entre chrétiens, s'introduisit dans le protestantisme, et devint, sinon une doctrine, du moins une pratique du magistrat en Hollande et en Angleterre. Les *gens de bien* (encore les gens de bien !) avisèrent qu'il fallait tuer la bête, si l'on voulait se garder de son venin ; et le malheureux Servet fut livré aux flammes. (*Ancienne et nouvelle police de Genève*, p. 108.)

Bonivard rapporte souvent des anecdotes ; il dit tenir celle-ci de Claude de Seyssel, qui la raconta lui présent. Seyssel, alors ambassadeur à Rome pour le roi Louis XII, avait charge d'aller trouver le cardinal de Rovère, depuis Jules II, et de le prier d'avoir souvenance de la promesse qu'il avait faite d'aider de tout son pouvoir l'élection du cardinal d'Amboise à la papauté, sauf toutefois le cas où lui Rovère serait l'un des compétiteurs à la tiare. Rovère répondit, suivant Seyssel, au dire du moins de Bonivard : « Dites à la « majesté du roi que je ne veux pas estre pape, mais « encore moins que le soit cet asne orgueilleux. Corpo « di Dio, il n'estoit pas facile de lui parler, et, quand « cela arrivoit, il falloit avoir la barrette en main. Que « seroit-ce s'il estoit pape ? Corpo di Dio, il ne le sera « pas. » (*Advis et devis de la source de l'idolâtrie*, p. 45.)

Je veux bien croire, avec la garantie de Claude de Seyssel, ce petit récit, qui ne convient pas trop mal à l'impétueux Jules II ; mais plusieurs autres qu'il tient de je ne sais où me sont fort suspects. Malgré mes doutes, je transcrirai celui-ci, qui n'a point une grande gravité. Suivant Bonivard, Jules II aimait beaucoup le vin, et il fallait que son buffet ne fût jamais dégarni de flacons et de vins des meilleurs crus. Au plus fort de ses querelles avec Louis XII, en présence de ce buffet, il demanda un jour quels étaient les vins français. On lui montra un flacon de vin d'Orléans, un d'Anjou, un de muscat de Frontignan, un d'Arbois, un de Beaune; et alors, frappant d'un bâton les flacons, il fit disparaître les vins français, mais jamais il n'eût donné un coup ni à celui d'Arbois, ni à celui de Beaune : « Ceux-là, disait-il, ne sont pas françois, mais « bourguignons. » (*Ib.*, p. 48.)

Le reste, je le lui laisse sur la conscience. Mais ce qui suit, est-ce une imitation de Rabelais? ou bien lui et Rabelais n'ont-ils fait qu'habiller à leur façon un conte qui courait dans différents pays? En tout cas, on se rappellera l'écolier limousin et Pantagruel en lisant ces lignes : « Un jouvencel de nostre pays de
« Savoye, qui avoit demeuré trois ou quatre moyz en
« France, en oublia son langage; si que, quant il fut
« revenu, ne sçavoit plus où estoit la mayson de son
« pere, si que il fut contrainct à donner un fort à un
« garson qui le y conduisist. Et estant arrivé pour
« reapprendre son lengage, ne cessoit de rompre la
« teste à sondit pere pour l'interroguer que cecy ou
« cela vouloit à dire en savoyen. Finalement, un jour
« foynantz un leur pré, le filz, voyant un rasteau à
« terre couché, dict à son pere : Et cecy comme s'ap-
« pelle il, mon pere? et, ce disant, mit le pied sus la
« teste du rasteau, qui leva la perche, que le vint
« frapper du long du visage, si que le nez lui esclatta,
« et en sortit sang à randon. Et dès lors il luy souvint
« de son lenguage et dict : *En fi Dei despei du raste!*
« car douleur et hipocrisie ne peuvent repairer ensem-
« ble. » (*Advis et devis des lengues*, p. 73.)

Comme on voit par les mots qu'une douleur subite arrachait au beau parleur savoyen (je dis *savoyen*, ainsi que fait Bonivard; *savoisien*, qui a prévalu, est barbare, le thème étant *sabaudia*), les populations romandes avaient alors le dialecte qu'elles ont aujourd'hui; mais dès lors aussi le français avait sa place dans ces contrées. Si j'écoutais mon auteur, je ne dirais pas le français, mais le gaulois. Le gaulois, selon lui, est le nom générique qu'il faut employer pour désigner la langue que plusieurs populations qui ne sont pas françaises parlent en commun avec les Français; le français n'en est qu'un cas particulier, à la vérité le plus considérable. Gaulois ou français, le style de Bonivard est rude, mais non sans force et sans intérêt. Les formes grammaticales s'en rapprochent de celles de Rabelais; c'est ainsi qu'il emploie d'ordinaire *que* pour *qui*, surtout quand ce relatif se rapporte à des noms de chose. Il lui arrive parfois de traduire en vers des vers latins qu'il cite; mais en ce genre il est très-malheureux, et ses vers ne valent pas mieux que ceux d'Amyot en pareille circonstance. Outre la littérature latine qu'il connaît, il sait l'allemand et en fait grand cas. « C'est, dit-
« il, une riche lengue, et ouse dire que non-seullement
« elle s'esgalle au latin, ains encore au grec, et prin-
« cipalement en la grace de vocables joinctz ou com-
« posez; ce que n'hont non-seulement les Gaulois,
« mais les Latins; car y faict que les Latins emprun-
« tent des Grecz presque tous les noms de leurs figures;
« ce que ne font Allemans, ains exposent tout en leur
« propre lenguage, qui est à ce suffisant. Si que Fuchs-
« sperger ha composé une dialectique en alleman, sans
« rien emprunter du latin; ce que n'ha faict Pierre de
« la Ramée, qui en ha aussy faict une en françoys. »
(*Ib.*, p. 38.)

Les historiens racontent, et Bonivard après eux, que, le pape Alexandre VI ayant voulu empoisonner certains cardinaux, le sommelier se trompa de bouteille; le poison échut au pape et à son fils, et les cardinaux échappèrent. Le pape succomba, mais « le fils, qui es-« toit jeune, fit fendre une mule toute vifve par le « mylieu et se fourra au dedans son corps, et ainsy « guerit. » (*Advis et devis de l'idolâtrie*, p. 39.) La mémoire d'Alexandre VI n'est pas de celles qu'on défend; je n'entends pas nier qu'Alexandre VI ait voulu empoisonner quelqu'un, qu'il y ait eu méprise, que le méfait soit retombé sur lui, et que son fils se soit fait fourrer dans le ventre d'une mule toute vive; mais ce que j'entends nier, c'est que le ventre d'une mule toute vive soit un antidote pour un poison quelconque. Les poisons et les contre-poisons ont longtemps hanté les imaginations populaires, les uns aussi merveilleux que les autres. D'Aubigné raconte dans ses Mémoires (p. 35, éd. Lalanne) qu'il eut différents démêlés avec un gentilhomme nommé Fervacques qui se trouvait comme lui à la cour de Catherine pendant que le roi de Navarre y était prisonnier; et que, *ayant esté si jeune de se reconcilier, de là à quelque temps Fervacques l'empoisonna dans un potage qui lui fit faire quatre-vingts selles dans un jour, tomber les cheveux et peler la peau.* A la bonne heure, voilà un vrai empoisonnement, probablement par une préparation arsénicale. Mais l'aventure de la mule m'a rendu douteux tout le récit de la fin d'Alexandre VI, qu'il faudrait revoir pour en apprécier l'authenticité.

Il y a lieu de noter quelques particularités du langage de Bonivard. Il se sert souvent de la locution *ampreux*: Et ce pour ampreux. (*De l'ancienne et nouvelle Police*, p. 32.) Cela signifie en premier, tout d'abord.

C'est le mot *preu*, que les enfants ont conservé dans certains de leurs jeux pour dire premier. On trouve aussi *tout espreux* : « Un bissac qu'il avoit apporté tout « espreux pour cela. » (*De Noblesse*, p. 299.) Ici le sens est : tout exprès, soit qu'il faille y voir, ce qui n'est pas probable, une corruption de *exprès*, soit plutôt que *espreux*, signifiant proprement : des premiers, ait pris par extension le sens de tout d'abord et finalement d'exprès.

A la p. 111, *De l'ancienne et nouvelle Police*, on lit : « La pluspart du conseil ne vouloit pas que l'on des- « couvrist le pot aux roses, et n'y avoit personne qui « ousast dire gry. » Les éditeurs ont mis à ce *gry* un point d'interrogation, déclarant par là ne pas le comprendre. Mais *gry* ou *gru* est un mot demeuré provincial, par exemple en Normandie, où il signifie : qui n'a plus rien : Il a joué et perdu, il est gru. Ici, qui osast dire gry, c'est : qui osât dire quoi que ce fût.

Je trouve *joux* : Joux le commun proverbe. (*Amartigenéé*, p. 113.) C'est l'ancien français *jouxte*, selon. *Joux* se dit encore parmi les paysans des environs de Paris.

Je trouve encore *leur* pour *à eux* : Le terme leur donné par leurs capitaines. (*De l'ancienne et nouvelle Police*, p. 136.) Un emploi pareil nous est offert par l'ancienne langue ; exemple, dans une ordonnance des rois de France : A leur ou aulcun d'eulx. (T. III, p. 656.)

Charivari est un mot qui se rencontre sous des formes très-diverses dans les anciens textes ; il est sous celle de *chenevallerie* dans Bonivard : « Mommeries, farces « et semblables ; ce qu'ils faisoient aux dépens des ma- « riés par deux fois, que l'on nommoit chenevalle- « rie. » (*De l'ancienne et nouvelle Noblesse*, p. 42.) Parmi toutes les formes que l'on cite, la plus voisine est le dauphinois *chanavari*.

Je termine cette très-courte revue par ce qu'il y a de plus caractéristique dans le langage de Bonivard, c'est l'emploi de *dou* pour *dont* : Dou chascun murmuroit (*Chron. de Genève*, t. I, p. 224); Le duc dou il se departit (*Ib.*, p. 292); Des gens ribblantz, dou ceux de la ville en firent le plaintif (*ib.*, p. 304). Qu'est ce mot? A cette question, on répondra en citant Marot :

..... Pour au pays venir
D'où je n'ai sceu perdre le souvenir. (T. II, p. 186.)

D'où pour *duquel*; c'est aussi le sens dans les passages de Bonivard. *D'où* représente *de-ubi*, comme *dont*, duquel il est ici l'équivalent, représente *de-unde*.

Quand on s'engage dans ces minuties grammaticales, on aime à compter pleinement sur l'exactitude des textes. Les éditeurs des œuvres de Bonivard ne laissent aucune inquiétude à cet égard; ils ont respecté scrupuleusement l'orthographe, les inversions, les mouvements de style; « car, disent-ils, ce que l'on « pourrait prendre pour une incorrection, une faute, « est peut-être l'indication de la prononciation du ter- « roir, une vue originale sur une règle de grammaire, « la transition d'un mot ancien à un mot nouveau, « enfin la manière spéciale de l'écrivain ou du pays. » (*Notice sur F. Bonivard*, p. LXXVI.) Je peux même dire que le scrupule de l'exactitude a été poussé un peu trop loin, quand on s'est abstenu de mettre des accents et des apostrophes. Quelques accents et apostrophes, sans nuire à l'esprit d'exactitude, auraient, en bien des cas, rendu la lecture plus facile. Les éditeurs répondront qu'on peut se tromper en mettant les accents, et, de la sorte, présenter au lecteur un faux texte. Sans doute; mais, même en essayant de faire un calque, les erreurs sont possibles, et je vais montrer que quelques-unes ont été commises.

L'écriture du manuscrit de Bonivard ne doit pas être facile à lire; du moins voici quelques passages mal lus que j'ai relevés : Il ne sçavoit A. Nilz, mais il s'advisa... (*Noblesse*, p. 298.) Cela est inintelligible; mais le z qui reste dans *nilz* fait deviner la vraie leçon : Il ne sçavoit A ni Z. — Et ainsy desbisez retournerent en France. (*Noblesse*, p. 314.) Lisez : *desbifez*; c'est notre mot actuel *débiffer*; voici du reste un exemple du siècle de Bonivard : Laissant en aller cette armée desbifée à la Charité, où les trouppes se refaisoient (D'AUBIGNÉ, *Hist.*, t. I, p. 325.) — Saint-Andrien (*Chron.*, t. II, p. 422); lisez : *Saint-Andrieu*, qui est la forme ancienne d'*André*. — Les uns... donnoient l'honneur à action et practique, voire se mocquoient des autres le proposants. Le broccart que une paouvre vieille donna jadis à Thalès, qui, marchant pour contempler les mouvementz du ciel, levoit tellement la teste contre le ciel qu'il ne vit pas un fossé qui estoit devant ses piedz, pour quoy y tumba, et la vieille lui dict... (*Amartigenée*, p. 149). J'ai cité toute cette phrase pour montrer qu'elle n'est pas construite, *le broccart* n'ayant point de verbe; ajoutez que *le proposants* ne se comprend pas. Tout devient régulier et intelligible en corrigeant : se proposantz le broccart que une paouvre vieille... — Si Adam eust obei, il estoit en telle preheminence qu'il pouvoit pecher et pouvoit, non haiant entier franc arbitre (*Amartigenée*, p. 166). Transposez la virgule, et lisez : qu'il pouvoit pecher et pouvoit non, haiant entier franc arbitre. — Avec une louaille (*Idolâtrie*, p. 73), il faut *touaille*, vieux mot encore usité en Normandie et qui signifie linge, serviette. — Vostre Juppiter que vous ornez et adorez pour dieu et roy des dieux (*Advis et devis de Mençonge*, p. 169). *Ornez* est une faute, pour *orez*, c'est-à-dire *priez*. — Et estant la chose publique florentine delivrée de la tyrannie des de Medicis... furent rappelez les bannis, tous desbatz, muttineries et homicides, qu'est merveilleux en tel temps de mutation (*Idolâtrie*, p. 65). Evidemment, au lieu de *tous desbats* on lira : sans desbats. — D'en faire enqueste n'estoit question (d'un meurtre commandé par le duc de Milan); car lon fait estre larron à qui ha le seigneur pour compaignon. (*Idolâtrie*, p. 127.) Au lieu de *lon fait*, il faut : bon fait estre larron... — Tu frapperas une sanugine d'un coup de hacquebutte. (*Noblesse*, p. 321.) *Sanugine* n'est pas français; le mot à mettre est *sauvagine*. — La longue demence de la guerre. (*Noblesse*, p. 3.) Cela n'a qu'une apparence de sens. Dans *demence*, changez le *c* en *e*, et vous aurez : la longue demenée de la guerre, ce qui est la vraie lecture; *demenée* est un vieux mot qui veut dire : conduite, durée. — Sur la donne du fossé. (*Chron.*, t. I, p. 185.) Non *la donne*, mais *la douve*. — Avancé à la cardinuate (*de Noblesse*, p. 294); lisez *cardinauté*.

Ces remarques si minutieuses montrent que j'ai lu fort attentivement les œuvres de Bonivard; c'est donc en pleine connaissance de cause que je souscris au dire des éditeurs : « Si l'on étudie les diverses faces, si l'on
« considère les bons et les mauvais côtés de François
« Bonivard, il ne sera pas difficile de reconnaître qu'il
« représente admirablement bien son temps, et que la
« connaissance approfondie de sa vie et de ses écrits
« jette une vive lumière sur toutes les phases de cette
« époque si digne d'exciter l'intérêt, et de faire naître
« les méditations de ceux qui cherchent dans le passé
« la loi de l'avenir. »

XIII

MÉMOIRES
DU
CARDINAL DE RETZ

PUBLIÉS POUR LA PREMIÈRE FOIS SUR LE MANUSCRIT AUTOGRAPHE

AVEC LEUR COMPLÉMENT JUSQU'EN 1679

d'après les documents originaux

PAR MM.

CHAMPOLLION-FIGEAC & AIMÉ CHAMPOLLION FILS[1].

On a appelé les *Mémoires* du cardinal de Retz le bréviaire des révolutionnaires. Mais quels révolutionnaires? Si l'on entend par ce mot ceux qui veulent et savent produire les émotions populaires, préparer les journées et soulever les grandes cités, certes le titre appartient à Retz; il a été habile en tout cela; c'est un livre d'agitateurs, et son livre peut être dit un bréviaire d'agitation. Au contraire, si l'on entend par révolutionnaires ceux qui, de son temps même, changeaient la face de l'Angleterre, ou qui, cent cinquante ans plus tard, changèrent la face de la France, alors une telle dénomination ne lui convient en aucune façon; car il est l'ennemi décidé des entreprises qui ressembleraient

---

1. *Le National*, 27 juin 1837.

au mouvement anglais, et ses visées sont tout autres. En effet, il était attaché en politique à un système de juste milieu que l'on comparera, si l'on veut, à celui qui règne pour le moment sous ce nom[1]; il en a même le mot, et il regrette ce *sage milieu* que nos pères, dit-il, avaient trouvé entre la licence des rois et le libertinage des peuples.

Nous venons de nous demander ce qu'est un révolutionnaire; il faut nous demander maintenant ce qu'est un juste ou sage milieu dans les crises qui agitent les sociétés. Cela est facile; nous vivons, en ce moment même, sous un gouvernement qui s'attribue la qualification de juste milieu. Regardons-le.

Il est né d'une révolution, et a pour origine la décision d'un corps électif qui donna hâtivement au duc d'Orléans une royauté héréditaire. Deux principes ont donc présidé à sa formation, le principe de la souveraineté nationale et le principe de la royauté. Entretenir ensemble deux principes qui se gênent, est l'essence du juste milieu.

Malgré les apparences des deux chambres, on ne confondra pas la constitution du gouvernement qui vient de s'écrouler avec celle du gouvernement qui vient de s'établir. La restauration n'était pas un gouvernement de juste milieu, en ce sens qu'elle n'avait pas, à son origine, deux principes; elle n'en avait qu'un, la légitimité. Le roi Louis XVIII déclara que son règne, depuis la mort de Louis XVII, n'avait subi aucune interruption, et, en vertu de cette déclaration, octroya une charte à ses fidèles sujets. Cet octroi causa un perpétuel malentendu entre le roi qui s'attribuait une puissance supérieure en vertu d'un ancien droit

---

1. Ceci a été écrit, on s'en souviendra, en 1837.

royal, et les sujets qui, depuis l'ère moderne, se portent de plus en plus à penser que les rois ne sont que des magistrats, héréditaires il est vrai, mais soumis effectivement au contrôle de la volonté populaire, par l'intermédiaire d'assemblées élues. A la fin, le roi prit sur lui de casser la charte; et les sujets prirent sur eux de chasser le roi.

Que, malgré les difficultés, la coexistence puisse être entretenue entre les deux principes de souveraineté populaire et de puissance royale, c'est ce que prouve, depuis la révolution de 1688, l'exemple de l'Angleterre, mais à une condition pourtant : le pouvoir royal, sauf en l'hérédité, ira perdant graduellement ses caractères de souveraineté provenant du régime féodal et du droit divin, et se réduira à être un organe de la souveraineté populaire.

Faire coexister les deux principes est donc la tâche qui est échue au gouvernement de Juillet, et qu'il a lui-même nommée juste milieu, se décernant cette dénomination comme un éloge. En revanche, ses adversaires en ont fait un blâme, et ont soutenu qu'il inclinait bien plus vers le principe royal que vers le principe populaire. Ce fut le reproche des premières années, alors que les insurrections républicaines éclataient; c'est encore le reproche aujourd'hui qu'elles sont comprimées et que la marche de la politique courante assure au principe royal une prépondérance dont il semble ne pas trop savoir que faire.

Maintenant remontons de deux siècles, et venons au *sage milieu* du cardinal de Retz, du parlement et de son parti. Ces gens-là professaient une grande horreur pour ce qui se passait alors en Angleterre, une grande crainte pour les états généraux, admettaient la plénitude de l'autorité royale, et cependant prétendaient la modérer *par des coutumes reçues et comme prises en dépôt* dans les corps judiciaires. Le cardinal de Retz manifeste en plusieurs endroits son aversion pour les révolutionnaires anglais, son mépris pour Cromwell; il refuse positivement de s'entendre avec Vane, qui, trompé par ce qu'il y avait d'emporté et de turbulent dans les actes du parlement de Paris et du cardinal, avait pensé à la possibilité de se lier de ce côté, et de faire faire cause commune aux bourgeois de Paris et aux bourgeois de Londres. Cette opinion n'était pas particulière au cardinal de Retz; c'était celle de tout son parti; en voici la preuve : le cardinal Mazarin, dans un moment d'humeur, parla du parlement, de M. de Beaufort et du coadjuteur, comme de la chambre basse d'Angleterre, de Fairfax et de Cromwell. Le coadjuteur, connaissant très-bien les dispositions de la compagnie dans laquelle il se trouvait, rapporta en plein parlement les paroles du cardinal Mazarin, et c'en fut assez pour y soulever une clameur d'indignation contre une aussi cruelle injure. « Je puis dire sans exagé« ration, remarque le cardinal de Retz, qu'il n'y a ja« mais eu plus de feu en lieu du monde qu'il y en eut « en tous les esprits en cet instant. Il y eut des avis à « décréter contre le cardinal ajournement personnel; « il y en eut à le mander sur l'heure même pour venir « rendre compte de son administration; les plus doux « furent de faire très-humbles remontrances pour de« mander à la reine son éloignement. » Telles étaient les opinions du parlement, du parti qui le soutenait dans Paris et du cardinal de Retz, que l'on a regardé comme un révolutionnaire. Ils détestaient les maximes de la chambre basse de Londres; ils prétendaient n'avoir rien de commun avec des doctrines qu'ils qualifiaient d'excessives et de dangereuses; et, tandis que la révolution anglaise combattait pour les droits d'une représentation quelconque de la nation, les parlementaires français avaient, autant que la cour, peur des états généraux.

Le parlement craint naturellement les états, dit le cardinal de Retz en termes formels. Quant à lui, il s'en explique non moins clairement. « Le peu d'ac-
« tion, dit-il, que j'eus dans le même temps touchant
« les états généraux, ne fut pas si approuvée; l'on vou-
« lut s'imaginer qu'ils rétabliraient l'État, et je n'en
« fus pas persuadé. Je savais que la cour ne les avait
« proposés que pour obliger le parlement, qui les ap-
« préhende toujours, à se brouiller avec la noblesse.
« M. le Prince m'avait dit vingt fois devant sa prison
« qu'un roi, ni des princes du sang n'en devaient ja-
« mais souffrir. » Les révolutionnaires anglais avaient pris, sans hésiter, fait et cause pour la chambre basse, pour une représentation, pour le droit populaire ; les parlementaires français avaient une répugnance instinctive pour une telle extrémité, pour un pareil radicalisme. Ils se tinrent dans ce que le cardinal de Retz appelle un sage milieu ; mais dans cette position ils étaient dépourvus de toute véritable force et placés *en l'air* pour me servir d'un terme de tactique : la cour les tourna sans peine, et sa victoire fut décisive.

En effet, telle était l'inconséquence du parlement qu'au milieu de la plus grande vivacité de ses résistances, on l'embarrassa beaucoup en le sommant de déclarer en forme s'il prétendait donner des bornes à l'autorité du roi. C'est qu'en effet, il admettait l'omnipotence royale, et qu'il voulait seulement qu'elle eût la sagesse de se faire une limite à elle-même, limite jugée suffisante si la cour consentait à soumettre à l'enregistrement les traités faits entre les couronnes et les édits

pour les levées d'argent. « Les rois qui ont été sages
« et qui ont connu leurs véritables intérêts, dit le car-
« dinal de Retz, ont rendu les parlements dépositaires
« de leurs ordonnances, particulièrement pour se dé-
« charger d'une partie de l'envie et de la haine que
« l'exécution des plus saintes et même des plus né-
« cessaires produit quelquefois. Ils n'ont pas cru s'a-
« baisser en s'y liant eux-mêmes, semblables à Dieu,
« qui obéit toujours à ce qu'il commande une fois. »
Ainsi ce que les parlements demandaient, ce qui paraissait au cardinal de Retz la limite des tempéraments
de l'autorité absolue, c'est que les rois s'astreignissent
à respecter leurs propres ordonnances et permissent
aux corps judiciaires de leur représenter l'obligation
de ce respect. Retz donna le nom de scandaleuse et
dangereuse tyrannie au gouvernement de Richelieu et
de Mazarin (qu'aurait-il dit des gouvernements qui suivirent et qu'il ne vit pas?); mais la monarchie modérée
par un corps judiciaire qui, à côté de ses maximes de
légalité, avait ses préjugés, ses passions, ses intérêts,
il l'appelle la plus légitime des monarchies. Avoir le
droit de parler au nom de la nation, et donner aux
représentants autre chose que la vaine prérogative
d'une voix consultative dans les affaires du pays; tels
furent le système et le but des révolutionnaires anglais. Créer une sorte de coutume qui, appuyée sur des
maximes de judicature et soutenue par la noblesse de
robe en ses grandes cours, modérât l'autorité royale
qui, en principe, était reconnue comme illimitée; tel
fut le système des parlementaires français.

Le principe entraîna la conséquence. Ce qui n'était,
de l'aveu même des plus hardis, qu'humbles remontrances, ne put jamais être transformé en barrière efficace contre les empiétements de la cour. Les remon-

trances s'écoutent ou ne s'écoutent pas; elles n'ont en soi aucune vertu qui oblige à y obéir, et ce premier président dont Retz rapporte les paroles : « *Je m'en vas à la cour, je dirai la vérité; après quoi il faudra obéir au roi,* » faisait en ce peu de mots l'histoire présente et passée de l'opposition des parlements. Le pouvoir royal, fort de la concession qui lui était faite, s'inquiéta peu d'un usage qui ne devait jamais être un obstacle sérieux, tant qu'on serait d'accord que la couronne possède une autorité souveraine. Ainsi les prétentions des parlementaires étaient contradictoires en elles-mêmes; et le cardinal de Retz, qui en fait le fondement de sa conduite politique, ne s'est pas aperçu que l'on poursuivait une chimère, qu'il fallait aller vers l'autorité du roi ou vers l'autorité des états généraux, et que le milieu où il voulait se placer n'avait qu'un semblant de raison, et n'était tenable ni en droit ni en fait. Il observe quelque part qu'un voile doit toujours couvrir tout ce que l'on peut dire, tout ce que l'on peut croire du droit des peuples et des rois qui ne s'accordent jamais si bien ensemble que dans le silence. Cette remarque caractérise parfaitement son opinion politique et celle des parlementaires. Dès qu'on en vint à des explications, il fut clair que le parlement n'avait rien de sérieux à dire, il lui convenait donc de faire de ses maximes une sorte de sanctuaire où le roi ni le peuple ne pénétrassent. Le peuple, en effet, s'en tint loin; mais le roi déchira le rideau et vit qu'il n'y avait rien derrière.

Au fort de la Fronde, le parlement réclama que la cour renonçât à emprisonner qui bon lui semblerait, et que toute arrestation arbitraire cessât au bout de vingt-quatre heures. Quoi de plus juste? quoi de plus utile aux sujets et, je dirai, au roi lui-même? Mais la bonne intention du parlement ne prévalut pas contre les aveugles instincts d'une autorité absolue. L'incarcération arbitraire, dans les temps qui suivirent, ne connut plus de frein; elle devint non-seulement un instrument de règne, mais aussi un amusement de ministres, de sous-ministres, de moins encore; et les bastilles virent passer dans leurs murs une éternelle procession d'allants et venants, sans compter ceux qu'on y oublia.

Tel fut le caractère, telle fut l'issue du *sage milieu* qui faisait la politique du cardinal de Retz; mais il est loin de ma pensée de prétendre que tous les justes milieux, malgré des contradictions, soient dans le tort et dans le faux. La raison et la vérité sont pour eux toutes les fois que les principes posés sont incertains, erronés, ou que les conséquences qu'on tire de principes bien fondés exigent, pour s'accomplir, des intermédiaires qui ne sont pas encore venus. Ainsi, dans le conflit, en France, entre le catholicisme et le protestantisme, le principe du protestantisme n'était pas tellement évident qu'il dût entraîner les esprits éclairés, et la corruption de l'Église catholique était assez grande pour qu'on voulût la réformer. De là la naissance du tiers-parti, dont le chancelier de l'Hôpital fut le chef. Henri IV en mit les doctrines en pratique, au très-grand avantage de la France; et, qui plus est, l'avenir se chargea de déplacer la question entre catholiques et protestants, de ne la pas laisser où les controversistes d'alors la mettaient, et de tout soumettre au jugement du libre examen, de la critique et de la science.

Au XVIIe siècle, l'essai que les Italiens firent de petites républiques avait échoué; et il était évident, dès cette époque, que les destinées futures de l'Europe passaient entre les mains des grands États. C'est donc dans l'esprit qui animait ces derniers, dans leurs idées, dans leurs tendances, qu'il faut chercher l'origine des mouvements qui exercèrent une influence prépondérante sur le sort des peuples. Or, dans trois de ces grands États, l'Angleterre, l'Espagne et la France, on trouvait trois systèmes politiques : l'un qui avait pour objet de fonder la monarchie absolue; l'autre qui voulait faire prévaloir les assemblées élues; le troisième, enfin, qui cherchait un milieu, et qui essayait de modérer le pouvoir de la monarchie, non par les institutions, mais par les règles et les habitudes de certains corps judiciaires. Une courte lutte anéantit les cortès espagnoles et jeta ce peuple, si brillant alors, dans la léthargie. Une lutte qui ne fut guère plus longue eut, en Angleterre, un résultat tout opposé, et établit d'une manière définitive le pouvoir d'une représentation à côté de l'autorité royale. En France, on ne fut ni assez révolutionnaire pour mettre, comme les Anglais, les états généraux au niveau du trône, ni assez malheureux pour perdre, comme les Espagnols, tous droits dans une bataille ; et il se forma, dans les parlements, un corps de maximes qui, bien que dépourvues de base et de sanction, eurent la prétention de donner un frein, d'un côté à ce qu'ils appelaient la licence, de l'autre à ce qui était réellement l'arbitraire.

L'arbitraire prévalut, je l'ai déjà dit, pas assez pour tout étouffer sous la double autorité du trône et de l'Église, mais assez pour inspirer d'ardents désirs de liberté et faire jeter un œil d'envie sur la voisine Angleterre. Mener à terme ce qu'une telle situation contenait fut la tâche et la gloire du XVIII° siècle; et ces états généraux, pour qui les parlements professaient tant d'horreur, ce furent les parlements eux-mêmes qui, sous Louis XVI, en réclamèrent la convocation.

Bien plus, l'entreprise révolutionnaire qui, en Angleterre, subordonna définitivement l'autorité royale à la représentation nationale et qui avait excité parmi les Frondeurs une si vive indignation, est devenue un peu plus tard l'objet des désirs des autres peuples européens, qui, successivement, ont imposé ce régime à leurs rois. Il n'est plus en Europe, sauf la Russie récente en tant de choses, un État où des assemblées élues n'interviennent dans la gestion des affaires publiques. Est-ce quelque retour étrange des événements et de la fortune ? pas le moins du monde. Le mouvement anglais n'a été que le premier (ou, pour parler plus exactement, le second, car il a été précédé du mouvement hollandais) dans le développement moderne des sociétés européennes.

On peut compter les guerres de religion qui venaient de désoler la France parmi les causes qui empêchèrent ce pays d'entrer dans la voie où entrait l'Angleterre, je veux dire de régulariser, d'une façon ou d'une autre, l'autorité des états généraux; car, comme dit Retz, sous Charles IX et Henri III, l'on fut si fatigué des troubles que l'on y prit pour révolte tout ce qui n'était pas soumission. Dans les temps qui précédèrent la réforme, la France, plus qu'aucune autre nation, avait défendu ses immunités religieuses; aussi le principe qui sépara une moitié de l'Europe de l'Église catholique lui fut-il étranger. La querelle qui s'agitait entre la réformation et le catholicisme était dans l'origine et resta jusqu'à la fin en dehors du tempérament religieux que lui avait fait l'Église gallicane. Mais, justement, de ce tempérament résulta que la réforme y trouva un certain nombre d'adhérents, et n'y put être étouffée comme elle le fut en Espagne et en Italie. De terribles guerres civiles éclatèrent; et, quand le pays sortit de ce long tumulte, la voie droite avait été perdue. L'autorité royale fut la seule qui profita des circonstances, si ce fut en profiter que d'anéantir la tradition des états généraux.

L'Angleterre et la France, au moment où la révolution s'ouvre en l'une et la Fronde en l'autre, sont arrivées à des termes très-équivalents de développement. Descartes vaut mieux que Bacon; Fermat et Pascal tiennent un haut rang dans la science; Corneille, inférieur certainement à Shakespeare, a néanmoins, par les quatre grandes créations du *Cid*, des *Horaces*, de *Cinna* et de *Polyeucte*, droit à l'immortel laurier que la muse distribue; Poussin et Lesueur n'ont aucun rival sur le sol britannique; enfin, philosophiquement et socialement, la tolérance religieuse est en avance chez nous, car les protestants y sont admissibles et admis à tous les emplois, tandis qu'en Angleterre les catholiques sont, à cet égard, l'objet d'une rigoureuse exclusion. Telle est, à ce moment solennel, la balance de la comparaison. Maintenant laissons passer cinquante ou soixante ans pour la reprendre. Les choses ont bien changé, et c'est à notre désavantage. Je ne veux ni atténuer ni déprécier ce qu'eut de brillant la seconde moitié du xviie siècle, qui est proprement ce qu'on nomme le siècle de Louis XIV. Mais cet éclat, dont à bon droit nous sommes fiers, mal soutenu par le fonds scientifique et social qui se dégradait, aurait été suivi d'une prompte décadence, si dans le courant du xviiie siècle les sciences, la philosophie et la politique n'avaient fait un puissant effort. Il serait advenu alors ce qui advint jadis au siècle d'Auguste, qui n'eut pas de lendemain. Et pourquoi cette décroissance, transitoire il est vrai, mais très-sensible, se manifesta-t-elle? c'est que la monarchie devint arbitraire et bigote, et que la société refusa très-vite de la suivre dans ces mauvaises voies. De la sorte, l'Angleterre conquit une avance qu'elle n'avait pas eue auparavant, et qui dura jusqu'à ce que la philosophie du XVIII° siècle et la révolution française eussent renouvelé toutes les formes de développement social.

Henri IV, à la sortie des guerres religieuses, inaugura, au profit de la France, la véritable politique que la situation du pays voulait à l'intérieur et à l'extérieur. Son fils, tout médiocre qu'il fut, ne s'en départit pas, et s'en trouva bien; enfin le cardinal Mazarin la poursuivit, au milieu de grandes difficultés, avec non moins de succès. Ordinairement les dynasties se font une règle et un honneur de se conformer à la ligne générale tracée par leur fondateur, quand ce fondateur a été grand par la conception et par l'œuvre. Aujourd'hui encore, les czars russes se conforment à l'impulsion donnée par Pierre Ier; et les souverains de la Prusse, à l'esprit qui anima les premiers Frédérics. Mais le troisième Bourbon, peu après qu'il eut reçu de Mazarin le gouvernement, rompit avec la tradition de son aïeul, et se jeta dans une politique semblable à celle des monarques espagnols, qui avait perdu leur pays, et qui, par sa mauvaise qualité, avait fourni une succession de triomphes à Henri IV, à Louis XIII et à Mazarin. Cette réaction dura quarante ans; ce n'était pas à des hommes tels que le régent, Louis XV et Louis XVI, qu'il pouvait être donné d'en sortir. On n'en sortit pas en effet. La monarchie demeura réactionnaire; la nation devint progressive, et la rupture se termina par la grande catastrophe de la révolution. Mais, malgré cette issue que trouva la force des choses, il est vrai de dire que ce fut un malheur pour nous et pour eux que les Bourbons aient renié l'esprit qui avait inspiré le glorieux chef de leur maison.

Un chef huguenot, le duc de Rohan, dans une assemblée de réformés, sous la régence de Marie de Médicis, prononçait ces paroles bien remarquables : « La loi des États change selon les temps : on n'y peut « donner de maximes certaines. Ce qui est utile à un « roi est dommageable à un autre. Qu'un roi de France « se rende aujourd'hui persécuteur de notre religion, il « en perd la protection parmi toute la chrétienté, en- « richit de ce titre quelqu'un de ses voisins, n'augmente « de créance parmi ceux de l'église romaine, et ruine « entièrement son royaume. Un roi d'Espagne n'est pas « dans le même cas ; car, depuis qu'il a perdu en cette « querelle tout le Pays-Bas, n'ayant plus de sujets de « notre religion, il n'a pas cette créance à ménager. « Dans la France, comme elle est placée, l'exercice de « notre religion donne à nos rois l'autorité de protec- « teurs de l'Europe, qu'ils garderont tant qu'ils nous « traiteront bien. C'est pourquoi, si le roi est bien con- « seillé, il nous conservera en l'état que nous lui de- « mandons. » Il est impossible de montrer plus de clairvoyance politique. Le duc de Rohan, cinquante ans à l'avance, décrit les conséquences qu'aurait la révocation de l'Édit de Nantes. Louis XIV le révoqua ; et toutes les conséquences prévues se vérifièrent à son dam, à celui de sa race et au nôtre.

Comment, dira-t-on, reconnaître dans le passé que Henri IV eut raison et que Louis XIV et ses successeurs eurent tort ? Les chances des événements n'étaient-elles pas diverses ? et ne fut-il pas possible que le résultat eût tourné en faveur de ceux qui, faisant comme Philippe II et Louis XIV, maintinrent obstinément, sur le cou des sujets, le poids de l'autorité ecclésiastique et monarchique? Non, cela n'était pas possible; et, pour le montrer, il n'est besoin d'aucun raisonnement; le fait est là tout vivant et parlant. L'Europe entière, je ne dis pas seulement la France, l'Europe entière a tourné le dos à la politique de Philippe II et de Louis XIV; plus le temps marche, plus elle s'avance dans celle dont les premiers linéaments furent tracés par la révolution de Hollande, par Henri IV et la révolution d'Angleterre. Les monarchies, les noblesses, les Églises qui s'opposent à ce vaste et régulier mouvement, périclitent, et sont ou vaincues ou contraintes de se transformer. Empiriquement, la vue seule de cet ample développement étendu sur tant d'années et tant de peuples suffit pour enseigner qu'il ne rétrogradera ni ne s'arrêtera; théoriquement, on en est sûr quand on conçoit qu'il est produit par l'accroissement perpétuel de la connaissance humaine.

Revenons à la veille du jour où, pour cent trente ans, Louis XIV imposa le joug de la monarchie absolue. A ce moment, la Fronde était bruyante, le parlement excité; et le cardinal de Retz se mouvait au fort de tout ce tumulte avec aisance comme en son élément. Mais ce n'était que du tumulte. Si le cardinal de Retz ne voulait pas de l'intervention permanente d'une représentation nationale, il ne voulait pas davantage de l'immixtion des classes populaires. Maintes fois il déclare que, pour lui, la nécessité de recourir au peuple serait le plus mortel des inconvénients, et il pense que cette voie *ne convient jamais guère* (ce sont ses propres paroles) à un homme de qualité. De ce côté encore, il est bien loin du caractère de révolutionnaire qu'on a voulu lui assigner. Je ne dirai pas, rabaissant la Fronde, qu'il ne faut pas confondre une intrigue avec une révolution. La Fronde, qui fut certainement une très-misérable intrigue entre les mains de M. le Prince, de M. le duc d'Orléans, de La Rochefoucauld, de Mme de Longueville et de tant d'autres, fut plus que cela chez les parlementaires et les bourgeois de Paris. Mais elle fut une fausse idée politique qui, admettant la toute-puissance royale, prétendit pourtant la limiter par des remontrances.

Au milieu de ces princes, de ces ducs, de ces parlementaires s'agitant contre la cour, figurait le frère du feu roi, le duc d'Orléans. C'est à ce médiocre personnage que le cardinal de Retz conseilla de former un tiers-parti, et il lui en développa ainsi les utilités : « Le premier avantage que je remarque est que le « tiers-parti a l'air de sagesse, ce qui est toujours bon, « parce que la prudence est celle de toutes les vertus « sur laquelle le commun des hommes distingue moins « justement l'essentiel de l'apparent. Le second est « que, comme il n'est pas décisif, il laisse ou il paraît « laisser Son Altesse Royale dans la liberté du choix, « et, par conséquent, dans la faculté de prendre ce qui « lui pourra convenir dans le chapitre des accidents. « Le troisième avantage de cette conduite est que, tant « que Monsieur le suivra, il ne renoncera pas à la « qualité de médiateur que sa naissance lui donne na- « turellement, et laquelle toute seule lui peut donner « lieu en un moment, pourvu qu'il soit bien pris, de « revenir avec bienséance, et même avec fruit, de « tous les pas désagréables à la cour qu'il a faits jus- « qu'ici, et qu'il sera peut-être obligé de faire à l'ave- « nir. » J'ai dit un peu plus haut qu'il est des tiers-partis ou justes milieux qui non-seulement se justifient, mais encore constituent une véritable conception politique, supérieure à chacun des extrêmes qu'elle sépare; mais celui-ci, n'en déplaise à son auteur, ne peut être rangé dans cette honorable catégorie; c'est purement de l'intrigue, destinée à se ménager dans le péril et à se faire acheter selon l'occasion. Toutefois, à ce point de vue peu édifiant, le portrait du tiers-parti n'est pas mal réussi.

Au reste, le coup d'œil d'observateur exercé, d'homme habitué à saisir le dessous des hommes et des choses, ne manque pas dans les *Mémoires* du cardinal de Retz. Ainsi, quand il dit que les chefs des factions n'en sont maîtres qu'autant qu'ils savent prévenir ou apaiser les murmures, et qu'il lui fallut malgré lui en venir à agir, quoiqu'il n'en fût pas encore temps, ou bien quand il remarque avec une sorte d'amertume que l'on a plus de peine, dans les partis, à vivre avec ceux qui en sont qu'à agir contre ceux qui y sont opposés, on reconnaît sans peine que le cardinal a lutté par lui-même avec toutes les difficultés qui se présentent, et que la même qualité qui en fit un meneur actif et intelligent en a fait un observateur sagace et exact. Des remarques moins sérieuses, quoique non moins vraies, sont jetées dans ces mémoires sur les fautes inconcevables que commettent les partis; sur l'émeute parisienne, qui ne veut pas se déshonorer; sur le parlement, qui vote parce que c'est l'heure de dîner; sur l'accueil fait à la cour, *reçue*, dit Retz, *comme les rois l'ont toujours été et le seront toujours, avec acclamations qui ne signifient rien que pour ceux qui prennent plaisir à se flatter;* sur la satisfaction qu'il éprouva à se coiffer de son chapeau de cardinal en présence des courtisans; sur certains hommes qui, bien que fort corrompus, cherchaient le repos public, parce que, très-vieux, ils cherchaient leur repos particulier.

« Ce que j'ai vu dans nos troubles, dit le cardinal,

« m'a expliqué en plusieurs occasions ce que je n'ai « pu auparavant concevoir dans les histoires. » A notre tour, nous disons que la contemplation de nos agitations politiques nous fait lire plus couramment dans les *Mémoires* de Retz, qu'il n'était possible à des lecteurs moins préparés que nous.

Les *Mémoires* du cardinal de Retz abondent en récits vifs, en portraits excellents et en anecdotes piquantes. Les femmes, a dit Paul-Louis Courier avec une exagération qui contient pourtant une part de vérité, étaient alors communes entre les hommes dans le monde de la cour et dans ce qui en relevait. De ce partage n'étaient pas exclus les ecclésiastiques ; et le cardinal de Retz, en faisant sa confession, n'a pas oublié celle de plusieurs de ses contemporaines. On raconte que le bon religieux qui copiait les mémoires du cardinal était saisi de scrupules quand il arrivait à ces passages scabreux, laissait tomber sa plume, et se récriait sur les libertés d'un prince de l'Église. Le cardinal lui répondait : « Je l'ai fait, il faut bien le racon- « ter. » On a, sur le manuscrit autographe, la trace de ces interruptions, dues à la conscience timorée du moine ; et le cardinal a écrit de sa main certaines anecdotes. L'histoire de ce manuscrit est curieuse. Trouvé, à la révolution, dans une abbaye près de Commercy, et destiné à la Bibliothèque nationale, il resta dans les mains de M. Réal, qui le garda pendant la révolution, pendant l'empire, et qui, exilé au retour des Bourbons, l'exila avec lui et l'emporta en Amérique. La chute de la restauration en juillet rouvrit les portes de la France au manuscrit autographe du cardinal de Retz ; il rentra avec le comte Réal, et il ne fut réintégré à la bibliothèque et rendu à l'État qu'au décès de celui qui s'en était fait le détenteur. Cette restitution a permis à MM. Champollion de donner de ces *Mémoires* une édition plus exacte que les éditions antérieures, de rétablir les passages omis ou tronqués et de faire, de l'imprimé, une copie fidèle du manuscrit autographié. Là ne se sont pas bornés leurs soins; ils ont indiqué avec précision quelle était la dame (Mme de Caumartin) pour qui Retz avait composé sa biographie; ils ont consacré des notes courtes, mais exactes, aux personnes dont il y est parlé; et ils ont publié quelques pièces inédites.

Quelle agitation, quel tumulte respirent dans les pages qu'a écrites le cardinal de Retz! Aussi, combien de fois les historiens se sont-ils embarrassés dans l'explication des mouvements qui troublent cette époque! Les uns y ont vu l'ambition des grands et les derniers efforts de la féodalité mourante; les autres, les caprices du prince de Condé, aussi brouillon qu'il était grand capitaine; Bossuet a prétendu que le cardinal de Retz n'avait soufflé le feu de la sédition que pour obtenir le chapeau de cardinal; quelques-uns même ont avancé que les amours des grandes dames avaient été les mobiles de la Fronde. Je n'ai tant insisté sur la position des parlementaires et de leur parti que pour montrer que tout cela est insuffisant. Le point fixe, clair et instructif est l'effort des parlements contre l'autorité absolue de la cour et des ministres. Mais si, le perdant de vue, on entre dans le particulier des intérêts et des passions qui s'agitèrent, il faudra bien de l'attention pour saisir le fil d'intrigues qui se croisent; et le profit qu'on en tirera en se faisant une idée quelconque des prétentions de M. de Bouillon, des caprices de M. le Prince et des irrésolutions de M. le duc d'Orléans, ne vaudra pas, historiquement parlant, la peine qu'on y aura prise. C'est alors une étude de mœurs ; c'est une particularité de caractères individuels ; c'est un détail tantôt amusant, tantôt curieux ; c'est un sujet de recherches pour la psychologie historique et pour les comparaisons morales. Si on renfermait l'histoire dans l'examen de ces influences subalternes et rétrécies, on lui ôterait nécessairement toute clarté, et l'on risquerait de lui donner une monotonie qui la priverait de son intérêt réel. Les facultés des hommes, leurs passions, en un mot, leur organisation intellectuelle et morale, restent, dans tous les temps et dans tous les lieux, fondamentalement les mêmes. C'est là l'orbite dans laquelle le genre humain se meut et devra toujours se mouvoir. Mais, avec la faculté d'accumuler ses connaissances, avec l'écriture, l'imprimerie et les livres, l'homme arrive à des idées de plus en plus générales qui, à leur tour, réagissent sur sa condition et modifient le cours de son histoire. Il en résulte une série de causes supérieures qui planent sur chaque époque, une sorte de trame où il faut savoir tisser les faits particuliers. Les faits particuliers de guerres, de conquêtes, d'établissements, d'intrigues, de révolutions, analogues entre eux, ne peuvent avoir un nom propre, un caractère spécial, qu'à la condition d'emprunter ce nom, ce caractère aux influences plus générales que l'accumulation des travaux humains, des idées humaines, agrandit et élève, chaque siècle, davantage. En un mot, l'histoire, dans le véritable sens que lui donne la critique moderne, exige une mise en œuvre qui la sépare et de l'histoire telle que l'ont conçue les anciens, et de la chronique du moyen âge, et de la forme des mémoires particuliers. Dans ces trois ordres sont ses matériaux, et rien de plus.

XIV

ESSAIS
SUR LA
PHILOSOPHIE DES HINDOUS
Par M. H.-G. COLEBROOKE
Traduits de l'anglais et augmentés de notes nombreuses
PAR G. PAUTHIER
Un volume, 1834[1].

Un employé, revenant de l'Inde, apporta à Voltaire, il y a environ soixante-dix ans, une prétendue traduction d'un ancien livre indien, sous le titre d'*Ezourvedam*. L'*Ezourvedam*, ou plutôt *Yajur-Véda*, est l'un des Védas, ou saintes écritures, et il est consacré principalement à l'explication des cérémonies religieuses. Voltaire, considérant ce livre comme un remarquable monument de l'antiquité, s'en servit dans ses discussions historiques, et appela l'attention des savants sur l'ancienne civilisation et la religion de l'Inde. Cependant l'*Ezourvedam* qu'il avait sous les yeux n'était qu'une imitation moderne, qu'une fraude pieuse, due probablement à un jésuite nommé Roberto de Nobili. L'original en a été trouvé à Pondichéry, dans la bibliothèque des jésuites, par sir Alexandre Johnston. Ce

---

1. Le *National*, 12 juillet 1835.

missionnaire italien, qui vivait dans le dix-septième siècle, et qui possédait une connaissance très-réelle du sanscrit, avait composé en cette langue son *Ezourvedam*, sans doute pour favoriser la propagation du christianisme parmi les Indiens ; et c'était la traduction de cette imitation qui était parvenue en Europe. Le milieu était bien trompeur à travers lequel Voltaire faisait connaissance avec l'Inde antique ; cependant, s'il a commis une erreur, excusable pour son temps, en admettant comme authentique un écrit que l'on sait aujourd'hui n'être qu'un pastiche, il eut assez de pénétration et de clairvoyance pour reconnaître que l'Inde renfermait des trésors scientifiques, et pour les annoncer longtemps d'avance à l'Europe. Ceux qui lisent, dans ses œuvres, des extraits de l'*Ezourvedam*, doivent maintenant n'y voir que des citations d'un apocryphe ; mais ils ne doivent rien retrancher de l'importance que l'homme de Ferney attacha, avant tout autre, à l'histoire de la presqu'île indienne.

Cette importance n'a pas tardé à être démontrée ; et les découvertes faites dans ces régions inexplorées ont largement payé la peine des travailleurs et jeté un jour tout nouveau sur la philologie et l'ethnographie. Les Brahmanes ont témoigné longtemps une répugnance invincible à initier à leur littérature les Européens ; et il ne fallut pas moins que tout l'ascendant que les Anglais avaient obtenu sur eux et sur le corps de la nation, pour les déterminer à en dévoiler les secrets. Lorsque l'empire britannique eut été définitivement constitué dans l'Inde, quelques hommes pleins d'amour pour l'étude et non sans bienveillance pour le peuple vaincu, s'étant mis à rechercher ses mœurs et son histoire, furent, au premier abord, frappés de l'existence d'une langue sacrée, connue dans le pays même sous le nom de sanscrite (parfaite). Cette langue avait, depuis bien longtemps, cessé d'être vivante; elle était, à l'égard de plusieurs des modernes dialectes de l'Inde, dans le même rapport que le latin, langue morte aussi, est avec l'italien, l'espagnol et le français. Les prêtres instruits en avaient seuls conservé l'intelligence.

La grammaire ayant été étudiée, et la langue ayant été apprise malgré toutes les difficultés que présente le système synthétique adopté par les grammairiens indiens, système si différent de notre analyse, on fut frappé du plus grand étonnement, quand on reconnut que ce sanscrit, cet idiome sacré des Brahmanes, offrait les plus grandes analogies avec le grec, le latin, l'allemand, le persan. Ces analogies sont tellement évidentes, qu'il est impossible de nier la consanguinité de tous ces idiomes, et elles offrent en outre ce caractère d'authenticité, d'être d'autant plus considérables et nombreuses, qu'on examine le grec, le latin, l'allemand et le persan dans leurs formes les plus antiques. A mesure qu'on recule plus loin dans le passé de ces idiomes si divers, l'unité d'origine se manifeste davantage; mais le point de partage d'où tout est venu échappe complétement à notre vue; il est placé par delà toutes nos histoires.

Les mots sont des créations de l'esprit humain douées d'une existence plus durable qu'on ne pense peut-être. Ils voyagent bien loin sans éprouver d'altération qui les rende méconnaissables. Tel mot qui est encore vivant sur les bords de la Seine a retenti jadis à Rome et dans la Grèce, est écrit dans les livres sacrés des Brahmanes, et provient d'une source ignorée.

En recherchant les analogies que présentent les grammaires et les mots, on a formé une famille de langues appelées indo-européennes, qui sont le sanscrit, le persan, le grec, le latin, le celtique, l'allemand et le slave. On voit que ces langues, avec toutes celles qui en sont dérivées, occupent une vaste portion du globe, et comprennent plusieurs des nations les plus éclairées, soit dans les époques passées, soit dans l'époque moderne. Le temps surtout, et aussi l'espace, y ont mis de notables différences. Les Védas en sanscrit, les livres de Zoroastre en zend, les poëmes homériques en grec, sont les monuments les plus anciens en langues aryennes, et ceux où apparaissent le plus visiblement les affinités idiomatiques. Ajoutez-y les plus vieux textes latins, et beaucoup plus tard la Bible en gothique par Ulfilas. Si l'on possédait quelques lambeaux des poëmes druidiques qui formaient le code religieux des nations celtiques bien avant César, ils seraient certainement d'importants témoignages. Ces documents, malgré leurs lacunes et le gros des langues consanguines, ont donné à la recherche scientifique une méthode de comparaison qui fait pénétrer profondément dans les procédés grammaticaux de l'esprit, du moins considérés en une grande famille humaine.

Dans cette famille de langues, plus on les étudie anciennes, plus elles se montrent savantes. Par langue savante j'entends celle qui exprime, à l'aide d'inflexions variées, les rapports des mots entre eux et les circonstances de temps, de lieu, de nombre, et qui suit, par un obscur instinct, toutes les lois d'une synthèse subtile. De telles combinaisons sont dites savantes. Elles font défaut, en grande partie du moins, aux idiomes issus du latin. Ceux-ci y suppléent par les particules et les verbes auxiliaires. Ce sont des langues que le génie des peuples, les hommes habiles et le cours des ans ont façonnées, et qui, grâce à ces longs travaux, ont acquis la faculté de donner à la pensée de claires, de précises, d'admirables expressions. Mais, sous l'ordonnance nouvelle qui s'est ainsi constituée, on découvre toujours les traces de la décomposition qui s'opéra dans le passage du latin aux idiomes néo-latins. La régularité, l'analogie, la savante grammaire de l'idiome primitif ont été entamées fortement : si bien que les peuples modernes, en dépit de leurs progrès généraux, ont des langues moins régulières que les peuples anciens, et que cette régularité remonte à une antiquité hors de notre portée. Pour une synthèse de ce genre, les hommes de l'époque antique ont été doués d'aptitudes collectives qui s'exercèrent avec puissance. J'ajouterai qu'il fut besoin, en même temps, d'une période de formation, et non d'une période close et étrangère à tout travail générateur. Du moins, c'est ce qu'il est permis de conjecturer, d'après ce qui se passa chez un groupe de ces mêmes Aryens, alors que la décomposition du latin y suscita une période de formation. A ce moment, on vit revenir en usage plusieurs des procédés antiques, et c'est ainsi, par exemple, que se formèrent le futur (*j'aimerai*, qui est *je aimer-ai, j'ai à aimer*), et les adverbes en *ent* (*bonnement*, qui est l'adjectif féminin *bonne*, avec le nom féminin *mente*, esprit, manière).

On se tromperait beaucoup si l'on pensait que, pour reconnaître les affinités intimes des langues, il suffit de recueillir quelques mots qui y appartiennent. Cette étude est beaucoup plus difficile; on ne pénètre pas dans le mécanisme d'un idiome, on n'en découvre pas les lois de formation et les analogies les plus secrètes sans de profondes recherches, et sans avoir vu passer et repasser bien des fois devant les yeux ces éléments si ténus et cependant si importants. A de pareilles investigations, de nombreuses comparaisons sont nécessaires; c'est ce qui a manqué aux anciens. Aussi n'ont-ils eu aucune idée des rapports des langues. Les affinités, si visibles, du persan et du grec leur ont échappé; à peine si Varron et quelques savants ont reconnu celles qui existent entre le grec et le latin. A la renaissance des études orientales, les hebraïsans, conduits d'ailleurs en cela par les idées bibliques, voulurent retrouver toutes les langues dans l'hébreu. Mais depuis cinquante ans l'horizon philologique s'est immensément agrandi. On a procédé bien plus sûrement, parce qu'on possédait des faits innombrables et, avec eux, les éléments du problème. Il est arrivé là quelque chose de semblable à l'anatomie comparée; une particule, une lettre a suffi pour caractériser avec certitude la généalogie d'un mot, comme une simple saillie osseuse caractérise quelquefois un animal; et la découverte de l'identité fondamentale du grec, du germain, du persan et du sanscrit a de l'analogie avec la découverte par laquelle Cuvier a restitué les êtres antédiluviens. Toutes deux nous reportent à des époques perdues dans la nuit des temps: l'une nous ramène, par-delà les races humaines, à l'origine des choses vivantes; et l'autre, à l'origine des sociétés aryennes et à la formation de leur langage.

L'ancienne littérature de l'Inde est une des plus riches que l'on connaisse; elle comprend des écritures sacrées (les Védas), un ancien code de lois (les lois de Manou), des poëmes gigantesques plus longs que l'Iliade, un théâtre très-curieux et très-considérable, une multitude d'écrits philosophiques, des grammaires et des dictionnaires d'une grande antiquité, des traités scientifiques, et entre autres des traités d'algèbre. Il faut remarquer que les chiffres que nous appelons arabes ne sont pas originaires de l'Arabie; les Arabes eux-mêmes les appellent chiffres indiens; et c'est des bords du Gange qu'est venue dans l'Occident cette simple et belle numération décimale dont nous nous servons, et qui a manqué aux grands mathématiciens de la Grèce.

Au milieu de toutes ces richesses, une singularité frappe : c'est que la littérature sanscrite n'a encore offert à la curiosité européenne aucune histoire proprement dite. Les événements des temps passés ou bien sont transformés par les Brahmanes en récits mythologiques, ou bien se perdent et s'évanouissent de la mémoire des hommes. Aussi cette absence de documents historiques laisse les savants européens dans le plus grand doute sur tout ce qui concerne l'antiquité que s'attribuent les Indiens ; et quelques critiques, profitant de l'inconsistance de l'histoire indienne de l'Inde, en ont reporté l'origine réelle vers le neuvième ou dixième siècle de l'ère chrétienne. Mais tout s'oppose à ce qu'on adopte une date si moderne. Voici quelques-uns des faits essentiels à cette discussion.

Les Védas, qui sont le livre sacré de l'Inde, en sont aussi le plus ancien monument littéraire. Ils appartiennent indubitablement à une haute antiquité ; mais cette antiquité n'est pas datée. Seulement, le système religieux qui y est lié fut l'objet d'une réformation de la part de Bouddha, dont la date est mise, avec beaucoup de probabilité, par des documents de l'île de Ceylan, au sixième siècle avant Jésus-Christ. Dans tous les cas, un point fixe est donné par un synchronisme certain entre le roi Xandracottos (en sanscrit, Chandragupta) et les premiers rois grecs de l'Asie en deçà de l'Indus, successeurs d'Alexandre. Ils eurent des relations avec lui, et ne transcrivirent pas trop mal son nom en grec. Ce synchronisme est d'une grande importance. Grâce à lui, on peut déterminer la place de plusieurs puissants princes bouddhistes longtemps avant l'ère chrétienne. Les bouddhistes, après avoir longtemps vécu en paix à côté des Brahmanes, furent expulsés de l'Inde à la suite d'une guerre très-sanglante. On manque, il est vrai, de la date précise de ces persécutions religieuses; mais M. Wilson, dans la préface de son dictionnaire sanscrit, a prouvé qu'elles devaient être placées du troisième au septième siècle de l'ère vulgaire, c'est-à-dire longtemps avant l'époque où quelques critiques veulent faire descendre les débuts de la civilisation indienne. Dans cette chaîne des temps et en confirmation, on remarquera qu'au deuxième siècle de l'ère chrétienne le bouddhisme était encore tranquille dans l'Inde; car Porphyre nous en parle à propos d'un ambassadeur indien qui parut à la cour de l'empereur Antonin.

Alexandre ne pénétra pas dans l'Inde proprement dite; mais il en ouvrit la porte, et quelques-uns de ses successeurs eurent des rapports très-suivis avec les Indiens. Mégasthène, ambassadeur de Séleucus, avait résidé plusieurs années à la cour d'un roi puissant sur les bords du Gange. Or, tous les mots indiens conservés par les anciens nous montrent la langue sanscrite aussi bien formée, aussi savamment construite qu'elle l'est aujourd'hui dans les livres. Elle était donc dès lors grammaticalement fixée, ainsi que le prétendent les Indiens.

Cet ensemble de renseignements témoigne qu'à une époque fort ancienne, mais dont il n'est pas possible de fixer exactement les limites, a régné dans l'Inde une culture religieuse et littéraire, fort digne d'intérêt. Le point culminant en répond aux temps des successeurs d'Alexandre jusqu'à l'ère chrétienne et au-delà. Les Indiens reportent l'âge d'or de leur littérature à un prince nommé Vricamaditya, qu'ils mettent cinquante-six ans avant Jésus-Christ, c'est-à-dire à peu près contemporain d'Auguste. Bien que cette date n'ait pu encore être reconnue irréfragablement par la critique européenne, du moins elle est très-probable ; car elle s'accorde parfaitement avec tout le développement, établi d'ailleurs, de la culture indienne.

A la religion, à la langue, à la littérature, se joignent, comme en Égypte, des monuments d'architecture d'un caractère singulier, pour démontrer l'antiquité des arts dans l'Inde. On y trouve un système de construction qui n'a son analogue ni sur les bords du Nil, ni dans la Grèce. Les Indiens, à une époque qu'il est impossible de déterminer, se sont complu à creuser leurs temples dans le roc. On comprend les difficultés d'un pareil travail : temple, statues, colonnes, ornements, toit, pavé, tout est d'un seul bloc. Il a fallu que l'ingénieur chargé de ces étonnants travaux calculât son plan comme le fait un mineur, pour désigner tout ce que le marteau ne devait pas faire sauter, et pour que le plafond de son immense construction ne s'abîmât pas sur sa tête. Hérodote, revenu de son voyage en Égypte, disait à ses concitoyens assemblés pour entendre la lecture de son histoire : « Si l'on faisait la « revue et le calcul des constructions de la Grèce, tout « cela n'équivaudrait ni au travail, ni à la dépense du « seul labyrinthe égyptien. » Il en aurait certainement dit autant des grottes d'Ellora ou d'Éléphantine. Depuis longtemps, les Indiens ne construisent plus rien de semblable.

L'étude du sanscrit a fait de très-grands et très-rapides progrès en Occident. Elle compte un grand nombre d'adeptes ; en raison des affinités avec les langues classiques, elle sortira du cercle de l'érudition proprement dite, et sera regardée par les hommes qui cultivent les littératures grecque et latine, comme un complément nécessaire. M. Pauthier a donc été utile, en traduisant en français les excellents *Essais* de M. Colebrooke. La philosophie occupe une très-grande place dans la littérature indienne, et la poésie même en est toute imprégnée. L'intelligence des auteurs sanscrits n'est donc complète qu'à l'aide de l'intelligence des systèmes philosophiques. Or, ces systèmes sont très-nombreux et très-subtils. L'esprit humain a passé, sur les bords du Gange, par les mêmes phases que dans notre Occident : le spiritualisme, le matérialisme, le panthéisme, des catégories semblables à celles d'Aristote, la théorie corpusculaire, tout cela se trouve dans les différentes philosophies de l'Inde. Aussi la publication de M. Pauthier est d'un grand intérêt pour celui qui, même sans être orientaliste, recherche l'histoire et la filiation des doctrines philosophiques. La légende grecque fait voyager Pythagore dans l'Inde et en rapporter la transmigration des âmes, transmigration que nous retrouvons encore aujourd'hui dans les livres sanscrits.

Cette ancienne philosophie, cette ancienne langue, qui nous mènent loin en arrière dans l'espace des temps écoulés, viennent seulement de nous être révélées ; et toutes les questions sur les rapports et le mouvement des populations antiques, ou ont reçu une clarté nouvelle, ou ont été déplacées. Le système chronologique que l'on suit ordinairement est trop étroit pour qu'en son cadre puissent se ranger des phases et des évolutions si lentes. Le vieil Homère compare les races humaines aux feuilles des forêts que le vent disperse dans l'arrière-saison. Les poëtes brahmaniques se complaisent à représenter la vie comme une goutte de rosée qui brille sur une mobile feuille de lotus, et qui se dessèche en un moment. Combien de ces feuilles, de ces gouttes de rosée, générations perdues dans le gouffre des âges, ont passé, sans laisser de traces, avant le commencement de nos histoires! Et cependant ce passé n'est pas sans limites; car il fut un temps où la terre, imprégnée d'une grande chaleur, ne pouvait nourrir d'animaux; il fut un autre temps où elle portait des palæothériums ou de gigantesques sauriens, qui n'ont jamais été les compagnons de l'homme. C'est après ces divers enfantements qu'il faut placer la naissance des sociétés humaines et la formation de leurs langages.

Depuis l'invasion musulmane, dans le dixième siècle, l'Inde n'a plus fait que déchoir; et, quoique conservant toujours ses mœurs et sa religion, elle a vu ses villes et ses champs occupés tour à tour par les musulmans et les chrétiens. Aujourd'hui les Anglais y règnent; étrangers, ils exploitent l'Inde à leur profit. Cependant leur empire, depuis qu'il est consolidé et incontesté, a des avantages pour les Indiens; et ces avantages dépassent même, pour le moment, les inconvénients de l'occupation étrangère. Ayant abattu tous les princes indigènes, qui guerroyaient sans cesse entre eux, ils font régner dans la presqu'île entière une tranquillité qui y était bien rare jadis. Pline, admirant une pareille tranquillité donnée par Rome aux provinces conquises, vantait, en son éloquent langage, l'immense majesté de la paix romaine.

Dans un espace presque aussi grand que l'empire des Césars, les Anglais ont établi cette même paix, et, avec elle, ils ont introduit un ordre plus régulier, une justice moins capricieuse et plus de respect pour la vie des hommes qu'on n'en trouve sous le régime des monarques orientaux. Les idées de la civilisation européenne ont pénétré avec eux; les sacrifices des femmes veuves ont cessé presque partout; une excellente armée indigène a été formée, et les Indiens commencent à sortir de leur longue immobilité. Toutes ces choses préparent un grand avenir à l'Inde et à la nation indienne. Elle est trop nombreuse et trop compacte pour que la population anglaise puisse la supplanter, comme elle a supplanté les sauvages dans l'Amérique du Nord. La religion chrétienne n'y fait pas, non plus, de prosélytes, de sorte que c'est seulement la civilisation européenne qui s'y infiltre; et cette infiltration commence à devenir rapide. En même temps, les Anglais font tout ce qu'ils peuvent pour consolider et agrandir leur empire. On a annoncé dernièrement qu'ils venaient d'acquérir la grande île de Socotora, position importante pour le commerce avec l'Afrique et la mer Rouge. D'un autre côté, ils ont fondé, il y a une quinzaine d'années, dans le golfe d'Amherst, sur l'emplacement d'une ancienne ville siamoise, un établissement auquel ils attachent une grande importance, et qui prend de rapides développements : c'est Amherst-Town, sur la Salouine, grand fleuve navigable pour les bâtiments de 400 tonneaux; ajoutons Moalmyne, située sur le même fleuve, au confluent de trois rivières, et vingt-cinq milles plus haut. Ces noms sont encore bien peu connus en Europe, mais ils le deviendront beaucoup; car les Anglais ont choisi un pays fertile, un beau fleuve et un emplacement admirable; et ce n'est pas en vain qu'ils ont pris une position si avancée du côté de l'Orient.

Ainsi, pendant que l'Inde moderne est, pour les Anglais, l'objet d'une ardente ambition et le théâtre d'un vaste empire, l'Inde ancienne n'excite pas, chez les érudits, de moindres convoitises, et n'ouvre pas un moindre champ à leurs conquêtes. Une langue qui, à la surprise universelle, se trouve être la sœur des langues classiques de l'Occident ; le brahmanisme, qui, avec ses Védas, touche à des formes primordiales de polythéisme et de religion élémentaire ; le bouddhisme, qui, venu en réformateur, a aussi ses livres sacrés et ses légendes ; une littérature riche en compositions très-diverses et non sans de belles parties ; une histoire tout entière à établir, malgré l'absence d'annales régulières et malgré les lacunes de l'esprit indien en ce domaine : voilà quelques-unes des visées de l'érudition, à mesure qu'elle s'empare de l'Inde. L'invasion est vigoureusement commencée, et les obstacles qui lui sont opposés ne résisteront pas aux armes perfectionnées dont elle dispose, c'est-à-dire une critique vigilante, toujours appuyée sur les textes et sur la comparaison.

XV

INTRODUCTION A L'HISTOIRE
DU BOUDDHISME INDIEN

PAR

E. BURNOUF

De l'Institut de France [1].

I

DE L'ÉTABLISSEMENT DU BOUDDHISME DANS L'INDE

L'Inde, mère du brahmanisme et du bouddhisme, ne fut longtemps connue que d'une manière imparfaite. Néanmoins, dès la haute antiquité, par un vague et mystérieux renom de sagesse, elle avait attiré l'attention, et, suivant les Grecs, un de leurs philosophes les plus célèbres y avait voyagé. Alexandre, en qui le génie de la Grèce pour la guerre et les découvertes semblait s'être personnifié, forma le projet de pénétrer jusqu'aux bords du Gange; mais son armée ne voulut pas le suivre, et il s'arrêta à l'Indus. Ses successeurs dans la haute Asie lièrent des relations avec les souverains de l'Inde, et leur envoyèrent des ambassadeurs. Il se publia, de ces ambassades et de ces voyages, des récits que malheureusement nous ne possédons plus; et

---

[1]. Le *National*, 1ᵉʳ, 15 et 29 septembre 1845.

dernièrement des traces de ces rapports internationaux ont été découvertes dans de vieilles inscriptions indiennes, où se lisent les noms des Antiochus. L'empire romain, qui n'eut jamais, dans l'Orient, la fortune et l'influence de la Grèce, fit toutefois un commerce actif avec l'Inde; et le mot *dinara*, qui s'est introduit dans le sanscrit et qui vient du latin *denarius*, pièce d'argent, montre le crédit que les monnaies romaines avaient conquis sur les marchés indiens. D'un autre côté, un vaste empire encore plus reculé à l'est, encore plus inaccessible aux Européens, la Chine, envoyait des voyageurs qui parcouraient l'Inde vers le quatrième ou cinquième siècle de l'ère chrétienne, et dont nous avons des relations.

Ce furent les disciples de Mahomet qui, les premiers, forcèrent la barrière; ils introduisirent une société musulmane au milieu de la société brahmanique. Après eux, les Mogols s'établirent dans l'Inde, et ces envahisseurs furent bientôt suivis des Européens, entre les mains de qui ces belles contrées sont définitivement restées. Ainsi cette société qui se croyait si bien close, et chez qui la mer, l'Indus et l'Himalaya avaient pendant longtemps laissé à peine parvenir quelque bruit du reste du monde, a fini par tomber, de conquérants en conquérants, dans une sphère d'action dont elle ne soupçonnait même pas l'existence et l'expansion; destinée qui, du reste, est réservée d'une façon ou d'une autre à tout l'Orient.

A son tour, l'érudition a entrepris la conquête de l'Inde, conquête pacifique, utile à la fois au vaincu et au vainqueur : au vaincu, car l'Inde, mieux connue de ses maîtres, a été moins mal administrée par eux ; au vainqueur, car le butin a fourni de nouveaux et considérables aliments à cette satisfaction de connaître qui est le caractère éminent de la science, et surtout de la science moderne. On a trouvé là une littérature étendue et variée, des documents sur une nation singulière et ignorée, des livres sacrés d'une haute antiquité, et une langue morte, il est vrai, et conservée seulement dans la littérature, mais signalée tout d'abord à l'attention par la plus inattendue des circonstances : une incontestable parenté avec les langues de l'Occident. L'introduction du sanscrit au sein de l'érudition européenne marque une phase toute nouvelle en l'étude des langues. C'est depuis lors que la comparaison entre les divers idiomes a fait d'immenses progrès et permis de suivre la fortune des mots depuis une antiquité reculée jusqu'à nos jours; ces mots si capricieux en apparence, mais en réalité si durables et assujétis à des règles si constantes. Des langues presque oubliées ont été éclairées d'un jour tout nouveau; le zend, idiome sacré de Zoroastre, a été, grâce au sanscrit, dont il est le voisin, déchiffré et compris dans ses détails. Et à peine cette étude était-elle fondée qu'elle produisit une récompense inattendue et éclatante : c'est au zend que M. Eugène Burnouf a dû d'expliquer, avec sûreté, des inscriptions cunéiformes jusqu'alors illisibles, gravées sur les tombeaux et les palais de Persépolis. Ainsi tout se tient dans le champ de l'érudition, non moins que dans celui de la science ; les découvertes qui semblent isolées finissent par avoir des réactions étendues. Hipparque, quand il créait la théorie des longitudes et des latitudes, ne prévoyait pas les usages infinis qui en devaient découler pour la géographie et la navigation : Volta, quand il assemblait, dans des vues toutes spéculatives, quelques morceaux de métal, ne songeait aucunement au télégraphe électrique. Ceci donne un enseignement qu'on ne saurait trop répéter, à savoir que la science doit toujours traiter les choses théoriquement et ne jamais s'inquiéter des applications, certaine que, plus elle suivra la voie abstraite avec rigueur, sans se laisser détourner par la clameur vulgaire, plus elle sera fidèle à sa véritable mission, et plus même elle favorisera, en définitive, ces applications dont elle semble se détourner.

La Chine, le Japon, la Mongolie, le Thibet et plusieurs autres contrées de la haute Asie renferment un nombre immense de sectateurs du bouddhisme. On sait par divers travaux que les livres sacrés de cette religion se rapportent tous à l'Inde et doivent être considérés comme des traductions. Mais jusqu'alors les originaux n'étaient pas tombés entre les mains des Européens; c'est seulement en ces derniers temps qu'ils ont été trouvés dans le Népâl au nord en sanscrit, à Ceylan au midi en pali, langue dérivée du sanscrit, et qui est morte également. Ce sont ces documents nouveaux que M. Burnouf a soumis à l'élaboration de la critique; avec combien de difficultés, on s'en fera une idée si l'on songe qu'il s'agit de très-nombreux volumes, tous manuscrits, tous fermés jusqu'ici à l'œil européen, et traitant des dogmes, de la morale, de la métaphysique, de la discipline d'une religion fort mal connue.

Dans le courant du sixième siècle avant l'ère chrétienne, Siddhârta, jeune homme de famille royale, ayant renoncé au monde, fut appelé Çâkyamouni, c'est-à-dire le solitaire des Çâkyas, du nom d'une race de la caste militaire. Parvenu à la perfection de la science qu'il s'était proposée comme idéal, il prit le titre de Bouddha, mot qui signifie l'éclairé, le savant, et de là vient la dénomination de bouddhisme donnée à la religion qu'il a fondée. C'est la date que M. Burnouf assigne au premier établissement du bouddhisme et à la prédication de Çakyamouni. Il s'appuie sur le dire des bouddhistes de Ceylan et sur les renseignements historiques que les livres bouddhiques, les inscriptions et les médailles ont fournis à la critique européenne, et il rejette l'opinion des Chinois qui attribuent cinq siècles d'antiquité de plus à Bouddha. Au reste, c'est dans l'étude, si féconde à tant d'autres égards, de l'Inde ancienne, un regret perpétuel pour le savant européen de rencontrer si peu d'histoire positive, si peu de dates, si peu de synchronismes avec les annales des autres peuples, et de trouver tout enveloppé dans une mythologie sans bornes où se confondent pour ainsi dire les distinctions de l'espace et du temps. Aussi, tout d'abord, cette absence de contrôle historique a permis de faire sur le bouddhisme les hypothèses les plus singulières, que M. Burnouf présente brièvement dans cette énumération ironique : « Pour « les uns, le bouddhisme était un vénérable culte né « dans l'Asie centrale, et dont l'origine se perdait dans « la nuit des temps ; pour les autres, c'était une misé- « rable contrefaçon du nestorianisme ; on avait fait « de Bouddha un nègre parce qu'il avait des cheveux « crépus, un Mongol parce qu'il avait les yeux obli- « ques, un Scythe parce qu'il se nommait Çakya. On « en avait même fait une planète, et je ne sais pas si « quelques savants ne se plaisent pas encore aujour- « d'hui à retrouver ce sage paisible sous les traits du « belliqueux Odin (p. 70). » Il est vrai que M. Burnouf ajoute : « Ai-je besoin de rappeler que, pour quelques « personnes, toutes les questions relatives au boud- « dhisme étaient déjà décidées, quand on n'avait pas « encore lu une seule ligne des livres que j'analyserai « tout à l'heure, quand l'existence de ces livres n'était « même pas soupçonnée de qui que ce fût ? » En effet, rien ne met plus à l'aise les faiseurs d'hypothèses que l'absence des textes et des documents.

Le travail de M. Burnouf coupe court à toutes les divagations de l'esprit de système. Il demeure parfaitement démontré que le bouddhisme n'est ni une religion primordiale antérieure au brahmanisme, ni une religion postérieure au christianisme et contrefaçon de la secte des nestoriens; sa mère est la société indienne avec ses Védas qui la régissent, avec ses dieux qu'elle adore, avec ses castes qui la partagent, avec ses Brahmanes dépositaires de tout l'office religieux. Les innovations qu'il apporte avec lui dérivent directement et par des transitions faciles à suivre des doctrines et des institutions brahmaniques. C'est, en effet, le principe dominant de l'histoire, que rien ne naît qui n'ait été en germe; tout est transition successive, ou, pour me servir du terme propre, de celui qui doit appartenir essentiellement à la science historique, tout est filiation, mais filiation continuellement réglée et limitée par les conditions fondamentales de l'organisation humaine. Connaître la loi de cette évolution est le but de l'histoire; appliquer cette connaissance aux règlements des sociétés est le but de la politique; et prétendre désormais atteindre ce second but sans s'occuper du premier, ce serait aussi mal avisé que de vouloir expliquer les problèmes astronomiques sans étudier les lois mathématiques du mouvement.

Si l'on a des faits et des documents chronologiques sur l'époque de Bouddha et de ses plus prochains successeurs, on n'en a guère sur celle qui l'a précédée. Les Indiens, dit Pline, comptaient 6400 ans depuis le premier de leurs rois jusqu'à Alexandre le Grand. Cette antiquité, qui n'a rien d'impossible, n'a rien non plus qui la justifie. Tout ce que l'on sait, c'est que l'organisation de la société indienne est beaucoup antérieure à Bouddha, et que les Védas, livres sacrés de cette société, appartiennent à un âge reculé. Mais, dans cette question, qui a été souvent débattue et qui le sera encore, on ne doit pas perdre de vue la considération de la langue sanscrite, qui est, grammaticalement, antérieure au zend, langue de Zoroastre, au grec d'Homère et aux plus vieux documents latins. L'étude comparative des langues a fait assez de progrès pour qu'on puisse reconnaître qu'une langue est plus ancienne qu'une autre de même origine. Ainsi, lors même que l'on ne saurait pas historiquement que l'italien est postérieur au latin, l'examen grammatical en donnerait la certitude. De même l'examen grammatical du sanscrit montre que, par rapport à cette langue, les idiomes persans, grecs, romains sont moins archaïques. Donc il faudra toujours reporter les commencements de la société indienne à une époque dépassant celle où nous voyons ces derniers idiomes constitués.

Soit que le long temps eût introduit de funestes abus dans la société indienne, soit que la tournure d'esprit du réformateur religieux le portât à s'adresser plus particulièrement aux intérêts moraux, toujours est-il que Bouddha s'occupa essentiellement de modifier les mœurs de ses contemporains. Une charité infinie et, partant, le besoin de faire partager aux autres le bonheur goûté sous le joug d'une doctrine excellente; le prosélytisme et, partant, l'accès donné aux hommes de tous les rangs et de toutes les castes : tels sont les caractères spéciaux du bouddhisme. M. Burnouf rapporte une parole de Bouddha qui fait mieux comprendre que tout le reste le sens de la religion nouvelle : les Brahmanes se moquaient amèrement de Bouddha au sujet de la conversion d'un certain personnage qui, après être tombé au dernier degré de l'abjection et de la misère, se convertit : « Ma loi, ré-« pondit Bouddha, est une loi de grâce pour tous ; et « qu'est-ce qu'une loi de grâce pour tous ? c'est la loi « sous laquelle d'aussi misérables mendiants se font « religieux. » Parole remarquable, dit M. Burnouf, dont l'esprit a propagé le bouddhisme et l'animait encore à Ceylan au commencement de notre siècle, lorsqu'un religieux, disgracié par le roi pour avoir prêché devant la caste misérable et méprisée des Rhodias, lui répondait presque comme eût fait Bouddha lui-même : « La religion devrait être le bien commun de tous. » (P. 499.)

La disposition à faire tomber les priviléges de castes devant la religion amena Bouddha à employer la prédication pour convertir le peuple à sa doctrine. Laissons parler M. Burnouf à ce sujet : « La prédication, « dit-il, est un moyen tout à fait digne d'attention et « qui, si je ne me trompe, était inouï dans l'Inde avant « la venue de Çâkyamouni. Elle a pour effet de mettre « à la portée de tous les vérités qui étaient auparavant « le partage des castes privilégiées ; elle donne au « bouddhisme un caractère de simplicité et, littéraire-« ment, de médiocrité qui le distingue, de la manière « la plus profonde, du brahmanisme. Elle rend compte « des succès de Çâkyamouni, c'est-à-dire de la facilité « avec laquelle se répandit sa doctrine et se multi-« plièrent ses disciples ; enfin elle donne le secret des « modifications capitales que la propagation du boud-« dhisme devait apporter à la constitution brahma-« nique et des persécutions que la crainte d'un chan-« gement ne pouvait manquer d'attirer sur les boud-« dhistes, du jour où ils seraient assez forts pour mettre « en péril un système politique principalement fondé

« sur l'existence et la perpétuité de la caste sacerdo-
« tale. Ces faits sont si intimement liés entre eux, qu'il
« suffit que le premier se soit produit pour que les
« autres se soient, avec le temps, développés d'une
« manière presque nécessaire (p. 194). »

On a quelquefois prétendu que le bouddhisme avait aboli le régime des castes ; il n'en est rien. A la vérité, la distinction des castes est inconnue aux nations bouddhistes du Thibet, du Barma et de Siam ; mais elle n'en est pas moins établie chez le peuple qui a le premier adopté le bouddhisme, chez les Singhalais. Ce n'est pas sur ce point qu'a porté la révolution faite par le bouddhisme ; c'est sur le privilége d'exercer les fonctions sacerdotales, privilége enlevé aux Brahmanes, qui le possédaient exclusivement, et rendu accessible à tous. M. Burnouf a parfaitement expliqué cette grave modification : « Le sacerdoce a cessé d'être héréditaire,
« et le monopole des choses religieuses est sorti des
« mains d'une caste privilégiée. Le corps chargé d'en-
« seigner la loi a cessé de se perpétuer par la nais-
« sance ; il a été remplacé par une assemblée de reli-
« gieux voués au célibat, qui se recrute indistincte-
« ment dans toutes les classes. Le religieux bouddhiste,
« enfin, qui tient tout de l'enseignement et d'une sorte
« d'investiture, a remplacé le Brahmane, qui ne devait
« rien qu'à la naissance, c'est-à-dire à la noblesse de
« son origine. Voilà sans contredit un changement
« fondamental ; et c'en est assez pour expliquer l'op-
« position que les Brahmanes ont faite à la propaga-
« tion et à l'application des principes du bouddhisme.
« C'est qu'en effet les Brahmanes disparaissent dans le
« nouvel ordre de choses créé par Çâkyamouni. Du
« moment que la naissance ne suffisait plus pour les
« placer au-dessus des autres castes ; du moment que,

« pour exercer une action religieuse sur le peuple, il
« leur fallait se soumettre à un noviciat, recevoir une
« investiture qui ne leur donnait pas plus de droits
« qu'au dernier des esclaves, et se placer dans une
« hiérarchie fondée sur l'âge et le savoir à côté des
« hommes les plus méprisés, les Brahmanes n'exis-
« taient plus de fait. Au contraire, les autres castes
« n'étaient nullement compromises par le boud-
« dhisme ; fondées sur une division du travail que
« perpétuait la naissance, elles pouvaient subsister sous
« la protection du bouddhisme, auquel elles four-
« nissaient toutes indistinctement des religieux et des
« ascètes. Autant les Brahmanes devaient ressentir de
« l'aversion pour la doctrine de Bouddha, autant les
« hommes des classes inférieures devaient l'accueillir
« avec empressement et faveur ; car, si cette doctrine
« abaissait les premiers, elle relevait les seconds, et
« assurait, dès cette vie, au pauvre et à l'esclave ce
« que le Brahmane ne lui promettait même pas pour
« l'autre, l'avantage de se voir, dans le domaine reli-
« gieux, l'égal de son maître (p. 243). »

Malgré l'opposition des Brahmanes, qui devait éclater un jour en guerre furieuse, le bouddhisme fit des
progrès considérables dans l'Inde. Les monuments
qu'on retrouve encore aujourd'hui, les *tops* qui ont
tant excité la curiosité des Européens, les inscriptions
qu'une critique sûre et ingénieuse est parvenue à dé-
chiffrer, les médailles qui sortent incessamment du
sein de la terre, tous ces documents prouvent à l'envi
qu'il a longtemps fleuri dans ces contrées d'où la persécution et les combats ont fini par l'expulser entièrement. Relégué depuis longtemps aux deux extrémités
de la péninsule, Ceylan et le Népal, il n'en a pas moins
exercé l'action de prosélytisme qui lui était inhérente

et converti à son symbole d'innombrables populations. Par une singulière destinée, il fut anéanti dans les contrées qui lui avaient donné naissance, et prospéra dans celles où le zèle de ses apôtres l'avait porté.

Outre les causes qui, dans l'Inde, ont dû rendre des classes nombreuses favorables au bouddhisme, il en est d'autres qui ont, avec non moins d'efficacité, aidé à son développement : c'est l'organisation qu'il reçut de très-bonne heure et qui en remit la fortune entre les mains de religieux voués au célibat, formant un corps perpétuel, et occupés uniquement du soin des choses spirituelles. En effet, dans les quatre siècles qui suivirent la mort de Bouddha, il se tint trois conciles qui s'occupèrent successivement de la rédaction des écritures bouddhiques. La tenue de ces conciles témoigne d'une activité religieuse dont les résultats encore subsistants aujourd'hui peuvent nous faire apprécier toute l'importance.

Il a été une époque où le bouddhisme put espérer d'éteindre dans l'Inde le brahmanisme. Nous avons un récit fort curieux d'un bouddhiste chinois qui se mit en route l'an 399 de l'ère chrétienne, pour aller visiter la patrie de Çâkyamouni. Il part de la Chine avec plusieurs de ses coreligionnaires, traverse toute la Tartarie, s'engage dans les montagnes du Thibet, franchit, à l'aide de cordes et de ponts volants, des vallées inaccessibles et des précipices profonds, et suit les bords du Gange jusqu'à son embouchure. Là, resté seul de tous ceux qui étaient partis avec lui, il s'embarqua pour Ceylan, d'où, après avoir navigué pendant près de trois mois sur la mer des Indes et relâché à Java, il revint en Chine l'an 414 de notre ère, ayant fait environ 4,200 lieues par terre et plus de 2,000 par mer. Il avait parcouru trente royaumes, visité tous les lieux consacrés par la tradition, et partout, dit-il, n'avait eu qu'à admirer les vertus, la piété, la conduite régulière des religieux. De ce voyage il résulte que, dès lors, le bouddhisme était établi dans la Tartarie centrale; qu'on y voyait des monastères peuplés de religieux et qu'on y célébrait des cérémonies indiennes; qu'il était encore plus florissant à l'ouest de l'Indus, dans l'Afghanistan et le Belouchistan, pays d'où il a été depuis complétement banni; que, dans l'Inde centrale, il avait conservé, en opposition avec le brahmanisme, une sorte de supériorité politique; qu'il avait pénétré dans le Bengale et jusqu'aux embouchures du Gange; qu'il était dominant à Ceylan, et que les cérémonies du culte s'y célébraient avec magnificence. On voit, par ces récits d'un étranger, quelle vaste influence a exercée sur les destinées de la haute Asie cette race indienne, qui tient de si près aux populations européennes par la langue; cette race indienne qui est aujourd'hui en la possession d'une compagnie de marchands anglais.

Si une morale plus pure, la prédication, le zèle du prosélytisme, l'organisation d'un corps de religieux célibataires, et sans doute aussi des dispositions dans la société indienne qui, à cette époque reculée, nous échappent, ont favorisé la propagation du bouddhisme, n'oublions pas, parmi les éléments de sa force, les miracles qui appuyèrent la mission de Çâkyamouni, ou du moins la croyance qu'ils trouvèrent. Les légendes bouddhiques sont remplies des actes merveilleux accomplis soit par Bouddha, soit par ses disciples les plus éminents en savoir ou en piété. Pour quiconque a étudié l'état mental des populations antiques, pour quiconque étudie l'état mental de populations contemporaines, mais arriérées, il est évident que le miracle est, à un certain degré de l'échelle sociale, une conception toute spontanée, contre laquelle aucune objection ne s'élève. Où la prendre, cette objection? dans l'ordre de la nature qui n'est pas connu? dans le doute sur l'existence d'agents surnaturels, existence qui est uniformément admise? Aussi voit-on l'établissement de toutes les religions entouré de merveilles que la critique du dix-huitième siècle a attribuées à des inventions mensongères et préméditées, avec autant de tort que l'apologétique a invoqué en faveur de la réalité de ces faits l'assentiment contemporain. Parer de miracles un récit légendaire, ou transformer en miracles les circonstances de quelques faits réels, tout cela était dû à des dispositions mentales qui s'exerçaient avec d'autant plus de force qu'elles étaient le partage de populations immenses et qu'elles ne trouvaient aucuns contradicteurs même parmi les hommes les plus éclairés; tout cela était le produit naturel d'un sol soumis à une certaine culture. La culture a changé, aussi les produits sont-ils tout autres; et aujourd'hui l'état intellectuel est tellement différent, qu'un fait miraculeux (et il s'en produit incessamment dans certains sanctuaires aussi bien que chez les thaumaturges et les sorciers) n'est pas cru, même attesté. Tant la conviction dans la constance des lois naturelles a pris de force, grâce au développement des sciences qui les ont partout substituées aux êtres ou agents surnaturels, et tant on est certain d'avance que le fait allégué ou est grossi par la crédulité, ou est l'objet de quelque illusion, ou rentre dans la catégorie des forces de la nature!

Il en est des prédictions comme des miracles, et le bouddhisme ne manque pas de livres où sont prédits par Çâkyamouni les événements qui devaient surve-

nir longtemps après sa mort. Selon les idées des Brahmanes et des bouddhistes, une grande sainteté donnait le privilége non-seulement d'intervertir l'ordre de la nature, mais aussi de connaître le passé et l'avenir comme le présent. Au dire des livres sacrés, Çâkyamouni profitait de cette science surnaturelle pour instruire ses auditeurs de ce qu'ils avaient fait dans leurs existences antérieures et du sort qui les attendait dans leurs existences futures. « Tant qu'il se contente, dit
« M. Burnouf (p. 218), de leur prédire qu'ils devien-
« dront des religieux éminents par leur sainteté, ou
« même des Bouddhas aussi parfaits que lui, ces pré-
« dictions sont peu instructives pour nous, et elles ne
« nous fournissent aucun secours pour la critique et
« l'examen de la tradition qui attribue tous les livres
« sacrés, indistinctement, au fondateur du boud-
« dhisme. Mais, quand il parle de personnages qui
« sont réellement historiques, quand il fixe la date de
« leur apparition future, ses prédictions acquièrent une
« valeur nouvelle, et elles nous prouvent que les livres
« où on les rencontre sont postérieurs, pour le fond
« comme pour la forme, aux événements qui y sont
« annoncés d'avance par une divination dont la cri-
« tique ne reconnaît pas l'autorité. Cette remarque
« s'applique à plusieurs traités, et, entre autres, à ceux
« où figure le nom d'un roi célèbre dans le boud-
« dhisme. Ce roi est Açoka, dont Çâkyamouni, en plus
« d'un endroit, parle comme s'il devait naître longtemps
« après lui. Je le répète, de pareilles prédictions nous
« apprennent au moins deux faits incontestables :
« c'est que le livre où on les rencontre est postérieur
« non-seulement à Çâkyamouni, mais encore aux évé-
« nements et aux personnages dont Çâkyamouni pré-
« dit l'existence future. » De la même façon, dans la

Bible, quand on voit l'empire macédonien prédit par Daniel, on est sûr que le prophète hébreu n'a pas vécu du temps de Nabuchodonosor.

Tout récemment il s'est élevé dans l'Inde une polémique animée entre les guèbres et quelques missionnaires protestants. En cette querelle, Voltaire a été allégué contre le christianisme par les sectateurs de Zoroastre; ils ont décliné les tentatives de conversion, et refusé créance aux miracles et aux prédictions qu'on alléguait auprès d'eux. Leur critique, qui accepte le Zendavesta, a rejeté l'Ancien et le Nouveau Testament, de même que la critique des missionnaires accepte la Bible et rejette le Zendavesta. Rien ne remet les choses au véritable point de vue comme la comparaison des cas analogues; et il suffit de faire quelques pas sur le globe pour voir condamner là comme faux ce qui est ici regardé comme inspiré. Toutefois, malgré ces condamnations réciproques et également valables, on reconnaît partout un fonds identique, l'emploi des mêmes conceptions, l'action uniforme d'impulsions analogues. Les combinaisons seules varient. Pour celui qui examine sans aucun préjugé ce résultat de l'histoire générale, il demeure évident qu'un accord pareil tient aux conditions morales des populations qui le présentent. Devant cette analogie étendue, tout disparaît, les distances géographiques, les diversités nationales, et même les intervalles du temps; car les peuples aujourd'hui contemporains sont loin d'être au même degré quant à la véritable appréciation de la position de l'homme et de sa planète dans le monde; et, au sein du même peuple, des classes entières nous reproduisent l'état mental qui était propre aux nations de l'antiquité.

Les éléments d'une discorde formidable existaient entre le brahmanisme et le bouddhisme. Celui qui se serait fié à l'état florissant de cette dernière religion, soit à l'époque du roi Açoka, soit à l'époque du voyageur chinois, aurait sans doute prédit la destruction du brahmanisme. Il en fut autrement. La vieille société indienne, par un concours de circonstances que l'histoire ignore, reprit de l'ascendant. De longues et sanglantes guerres désolèrent la péninsule ; les haines et les violences furent poussées à l'extrême ; et l'on peut s'en faire une idée par ce terrible distique d'un poëte brahmanique : « Le roi commanda ainsi à ses « serviteurs : Soient tués ceux qui ne tuent pas le vieil- « lard et l'enfant des bouddhistes, depuis le pont de « Rama jusqu'aux montagnes neigeuses. » Le pont de Rama est la pointe de l'Inde qui regarde Ceylan ; les montagnes neigeuses sont l'Himalaya. Ainsi l'œuvre de destruction s'exerça sur cette vaste étendue avec tant de succès qu'aujourd'hui le bouddhisme n'existe plus dans l'Inde proprement dite. Ces discordes religieuses durèrent plusieurs siècles ; le brahmanisme, vainqueur et laissé sans contrôle, entra dans une période de décadence mentale et de rêverie mythologique, au moment où une autre religion, accourant de l'ouest, vint frapper aux portes de l'Inde et y jeter une population musulmane, sans pouvoir triompher toutefois de la société brahmanique. Aujourd'hui, beaucoup mieux gouvernée, malgré le malheur primitif de la conquête anglaise et les vices d'une administration étrangère, qu'elle ne l'était par ses nombreux despotes ; en contact intime avec la civilisation européenne ; jouissant en général d'une paix intérieure qu'elle n'avait pas connue ; menacée dans sa vieille industrie par la concurrence d'une métropole qui s'est imposée à elle ; obligée de se tourner vers l'agriculture et de demander à son sol si fécond des ressources contre cet ennemi inattendu ; l'Inde est désormais dans une voie qui ne dépend plus d'elle exclusivement et qui se lie au développement général de l'histoire et de l'humanité.

II

DE LA MORALE DU BOUDDHISME

On s'est longtemps figuré l'Inde comme occupée, depuis les montagnes de l'Himalaya jusqu'à Ceylan, par une seule race d'hommes uniformément soumis à la loi de Brahma. C'était une erreur. Les recherches des modernes ont prouvé que, sous cette homogénéité apparente, se cachaient des différences radicales. Les Indiens proprement dits, ceux qui ont fondé la société brahmanique, ceux qui parlaient le sanscrit, sont une population étrangère à la péninsule ; ils s'y sont venus établir, apportant de nouvelles lois, de nouvelles mœurs à des peuplades qui semblent avoir été, à ce moment, plongées dans une profonde barbarie. L'étude des caractères anthropologiques a montré l'existence de races diverses dans l'Inde ; puis l'étude des langues a permis de poursuivre plus loin et avec plus de sûreté la démonstration de ce fait historique. A côté du sanscrit et des idiomes modernes qui en sont dérivés, on rencontre, dans une grande étendue de l'Inde et surtout vers le midi, des idiomes absolument différents, qui, seulement, contiennent plus ou moins de mots sanscrits, suivant que l'influence de la religion et de la société brahmaniques s'est plus ou moins fait sentir sur les populations. Bien plus, certaines peuplades ont échappé complétement à cette action, et il paraît même que l'anthropophagie subsiste encore parmi quelques-unes. Ainsi la force d'assimilation brahmanique n'a pas été assez puissante pour agir également sur toute la péninsule, et même après tant de siècles l'œuvre est encore inachevée.

Toutefois il est certain, dans un sens général, que le peuple parlant sanscrit a civilisé l'Inde. D'où venaient ces civilisateurs étrangers qui, semblables aux colons phéniciens et grecs dans notre Occident, ont changé l'état des populations aborigènes? Là dessus il ne peut plus rester aucun doute. Le nom qu'ils s'attribuent, la langue dont ils se servent, les données ethnologiques recueillies dans le voisinage ont établi qu'ils étaient arrivés de l'ouest dans l'Inde. Ils se nomment Aryens; et le sanscrit a les affinités les plus étroites avec le zend, idiome plus occidental par rapport à eux, et dans lequel ont été rédigés les anciens livres de Zoroastre. Les Indiens sont donc un peuple conquérant et civilisateur qui, à une époque ignorée de l'histoire, a franchi l'Indus et profondément modifié la péninsule. Ils appartiennent à cette race si nombreuse et aujourd'hui si puissante qu'on nomme indo-européenne, et ils en forment le rameau le plus oriental. A l'aide des langues et de quelques traces disséminées que le temps n'a pas complétement effacées, on parvient à retrouver les liens qui rattachent l'une à l'autre les différentes parties d'un groupe étendu depuis le golfe du Bengale jusqu'à la Manche, et comprenant les populations indiennes, persanes, slaves, germaniques, celtiques, grecques et latines.

Les Indiens, comme les Chinois à l'Orient, comme les Égyptiens sur le Nil, comme les Chaldéens sur l'Euphrate, comme les Péruviens et les Mexicains dans le Nouveau-Monde, ont été doués d'initiative, capables de jeter les fondements d'une société organisée et de puissants empires, capables en un mot de devenir un de ces centres de civilisation que les aptitudes primordiales des races, les influences des climats, la direction donnée par certains hommes, et les chocs des populations extérieures ont destinés à des fortunes diverses.

Les Indiens agirent sur la péninsule par le brahmanisme, et sur un espace encore bien plus étendu par le bouddhisme. La religion bouddhiste, très-digne de considération comme élément essentiel de l'histoire dans la haute Asie, l'est aussi à cause du caractère particulier qu'elle présente, comparée au brahmanisme et même à tout le polythéisme de l'antiquité. Le bouddhisme est une doctrine où domine la morale pratique; et il se distingue ainsi du brahmanisme, où la mythologie occupe une plus grande place.

On se fera une idée générale de la morale du bouddhisme, quand on saura qu'il présente la vie religieuse, c'est-à-dire l'imitation de Bouddha, comme l'idéal de l'homme en ce monde. Imiter Bouddha, se conformer autant que faire se peut à ce type de toute perfection, tel est le précepte suprême de la religion. Les polythéismes, au contraire, ont manqué d'un idéal, terme inaccessible sans doute, mais toujours offert comme règle et modèle : ils ne pouvaient suggérer rien de pareil ; les fonctions diverses de tous ces dieux ne permettaient pas de rattacher d'une façon étroite le dogme à la morale; et les premiers apologistes chrétiens ont facilement fait ressortir, dans leur polémique contre le paganisme, le désaccord entre la pratique des hommes vertueux et le spectacle de l'Olympe. Avoir un idéal auquel le fidèle doive toujours se référer est le propre des religions particulièrement morales, telles que le bouddhisme et le christianisme; se complaire dans des conceptions mythologiques dont l'application à la morale est toujours difficile ou douteuse, est le propre des vieux polythéismes ; ce caractère pénètre profondément dans l'essence des choses. Sans doute la morale ainsi dirigée présente des dangers et des lacunes ; l'ascétisme absolu, vers lequel elle emporte les hommes, est même radicalement incompatible avec l'existence des sociétés, et, soit dit en passant, l'échec de l'ascétisme est un de ces exemples qui montrent comment le mobile en apparence le plus puissant, l'espérance d'une vie éternelle en un bonheur infini, vient se briser contre les nécessités fondamentales de la nature humaine. Sans doute aussi les motifs moraux sont devenus différents dans les temps modernes ; mais il ne faut pas perdre de vue que tout est relatif, tout subordonné aux conditions variables des temps et des lieux, et que ce qui est efficace de nos jours aurait été vain et impuissant en d'autres siècles.

La vie monastique instituée par Bouddha n'était pas exclusive aux hommes, et le bouddhisme a aussi des couvents de femmes auxquels les mêmes règles sont imposées. Le but que se proposait le solitaire de la race des Çakya était de sauver les hommes en les détachant du monde et en leur enseignant la pratique de la vertu ; son point d'appui se trouvait en cette opinion, particulière à la société brahmanique, qu'une vie ascétique donnait un pouvoir surnaturel ; et son action sur ses contemporains dépendit de ses sentiments de charité et de prosélytisme qui lui firent accueillir avec un empressement égal, dans un pays divisé en castes, les ignorants, les pauvres, les malheureux de toutes les conditions. L'enseignement bouddhique emploie des récits ou paraboles pour développer les idées qui lui sont propres ; une de ces paraboles fait parfaitement comprendre les sentiments dont il s'agit ici.

Il y avait, dans une ville de l'Inde, une courtisane

renommée pour sa beauté. Elle s'éprit d'un jeune bouddhiste qui, à chaque sollicitation, se contentait de répondre : Ma sœur, il n'est pas temps pour moi de te voir. Plus tard, la courtisane, poussée par la cupidité, commit un assassinat sur un marchand. Le crime dénoncé, le roi donna l'ordre aux exécuteurs d'aller couper à la criminelle les mains, les pieds, les oreilles et le nez, et de la laisser dans le cimetière ; les bourreaux exécutèrent l'ordre du roi, et abandonnèrent la courtisane dans le lieu indiqué. Cependant le jeune bouddhiste entendit parler du supplice, et il se dit à lui-même : Il est temps qu'elle me voie. La servante de la courtisane restait auprès d'elle, par attachement pour ses anciennes bontés, et elle empêchait les corbeaux de s'approcher de son corps. Elle lui dit en voyant le bouddhiste : Fille de mon maître, celui vers lequel tu m'as envoyée à plusieurs reprises s'avance de ce côté. La courtisane, entendant ces paroles, lui répondit : Quand il me verra privée de ma beauté, déchirée par la douleur, jetée à terre, toute souillée de sang, quel sentiment pourra-t-il éprouver ? Puis elle dit à sa servante : Amie, ramasse les membres qui ont été séparés de mon corps. La servante les réunit et les cacha sous un morceau de toile. En ce moment, le bouddhiste se plaça debout devant la courtisane. Celle-ci, le voyant ainsi debout devant elle, lui dit : Fils de mon maître, quand mon corps était entier, et qu'il était fait pour le plaisir, j'ai envoyé à plusieurs reprises ma servante vers toi, et tu m'as répondu : Ma sœur, il n'est pas temps pour toi de me voir. Aujourd'hui que le glaive m'a enlevé les mains, les pieds, le nez et les oreilles, que je suis jetée dans la boue et dans le sang, pourquoi viens-tu ? Et elle prononça les stances suivantes : Quand mon corps était doux comme la fleur du lotus, qu'il était orné de parures et de vêtements précieux, qu'il avait tout ce qui attire les regards, j'ai été assez malheureuse pour ne pouvoir te voir. Aujourd'hui, pourquoi viens-tu contempler ici un corps dont les yeux ne peuvent supporter la vue, qu'ont abandonné les jeux, le plaisir, la joie et la beauté, qui inspire l'épouvante et qui est souillé de sang et de boue? Le bouddhiste répondit : Je ne suis pas venu auprès de toi, ma sœur, attiré par l'amour du plaisir; mais je suis venu pour voir la véritable nature des misérables objets des jouissances de l'homme. Il ajoute ensuite quelques autres maximes sur la vanité des plaisirs et la corruption du corps; ces discours portent le calme dans l'âme de la courtisane, qui meurt après avoir fait un acte de foi en Bouddha, et va renaître aussitôt parmi les dieux (p. 146).

On voit souvent dans des régions ou dans des époques éloignées l'une de l'autre, quand les conditions mentales ont des analogies considérables, on voit souvent, dis-je, naître des conceptions, des idées et des institutions tout à fait semblables. Ces similitudes peuvent étonner. Pour les bien comprendre, il faut toujours se représenter la constitution de l'esprit humain. Quelque libre qu'on s'imagine être, grâce à une illusion trop facile, dans le domaine des conceptions, ce domaine est limité d'une façon nécessaire, au premier chef par la constitution invariable de l'esprit humain, subsidiairement par les données variables des temps et des lieux. Là est la raison essentielle de tant de phénomènes identiques que l'on remarque entre des populations séparées par des distances soit chronologiques, soit géographiques. L'état mental, résultant de la constitution invariable et des données variables, change; et ces changements, qui ne peuvent être enseignés avec quelque autorité que par l'histoire, créent les points de rencontre et de ressemblance entre les sociétés. Chaque société, dans le cercle qui l'a renfermée, assigna à des révélations surnaturelles la cause des institutions qui se créèrent dans son sein. La plus palpable critique de ces allégations primitives est dans le fait même de leur co-existence; évidemment, elles s'annulent réciproquement, et aucune n'a sur l'autre rien qui la puisse faire prévaloir. Tout est égal dans les camps divers, idées, miracles, prédictions, visions, inspirations. C'est en se mettant à ce point de vue, c'est en tenant compte des conditions de l'esprit humain, que l'on reconnaît comment les religions se développèrent au sein des sociétés antiques.

Après ces considérations, on sera moins surpris de rencontrer dans le bouddhisme une institution célèbre dans le christianisme, la confession. Appartenant aux premiers temps du bouddhisme, contemporaine même de Çâkyamouni, on la voit fermement établie dans les plus anciennes légendes. Par la prédominance donnée à l'état intérieur, les bouddhistes se trouvaient amenés à réduire l'expiation à son principe, c'est-à-dire au sentiment du repentir; et la seule forme qu'elle reçut dans la pratique fut celle de l'aveu ou de la confession s'appliquant aux trois seules espèces de fautes qu'il soit possible de commettre, les fautes de pensée, de parole ou d'action.

L'inquiétude du salut est retracée avec des traits énergiques dans la légende suivante, qui a, si l'on veut, des analogies avec l'anecdote, racontée par les Grecs, de l'épée de Damoclès, mais qui est parvenue, avec son vrai sens, jusque dans les pieux récits du moyen âge et de l'Occident latin. Açoka (ce fut un des rois le plus favorablement disposés pour le bouddhisme, il vivait vers le

milieu du troisième siècle avant l'ère chrétienne), Açôka, voulant donner une leçon de piété à son frère Vitâçôka, lui fit par subterfuge revêtir les insignes royaux, puis, le surprenant dans ce costume, le condamna à mort. Je laisse maintenant parler M. Burnouf : « Voyant Vitâ-
« çôka paré du bandeau et de la couronne, symboles
« de la royauté, et assis sur le trône, il s'écria : Je vis
« cependant encore, et toi tu fais déjà le roi; holà!
« quelqu'un. Au même instant parurent les exécu-
« teurs, couverts de vêtements bleus et ayant les che-
« veux longs, et, se prosternant aux pieds du roi, ils
« lui dirent : Qu'ordonne le roi ? — Je vous abandonne
« Vitâçôka, leur dit-il. Alors, s'adressant au prince,
« les exécuteurs lui dirent : Nous, les exécuteurs, ar-
« més du glaive, nous nous emparons de ta personne.
« Mais les ministres se jetèrent aux pieds d'Açôka, en
« le suppliant : Pardonne, ô roi; Vitâçôka est ton
« frère. — Je lui pardonne, répondit Açôka, mais pour
« sept jours seulement : c'est mon frère, et, en consi-
« dération de mon affection pour lui, je lui accorde la
« royauté pendant les sept jours. Aussitôt on entendit
« retentir des centaines d'instruments, on salua le
« prince des cris de vive le roi, des milliers de gens
« réunirent devant lui leurs mains en signe de res-
« pect, et des centaines de femmes l'entourèrent; mais
« les exécuteurs ne quittèrent pas la porte du palais.
« A la fin du premier jour, ils se présentèrent à Vitâ-
« çôka, et lui dirent : Voici un jour de passé, Vitâçôka;
« il ne te reste plus que six jours. Ils en firent autant
« le second jour et les jours suivants. Enfin, le sep-
« tième, Vitâçôka, paré des ornements royaux, fut
« conduit en présence d'Açôka, qui lui dit : Vitâçôka,
« comment as-tu trouvé les chants, les danses, le con-
« cert des instruments ? — Je n'ai rien vu ni rien en-

« tendu, répondit Vitâçôka; et il prononça cette
« stance : Je n'ai pas écouté les chants, je n'ai pas vu
« les danses des femmes ; comment celui qui n'a goûté
« aucun de ces plaisirs pourrait-il t'en donner son
« avis?

« Vitâçôka, reprit le roi, je t'ai accordé la royauté
« pour sept jours; on a fait retentir pour toi des cen-
« taines d'instruments, on t'a salué des cris de vive
« le roi, la foule t'a honoré en tenant ses mains réu-
« nies en signe de respect devant toi, tu as été servi
« par des centaines de femmes; comment donc peux-
« tu dire : Je n'ai rien vu ni rien entendu? — Non,
« répondit Vitâçôka, je n'ai ni vu les danses, ni en-
« tendu le bruit des chants; et je n'ai ni senti les
« odeurs ni goûté les saveurs; je n'ai pas perçu le con-
« tact de l'or, des joyaux, des colliers, ou des corps
« que je touchais; la foule des femmes n'a pu charmer
« un malheureux condamné à mort. Femmes, danses,
« chants, palais, lit, siége, jeunesse, beauté, fortune,
« tout cela et même la terre avec ses joyaux variés a
« été sans charme et vide pour moi, pendant que je
« voyais assis tranquillement sur leurs siéges, à ma
« porte, les exécuteurs avec leurs vêtements bleus. —
« Eh quoi! reprit Açôka, si la crainte d'une mort qui
« ne devait t'enlever qu'une seule vie a pu t'empêcher
« de jouir du bonheur d'être roi, de quel œil crois-tu
« que les religieux, effrayés à la pensée de la mort,
« envisagent tous les lieux où l'on peut renaître, et
« les maux qui y sont attachés (p. 416)? » Açôka développa cette pensée; et son frère, grâce à la ruse du roi,
changea de sentiment à l'égard de la loi de Bouddha.

L'institution de la confession conduit directement
à un sujet qui y tient d'une manière intime, et qui a
une extrême importance aux yeux des bouddhistes de

toutes les écoles : c'est la distinction et la classification des divers genres de fautes, ou, plus généralement, la casuistique. Tout lecteur qui réfléchira comprendra comment la confession, une fois établie, a eu pour suite, aussi bien dans le bouddhisme que dans le christianisme, la distinction et, si je puis m'exprimer ainsi, l'évaluation morale des péchés. La limite qui sépare le crime et le vice de la folie est souvent difficile à déterminer, mais n'en est pas moins réelle; si la folie relève de la biologie et de la médecine, le crime et le vice relèvent de la morale sociale. Les philosophes métaphysiciens et surtout les casuistes ont étudié avec attention les phénomènes de cet ordre; mais le point de vue où ils étaient placés les uns et les autres ne leur a point permis d'en saisir toute l'étendue. Soit qu'ils attribuassent une force absolue à l'esprit humain, soit qu'ils missent cette force absolue dans la divinité, toujours est-il qu'ils ne s'étaient fait aucune idée des conditions qui règlent, en une société donnée, l'explosion des vices et des crimes. L'expérience, qui juge pour cela comme pour tant d'autres choses en dernier ressort, a prouvé que la pathologie morale était soumise à des lois non moins fixes que la pathologie ordinaire, et que le tribut du mal s'acquittait avec une régularité oscillant entre des limites étroites. Ce que les religions et les métaphysiques avaient regardé comme le plus arbitraire se trouve, en définitive, assujetti à des conditions déterminantes.

Le moyen âge, en proie aux terreurs religieuses que causaient soit la menace de la fin du monde, soit la menace de l'enfer, produisit des légendes où étaient retracées des visites dans les demeures des damnés, jusqu'à ce que toutes ces visions vinssent converger dans l'admirable composition de Dante, suprême effort

de l'art catholique en fait de poésie. Des impressions analogues firent naître d'analogues imaginations dans le bouddhisme. J'emprunte la légende suivante aux fragments si curieux des livres bouddhiques que M. Burnouf a insérés dans son ouvrage : « Un voya-
« geur vint dans une forêt où il vit un monastère muni
« de plates-formes et de siéges élevés, de balustrades,
« de fenêtres faites de treillage, d'œils-de-bœuf, et il y
« aperçut des religieux convenablement vêtus, paisi-
« bles et dans des postures calmes et décentes. Il se
« dirigea vers eux, et aussitôt ils lui dirent : Sois le
« bienvenu, respectable voyageur. Ils lui fournirent
« ensuite les moyens de se reposer; et, quand il fut
« reposé, ils le firent entrer dans le monastère. Là il
« vit un beau siége et un beau lit qui lui étaient des-
« tinés, et des aliments purement préparés qui étaient
« servis. N'as-tu pas soif? n'as-tu pas faim? lui dirent
« les religieux. — J'ai faim et soif, répondit-il. —
« Mange donc, respectable voyageur. — Je mangerai
« au milieu de l'assemblée, reprit-il. — Mange, voya-
« geur, dirent les religieux; sans cela, il y aura châti-
« ment. — Il mangea donc, et, quand il eut pris son
« repas, il se retira à l'écart et s'assit. Au bout de
« quelques instants, le son de la plaque de métal qu'on
« frappe pour appeler les religieux s'étant fait en-
« tendre, chacun d'eux, tenant son vase à la main,
« vint s'asseoir à son rang. Et aussitôt le monastère
« s'évanouit. A la place des vases parurent des mar-
« teaux de fer, et avec ces marteaux les religieux se
« brisèrent le crâne les uns aux autres, en poussant
« des cris de douleur. Cela dura jusqu'au moment où
« vint le soir; ensuite le monastère reparut de nou-
« veau, et avec lui les religieux calmes et dans des
« postures décentes. Le voyageur se présenta devant

« eux, et leur dit : Qui êtes-vous donc, respectables
« religieux, et par suite de quelle action êtes-vous nés
« ici ? — Respectable voyageur, répondirent-ils, les
« hommes du monde sont difficiles à persuader ; tu ne
« vas pas nous croire. — Je suis témoin oculaire, ré-
« pondit-il ; pourquoi ne vous croirais-je pas ? — Nous
« étions, ô respectable voyageur, des auditeurs de
« Bouddha ; un combat s'éleva un jour entre nous, au
« moment où nous nous réunîmes pour nos repas.
« Parce que nous nous sommes livré alors un combat,
« nous sommes nés ici dans les enfers qui se renou-
« vellent chaque jour. Il est établi que, quand la mort
« nous aura fait sortir de ce monde, il nous faudra
« renaître dans les régions infernales. C'est pourquoi,
« ô voyageur, il est bon, lorsque tu seras retourné dans
« le monde, que tu annonces à ceux qui remplissent
« avec toi les devoirs de la vie religieuse : ne vous li-
« vrez pas de combat au milieu de l'assemblée, de
« peur d'être abandonnés en proie aux douleurs et au
« désespoir éprouvés par des religieux qui ont manqué
« à leurs obligations. » (P. 319.)

Il y a peu de croyances qui reposent sur un aussi petit nombre de dogmes que le bouddhisme, du moins le bouddhisme ancien ; car le mouvement des choses humaines l'a modifié suivant les lieux et suivant les pays, et il en est résulté un autre bouddhisme où les inventions théologiques rivalisent avec ce que le brahmanisme moderne a conçu de plus compliqué. Mais le bouddhisme primitif est presque tout entier dans des règles simples de morale, et il y suffit de croire que Bouddha fut un homme parvenu à un degré suprême d'intelligence et de vertu, et qu'il est proposé à chacun pour règle et modèle de la vie. A une religion qui a peu de dogmes il suffit d'un culte simple ; et, dans le fait, rien ne l'est plus que celui qui est imposé au peuple par la loi du bouddhisme. Les cérémonies religieuses consistent en offrandes de fleurs et de parfums, qu'on accompagne du bruit des instruments et de la récitation de chants et de prières pieuses. Le culte n'a que deux objets : la représentation figurée de Çâkyamouni, fondateur de la doctrine, et les édifices qui renferment une portion de ses os. Une image et des reliques, voilà tout ce qu'adorent les bouddhistes. Du reste, aucune trace de sacrifices sanglants, ni d'offrandes transmises à la divinité par l'intermédiaire du feu : d'abord, parce que le premier des préceptes fondamentaux de la morale bouddhique est de ne tuer rien de ce qui vit; ensuite, parce que les bouddhistes rejettent la théorie des Védas, suivant laquelle les dieux se nourrissent de ce qu'on offre au feu, qui est leur messager sur la terre. L'idée que les dieux se nourrissaient des victimes offertes en sacrifice est une des plus anciennes qui se rencontrent dans les religions. Elle est familière à la haute antiquité. Dans Homère, Jupiter dit : « Hector « fut, de tous les habitants de Troie, le plus chéri des « dieux et de moi en particulier; jamais il ne négligea « d'offrir des présents agréables, jamais mon autel ne « fut privé du *repas*, des libations et de l'odeur de la « viande, car telle est la récompense qui est notre « partage. » Ce *repas* n'est pas autre chose que l'alimentation des dieux par le sacrifice signalé dans les Védas. A la vérité, les traducteurs français ont généralement dissimulé cette particularité caractéristique sous le mot vague d'offrande, ne pouvant, dans leurs idées modernes, s'imaginer que des dieux mangeassent les viandes de l'autel, et effaçant dès lors dans le vieux poëte grec ce qui ne convenait pas à leur façon moderne de penser. Dans le fait, pour Homère et pour beaucoup d'autres livres sacrés ou profanes, combien de temps l'interprétation n'est-elle pas restée sans voir ce qui y était réellement, et sans consentir à ne pas défigurer d'antiques monuments! Plus les textes étaient révérés, plus l'homme moderne se sentait instinctivement porté à adoucir ce qu'ils offraient d'étrange et d'inconvenant à ses yeux, de peur d'avoir à blâmer ce que le préjugé l'obligeait à respecter et à admirer sans restriction. Mais une connaissance plus exacte de l'histoire tend à rendre aux siècles passés leur vraie physionomie; et si les Grecs, comme les Brahmanes, ont offert des sacrifices aux dieux afin de les nourrir, c'est une trace curieuse laissée par les religions primitives. Le bouddhisme réagit contre cette notion, et brisa dans l'esprit de ses adhérents une institution qui gardait un souvenir d'une antiquité oubliée de l'histoire.

Le bouddhisme, malgré ses tendances véritablement morales, malgré ses influences civilisatrices sur de nombreuses populations, a vu cependant se fermer devant lui la carrière où il était entré, les conceptions mythologiques croître comme autant de plantes parasites, et toute la force d'avancement qui lui était inhérente se perdre désormais en d'inutiles remaniements. C'est qu'en effet aucune religion n'a par elle-même le pouvoir de dépasser une certaine limite de développement; et c'est toujours à des circonstances accessoires, c'est-à-dire à la culture progressive des sciences que les nations doivent de cheminer véritablement. On sait que l'antiquité a constamment déploré les mutations qui minaient ses institutions politiques et religieuses, et qu'elle s'est toujours adressée à son passé quand elle a voulu restaurer ses ruines. Le monde moderne, au contraire, regarde devant lui, et, sans jamais chercher à revenir sur ses pas, il s'abandonne avec réflexion au courant qui le porte. Avoir confiance dans le passé, ou avoir confiance dans l'avenir, est une distinction profonde entre les temps anciens et les temps modernes. Or les religions, choses essentiellement antiques, sont toutes enchaînées à leur origine, c'est-à-dire à des traditions ou à des écritures sacrées, susceptibles sans doute d'une certaine extension, mais d'une extension qui a ses limites. Tant que ces limites ne sont pas atteintes, les religions favorisent le développement auquel elles sont associées; mais, quand les traditions et les écritures deviennent en désaccord avec les idées qui s'élèvent, quand ce fonds, nécessairement immuable, puisqu'il provient d'une source supposée surnaturelle, entre en conflit avec les éléments changeants et progressifs, alors les religions laissent aller le siècle qui s'éloigne, et s'asseyent, désormais immobiles, auprès du monument de leur origine. Ou bien, si l'élément scientifique a manqué autour d'elles, si cet ennemi n'est pas venu les attaquer dans leur domaine, elles s'affaissent sur elles-mêmes, et perdent en de vaines combinaisons théologiques toute l'efficacité sociale qu'elles possédaient.

C'est ce qui est arrivé au bouddhisme. L'élément scientifique lui a fait défaut. Ses notions théologiques n'ont pas été, il est vrai, attaquées dans leur essence, ni mises en contradiction avec les notions positives fournies par les sciences, puisqu'elles ont manqué; mais l'autre danger est survenu, et le bouddhisme a glissé dans le vague sans bornes des élaborations mythologiques. C'est ainsi qu'une religion empreinte, à un aussi haut degré, du caractère moral a, même pour la morale, trouvé une limite qu'elle n'a pu dépasser, et au-dessous de laquelle elle a fini par retomber.

Ce grand exemple servirait, à défaut de tout autre, pour démontrer que la morale est dans des relations nécessaires avec la civilisation des sociétés. On a souvent fait remarquer les différences profondes, les contrariétés même qu'à cet égard offraient les nations, les siècles et les lieux; des phrases éloquentes ont été fournies par ce thème facile; mais ce sont des déclamations sonores et, on peut le dire, des sophismes, s'il y a sophisme à n'user, dans une question, que d'une moitié des faits qui y appartiennent. Or, ici, on laisse de côté les conditions sociales; on suppose que la morale est arbitraire, vu qu'elle est variable. Elle n'est point arbitraire, elle est relative; et la variabilité lui est inhérente en vertu de la relativité. Résultat de l'organisation de l'homme, produit complexe des impulsions égoïstes et des impulsions bienveillantes [1], elle est partout présente, mais partout aussi elle est en rapport avec le degré de culture. Il n'existe point de société placée assez bas pour n'en avoir aucun rudiment. Sénèque a dit avec profondeur : « La nature « nous a donné les germes de la science, non la « science. » Il en est de même de la morale, dont les germes croissent et se développent par un travail analogue. Telle est l'explication de cette remarquable variabilité, explication qui nous montre qu'il n'y a encore aucune histoire réelle de cette catégorie de faits; telle est la cause pour laquelle des religions à but véritablement moral finissent, quand le reste de la culture les dépasse, par devenir impuissantes et nuisibles dans l'ordre moral lui-même.

1. *Bienveillantes* n'est pas le mot propre; c'est *altruistes* qu'il faudrait dire. Mais M. Comte, à cette date, n'avait pas encore créé l'excellent, le nécessaire néologisme d'*altruiste* et d'*altruisme*.

III

DE LA MÉTAPHYSIQUE DU BOUDDHISME

Le milieu dans lequel naît une institution, soit religieuse, soit politique, y marque nécessairement son caractère; c'est là ce qui fait la filiation des choses, sans laquelle l'histoire serait inintelligible et ne formerait qu'une agrégation d'accidents et de hasards. Ceci se trouve manifesté, soit en opposition, soit en imitation, dans toutes les doctrines du bouddhisme, et surtout dans une qui mérite une attention particulière. Avec les idées que nous suggère naturellement la connaissance du christianisme, de l'islamisme et même du polythéisme gréco-romain, nous ne nous représentons guère une religion sans la croyance à un dieu personnel et à une vie future prolongée indéfiniment. Nous nous imaginons que ce sont là des conditions essentielles; nous pensons surtout que, sans le mobile d'une perpétuité d'existence, l'influence religieuse et morale doit se perdre et s'anéantir. Il n'en est rien cependant. Le bouddhisme nous en donne la preuve; il nous montre une immense religion subsistant depuis vingt-trois siècles, et dans laquelle il n'est de foi ni de croire à un dieu personnel, ni de croire à la continuité de la vie au delà du tombeau. De pareilles comparaisons sont pleines d'intérêt; car elles agrandissent la portée de la vue, et rectifient spontanément des idées ou fausses ou étroites.

Pour expliquer cette manière d'être du bouddhisme, il faut se reporter au brahmanisme. Le brahmanisme a pour doctrine fondamentale la métempsychose. Dans cette opinion, les existences s'échangent continuellement entre elles, et le monde se présente comme une espèce de grande mécanique, faisant passer et repasser incessamment dans ses laminoirs les substances et les formes. On renaît pour périr, on périt pour renaître ; véritable circulation que l'on peut comparer aux eaux qui, perpétuellement enlevées à l'Océan par la chaleur du soleil, y retournent perpétuellement en fleuves, descendant le long des montagnes et sur la pente des continents.

Sans doute l'idée de la métempsychose fut suggérée par la contemplation du monde organique. Là, en effet, se voit une rotation sans fin des éléments constituants. Les végétaux servent à l'alimentation des animaux ; ceux-ci, à leur tour, deviennent un objet de pâture pour les espèces carnivores ; et tous ensemble, végétaux et animaux, viennent, quand la vie est éteinte, mêler leurs débris à la terre commune et lui rendre de quoi suffire à l'entretien des générations successives. A des esprits réfléchis, l'aspect de ce grand phénomène a pu suggérer l'hypothèse de la métempsychose. Or, dans les époques antiques de l'humanité, toute hypothèse cosmologique s'est spontanément manifestée sous forme de croyance religieuse.

Dans l'Énéide, quand la déesse veut montrer au héros troyen l'inutilité de la résistance contre les Grecs victorieux, elle écarte le nuage qui voile les yeux d'un mortel ; et alors apparaissent les formes redoutables des divinités qui sapent Ilion jusque dans ses fondements, *numina magna deum*. Un poëme célèbre dans l'Inde offre une fiction semblable ; mais, au lieu d'apercevoir des divinités acharnées à la ruine d'une ville particulière, le héros indien, dont les yeux se dessillent, aperçoit une forme auguste, immense, pleine de merveilles, et dont l'éclat surpasse la splendeur du soleil. Elle est infinie, sans commencement et sans fin; elle est pourvue d'une multitude innombrable de bras, d'yeux et de bouches; et dans ces bouches enflammées se précipitent les générations humaines, comme les torrents dans l'Océan. Les humains, dit encore le poëte, y sont tour à tour entraînés comme les insectes vers la flamme qui brille. Cette conception gigantesque, cette vision du héros indien est le fruit naturel et l'expression poétique de la métempsychose.

Les Grecs racontent que, lorsque Xercès passa la revue de sa nombreuse armée, une réflexion mélancolique vint l'assaillir : il versa des larmes en songeant que, de tant d'hommes, pas un seul, au bout de quelques années, ne sera demeuré dans la vie. Une émotion semblable saisit le héros indien dont je viens de parler; et, au commencement d'une bataille, voyant les rangs déployés et prêts à s'entr'égorger, il recule devant l'idée de l'effusion du sang, et il s'assied sur son char de guerre, pensif et découragé. Mais le dieu qui veille sur lui ne lui permet pas de s'abîmer dans cette faiblesse contemplative, et il le ranime : par quelles raisons? par quels motifs? justement par les raisons, par les motifs que fournit la métempsychose. Il lui montre, dans une longue exposition quelquefois pleine de grandeur et de solennité, qu'à vrai dire rien ne naît et ne meurt jamais; que l'homme, laissant ses existences successives comme de vieux vêtements, prend des formes incessamment nouvelles; et que, ce qui est né devant mourir et ce qui est mort devant renaître, il ne faut pas verser des larmes en présence d'une destinée inévitable. Sans doute, le lecteur moderne s'étonnera de voir, au début d'une bataille, une dissertation philosophique; mais si Homère a bien pu, au moment où

Diomède et Glaucus vont s'attaquer, leur faire raconter leur généalogie, et, dans leurs discours, comparer admirablement les races humaines à ces feuilles que le vent emporte chaque automne, l'auteur indien n'a pas manqué à sa poétique, en prenant texte de l'imminence d'un grand carnage, pour expliquer la transmigration des âmes. Le tort serait de croire que le poëte s'est figuré ces combats de l'âge héroïque comme nous nous figurons une bataille. Quand les lignes régulières des légionnaires de César s'étendent dans les plaines de Pharsale, ou quand le canon éclate dans les conflits modernes, il n'y a plus aucune place pour ces conceptions de la poésie primitive; mais, quand les mortels et les immortels sont dans un contact assidu, quand Achille, seul et désarmé, épouvante d'un cri l'armée troyenne, alors les conceptions poétiques se présentent sous un jour qui n'est plus celui des intelligences modernes, et elles donnent naissance à ces belles productions qu'on aime d'autant plus qu'on en comprend mieux les concordances avec la pensée du temps.

Les idées de métempsychose ou du moins de renaissance n'ont pas été étrangères à l'Occident. Virgile, érudit aussi profond qu'il était grand poëte, les a recueillies, et s'en est servi pour faire passer devant les yeux du Troyen fugitif les hommes qui, dans un lointain avenir, doivent faire la gloire et la puissance de Rome. Après avoir joui, pendant un temps déterminé, des récompenses méritées, les âmes, aussi nombreuses que les essaims d'abeilles répandus par un beau jour d'été sur les fleurs des campagnes et des prairies, s'approchent du Léthé pour y boire le long oubli de leur existence passée. C'est ainsi que, suivant le poëte brahmanique, l'homme vertueux, ayant séjourné pendant des années innombrables dans les hautes demeures destinées à la vertu, perd, non par les eaux du Léthé, mais par quelque faute d'omission, le droit d'y résider davantage ; il est rejeté dans la vie ; mais il renaît en des familles chastes et heureuses, et sa nouvelle naissance lui permet de faire des efforts ultérieurs pour atteindre la consommation finale.

Les Gaulois et les Druides avaient une doctrine assez analogue. Ils croyaient, eux aussi, que les âmes, après la mort, continuaient une longue existence en des conditions diverses [1]. Cette doctrine était ancienne chez eux, antérieure à la conquête de César. D'où la tenaient-ils ? non des Grecs et des Latins. Leur venait-elle de leur origine même, de leurs aïeux Aryens ? et était-ce une réminiscence d'idées communes bien antiques, qui se développèrent plus ou moins, suivant les rameaux ethniques ?

« O mon père, dit le héros troyen, est-il possible
« que quelqu'une de ces âmes sublimes veuille revenir
« à la lumière du jour et reprendre le corps pesant
« d'un mortel ? Quel est ce triste désir de revivre ? »
Virgile s'exprime ici comme un Brahmane ou un bouddhiste ; la crainte de revivre est la continuelle préoccupation des doctrines indiennes. Suivant ces doctrines, les récompenses du ciel et les punitions de l'enfer n'ont qu'une durée limitée ; le temps épuise le mérite des actions vertueuses, de même qu'il efface la faute des mauvaises ; et la loi inexorable du changement ramène sur la terre et le bienheureux et le damné, pour les mettre de rechef l'un et l'autre à l'épreuve et leur faire parcourir une suite nouvelle de transformations. Échapper à la fatalité de la transmigration, sortir, à la

---

[1]. Voyez ci-dessus, p. 115, la citation de Lucain.

fin, des conditions perpétuellement changeantes qu'elle impose, tel était le but que poursuivaient les Brahmanes, tel fut le but que poursuivirent les bouddhistes. Mais, tandis que les premiers plaçaient la consommation finale dans le Brahma unique, dont la substance absorbait le monde et l'homme, Bouddha se servit, pour indiquer ce but et désigner cette consommation finale, d'un mot vague (*nirvana*) qui signifie extinction, anéantissement.

Ainsi c'est la doctrine brahmanique qui suggère la pensée fondamentale du bouddhisme; mais c'est un mot prépondérant qui en détermine la direction métaphysique. A tous ceux qui veulent suivre une longue filiation et acquérir ainsi le vrai sentiment de l'histoire, je conseille d'étudier les enchaînements des opinions religieuses. Rien de fortuit; partout la succession y est nécessitée. Ces opinions forment une trame serrée de prémisses et de conséquences. N'ayant affaire qu'à des textes, n'ayant qu'à former des explications ou des conclusions, l'esprit humain se plaît à cette besogne logique, et ses déductions sont des formules dont l'ensemble constitue une dogmatique. On peut ici faire, avec les sciences positives, une comparaison propre à indiquer le véritable caractère de ce travail mental. Dans les sciences, les points de départ de toute spéculation sont les faits, les observations, les expériences; il faut que la théorie les accepte, s'y soumette et s'astreigne rigoureusement à en tirer les inductions régulières. Dans l'élaboration théologique, au lieu de faits, ce sont des textes; et, de même que, des faits scientifiques, on voit naître, par la logique de l'esprit humain, ces doctrines positives qu'on appelle sciences, de même, des textes théologiques, on voit naître, par la même logique, ces doctrines dogmatiques qu'on appelle religions. Des deux parts, l'esprit humain est à l'œuvre; et pour cela, justement, des deux parts les idées s'enchaînent les unes aux autres et naissent dans un ordre déterminé. La différence est dans le point fixe, faits naturels pour les unes, textes sacrés pour les autres. Mais les faits naturels, toujours susceptibles d'être vérifiés, commandent incessamment l'assentiment des intelligences, tandis que les textes sacrés, placés dans une catégorie en dehors de toute expérience, perdent peu à peu leur crédit à mesure que l'expérience en gagne davantage.

Ce qui est vrai du développement des religions une fois établies est vrai aussi de leur établissement primitif: les nouvelles partent du fonds donné par les anciennes. Le Coran et l'Évangile puisent perpétuellement aux écritures mosaïques comme à une source; et les livres sacrés du bouddhisme sortent directement des Védas et du brahmanisme. Les personnages mêmes qui ont été les auteurs des religions nouvelles et qui, par là, ont exercé une si grande influence sur les sociétés, portent fortement empreint le caractère du milieu où ils sont nés. Mahomet, en contact avec des Juifs et des nestoriens, enfante une doctrine demi-juive et demi-chrétienne; Jésus vient accomplir la loi de Moïse et non la détruire; et Bouddha se distingue à peine d'un ascète brahmanique. Cependant quelques dissidences fondamentales avec l'ancien ordre de choses avaient suscité ces hommes et favorisé le succès de leurs prédications. Alors le travail successif des générations élabore ces premières données; et peu à peu se déroulent, comme le fil se déroule de la quenouille, les propositions enchaînées, la constitution des dogmes et toute cette série logique qui forme la trame des religions.

Ici, l'analogie permet de prolonger la série historique, et d'instituer avec probabilité quelques inductions sur les époques plus reculées. Les faits montrent que les religions nées dans les temps historiques, le mahométisme, le christianisme et le bouddhisme, ont été le produit naturel des religions, des siècles et des sociétés où elles ont apparu. De là on conclura que les religions nées dans des temps à peine historiques, dans des temps pour lesquels manquent presque tous les renseignements, le zoroastrisme, le brahmanisme et le mosaïsme, sont dues à l'action de causes toutes semblables. De la sorte, elles peuvent servir à faire apprécier en certaines limites l'état mental des époques et des contrées correspondantes; et on supposera sans effort que, pour produire des manifestations aussi graves, un travail considérable s'était accompli dans les intelligences. Les trois religions que je viens de nommer en dernier lieu ont pris racine sur le sol de ce vieux polythéisme, au delà duquel l'histoire n'est plus qu'un vide. Ce vide, il est impossible de le combler; les monuments ont péri, les traditions se sont rompues, et les souvenirs ont cessé comme un son mourant, faute de trouver l'écho qui le propage. Toutefois on peut reconstruire, du moins dans certains linéaments généraux, ce passé qui n'a point laissé de traces. Pour cela, par la pensée, plaçons immédiatement au-dessous des plus vieilles sociétés polythéistiques les sociétés retardées qu'encore aujourd'hui on rencontre à des degrés très-divers sur différents points du globe. Grâce à cette opération, la série historique se prolonge considérablement et pénètre dans les siècles reculés où il ne nous est pas donné d'atteindre directement. Mais l'histoire, très-ignorante, en l'absence d'une vraie doctrine, de la tâche à remplir, ne s'est pas occupée des peuples sauvages, et a pris pour assise véritable la notion imaginaire d'une cosmogonie à jour fixe et d'une perfection primitive. Les faits ne laissent rien subsister de cette mythologie. Ce n'est pas non plus d'un monothéisme primordial que les hommes sont arrivés au polythéisme par des dégradations. Le plus ancien monothéisme connu est celui de Moïse, qui est relativement récent par rapport au polythéisme de la Chaldée et de l'Égypte. Voilà le témoignage de l'histoire. Et, en effet, on voit bien comment l'esprit humain a pu, du polythéisme, tirer le monothéisme, mais non pas l'inverse, c'est-à-dire comment il aurait pu, du monothéisme, tirer le polythéisme.

Donc, pour revenir à l'influence des textes, le mot vague dont Bouddha se servit en exprimant la consommation finale, a été l'objet des interprétations les plus diverses. Qu'est-ce que cette extinction, cet anéantissement, ce vide (*nirvana*), terme de toutes choses? D'où viennent les êtres, disent les bouddhistes? de leur nature propre. — Où vont-ils après cette vie? dans d'autres formes produites par l'influence irrésistible de cette même nature. — Et, pour échapper à cette inévitable fatalité de la renaissance, où faut-il qu'ils aillent? dans le vide. — Ce vide est aujourd'hui même, dans le Népâl, l'objet de quatre explications différentes, dans quatre écoles principales de philosophie. Les naturalistes, école la plus ancienne, nient l'existence d'un principe spirituel, et ne reconnaissent que la nature prise absolument, à laquelle ils attribuent non-seulement l'activité, mais encore l'intelligence. La nature a deux modes, celui de l'existence et celui de la cessation ou repos. Les créations et les destructions de l'univers sont les effets de la succession éternelle de ces deux états. Des formes qu'elle revêt, les unes sont passagères et circulent éternellement ; les autres, dont l'homme est la plus élevée, sont animées, et on admet qu'elles sont capables de parvenir, par leurs propres efforts, à l'affranchissement, c'est-à-dire d'échapper à la nécessité de reparaître au milieu des phénomènes passagers. Arrivés à ce point, les naturalistes se divisent : les uns croyant que les êtres qui ont atteint l'affranchissement y conservent le sentiment de leur personnalité et ont conscience du repos dont ils jouissent éternellement ; les autres, que l'homme délivré tombe dans le vide absolu, c'est-à-dire est anéanti pour jamais, état, suivant eux, préférable à la condition de passer sans fin à travers toutes les formes de l'existence. Pour les théistes, au contraire, le vide, terme fondamental du bouddhisme, est un dieu : suivant les uns, divinité unique ; suivant les autres, premier terme d'une dualité dont le second terme est le principe matériel, coexistant et coéternel. Mais ce déisme même est fortement empreint des idées brahmaniques, où le bouddhisme a pris naissance. Tout en reconnaissant une essence immatérielle et un dieu, ils nient sa providence et son empire sur le monde ; et, bien qu'ils regardent la délivrance comme l'absorption dans l'essence divine, ils pensent que l'union de la vertu et du bonheur est tout à fait indépendante de dieu ; suivant eux, l'homme ne peut y arriver que par ses propres efforts, à l'aide des austérités et de la méditation ; et ces efforts peuvent le rendre digne d'être honoré comme un Bouddha sur la terre, et l'élever après sa mort, dans le ciel, à la participation des attributs et de la béatitude du Dieu suprême. En opposition aux deux écoles précédentes, qui se jettent dans le quiétisme, deux autres écoles ont cherché à établir que l'homme peut obtenir le bonheur ou par la culture du sens moral, ou par la bonne direction de son intelligence, mais toujours en partant des principes généraux, bases des autres sectes, et par conséquent avec des caractères qui, étant dérivés des idées brahmaniques, tranchent notablement sur les religions occidentales.

Le fond de la métaphysique bouddhique est le même que celui de toutes les autres : spéculations sur l'absolu, sur la cause de l'univers et sur l'objet final des choses, problèmes inévitablement agités en tous temps et en tous lieux, et non moins inévitablement demeurés insolubles partout et toujours. En elles-mêmes, ces spéculations sont très-bornées, elles aboutissent de toute force à un très-petit nombre de conceptions; et l'esprit humain se figure toujours les agents suprêmes qu'il suppose gouverner le monde, soit sous la forme d'une multitude d'êtres indépendants (fétichisme et polythéisme), soit sous la forme de deux principes, l'un bon, l'autre mauvais (zoroastrisme), soit sous la forme d'une divinité unique (monothéisme), soit sous la forme d'une âme du monde ou d'une nature éternelle (panthéisme, matérialisme, athéisme). Tel est le cercle hors duquel il n'est jamais sorti ; il arrive toujours à l'une de ces combinaisons, avec quelque hardiesse qu'il se soit lancé sur la mer de la métaphysique. Comme le nageur du poëte qui fend les flots sous la nuit sombre, le penseur se lance dans l'onde à travers les ténèbres de l'absolu : *Nocte natat caeca serus freta;* mais, inutiles efforts, il est, à chaque entreprise, ramené sur le bord, jusqu'à ce qu'enfin son impuissance constatée par les siècles et l'approche d'une philosophie meilleure lui enseignent qu'en vain il chercherait un autre côté des choses, une autre rive d'une mer qui, pour lui, n'en a qu'une seule.

Si, dans la métaphysique bouddhique, le fond est essentiellement le même que partout ailleurs, la forme, au contraire, est toute spéciale. Rien qui n'y soit déterminé par les données d'origine. Ceci est un notable exemple du caractère propre à la métaphysique. Sur les bords du Gange, comme dans l'Occident, elle se montre étroitement associée aux religions, qui la portent naturellement comme le tronc d'arbre porte le lierre ; elle suit leur développement, s'entrelace à leurs rameaux et se nourrit du même suc. Peut-il, en effet, en être autrement? Elle s'occupe aussi à rechercher la cause des choses, l'absolu, comme on dit dans le langage de l'école ; et ses spéculations se confondent perpétuellement avec les spéculations religieuses. Critique assidue des dogmes théologiques, soit qu'elle les interprète, soit qu'elle les défende, soit qu'elle les attaque, mère aussi bien des hérésies que des apologétiques, tout en elle a une évolution dépendante. Cela est manifeste dans la métaphysique chrétienne ; ce l'est aussi dans la métaphysique païenne, malgré même l'absence de livres sacrés ; ce l'est enfin dans la métaphysique bouddhique ; et ces grands faits, ainsi rapprochés, mettent en lumière la nature commune et le rôle respectif des théologies et des métaphysiques.

Un lecteur européen (je ne dis pas un lecteur chrétien, accoutumé par le mystère des transsubstantiations quotidiennes aux plus singuliers prodiges); un lecteur européen, quand il vient en communication avec les livres bouddhiques, est nécessairement choqué des conceptions étranges qu'il y rencontre. Ces imaginations sur l'existence d'êtres surnaturels et innombrables, la possibilité de se mettre en rapport avec eux, le don des miracles acquis par la sainteté de la vie, la nature à chaque instant bouleversée par les interventions humaines, le merveilleux prodigué sans fin et sans mesure, tout cela paraît fastidieusement bizarre, et le livre est près de tomber des mains. Toutefois il faut le retenir pour y apprendre à connaître l'état véritable de l'esprit humain en l'absence de notions positives sur les choses; car ceci n'est pas particulier au bouddhisme, et le miracle est de l'essence de toutes les théologies. Mais les sciences, depuis leur essor, grâce aux premiers travaux des Grecs jusqu'aux temps actuels, ont soumis à une critique spontanée et involontaire sans doute, mais incessante et rigoureuse, les conceptions théologiques; et de cet examen d'environ vingt-cinq siècles, il est résulté que le monde connu de nous n'est point constitué comme les théologies l'avaient supposé. Une pareille erreur maintenant démontrée, une pareille conviction née des sciences et croissant comme elles parmi les modernes, atténuent progressivement l'intérêt de la théologie. La théologie cesse graduellement d'être la notion suprême des choses, la source de toute lumière, l'explication valable des premières origines, la détermination des fins du monde et de l'homme, et la règle de tous les moments. L'importance qu'elle avait due à d'aussi grandes fonctions décroît de jour en jour. Mais, à mesure qu'elle se retire du présent, l'esprit positif s'accoutume à la considérer dans le passé, désormais son véritable domaine, et là elle devient une des clés de l'histoire.

Sans une étude approfondie de la théologie générale, sans la connaissance de l'état mental qui l'a produite et entretenue, les époques antiques de l'humanité sont inintelligibles, et l'époque actuelle même n'est plus qu'un effet sans cause. Le bouddhisme a réprouvé le brahmanisme; le christianisme a jeté l'anathème sur le paganisme comme sur un amas d'abominations et d'erreurs, et sur le mosaïsme comme une simple figure où les Juifs grossiers s'entêtèrent assez pour crucifier Dieu qui leur parlait ; et la métaphysique du dernier siècle n'a trouvé que ténèbres et folies dans les âges religieux. Ces opinions, étrangères à toute saine notion sur le développement des sociétés, prennent pour absolu et permanent ce qui est essentiellement relatif et transitoire. Le fait est que la métaphysique du dernier siècle est le produit de la société chrétienne du moyen âge, que le christianisme est né du mélange de données juives avec la culture gréco-romaine, et que le bouddhisme est issu du brahmanisme ; cette filiation suffit pour rectifier immédiatement ce qui avait été faussé par l'ignorance, le préjugé et une vue incomplète. Les filles ne peuvent pas tellement différer de leurs mères qu'il faille à chaque fois méconnaître les traits de la parenté, et briser la chaîne de la tradition.

Dans un intervalle d'environ onze siècles, de l'an 500 avant l'ère chrétienne à l'an 600 après, trois grands établissements théologiques se sont formés, qui subsistent encore, le bouddhisme, le christianisme et le mahométisme ; ce seront les derniers. Les âges antérieurs ne furent pas moins productifs, et ils enfantèrent le zoroastrisme, le brahmanisme et le mosaïsme, souches des trois religions postérieures. Tous trois aussi ont duré jusqu'à nos jours, mais avec des destinées différentes : le brahmanisme reste en possession de son antique héritage ; le zoroastrisme et le mosaïsme, au contraire, sont dépossédés de leurs demeures primitives, et leurs adhérents ont été poursuivis avec acharnement, ceux-ci par les chrétiens, ceux-là par les musulmans. Ainsi, à une époque qui remonte à quinze ou seize cents ans avant l'ère chrétienne, les esprits, en des contrées différentes, ont été livrés à un travail qui a enfanté les Védas, le Zendavesta et les livres de Moïse. Nous ignorons, il est vrai, quelles conditions mentales ont amené ici le monothéisme, là la doctrine des deux principes, plus loin celle de la métempsychose ; mais on peut affirmer que ces théologies ont été le produit de la culture contemporaine, seules traces, parvenues jusqu'à nous, des efforts intellectuels et des agitations mentales d'un passé que la perte des monuments et des traditions a rendu si complétement silencieux. Ces grandes formations théologiques constituent autant de périodes sociales qui, comme les périodes géologiques, ont leur raison d'être dans la combinaison des éléments et dans l'action des milieux. Et, pour continuer la comparaison, les formations sociales se sont déposées comme les formations de terrains. Les couches récentes sont loin d'avoir occupé toute la superficie, comblé tous les creux, et caché, sous un même dépôt, toutes les couches précédentes. Des formations anciennes s'élèvent encore çà et là ; les plus vieilles religions, les cultes primitifs sont, en beaucoup de lieux, à fleur de sol ; et la couche la plus moderne, celle qui se constitue sous nos yeux, celle qui est destinée à recouvrir les autres, la couche des notions positives, ne commence à se déposer que sur des points très-circonscrits du monde social.

Comme la géologie, et plus encore que la géologie, l'histoire est pleine de désastres, de bouleversements et de ruines. Il ne faudrait pas que ces perturbations égarassent l'esprit au point de faire perdre de vue la véritable notion de la filiation historique, à savoir que les conséquents répondent toujours aux antécédents. Cette filiation ne se rompt jamais, étant dépendante de la constitution même de l'esprit humain, tour à tour agent et patient dans le développement social. Attendre autre chose que ce qu'en effet montre l'histoire, c'est-à-dire autre chose qu'une série réelle, mais perpétuellement troublée par des accidents de toute nature, ce serait se laisser dominer soit par le préjugé théologique d'une providence secourable, soit par le préjugé métaphysique d'une nature bienveillante. Au gré de ce préjugé, ce qui émane d'une suprême puissance, Dieu ou nature, comme on voudra, doit être parfaitement réglé et merveilleusement calculé. Mais le plus simple examen du système cosmique témoigne de profonds désordres, de perturbations sans fin et de dangereux conflits entre les éléments qui concourent. Il serait temps qu'au lieu de continuer l'éloge de la nature on en fit la critique, ou, plutôt qu'avec l'indifférence spéculative qui est le propre de la recherche scientifique, on appréciât les conditions réelles des phénomènes, leurs régularités à côté de leurs perturbations, et l'étroite marge de vie et de bien laissée aux êtres vivants dans l'ordre inexorable des choses.

Le monothéisme s'étant trouvé uni à la fortune des sociétés modernes les plus civilisées, il en est résulté l'opinion que cette forme religieuse, par une efficacité propre, favorisait le développement social; mais l'histoire ne permet pas d'admettre une telle conclusion. En effet le monothéisme s'est montré moins fécond chez les Hébreux que le polythéisme chez les Grecs; et, de nos jours, il est stérile chez les musulmans. Ce qui lui a donné une influence exceptionnelle, c'est sa jonction, dans le christianisme, avec la culture gréco-romaine. Sous les Arabes eux-mêmes, au temps où ils empruntèrent à la Grèce ce flambeau, source de lumière pour le monde moderne, le monothéisme musulman prit l'ascendant et l'emporta sur le monothéisme chrétien. Celui-ci, alors, se guérissait péniblement des profondes blessures infligées par l'invasion des barbares ; mais la tradition civilisatrice se trouva plus fermement implantée dans l'Occident latin que dans l'Orient arabe, et elle finit par pousser des jets vigoureux, tandis qu'elle sécha sur pied comme une plante exotique parmi les musulmans. Dans le fait, les conceptions théologiques ne peuvent élever les sociétés qu'à un certain degré de civilisation ; au delà, elles tournent dans un cercle, au lieu d'être progressives, renfermées qu'elles sont en un certain nombre d'idées dont les combinaisons s'épuisent à la longue. Ce qui paraît progressif d'une manière indéfinie, ce sont les sciences positives, auxquelles le monde offre sans cesse des faits nouveaux, sans que l'esprit puisse apercevoir aucune limite à cette progression. Aussi, depuis que les Grecs ont créé le véritable esprit scientifique, ont-elles agi constamment sur les sociétés ; influence d'abord lente, mais qui s'est beaucoup accélérée dans ces derniers siècles. Aujourd'hui, ayant changé complétement la manière de concevoir le monde et les phénomènes qu'il présente, elles ont du même coup écarté les théologies, et, de la sorte, déterminé d'une façon prépondérante l'état mental des sociétés modernes. Grâce à elles, les révolutions des trois derniers siècles, au lieu de revenir sur elles-mêmes et de poursuivre la création de nouvelles formes théologiques, ont, au contraire, tendu à s'affranchir des spéculations sur l'origine et la fin des choses, spéculations auxquelles on demande vainement leur méthode et leurs résultats.

Les faits sont le fondement de la science historique, comme de toutes les autres. Or, ces faits, c'est l'érudition qui les tire de l'ombre du passé, et qui les prépare pour la théorie. Il faut donc remercier M. Burnouf d'avoir jeté tant de lumières sur une des plus importantes religions du globe. Ces lumières profitent à tout le monde. Quelles fausses opinions n'a-t-on pas eues en effet sur les théologies, tant que, sous l'empire d'un préjugé exclusif, on a considéré comme monstruosité et abomination tout ce qui divergeait du type consacré! Il suffit, pour mettre chaque chose à sa place, pour comprendre que toutes les théologies ont une même origine dans la nature de l'esprit humain et dans les conditions de chaque civilisation, il suffit de jeter les yeux sur le développement religieux en sa totalité. Les religions se jugent l'une par l'autre; et aucune argumentation ne vaut celle-là. A ce genre d'argumentation, le bouddhisme apporte un notable contingent; et le livre de M. Burnouf, appuyé constamment sur les textes, élaboré avec une impartialité sincère, est un document pour l'histoire.

XVI

LE PIC DU MIDI DE BIGORRE
ET SON HOTELLERIE[1]

M. Babinet, en un de ces articles du *Journal des Débats* qui savent intéresser le public à des questions d'astronomie et de physique, rendant compte d'observations faites au pic de Ténériffe choisi à cause de sa situation singulière, a rappelé qu'il y avait en France une montagne dont la nature s'était chargée aussi de faire un immense et magnifique observatoire. C'est le pic du Midi de Bigorre. Il s'élève à une hauteur de près de 3,000 mètres; il est situé sous le ciel des Pyrénées; il se détache, dans son isolement, du reste de la chaîne, et de son sommet on embrasse un horizon infini. Ce qui est avantage pour l'astronome ou le météorologiste est attrait pour le voyageur qui veut contempler le spectacle de ce chaos pyrénéen lancé avec tant de magnificence et de hardiesse par delà les nuages.

Aussi le pic du Midi a-t-il été de tout temps un but d'excursion. Quand on y va de Bagnères-de-Bigorre (Hautes-Pyrénées) et qu'on est arrivé aux cascades de Grip, on s'engage dès lors dans les rampes rapides qui mènent au sommet de la montagne. C'est, à cheval, une ascension de cinq grandes heures. On chemine par

---

[1]. *Journal des Débats*, 7 juillet 1857.

un étroit sentier qui longe des pentes abruptes et des précipices. Un gave bouillonnant, qui forme la tête de l'Adour, descend à la hâte ces flancs déchirés que vous montez avec peine et lenteur; il écume et bruit à votre droite, et vous le voyez devant vous au loin, sur les hauteurs qui vous restent à escalader, comme un mince filet d'argent qui serpente de roche en roche et qui reluit au soleil. Au bout d'environ quatre heures de marche, vous êtes arrivé au-dessus du lac d'Oncet, vaste pièce d'eau qu'on s'étonne de trouver à une telle hauteur, et à la base du cône qui termine la montagne. Il ne reste plus que 4 à 500 mètres de hauteur perpendiculaire à franchir; mais, bien qu'on ait tracé des sentiers en lacet qui rendent la pente moins rapide, c'est la partie la plus rude du voyage. Enfin, on arrive sur le sommet lui-même, très-court et très-étroit plateau qui n'a qu'un petit nombre de mètres en tout sens, et qui, du côté opposé à celui par où l'on est monté, plonge sur un précipice.

Parvenu là, on n'a qu'à se retourner pour apercevoir dans une immense étendue, au levant et au couchant, une grande partie de la chaîne des Pyrénées. Le pic du Midi est détaché et en avant du reste. Comme un capitaine qui fait face à sa compagnie et qui d'un coup d'œil voit tous ses hommes, depuis le premier rang jusqu'au dernier, le pic semble passer une revue de ses immobiles soldats. Sans être le plus grand de tous, il l'est assez pour que les voyageurs, debout sur sa tête, se trouvent de peu inférieurs à l'assemblée qu'ils viennent visiter. On est presque de niveau; l'œil se porte sur ces rangs pressés de pics aigus, de sommets neigeux qui se dressent les uns par-dessus les autres, et auxquels on ne peut imaginer de meilleure ressemblance que celle des cyclopes rangés sur le rivage de la mer, au grand effroi de la flotte troyenne, et élevant jusqu'au ciel leurs têtes superbes :

Ætnæos fratres, cœlo capita alta ferentes.

Et les géants des Pyrénées sont, en effet, comme ceux du poëte, des fils de Vulcain, les frères de l'abîme souterrain. Autant aujourd'hui leur cime altière domine l'humble vallée qui les soutient, autant jadis et pendant les temps géologiques leurs matériaux gisaient enfouis dans les profondeurs du globe terrestre. Le feu central, qui supporte nos continents et le fond de nos mers comme une croûte à peine refroidie ; le feu central, qui s'éteint peu à peu et se dissipe graduellement dans les espaces inter-cosmiques, était jadis plus près de la surface ; ce fut alors pour lui un jeu de projeter des chaines de montagnes, telles que les Alpes, les Cordillières ou les Pyrénées ; et d'un lieu comme le pic du Midi on aperçoit la direction du phénomène et l'immense rupture de l'est à l'ouest que produisit l'action des forces souterraines.

L'ascension au pic du Midi est laborieuse ; la descente l'est aussi. Des circonstances accidentelles peuvent aggraver beaucoup la fatigue. Sans parler de la déception que fait éprouver un brouillard subit et enveloppant d'un voile impénétrable le voyageur venu pour voir, les rafales de vent ou les averses de neige troublent parfois les parties qui semblaient, au départ, les plus sûres. Contre la fatigue, contre les fâcheux hasards, le remède était quelque abri que l'on construirait à une hauteur considérable, non loin du sommet lui-même, et qui, recevant les pèlerins lassés de la montée et surpris par le mauvais temps, leur donnerait le couvert et le repos d'une nuit. Des citoyens de Bagnères de Bigorre, pleins d'admiration pour leur beau pays et de zèle pour sa prospérité, résolurent d'édifier un bâtiment en ces lieux inhospitaliers. M. le docteur Costallat fut le promoteur de l'entreprise. M. le docteur Costallat est de l'école de Paris ; il appartient à cette génération médicale à laquelle j'appartiens moi-même, qui commençait, il y a vingt-cinq ans, à prendre la succession de ses aînés, et qui, après avoir tenu dignement sa place, cède graduellement l'héritage à ses cadets. C'est lui qui, peu après la conquête d'Alger, eut l'idée de soumettre à une expérimentation régulière et prolongée le climat de l'Afrique, pour savoir si ce climat est propre à procurer aux malades de la poitrine adoucissement et guérison ; il présenta son projet à l'Académie de Médecine, lui demandant d'intervenir auprès du gouvernement pour obtenir un système d'observations bien faites et comparatives ; je ne sais pourquoi ce corps savant refusa de suivre la proposition ; il y avait là en germe un utile travail. Après ce regret donné en passant à une bonne pensée qui a été négligée, je reviens à l'hôtellerie du pic du Midi.

Autrefois, avant que l'hôtellerie fût construite, il fallait cheminer toute la nuit, si l'on voulait précéder le jour sur le haut du pic et assister à l'imposant spectacle du lever du soleil. Aujourd'hui il n'est plus besoin de cette ascension nocturne ; on va coucher sous le toit qu'une main prévoyante a dressé dans ces solitudes. Quelque secourable et bienvenu qu'il soit, il n'est pas tel cependant qu'il fasse oublier dans la mollesse et le sommeil l'heure matinale et le besoin d'arriver avant le jour : on y trouve le couvert, une cuisine fort simple et, s'il y a ce jour-là affluence, le tumulte et les embarras d'une auberge trop pleine. Mais les petites mésaventures ne sont qu'un assaisonnement dans ces sortes de voyages. De l'hôtellerie on part à cheval, si l'on redoute une rude et haletante acension ; à pied, si l'on est plus robuste ; car il s'agit de gravir le cône lui-même, et, malgré les lacets des sentiers, la respiration manque plus d'une fois à celui qui n'est pas accoutumé à cheminer dans ces escarpements. Arrivé là, et debout sur ce promontoire, on attend l'approche graduelle de la lumière; et la montagne, qui se dresse au-devant du jour, a déjà de la clarté quand la plaine gît encore dans l'ombre.

Rien en effet ne couronne plus splendidement ce site si singulièrement arrangé pour la beauté que l'apparition, à l'horizon lointain, de l'astre qui vient donner aux choses forme et couleur. C'est un spectacle éternellement le même, et pourtant éternellement varié; jamais on ne le voit comme on l'a vu. Le bord de l'horizon, les nuages qui flottent dans l'espace, la teinte de l'azur, la brume de la plaine, la neige des sommets, le calme ou le vent, tout se combine en mille proportions. La lumière, l'air, le ciel, la plaine, la montagne sont les éléments de cette représentation toujours nouvelle; acteurs merveilleux d'une scène grandiose, ils s'associent pour le charme des yeux et l'émotion de l'âme. Le flot croissant du jour, la mer de lumière qui monte et qui s'approche, envoie d'abord comme une blanche écume et de légers flocons qui, traversant le haut de l'atmosphère, jettent une demi-lueur sur les monts sourcilleux. Enfin, la marée lumineuse a franchi sa barre ; elle inonde l'espace et illumine soudain les roches escarpées et les pentes de neige. Mille nuances apparaissent en se jouant, et la grande ombre du pic du Midi, isolée de ce qui l'entoure, se projette, comme celle d'un géant, du côté de la chaîne. Un poète oublié aujourd'hui, mais qui avait un vif sentiment des beautés alpestres, Masson, dans son poëme des *Helvétiens*, a décrit merveilleusement ce jeu de la lumière sur le front des montagnes. Après avoir parlé des monts énormes qui se dominent les uns les autres, il dit :

> L'astre brillant du jour sourit à leur audace,
> Et de leur front superbe éclaire les déserts ;
> De la pourpre, de l'or, du lis et de la rose
> Il donne à ces frimas les reflets éclatants ;
> Sur son trône glacé, l'hiver qui s'y repose
> Y paraît couronné de l'émail du printemps.

Le sentiment poétique des modernes, s'il a demandé aux montagnes les descriptions brillantes d'une nature imposante et sauvage, leur a demandé surtout des aspirations infinies, de sereines pensées et ces émotions profondes qui tendent à faire participer l'âme individuelle au sourd et éternel mouvement des choses. On en trouve la juste et admirable expression dans ces vers de Lamartine :

> Esprit de l'homme, un jour sur ces cimes glacées
> Loin d'un monde odieux quel souffle t'emporta ?
> Tu fus jusqu'au sommet chassé par tes pensées ;
> Quel charme ou quelle horreur à la fin t'arrêta ?
>   Ce furent ces forêts, ces ténèbres, cette onde,
> Et ces arbres sans date, et ces rocs immortels,
> Et cet instinct sacré qui cherche un nouveau monde
> Loin des sentiers battus que foulent les mortels.

Avant Lamartine, Byron, autre chantre inspiré de l'infini dans la nature, s'était complu à s'asseoir sur les rochers ; à s'arrêter sur le bord des flots tumultueux ; à parcourir lentement les sombres asiles de la forêt, demeure des choses qui ne reconnaissent pas la domination de l'homme, retraites où un pied mortel ne passa que rarement ou ne passa jamais ; à gravir sans témoin la montagne escarpée avec le troupeau sauvage qui n'a pas besoin d'abri ; à se pencher sur les abîmes et les cataractes écumantes, disant que ce n'était pas de la solitude, que c'était seulement tenir société avec la nature et contempler ses trésors déployés :

To sit on rocks, to muse o'er flood and fell,
To slowly trace the forest's shady scene,
Where things that own not man's dominion dwell,
And mortal foot hath ne'er or rarely been;
To climb the trackless mountain all unseen,
With the wild flock that never needs a fold;
Alone o'er steeps and foaming falls to lean,
This is not solitude; 't is but to hold
Converse with nature's charm, and wiew her stores unroll'd.

To sit on rocks, être assis sur les rochers, et de là-haut repaître le regard, c'est un mot qui se présente à l'esprit pour peindre le siège merveilleux qu'on trouve sur le pic du Midi. Étroite, en effet, est la plate-forme qui le couronne ; étroit est ce siége d'où l'on contemple à son gré ou l'immense espace de la vallée, ou les cimes ardues rangées en longues files, ou le lac d'Oncet qui ne paraît plus qu'une flaque d'eau, ou les sentiers qu'on a gravis, ou le toit hospitalier où l'on a passé la nuit. Tout humble qu'il est, ce toit a eu ses vicissitudes, et les ruines d'où il est sorti ne sont pas loin de lui. Une première fois, l'hôtellerie avait été construite sur un autre emplacement que celui qu'elle occupe aujourd'hui ; elle avait été mise sous la protection d'un énorme rocher qui devait servir de barrière aux avalanches. La barrière ne servit de rien ; l'hiver amena une accumulation extraordinaire de neige qui franchit l'obstacle et ensevelit l'édifice tout entier. Quelque temps on se flatta de l'espoir qu'il n'était que recouvert, et qu'une fois les neiges fondues par le beau temps, on le retrouverait conservé et intact ; on put à la fin de l'hiver marcher sur l'immense amas qui le cachait, sans savoir encore si le désastre était complet. Mais la construction n'avait pas été de force à résister à une telle masse et à un tel choc ; et, quand la neige eut abandonné ces rudes climats, on vit que le bâtiment, heurté par l'avalanche, était détruit de fond en comble : une partie des murs latéraux restait seule en place ; mais la toiture et la charpente étaient brisées ou dispersées au loin. Ce fut un grand désappointement pour les personnes qui, avec un plein désintéressement et pour le seul bien de la contrée, s'étaient mises à la tête de l'entreprise. Il fallait ou l'abandonner ou rebâtir sur nouveaux frais et dans des conditions meilleures et plus sûres.

Le pic du Midi, bien qu'un pygmée à côté du Mont-Blanc, a cependant, comme lui, *une robe de nuages, un diadème de neige et l'avalanche dans sa main*. Ces expressions, qui sont de Byron, me viennent sans que je les cherche ; mais, en revanche, j'ai beau chercher dans ma mémoire des passages de poëtes anciens, je n'en trouve aucun où, comme dans la poésie moderne, cette corde soit vibrante. Comment cela se fait-il ? Certes Homère, Virgile, pour ne citer que ces deux-là, sont habiles à trouver un vers beau comme ce qu'ils admirent, sonore comme l'harmonie que leur oreille entend, coloré comme les teintes que leur œil perçoit. Les pays qu'ils habitaient sont sillonnés de chaînes qui ne le cèdent pas en magnificence aux Alpes ou aux Pyrénées. L'Apennin qui court tout le long de l'Italie, les montagnes qui soulèvent en tant d'endroits le sol de la Grèce sont renommés. C'est même là que Byron a puisé plusieurs de ses plus belles inspirations ; et, enviant la vie du pieux ermite debout le soir sur le haut du mont Athos, il vit cette cime colossale se projeter sur des vagues si bleues et sous un ciel si serein, qu'il désira d'arrêter en ce lieu consacré sa course errante. Qu'a-t-il donc manqué aux vieux maîtres de l'art pour qu'ils aient laissé, sans y toucher, cette source de poésie? D'où vient qu'ils n'ont pas ravi, étant les premiers, le fruit divin suspendu sur leur tête?

C'est que la lyre moderne s'est enrichie d'une corde que ne connut pas la lyre ancienne; et les montagnes ne sont que pour leur part dans cet ensemble d'émotions nouvelles qui se sont épanchues. La nature entière, se révélant dans son immensité et agissant sur l'âme humaine comme la vue du précipice sur celui qui se penche, l'a attirée vers soi d'un attrait invincible; et dès lors il a bien fallu que la poésie trouvât des accents répondant à ce qui commençait à se faire sentir et redit à la foule émerveillée les ébranlements de la rêverie contemporaine. Dans l'univers ancien tout était naturellement borné; les profondeurs sans limites ne s'étaient pas encore ouvertes. La terre, si petite, n'avait pas même été parcourue; Homère nous parle du large Hellespont; une journée de navigation amène son héros aux extrémités du monde, dans la région des Cimmériens, où finit le domaine de la vie et où les pâles ombres des morts viennent prendre leur dernier séjour. Les nations classiques, placées à peu près comme le sont aujourd'hui les États-Unis par rapport au désert et aux sauvages, n'avaient qu'un pas à faire pour rencontrer les sombres et impénétrables forêts de la Germanie et les barbares, ou, de l'autre côté, les barbares encore et les plaines scythiques. Il n'était besoin que d'entasser Ossa sur Pélion ou d'exhausser un peu davantage la tour de Babel pour toucher le ciel. De toutes parts une voûte surbaissée venait enclore l'homme et ses habitations.

Les astronomes eux-mêmes, ces pionniers de l'immensité, bien qu'ils commençassent à pressentir la grandeur des distances, ne pouvant en déterminer aucune, n'avaient point d'aliment à donner à la pensée publique. Aussi le sentiment de l'infini manqua-t-il à la poésie ancienne, et, réciproquement, il naquit dans la poésie moderne, quand ces étroites barrières tombèrent devant les yeux dessillés. Quel changement de scène! Quelle révolution dans la pensée! L'univers apparut ce qu'il est, un océan sans bornes; les mondes qui y sont semés, des îles flottantes; les forces qui les animent, des puissances prodigieuses qui communiquent un mouvement rapide à des masses énormes. De cette conception, qui s'empara des imaginations, a découlé le flot nouveau de la poésie. Mais, pour qu'il se déroulât ainsi, la science dut, par un long travail, changer l'esprit des choses, dissiper les apparences, et, la première, ouvrir la porte de l'infini. De sorte que le développement de la poésie est solidaire du développement de la science, et, à mesure que celle-ci agrandit la pensée, celle-là agrandit l'imagination.

Je ne dis rien que ne justifie la vue du pic du Midi. Quiconque l'a visité en rapporte un long souvenir; et celui qui retourne sur sa cime trouve des impressions plus vives et plus profondes que la première fois, absolument comme pour ces beaux morceaux de poésie ou de musique qu'on sent et admire d'autant plus qu'on les lit ou entend plus souvent.

L'avalanche qui avait emporté l'hôtellerie faillit mettre fin à tout projet de ce genre; et l'on put craindre que la montagne ne demeurât aussi inhospitalière que jamais, sans toit pour la nuit, sans abri contre les rafales subites et les tourmentes, sans halte pour les faibles, les convalescents, les femmes, les fatigués. Mais les personnes qui s'étaient mises à la tête de l'entreprise ne se découragèrent pas. Il fallait trouver un emplacement où jamais avalanche ne pût arriver; on le trouva, instruit par le désastre précédent. Il fallait demander des sacrifices aux souscripteurs; on les demanda et on les obtint. Finalement, une somme de 4,000 fr. fut recueillie, suffisante pour la nouvelle construction, qui dut être recouverte en voûte afin de résister aux rafales. Jamais on ne rend plus justice à la prévoyance des gens de Bagnères et de Baréges que quand, après une ascension continue de plusieurs heures, on aperçoit enfin dans un repli l'hôtellerie qui va recevoir et le voyageur lassé, et le cheval haletant, et le guide toujours alègre et dispos. L'hôtelier vous attend si le jour est beau, et il vous dira comme Philémon, bien que par un autre motif :

Reposez-vous. Usez du peu que nous avons,
L'aide des dieux a fait que nous le conservons.
Usez-en, saluez ces pénates d'argile.

Ce sont en effet des pénates d'argile; mais qui ne les saluerait à 2,500 mètres au-dessus du niveau de la mer ?

Ce qui, pour le souvenir et sur le papier, devient contemplation et pensée, a été, dans le moment et sur place, émotion indistincte et rêveuse; et c'est ce qui attire dans les hauts lieux. Les hauts lieux ont-ils jadis attiré autant les hommes qu'ils font aujourd'hui? Je ne sais; nous ne voyons pas que les anciens aient été, comme nous, curieux d'escalader les sommets escarpés et neigeux, et nous n'avons pas de récits de leurs ascensions. Mais ce qui est certain, c'est que les communications poétiques avec la nature ont varié suivant les temps, ou, pour mieux dire, suivant les âges de la civilisation. La poésie ancienne, associée à l'inspiration religieuse, donna, comme la religion, un corps à tout ce qu'elle sentait; son charme, à elle, ce fut de mêler au monde et à ses spectacles, à l'homme et à ses destins, les divinités qui peuplaient le ciel et la terre, la campagne et les monts. La poésie moderne, trop consciente pour croire à ce peuple divin, écarta les intermédiaires; son charme, à elle, fut de sentir et d'exprimer ce qu'il y avait de commun entre l'idéal humain et la grandeur de la nature. Quand l'une veut peindre les hommes héroïques dans leurs luttes avec les souffrances et les difficultés de la vie, elle amène auprès d'eux les dieux de l'Olympe, qui éclairent leur esprit, assistent à leurs conseils, et donnent à leurs bras une force invincible. L'autre ne demande qu'à l'homme même le secret de sa force et de sa faiblesse, et ne veut plus de ces auxiliaires sans lesquels Achille ou Hector ne sont pas concevables. L'une ne peut se complaire en un paysage, sans le parer de nymphes, de faunes et de sylvains :

> *Gratia cum nymphis geminisque sororibus audet*
> *Ducere nuda choros;*

ou bien André Chénier, dans une élégie toute parfumée d'antiquité, convoque les belles Néréides à pleurer la mort de la jeune Tarentine :

> Et de loin à grands cris appelant leurs compagnes,
> Et les nymphes des bois, des sources, des montagnes,
> Toutes frappant leur sein et traînant un long deuil,
> Répétèrent : Hélas! autour de son cercueil.

L'autre a des émotions directes : les montagnes, les vagues, le ciel, sont une part d'elle et de son âme, comme elle est une part du ciel, des vagues et des montagnes. Qui voudrait donner le prix, et qui ne reconnaît deux âges successifs d'un même développement ?

Je me suis complu à rappeler mes souvenirs du pic du Midi. C'est une dette de reconnaissance que je paye. Chacun de ceux qui le gravissent contracte la sienne, sauf pourtant les cas malheureux où, l'inconstance de la montagne faussant les promesses d'une belle journée, le sommet s'enveloppe d'une brume épaisse que rien ne peut percer. Alors toute la peine a été perdue. La compagnie, désappointée et en déroute, redescend les sentiers escarpés, ayant eu du moins, en son infortune, une nuit de repos sous le toit propice de l'hôtellerie.

XVII

PHIDIAS

SA VIE ET SES OUVRAGES

PAR

LOUIS DE RONCHAUD

Paris, Gide, libraire-éditeur [1].

Il est naturel que les morts fassent place aux vivants, et que les vieux monuments disparaissent pour laisser les nouveaux s'élever. Pourtant, dans ce renouvellement qui est nécessairement une destruction, il est regrettable que l'intelligence humaine, touchée, comme aujourd'hui, du respect des belles choses, n'ait pas fait un choix parmi ces reliques, et que des chefs-d'œuvre qui auraient dû être immortels aient obscurément péri sous des mains quelquefois sacriléges et violentes, le plus souvent barbares et grossières. La Minerve qui remplissait de sa beauté le Parthénon, le Jupiter d'Olympie dans lequel Homère aurait reconnu la majesté de ses vers, et tant d'autres ouvrages de Phidias sont anéantis sans qu'aucune trace en subsiste ; et de ce maître du marbre et de l'ivoire à qui la Grèce ne donnait pas d'égal, nous ne possédons que des débris tombés ou arrachés d'un des frontons du Parthénon.

« Et cependant, dit M. de Ronchaud, quelle beauté

---

[1]. *Journal des Savants*, octobre 1866.

« respire dans ces ruines de la beauté! Nulle part on
« ne sent mieux la puissance de l'art et du génie que
« devant ces débris, d'où rien n'a pu effacer l'em-
« preinte de la main qui s'y est posée autrefois, pour
« leur donner la vie avec la forme. La forme a été
« brisée, mais la vie éclate encore dans ces restes
« épars. Sur cette création, à moitié rentrée dans le
« chaos d'où le génie l'avait fait sortir, plane encore le
« souffle qui l'avait autrefois suscitée; il semble même
« par moments qu'on va la voir de nouveau surgir
« dans sa glorieuse intégrité. Mais bientôt on s'aperçoit
« combien l'imagination est impuissante à restaurer des
« chefs-d'œuvre de l'art antique. Le regret de l'irrépa-
« rable, l'attrait d'un problème insoluble, ajoutent alors
« pour nous, à la beauté de ces statues, le seul charme
« qui leur ait manqué dans le temps de leur gloire, la
« poésie du mystère et de l'infini. Le sentiment qu'elles
« font naître tient à la fois de la tendresse et de l'ad-
« miration pour la beauté humaine, de l'enthousiasme
« pour le génie, du respect de l'antiquité, de la tris-
« tesse qui s'attache aux ruines, de la curiosité pour
« une énigme et de l'inquiétude d'un désir irréali-
« sable. »

La nature, artiste infatigable, parmi la foule des types vulgaires jette des types d'une éminence singulière et merveilleuse; mais, artiste indifférente, elle n'a aucun souci de ses œuvres les plus heureuses; et, navré de cette indifférence, le poëte s'écrie que « les plus « belles choses ont le pire destin. » Qui n'est tenté de répéter ce cri de reproche à propos des sublimes créations de marbre et de bronze auxquelles le génie promettait une impérissable jeunesse, et qui pourtant se sont trouvées aussi frêles que la frêle beauté dont quelques vers ont gardé le doux souvenir?

Laissons ces regrets qui, sans rien changer aux destins inflexibles, élèvent l'homme en lui apprenant à la fois à se résigner à son sort et à en être touché. Phidias fut l'ami de Périclès, au moment où Athènes brillait de l'éclat de la liberté, des victoires, des arts, des lettres, de la philosophie; et pourtant il ne nous reste sur lui que les plus maigres renseignements. Mais, à une époque où le papyrus n'était pas fort commun, où le parchemin n'avait pas encore été inventé, où les livres étaient rares, où l'on gravait sur la pierre les documents officiels pour les conserver, il n'est pas fort étonnant que les souvenirs se soient évanouis ou réduits à peu de chose. Du moins il ne paraît pas que la seconde antiquité (je donne ce nom aux temps qui suivirent la fondation d'Alexandrie et de son école) ait été en état d'écrire une histoire authentique de Phidias. C'est ce qui résulte de la comparaison des dires de l'historien Philochore et de Plutarque. Dès cette époque les traditions étaient chétives et brouillées.

Aussi est-ce avec une vraie satisfaction qu'on en revient aux paroles d'un de ses illustres contemporains, Aristophane. Là du moins, si l'on ne trouve pas une biographie, on trouve les vives impressions d'un homme qui l'avait connu et qui le regrettait. C'est par une phrase voilée et touchante qu'il rappelle le malheureux sort de l'artiste : πράξας κακῶς, il finit mal. « La paix a disparu avec lui, » dit-il. — « Elle était « donc sa parente, » demande un personnage. — « Elle « l'était sans doute par sa beauté, » répond le chœur. Ainsi le grand comique déplorait qu'avec Phidias deux divinités eussent fui : la paix et la beauté.

On en voulait à Périclès, qui depuis longtemps gouvernait la république, et on l'attaquait dans ses amis. Est-ce pour cela qu'il avança l'heure de cette grande guerre qui est connue dans l'histoire sous le nom de guerre du Péloponèse? Dans tous les cas, il l'avança seulement, et, comme dit Plutarque; « il enflamma ce qui « ne faisait encore que fumer. » On le vit bien, quand, lui mort, ce qui ne tarda pas beaucoup, la tranquillité ne revint pas; après le succès de Sphactérie où, à l'étonnement de toute la Grèce, quatre cents Spartiates se rendirent prisonniers, les Athéniens refusèrent la paix à Lacédémone qui la demanda.

On en voulait à Périclès, et on attaqua Phidias. D'abord on l'accusa d'avoir volé une partie de l'or qui lui avait été remis pour la statue de Minerve. Mais Phidias, en commençant l'ouvrage, avait, sur le conseil de Périclès, travaillé et placé l'or de façon à l'enlever entièrement et à le peser. On le pesa en effet; le poids de l'or se retrouva, et l'ignoble accusation de vol fut écartée. Il échappa pour cette fois; mais, à une autre, on saisit une arme plus redoutable, et il fut accusé de sacrilége pour avoir placé son propre portrait et celui de Périclès sur la statue. Un sacrilége ne se pèse pas dans la balance comme l'or d'une statue; les Athéniens ne toléraient pas ce qu'on pourrait appeler les libres penseurs du paganisme, si tant est qu'il faille ranger Phidias parmi eux, et l'artiste fut jeté en prison. Il y mourut.

C'est là le récit de Plutarque; autre est le récit de Philochore. Suivant cet historien, Phidias, accusé d'avoir volé l'or des dragons de la Minerve chryséléphantine, fut condamné à l'exil; il se retira à Élis, où, chargé de faire le Jupiter Olympien, il résida sept ans; mais, condamné pour vol, il fut mis à mort par les Éléens. On trouvait dans la *Rhétorique* d'un certain Apsinas, mentionné par les Scholies de la comédie de la *Paix*, un thème d'exercice fondé sur ce prétendu vol commis par Phidias à Élis : « Soit Phidias, y est-il dit, torturé « et condamné à mort pour s'être approprié l'or du « Jupiter Olympien. J'ai montré qu'il ne l'a pas dérobé, « et, l'eût-il dérobé, il était voleur et non sacrilége; « eût-il été sacrilége, il fallait le juger auparavant, non « le torturer tout d'abord; en outre, s'il devait être « jugé, c'était par les Athéniens. »

Ces deux récits sont très-dissemblables. M. de Ronchaud se demande si on ne pourrait pas les concilier, en admettant que d'abord l'artiste fut accusé d'avoir dérobé l'or de la Minerve; qu'absous cette fois, mais effrayé, il se retira à Élis, où il fit le Jupiter Olympien, et que, sept ans après, car c'est l'espace de temps que Philochore assigne à son séjour à Élis, il revint à Athènes, où, de nouveau accusé, il fut condamné. Je ne puis accepter cet essai de conciliation. Les deux historiens se contredisent: l'un le fait mourir à Élis, l'autre à Athènes, et, dans l'ignorance des documents sur lesquels ils s'appuyaient, nous n'avons aucune raison d'accorder la préférence à l'un sur l'autre. En cas de ce genre, la règle incontestable de la critique est qu'on ne peut donner foi complète qu'à des témoignages contemporains ou remontant par une tradition assurée jusqu'aux contemporains. A leur défaut, les récits demeurent toujours frappés d'un certain doute, qui croît beaucoup quand ils ne concordent pas.

Sur les malheurs de Phidias, nous n'avons qu'un témoignage contemporain, insuffisant sans doute, mais du moins assuré; c'est Aristophane. Pour les désigner, le poëte se sert, je viens de le noter, d'une expression vague ($\pi\rho\acute{\alpha}\xi\alpha\varsigma\ \varkappa\alpha\varkappa\tilde{\omega}\varsigma$); ce peut être la ruine, l'exil, la mort. Mais, quand il dit que la paix disparut avec l'artiste et qu'on voit que l'artiste ne reparut pas plus que la paix, on conclura avec une probabilité bien près de la certitude que Phidias périt d'une façon quelconque dans cet intervalle. Ce fut le commencement du fléau de la guerre (ἦρξεν ἄτης); par conséquent il n'y eut qu'un court espace entre cet événement et la rupture de la paix; ce qui détruit toute la partie du récit où Philochore met un espace de sept ans entre la condamnation de Phidias à Athènes et sa condamnation à Élis. Enfin l'opinion était, à Athènes, du moins chez Aristophane, que Périclès avait craint d'être enveloppé dans le désastre de l'artiste (Περικλῆς φοβηθεὶς μὴ μετάσχοι τῆς τύχης), et que pour cela il avait allumé la guerre.

Phidias a-t-il été réellement accusé de sacrilége, ou ne l'a-t-on dit que parce qu'il fut soupçonné de partager cette opinion, périlleuse alors, qui allait d'Anaxagore à Périclès et à ses amis, et suivant laquelle une intelligence suprême présidait au gouvernement du monde, de quelque façon que l'on considérât les êtres divins secondaires qui étaient l'objet du culte public? Rien ne peut nous l'apprendre. Aristophane, qui, dans son effroi des nouveautés dangereuses et dans son zèle conservateur, n'épargna pas Socrate et devança Anitus, a, on vient de le voir, des paroles de compassion pour Phidias, soit qu'il regrettât plus la paix qu'il ne craignait les mauvaises doctrines, soit qu'il jugeât un artiste moins dangereux qu'un philosophe. Mais, croyant ou peu croyant, il est certain que le caractère religieux le plus pur et le plus sublime fut imprimé aux simulacres divins que l'ami de Périclès exécuta pour être l'objet de l'adoration des peuples. Aujourd'hui un artiste, fût-il un Phidias, ne pourrait faire un Jupiter ou une Minerve qui ne fussent une réminiscence; mais, dans le cinquième siècle avant l'ère chrétienne, un Phidias, eût-il été un disciple d'Anaxagore, trouvait hors de lui et en lui-même assez de croyances de toute nature pour donner à ces personnifications des forces naturelles un corps où resplendît l'humanité et où transparût l'Olympe.

Le génie grec, qui s'épanouissait, eut alors charge de peupler les temples de figures que la croyance supposait humaines et que l'imagination rêvait divines. Phidias les fit divines, et le rêve fut accompli. Représenter des dieux, quelle tâche! Mais il fallait un âge où les dieux eussent seulement cette spiritualité que le marbre peut rendre et qui l'illumine. Les dieux, pourquoi ne pas se laisser aller aux sentiments qui s'éveillent? les dieux, s'ils n'étaient pas envieux des mortels, ce dont l'antiquité les accusait, devaient un Phidias à un tel moment. « En Grèce, dit M. de Ron« chaud, les statues ne sont pas faites pour l'orne« ment des temples, mais bien les temples pour le lo« gement des statues; les temples sont les demeures « des divinités, qui les habitent sous leur forme con« sacrée. Le Parthénon, par exemple, est le séjour de « Minerve, véritablement présente dans la statue de « Phidias, et qui se plaît dans les murailles élevées « pour elle par son peuple. Le colosse de Phidias est « l'âme dont le Parthénon est le corps. » Cela est vrai et jette un grand jour sur les rapports qu'entretenaient alors l'architecture et la sculpture. Mais aussi, quand le christianisme amena l'idée d'un Dieu infini en essence, ce ne furent pas seulement les idoles qui disparurent; leurs *maisons* n'eurent plus de raison d'être, et finalement naquit la cathédrale gothique. Je cite encore M. de Ronchaud, au sujet de cette transformation : « L'élan est hardi et sublime. Les flèches des « cathédrales déchirent les nuages et s'avancent dans « l'air au-devant du soleil. Mais tout monte vers le

« ciel; et, dans les régions terrestres, il n'y a ni dila-
« tation, ni épanouissement; ce n'est qu'une échappée
« dans l'altitude. Il n'y a là pour la sculpture qu'un
« humble rôle de décoration. »

Il ne reste de Phidias que ce qui a été conservé dans les frontons du Parthénon. Quand lord Elgin eut apporté à Londres les fragments qu'il avait détachés de ce monument et qu'il voulut les vendre, le parlement, à qui fut faite la proposition de les acheter, eut besoin de savoir à quoi s'en tenir sur leur valeur. « Ce fut, dit
« M. de Ronchaud, un beau moment que celui où une
« grande nation fit trêve aux débats politiques, pour
« écouter un débat relatif à quelques fragments de
« marbre rapportés d'un pays lointain par un amateur
« de vieilles pierres, et fit une affaire de savoir si ces
« marbres avaient reçu, il y a plus de vingt siècles,
« leur empreinte de la main d'un artiste souverain. »
Que ces marbres soient du temps de Périclès, cela n'est pas douteux; que Phidias ait tracé la composition des frontons, cela n'est pas douteux non plus; qu'il ait mis lui-même la main à l'œuvre et que nous ayons là des produits de son ciseau, c'est ce dont les artistes, les amateurs ne doutèrent point, ne doutent plus, à la vue de ces étonnants débris. On y reconnaît la trace encore vive d'une main qui, de l'aveu de l'antiquité, fut incomparable : *Deus, ecce deus*, a-t-on dit comme malgré soi, en admirant au Musée britannique les statues du Parthénon.

Byron, dans son *Imprécation de Minerve*, met lord Elgin à côté d'Érostrate, dignes d'être stigmatisés à jamais l'un et l'autre *par une page flétrissante et par un vers brûlant*[1]; et des voyageurs inscrivirent sur le Par-

---

1. In many a branding page and burning line.

thénon : *Quod non fecerunt Gothi, hoc fecerunt Scoti*. Lord Elgin était Écossais. M. de Ronchaud n'est pas aussi sévère. Peut-être en effet est-il permis de plaider les circonstances atténuantes : s'il y avait eu la moindre sécurité pour les restes que le lord écossais a rapportés, c'eût été un vandalisme sans nom de les détacher du glorieux monument dont ils firent partie. Mais alors il n'existait point de Grèce curieuse de son histoire ; et le gouvernement turc, seul maître de ces contrées, ne connaissant ni Phidias, ni Minerve, ni Bacchus, ni les Parques, laissait sans peine le besoin de pierres, ce grand destructeur des vieilles ruines là où on ne les protége pas, menacer journellement ce que les siècles avaient épargné. Aujourd'hui ils seraient en sûreté à Athènes, et bien mieux en leur place antique que rangés et étiquetés en un musée. Mais dans cet intervalle que leur serait-il arrivé? Ne sait-on pas que jusqu'à la fin du dix-septième siècle le Parthénon était demeuré dans un état de conservation singulière? Les Vénitiens vinrent assiéger Athènes ; les Turcs, qui avaient démoli le charmant temple de la Victoire pour y dresser une batterie, avaient mis dans le vieux temple un magasin à poudre ; une bombe vénitienne y tomba et l'explosion le dévasta. Pour comble, Morosini, voulant orner sa patrie d'un trophée de sa conquête, tenta d'enlever d'un des frontons la statue de Neptune et celle de la Victoire avec le char et les chevaux de la déesse ; mais, aussi maladroit que barbare, il laissa tomber le précieux groupe sur le rocher où il se brisa. « Ce bombardement et cette ruine du temple
« de Minerve par une armée chrétienne, dit M. de
« Ronchaud, laissent un deuil sur l'imagination, et
« attristent l'histoire elle-même, au milieu des ruines
« et du sang qui tracent sa route à travers les âges. »

Bien que, chez le vieil Orient, on trouve certaines belles choses, en Égypte dans l'architecture, en Assyrie dans la sculpture, en Judée dans les Psaumes, en Inde dans les hymnes des Védas, cependant ce ne sont que des rudiments, jets brillants de l'imagination humaine, mais sans ensemble, sans généralité, et qui seraient morts sans postérité s'ils n'étaient venus rejoindre de plus puissantes et plus fécondes créations. Le vrai règne de la beauté ne commence qu'en Grèce avec Homère; il se fonde avec les grands écrivains et les grands artistes qui succèdent, et se transmet par une glorieuse hérédité à ceux qui furent capables de la recevoir, Rome, l'Occident, le moyen âge, l'ère moderne. Qu'est-ce que la beauté, je veux dire, car j'ai hâte d'expliquer un mot si ambitieux, quelle en est l'origine dans la nature humaine? « *È bella perchè è bella*, a dit « Quatremère de Quincy, cité par M. de Rouchaud; « voilà dans ce genre la meilleure raison, et là-dessus « le savant n'en saura jamais plus que l'ignorant. » Oui, sans doute, en face d'une belle chose le savant et l'ignorant sont saisis d'un même ravissement, sans s'expliquer le charme qui les captive. Mais ce charme n'a-t-il pas certaines conditions fondamentales et immuables sans lesquelles il ne se serait jamais produit? Le dire c'est déclarer à la fois que la beauté, quelque variable qu'elle soit, n'est pas arbitraire, sans que, pour cela, elle provienne de types placés par delà notre monde et nos cieux.

Toute beauté a pour éléments les sons, les couleurs, les lignes. De même qu'il n'est point d'idée qui ne doive sa naissance aux impressions des sens, de même il n'est point de beauté qui, par les sons, les couleurs et les lignes, ne remonte à une origine semblable. Qu'est-ce donc qui, dans ces impressions, plaît à l'esprit de l'homme, de manière à lui être une première excitation et une première règle pour tous les développements ultérieurs de la beauté, qu'est-ce, dis-je, sinon la rigoureuse régularité qui assujettit ces choses à leurs propres conditions? Physiquement, les vibrations par lesquelles le son est produit donnent les gammes; et, physiologiquement, ces gammes plaisent à l'oreille; c'est sur cette relation entre la physique et la sensibilité que s'élèvera toute la musique. Les gammes des couleurs ne sont pas moins réglées par les ondes lumineuses et pas moins plaisantes à la vue; c'est par là que commenceront la décoration et la peinture. Enfin le toucher se plaît au poli des surfaces, à la régularité des lignes; et l'homme s'efforcera, par les lignes et les surfaces, de donner satisfaction à ce plaisir. La condition physique des sons, de la lumière et des lignes, et la condition de sensibilité qui y répond sont des faits primordiaux au-delà desquels on ne peut aller, qu'on n'explique pas et qui servent à expliquer. Ainsi l'élément primordial de la beauté est, à la vérité, ce qui plaît à l'oreille et à l'œil, mais en même temps ce qui offre dans les choses une manière d'être déterminée.

C'est par les mêmes échelons qu'on passe à la beauté littéraire, c'est-à-dire celle de la poésie, de la grande prose et du style. Les éléments en sont toujours l'harmonie, la couleur et la symétrie. La pensée, tant qu'elle n'a pas la couleur, l'image et la symétrie qui lui conviennent, tant qu'elle ne résonne pas harmonieusement à l'oreille, n'est qu'un rudiment imparfait. Mais, quand elle s'est revêtue de cette parure empruntée à l'éternelle régularité des choses en leurs proportions fondamentales de sons, de couleurs et de lignes, alors il lui est accordé d'inonder l'âme de la plénitude du charme idéal. Dans ces deux vers admirables où Virgile veut peindre les demeures fortunées des Champs-Élysées :

> Devenere locos lætos et amœna vireta
> Fortunatorum nemorum sedesque beatas,

sons, couleurs, symétries, tout y est pour représenter le calme et la béatitude.

La nature, comme elle a fait pour la morale et la science, nous a donné les éléments de la beauté, non la beauté. Ces éléments croissent, se développent, se multiplient, se perfectionnent, se modifient suivant les âges et suivant les civilisations. Ainsi que la morale est sortie de ses rudiments et a crû par le progrès social ; ainsi que la science a été peu à peu tirée des faits les plus simples par les esprits qui surent développer le vrai caché sous les voiles de la nature ; semblablement, la beauté fut peu à peu tirée de ses linéaments primitifs par les esprits heureux à les saisir et à les idéaliser. *Satiari artis cupiditate non quit*, il ne peut se rassasier du désir de l'idéal, a dit Pline d'un grand artiste. En effet, le grand artiste, poëte, peintre, sculpteur ou musicien, à son gré ne fait jamais assez pour ce qu'il ressent de désir idéal. Pressé qu'il est par le charme qui déborde, il ne peut ni tout exprimer ni tout cacher ; et c'est ce qui a si profondément ému Byron quand dans une extase il s'écrie :

> To mingle with the universe, and feel
> What I can ne'er express, yet can not all conceal.

De types ainsi créés émanent une infinité d'images et de souvenirs qui, s'emparant de l'esprit des hommes, forment ce que j'appellerai une beauté courante. La belle statue, le tableau admiré, le monument grandiose, la musique qui transporte, se fixent dans les mémoires. La poésie livre ses lambeaux à qui veut les saisir; et des vers détachés des grandes compositions deviennent des textes familiers qui parent le discours et élèvent l'imagination.

Phidias est un Homère, et il m'a entraîné sans peine vers ces sources que la poésie et les beaux-arts ont en commun. D'ailleurs, M. de Ronchaud m'y conviait, traitant, avec des vues si élevées, du rôle de la sculpture antique dans la décoration des temples et de la place de Phidias dans le développement d'un art si grand par sa destination et par ses effets. Au reste, je ne voudrais pas que l'on crût qu'il n'est pas entré dans toutes les difficultés de son sujet et qu'il n'a pas essayé, à son tour, de résoudre quelqu'un des problèmes que soulève cette histoire aussi mutilée que les marbres du Parthénon.

Je citerai, car il faut citer, son essai de restitution de la composition qui ornait le fronton oriental du Parthénon. Il est certain que la conception en appartient à Phidias; et dans l'exécution on croit deviner sa main. Toute la partie centrale a disparu, et elle a disparu avant le temps où commencèrent les explorations des voyageurs dans l'Acropole; on accuse les chrétiens de cette destruction, accusation d'autant plus vraisemblable, qu'une fenêtre, pratiquée dans le fronton à l'endroit même d'où les statues ont été précipitées, doit avoir été faite à l'époque où le Parthénon fut changé en église. Douze statues ou fragments dans le musée britannique, quelques menus débris à Athènes, une ligne de Pausanias nous apprenant que le fronton représentait la naissance de Minerve, voilà tout ce qui reste, et ce reste est incapable de fournir autre chose que matière à conjecture pour la restitution de l'ensemble. En face du fronton, M. Beulé s'était rappelé à propos l'hymne où Homère célèbre la naissance de la déesse. C'est cet hymne qu'à son tour M. de Ronchaud prend pour thème et pour guide, et après une discussion minutieuse il conclut ainsi :

« La composition figurée par Phidias dans le fronton
« oriental représentait, suivant moi, l'émotion pro-
« duite par la naissance de Minerve dans les trois ré-
« gions du monde : l'Olympe, la terre et la mer. C'est
« le début d'un ordre nouveau, représenté d'une ma-
« nière symbolique et plastique à la fois. La déesse de
« la civilisation athénienne, pure fille de l'esprit, ap-
« paraît tout à coup au milieu des anciennes divinités
« qu'elle vient remplacer. L'impression produite par
« cette apparition sur les habitants de l'Olympe était
« représentée dans la partie de la scène qui nous man-
« que. On peut conjecturer que l'artiste avait choisi le
« moment où, Minerve dépouillant ses armes, l'admi-
« ration pour sa beauté succédait chez les Olympiens
« à la terreur qu'avait fait naître sa présence inatten-
« due. Cependant Iris et la Victoire annonçaient aux
« deux régions inférieures la venue au monde de Mi-
« nerve. Le message d'Iris était bienveillant et sem-
« blait appeler à la déesse le groupe des divinités
« telluriques, déesses de la paix et de l'ordre social,
« bienfaisantes et civilisatrices. Ce groupe paraissait
« s'élever avec le Soleil, qui montait sur l'horizon en
« répandant la lumière; il signifiait ce qui venait. Dif-
« férent était le message de la Victoire adressé aux di-
« vinités marines, symboles des passions tumultueuses,
« brutales ou lascives, dans un état social inconsistant.
« Elles s'en vont, chassées par la présence de la fille
« de Jupiter, avec la Lune qui descend du ciel sous
« l'horizon, emportant avec elle les pratiques supersti-
« tieuses et les voluptés perfides de l'ère barbare, per-
« sonnifiées dans Circé la magicienne. Le triomphe

« de la fille de Jupiter commence dès sa naissance. »

C'était l'usage de ces artistes d'unir à la simplicité du marbre des effets auxiliaires produits par la variété des couleurs et des matières. « Les rênes des chevaux, » dit M. de Ronchaud, « les casques et les diverses pièces « d'armures, la lance de Minerve, le trident de Nep- « tune, une foule d'accessoires étaient en métal. Les « yeux de quelques statues étaient animés par l'éclat « de pierres précieuses enchâssées dans les orbites... « Il est probable que la peinture n'avait été appliquée « qu'aux vêtements, et qu'on avait laissé aux parties « nues la teinte naturelle du marbre, suivant un sys- « tème analogue à celui qui était pratiqué dans la sta- « tuaire chryséléphantine. Il n'est pas douteux, à mon « sens, que le mélange habile de teintes modérées, « rehaussées, à certains points, de nuances plus vives, « n'ait dû contribuer à l'effet produit par ces sculp- « tures. La peinture, en prêtant ainsi à la sculpture « quelques-unes des ressources dont elle dispose, avait « ajouté la richesse à la beauté et revêtu d'une appa- « rence de vie les contours les plus purs. On peut être « certain que le génie grec, dans cette imitation de la « vie, s'était arrêté au point où le goût se fût trouvé « offensé par une recherche puérile. » M. de Ronchaud n'a pas une autre opinion sur l'effet que devaient pro- duire dans les colosses de Phidias les teintes variées de l'ivoire, de l'or, du bronze et des pierres précieuses, et il ne veut pas que nous nous effarouchions de cette association de teintes et de matières. « Qu'on ne se hâte « pas, s'écrie-t-il, de juger, d'après les fausses pudeurs « du goût moderne, les naïves et grandioses concep- « tions de l'art antique. Postérité de barbares, soyons, « devant nos maîtres, humbles et discrets dans nos « appréciations, et souvenons-nous que le dernier des

« Grecs en remontrerait, en fait d'art et de goût, au
« plus fier de nos critiques, de la même façon que la
« vendeuse d'herbes d'Athènes donnait à Théophraste
« des leçons de beau parler athénien. »

Phidiacum vivebat ebur, a dit Juvénal. Je n'ai envie de contredire ni Juvénal ni M. de Ronchaud, remarquant seulement que cette association de couleurs et de matières est un élément de variété dont l'expérience ne nous a pas appris à connaître le charme. Mais il arriva un moment où, tandis que les temples des dieux et leurs statues étaient encore debout, le souffle d'une religion plus spiritualiste passa sur la société ; et c'est à ce moment qu'on entend pour la première fois des expressions irrévérencieuses sur ces chefs-d'œuvre composés d'ivoire, d'or et de bronze. Lactance, dans un passage que cite M. de Ronchaud, les traite de grandes poupées, consacrées non par de jeunes filles à qui on pourrait pardonner de se jouer ainsi, mais par des hommes barbus : *Simulacra ipsa et effigies deorum, Polycleti et Euphranoris et Phidiæ manu ex auro atque ebore perfectas, nihil aliud esse quam grandes pupas non a virginibus, quarum lusibus venia dari potest, sed a barbatis hominibus consecratas.* Peut-être le sévère chrétien ne vit-il dans ces pompeuses statues que des idoles plus fardées que les autres et, partant, plus dignes d'abomination; peut-être aussi l'obscur pressentiment d'un art nouveau dont la tâche devait être de faire entrer la spiritualité mystique dans l'expression du beau, lui inspira-t-il du dédain pour ces riches et joyeuses beautés de l'art antique.

Et, de fait, ce précoce dédain lancé par un chrétien du troisième siècle m'amène à commenter le dire de M. de Ronchaud sur la supériorité du moindre des Grecs à l'égard des plus fiers critiques de notre temps.

Aucuns temps ne verront, je le crois ainsi que lui, le marbre, le bronze et l'ivoire, s'animant comme ils s'animèrent sous les mains de Phidias, de ses émules et de ses élèves, charmer les yeux d'un peuple sensible à la beauté des créations et à la gloire des artistes. Mais les temps ont vu autre chose; ils ont produit, en se déroulant, des œuvres qui ont à leur tour ému et ravi l'humanité; œuvres plus belles, aussi belles que celles d'auparavant? qui le sait et qui peut le dire? mais, très-certainement, œuvres dont l'histoire de l'art a tenu et a dû tenir grand compte. Aussi est-il véritable que celui qui se plaît à contempler les chefs-d'œuvre divers et à méditer sur leur succession obtient une vue bien plus étendue et par conséquent bien plus juste des choses de la beauté que ne purent jamais l'avoir les plus éminents parmi les anciens.

Quand j'entre dans cet ordre d'idées, je me représente volontiers l'Athènes du quatrième ou du cinquième siècle de l'ère chrétienne. La ville est encore incomparablement belle; le Parthénon la domine avec sa Minerve d'ivoire et d'or; les chefs-d'œuvre sont partout, et, bien que Rome ait porté sa main rapace sur ces trésors, il en reste assez pour captiver la plus ardente admiration. Mais, dans la vérité, tout cela n'est plus qu'histoire, souvenir et reliques d'un temps meilleur. Si l'on demandait à cette cité, riche en renom et en monuments, de produire quoi que ce soit, sa faiblesse n'irait pas au-delà de stériles imitations. C'est que la vie puissante qui jadis avait animé la société grecque quand elle croyait à ses dieux, à sa patrie, à sa liberté, avait disparu. Et pour que la beauté renaquît dans le monde sans être une répétition des formes antiques, il fallait que des sociétés nouvelles enfantassent un idéal nouveau.

Le changement si marqué dans ce grand passage du paganisme au christianisme donne la clef de toutes les mutations que subissent la poésie et les beaux-arts. Toute civilisation qui change de caractère change de beauté, pourvu que dans la phase parcourue s'élève quelqu'un de ces génies qui sachent en modeler les nouveaux éléments. Non pas qu'il faille considérer ces productions comme s'ajoutant les unes aux autres, ainsi que celles de la science, de sorte que les dernières venues réduisent les premières à n'être que des ébauches et des degrés; non, elles se placent les unes à côté des autres, chacune avec une valeur indépendante de celle qui la suit. Ce qui les distingue, c'est de porter la marque de leur civilisation. A ce titre, à mesure qu'elles s'avancent dans le temps, elles comprennent en soi des éléments de plus en plus nombreux et compliqués. C'est cela qui fait qu'on ne peut jamais revenir aux types anciens de l'art. Leur beauté immortelle ne saurait sortir du lointain où elle resplendit; et Homère n'est admirable qu'à la condition qu'on s'asseoira auprès de lui sur les bords de l'Hellespont, avec les dieux et les fils des dieux.

Suivant M. de Ronchaud, le caractère dominant des écoles athéniennes, depuis celle qui florissait sous l'administration de Cimon jusqu'à celle qui décora le tombeau de Mausole, fut d'être des écoles de grande sculpture monumentale; et les autres traits distinctifs semblent dépendre de celui-là. C'est en traitant les sujets épiques pour la décoration des édifices que les artistes athéniens, animés d'ailleurs, après les guerres persiques, par un esprit d'indépendance né de la lutte et de la victoire, apprirent à s'affranchir des scrupules et des conventions des écoles archaïques; c'est en ordonnant de grandes compositions religieuses et historiques, qu'ils trouvèrent leur style large et puissant et ce sentiment moral et poétique qui anima tous leurs ouvrages. Phidias fut maître entre ces maîtres; et, dans ces temples où la décoration splendide et la divinité présente formaient une véritable épopée, il réussissait à combiner les riches formes de la légende avec les hautes pensées de son temps; soit que, dans le Jupiter d'Olympie, il exprimât sur la face céleste les trois qualités suprêmes, la force, la sagesse et la bonté; soit que, dans la Minerve du Parthénon, il mît la haute sérénité, la puissance bienveillante, la méditation austère, en un mot, la visible image du génie d'Athènes en ce qu'il avait de pacifique et de civilisateur.

Il faut insister sur ce moment où la sculpture fut épique, avec Phidias pour Homère. M. de Ronchaud y met le plus haut point de perfection de l'art grec. Pour lui, la nouvelle école d'Argos, Polyclète, Myron, Lysippe, malgré de belles œuvres, appartiennent à un idéal moins élevé; de moins vastes conceptions les inspirent. Et pouvait-il en être autrement? Bien court fut le moment où Jupiter olympien et le peuple grec, Minerve et le peuple athénien demeurèrent dignes l'un de l'autre : tant vite les dieux devinrent douteux, et tant vite les hommes déchurent! « Après la ruine de « la Grèce, lorsque le goût des Romains pour les arts « amena une renaissance de la sculpture, ce fut le « génie dorien qui domina parmi les nouveaux artistes « et qui marqua de son empreinte les nouveaux chefs- « d'œuvre de l'époque romaine. Polyclète fut alors « préféré à Phidias et, comme cela devait être, l'art « systématique des écoles d'Argos et de Sicyone au « grand art athénien. Mais le génie grec était éteint, et « la fécondité de l'art épuisée. De pâles imitations, des « redites fastidieuses, entre lesquelles quelques nobles

« œuvres apparaissent çà et là, signalent ses derniers
« efforts vers une perfection abstraite et morte. » Ainsi
dit M. de Ronchaud. La décadence est, on le voit, graduelle et inexorable; c'est une nuit qui descend; je me trompe, c'est une toile qui se baisse sur un acte de la vie du monde. Déjà de nouveaux foyers s'allument, et nous savons qu'ils donneront éclat et fécondité. En définitive, il a fallu aller de l'art païen à l'art chrétien, et du Parthénon athénien à la cathédrale gothique. Les phases de l'art créateur sont réglées par les phases de sentiments et d'idées qui marquent l'évolution des sociétés.

TRADUCTION

DE QUELQUES

POÉSIES DE SCHILLER

J'ai choisi, parmi les *Gedichte* du grand poëte, un petit nombre de pièces qui m'ont paru présenter toutes les difficultés de la pensée et de la langue allemandes. C'est à ce titre, et aussi en raison de leur beauté véritable, que je voulus, jeune alors et entreprenant dans le silence du cabinet, mettre ces pièces en vers français. La lutte est difficile entre deux idiomes dont les qualités sont si différentes, et deux poésies dont les intonations s'accordent si peu. Pourtant ma traduction est littérale et fidèle ; et, en la reprenant après beaucoup d'années, j'en juge ainsi encore aujourd'hui. C'est donc comme échantillon de littérature comparée et de difficulté sinon vaincue, au moins sérieusement abordée, que je place mes traductions sous les yeux du lecteur.

XVIII

RÉSIGNATION

Je fus aussi, je fus pasteur en l'Arcadie;
    Et la nature, à mon berceau,
Me promit des plaisirs pour cette courte vie;
Je fus aussi, je fus pasteur en l'Arcadie,
    Et dans les pleurs je descends au tombeau.

Les ans n'ont qu'une fois des roses printanières;
    Et les ans n'en ont plus pour moi.
L'irrésistible dieu, pleurez, pleurez, mes frères,
A renversé ma torche; et les ombres légères
    Fuient sans retour et me manquent de foi.

Je suis déjà voisin de la borne dernière,
    O redoutable éternité;
Le plein pouvoir que j'eus au bonheur sur la terre,
Je te le rends; du sceau, vois, l'empreinte est entière :
    Je ne sais rien de la félicité.

A ton trône aujourd'hui j'apporte ma souffrance,
    Juge voilé, juge lointain.
Sur la terre c'était le bruit et l'espérance,
Que tu tenais en main l'équitable balance
    Qui des mortels compensait le destin.

    Là, dit-on, des terreurs attendent le coupable;
    Et le juste sera béni.
Tu sonderas des cœurs l'abîme impénétrable,
Du monde expliqueras l'énigme redoutable,
    Et tiendras compte à celui qui souffrit.

    C'est là que trouve enfin l'exilé sa patrie,
    Son foyer le déshérité.
De peu d'hommes connue, et de bien moins suivie,
Une fille des dieux allait guidant ma vie;
    On me disait : « Son nom est Vérité.

    « Tout te sera payé par delà cette terre,
    « Tout... Donne-moi tes jeunes ans.
« Il faut dans ma promesse avoir croyance entière. »
J'eus foi dans la promesse et dans une autre terre,
    Et je donnai ce qu'avait mon printemps.

    « Donne, donne la femme, objet de ta tendresse,
    « Le plus aimé de tous tes biens;
« Tes pleurs seront comptés; va, crois-en la promesse. »
De mon cœur déchiré j'arrachai ma maîtresse,
    En sanglotant je rompis mes liens.

    « Ton billet est payable à la tombe lointaine,
    « Me dit le monde en ricanant.
« Ah! vendue aux tyrans pour forger notre chaîne,
« La menteuse qu'elle est te donne une ombre vaine.
    « Où seras-tu, l'échéance venant? »

Autour de moi sifflaient des langues de vipère :
 « Quoi ! devant de vieilles erreurs
« Tu trembles, faible esprit ! tes dieux, dans leur mystère,
« Que sont-ils qu'un emprunt de la terre à la terre,
 « D'un monde enfant provisoires tuteurs ?

 « Qu'est donc cet avenir que la tombe recèle,
  « Et ton grand mot d'éternité ?
« Un prestige pompeux sans substance réelle,
« Un spectre que grossit un miroir infidèle,
 « Crainte ou remords en un cœur tourmenté ;

 « De la vie et du temps une menteuse image,
  « Une momie, en vérité,
« Que la main de l'espoir, alchimiste peu sage,
« Embaume dans le fond du tombeau de chaque âge.
  « Voilà, rêveur, ton immortalité !

 « Interroge la mort... Ah ! pour de l'espérance
  « Tu délaissas des biens certains ;
« La mort a six mille ans maintenu son silence ;
« Jamais, pour annoncer le juge et sa balance,
 « Vint-il un mort des antres souterrains ? »

 Je vis le temps, coulant vers la lointaine rive,
  Faner sans retour à mes yeux
Ce qui s'était paré d'une fleur fugitive ;
Aucun mort ne rompit le ban qui le captive ;
 Et moi j'eus foi dans le serment des dieux.

 De tout, juge éternel, je t'ai fait sacrifice ;
  Je me prosterne devant toi ;
Du monde j'ai bravé le rire et le caprice ;
Je n'ai connu jamais que ta haute justice,
 Tiens ta parole et récompense-moi.

« J'aime d'un même amour, répondit un génie,
   « Tous mes fils, sans en préférer.
« Écoutez, ô mortels... Deux fleurs dignes d'envie
« Fleurissent à la fois dans le champ de la vie :
   « Jouir est l'une, et l'autre est espérer.

  « O toi qui cueilleras l'une de ces deux roses,
   « Laisse l'autre sœur sagement.
« Pour le même jamais on ne les vit écloses.
« C'est l'histoire du monde; et le monde et ses choses
   « Ont en l'histoire un juste jugement.

  « L'espoir qui te charmait, voilà ta récompense;
   « Ton bonheur était dans ta foi.
« Tes sages l'avaient dit en leur vieille sentence :
« Aucune éternité ne rend à l'existence
   « Ce qu'on rejette, au moment, loin de soi. »

XIX

L'HEUR[1]

Heureux qu'aima le ciel à son heure première,
De qui Vénus la belle a tenu le berceau,
Mercure ouvrit la lèvre, Apollon la paupière,
Et sur le front duquel Jupiter mit le sceau !
Un grand lot descendit sur sa tête choisie ;
Avant d'entrer en lice il est ceint du laurier ;
Il ne vit pas encor qu'on lui compte sa vie ;
Sans subir le labeur il reçoit le loyer.
Grand sans doute est celui qui, se créant soi-même,
Par sa propre vertu triomphe du destin ;
Mais il ne peut forcer une faveur suprême ;
Ce qui fut refusé, nul effort ne l'atteint.
Le vouloir te défend des honteuses disgrâces ;
Mais librement d'en haut descend toute grandeur ;
Comme t'aime une amante, ainsi viennent les grâces ;
Comme au pays d'amour règne au ciel la faveur.

1. Ce vieux mot est le seul qui représente exactement le *Glück* allemand. Fort employé encore par Corneille, pourquoi laisser tomber en désuétude complète un mot si utile ? Nous avons été bien insouciants pour la conservation de nos antiques richesses. Je n'écris jamais la disgracieuse périphrase : *avoir coutume*, sans regretter notre verbe *souloir*.

Les dieux ont des penchants; ils aiment la jeunesse;
La joie est un attrait pour ces êtres joyeux;
Leur grandeur aux voyants jamais ne se confesse;
L'aveugle seul a vu leurs rayons glorieux.
Ils font choix volontiers d'âme simple, innocente,
En ce vase épanchant un céleste trésor;
Inattendus ici, là trompant une attente,
Pour leur faire la loi point de charme assez fort.

Jupiter enverra l'aigle de la tempête
Pour porter qui lui plaît à la céleste cour;
Son caprice en la foule ira prendre une tête,
Et d'une main divine il tresse avec amour
Diadème ou laurier sur le front qu'il préfère;
Et ne fut-ce pas l'heur qui le ceignit du sien[1]?
Devant le favori vont l'enfant de Cythère
Qui sourit, et Phébus, le vainqueur pythien;
Neptune unit la mer, et vogue le navire
Qui portera César et son puissant destin;
Le fier lion se couche, et du liquide empire
Sort, pour le soutenir, le docile dauphin.

Qu'aux heureux le ciel donne un triomphe sans peine,
Que du combat Vénus arrache un favori;
C'est lui que j'envierai, sauvé par l'Olympienne,
Non le guerrier que trompe un nuage ennemi.
Achille est-il moins grand, si l'homicide armure
Par les mains de Vulcain fut forgée en l'Etna,
Si pour un seul mortel l'Olympe entier conjure?
Sa gloire à ce héros, c'est que le ciel l'aima,
Honora son courroux, et dans l'eau du Cocyte
Précipita pour lui les guerriers les meilleurs.

1. C'est en effet l'heur ou la chance qui fit que Jupiter, le dernier né, ne fut pas dévoré, comme ses deux aînés, par son père Saturne.

Permets que la beauté soit belle sans mérite
Par Vénus, comme est beau le calice des fleurs.
Elle charme tes yeux, brillante, épanouie ;
Et ce charme si doux l'as-tu plus mérité?
Jouis, si vient du ciel le don de poésie ;
Pour toi le barde chante et la muse a dicté ;
Il devient, plein du dieu, dieu même à qui l'écoute ;
S'il est favorisé, ces dons font ton bonheur.

Que Thémis au marché pèse tout ce qui coûte,
Qu'exactement le prix s'y mesure au labeur ;
Mais en nous un dieu seul met la joie et ses roses ;
Où n'est pas de miracle, il n'est pas de faveur.
Naître, croître et mûrir, c'est la règle des choses
Pour l'homme et ses travaux dans le temps formateur.
Mais l'heur et le beau sont de tout autre manière,
Sortant tout accompli d'un fond d'éternité ;
Comme celle du ciel, les Vénus de la terre
Naissent, produit obscur du flot illimité.
Armé comme Pallas, tout penser de lumière
Jaillit du front puissant du maître du tonnerre.

XX

LE PARTAGE DU MONDE

Prenez le monde, a dit Jupin dans le nuage,
    Prenez le monde; hommes, il est à vous.
Je vous le donne en fief, éternel héritage;
    Faites du moins part fraternelle à tous.

Tout est en mouvement, tout s'empresse et s'arrange;
    Jeunes et vieux, tout s'agite à la fois;
Le laboureur a pris les moissons et la grange;
    Le noble chasse et s'adjuge les bois.

Le marchand fait gémir les greniers et les voûtes;
    L'abbé choisit le vin du meilleur cru;
Le roi ferme les ponts, le roi ferme les routes,
    En s'écriant : le dixième m'est dû.

Longtemps, longtemps après qu'est fini le partage,
    Arrive enfin le poëte à son tour;
Il venait de bien loin, et, durant son voyage,
    Tout s'est, hélas! partagé sans retour.

Eh quoi ! seul entre tous, au commun apanage
 Je n'ai point part, moi ton fils le plus cher !
C'est ainsi qu'il se plaint d'un oubli qui l'outrage ;
 Il se prosterne aux pieds de Jupiter.

Si tu t'es endormi dans de riants mensonges,
 Reprit le dieu, ne te plains pas de moi ;
Au partage du monde, égaré dans tes songes,
 Que faisais-tu ? — J'étais auprès de toi.

De tes cieux mon oreille écoutait l'harmonie,
 Et mes regards se fixaient sur les tiens ;
Pardon, si, contemplant ta splendeur infinie,
 Je perds ma part dans les terrestres biens.

Que faire ? dit le dieu. Dans mes mains rien ne reste ;
 Tout est donné, les champs, les bois, les mers.
Veux-tu vivre avec moi dans le séjour céleste ;
 Quand tu viendras, les cieux te sont ouverts.

XXI

LE PLONGEUR

Qui de vous osera, chevaliers ou varlets,
De Charybde sonder les cavernes profondes?
Je jette cette coupe en ses gouffres secrets;
Elle est déjà tombée au fond des noires ondes.
Qui de vous dans l'abîme osera se jeter?
La coupe est à celui qui peut la rapporter.

Ainsi le roi disait, et, de la roche nue
Dont le front escarpé, s'avançant sur les eaux,
Domine au loin la mer et sa vaste étendue,
Lançait la coupe d'or en l'abîme des flots.
Quel sera parmi vous le brave dont l'audace
Du gouffre mugissant méprise la menace?

Chevaliers et varlets bien entendent sa voix;
Mais tous autour de lui se tiennent en silence;
Leurs regards sur la mer se baissent à la fois;
Pas un ne veut gagner la riche récompense.
N'est-il donc, dit le prince, aucun hardi plongeur
Qui du gouffre inconnu brave la profondeur?

Tous demeuraient encor dans le même silence :
Mais voilà que soudain un page doux et beau
Sort du groupe hésitant, sur la roche s'avance,
Détaché sa ceinture et jette son manteau.
Les regards étonnés se tournent vers le page;
Un murmure flatteur l'accueille et l'encourage.

Au moment qu'il arrive au sommet sourcilleux,
Et mesure de l'œil et la roche et les ondes,
Charybde revomit les flots tumultueux
Qui font au loin mugir ses cavernes profondes.
C'est avec le fracas d'un tonnerre lointain
Que, pressés et grondants, ils sortent de son sein.

L'onde écume et se brise et tournoie et bouillonne,
Comme si la gonflait un brasier souterrain;
De sourds gémissements le rivage résonne,
Et les flots sur les flots s'amoncellent sans fin.
L'écume rejaillit jusqu'aux plus hautes cimes,
Et c'est une autre mer qu'enfantent les abîmes.

La tourmente a cessé, le calme est sur les mers.
Un immense sillon, déchirant la surface,
Et béant comme si s'entr'ouvraient les enfers,
Au travers de l'écume a dessiné sa trace ;
Et les flots, entraînés par le noir tourbillon,
Roulent avec fracas dans le gouffre sans fond.

Mais, avant le retour de l'horrible tourmente,
Le page vers le ciel se tourne un seul moment,
Et... tout à coup s'élève un cri sourd d'épouvante :
Il est déjà bien loin sous les eaux du torrent.
Sur le hardi nageur se referme l'abîme;
Le gouffre mugissant a reçu sa victime.

Le silence s'étend sur l'abîme des flots;
Seul dans les profondeurs gronde un lointain murmure;
Chaque bouche en tremblant fait entendre ces mots :
Adieu, brave jeune homme, ah! ta perte est trop sûre.
Les sourds mugissements grondent de plus en plus;
Tous les yeux sont fixés, tous les cœurs sont émus.

Ah! quand, au fond des eaux jetant ton sceptre même,
Tu dirais : que celui qui peut le rapporter
Ceigne autour de son front le royal diadème,
Un prix, un si grand prix ne saurait me tenter.
Ce que cache en ses flancs Charybde mugissante
Ne sera révélé d'aucune âme vivante.

Plus d'un vaisseau saisi par les noirs tourbillons
S'engouffra tout entier sous le flot qui l'attire;
Mais ce n'est que rompus dans les antres profonds
Qu'en sortirent jamais les mâts et le navire.....
Et, semblable au fracas de l'orage et des vents,
Le mugissement croît de moments en moments.

L'onde écume et se brise et tournoie et bouillonne,
Comme si la gonflait un brasier souterrain;
L'écume rejaillit, le rivage résonne,
Et les flots sur les flots s'amoncellent sans fin ;
Ils viennent en grondant comme un lointain tonnerre,
Les échos ébranlés répondent de la terre.

Du milieu de l'écume et des flots bouillonnants,
Aux yeux émerveillés apparaît une tête,
Un bras qui fend les eaux par des efforts puissants,
Qui dompte avec vigueur le gouffre et sa tempête.
C'est lui; du sein des flots qui le portent encor,
Sa main avec orgueil montre la coupe d'or.

Il reprit longuement haleine sur la rive,
Et, joyeux, salua la lumière du ciel.
Un cri jaillit du sein de la foule attentive;
Il vit! c'est lui! sauvé de l'abîme cruel!
Il a contre Charybde et l'onde qui bouillonne
Vaillamment défendu sa vie et sa personne.

Il vient, la foule suit avec des cris joyeux;
Il vient, un noble feu sur son visage brille;
Il présente à genoux la coupe; et, gracieux,
Le prince fait un signe à sa charmante fille.
Elle, d'un vin mousseux jusqu'au bord la remplit;
Le jeune homme, tourné vers le prince, lui dit :

Vive longtemps le roi! sage qui sur la rive
Jouit du jour serein, de la clarté des cieux!
Tout est sombre là-bas, au gouffre d'où j'arrive.
Ah! que l'homme jamais n'ose tenter les dieux,
Ni chercher à sonder les abîmes funèbres
Qu'ils ont daigné couvrir de l'horreur des ténèbres!

Le courant m'emporta vite comme l'éclair;
Mais du sein des rochers un courant qui s'élance
L'arrête dans sa course au profond de la mer.
Contre ces deux torrents vaine est ma résistance;
Faible jouet des flots et de leur tourbillon,
Sans fin je tournoyais en des gouffres sans fond.

Le ciel, que j'implorai d'une ardente prière,
Me montre, en ce moment qui décida mon sort,
Un rocher s'élevant du fond de l'onde amère.
Je m'attache à ses flancs, et j'échappe à la mort.
J'aperçus près de moi la coupe suspendue;
Aux pointes des coraux elle était retenue.

Mais l'abîme inconnu loin encore sous moi,
Loin, bien loin, se perdait en des espaces sombres.
Du bord on n'entend rien; là-bas avec effroi
Je voyais se mouvoir, comme d'errantes ombres,
Les monstres de la mer, reculés loin du jour,
Horribles habitants d'un horrible séjour.

J'étais là, solitaire, au fond des noirs royaumes,
Sans que pût jusqu'à moi venir aucun secours,
Le seul être sentant parmi d'affreux fantômes,
Seul sous les vastes flots, seul dans les antres sourds,
Où de l'humaine voix jamais le bruit n'arrive,
Des monstres entourés qui peuplent cette rive.

Ils s'agitent soudain; je vois luire leurs dents,
Et vers moi s'entr'ouvrir leur gueule qui dévore.
Dans la vive terreur qui trouble tous mes sens,
Je quitte le rocher que j'embrassais encore.
L'impétueux torrent me saisit à son tour;
C'était pour mon salut, il m'entraînait au jour.

Le prince, à ce récit, est saisi de surprise:
La coupe t'appartient, ce dit-il, juste prix,
Intrépide nageur, de ta noble entreprise.
J'y joindrai cet anneau tout brillant de rubis,
Si tu reviens encor du sein des noires ondes
Raconter les secrets des cavernes profondes.

Ces mots de la princesse ont contristé le cœur:
Cessez ce jeu cruel; c'est assez, ô mon père,
Dit-elle en suppliant d'un son de voix flatteur.
Seul il a fait ici ce qu'aucun n'osa faire;
Et s'il faut de la mer qu'on sonde les secrets,
Sus! que les chevaliers fassent honte aux varlets.

Le roi saisit la coupe, et, d'une main hâtée,
La rejette au milieu des flots tant périlleux :
Si tu me la remets, de nouveau rapportée,
Tu seras chevalier, premier parmi les preux,
Et, dès ce même jour, l'époux maître des charmes
De celle qui pour toi prie et verse des larmes.

Ces mots l'ont enivré d'espérance et d'amour.
Dans ses yeux animés brille une vive flamme;
Il la voit et rougir et pâlir tour à tour;
Jouissant un moment du trouble de son âme,
Il s'arrache soudain par un puissant effort,
Et plonge dans les eaux à la vie, à la mort.

Charybde a revomi son onde bouillonnante,
Elle s'annonce au loin par un fracas affreux;
Chacun tourne les yeux, plein de crainte et d'attente.
Le gouffre a revomi tous ses flots écumeux;
Ils battent les rochers, ils battent le rivage,
Et pas un de ces flots ne ramène le page.

XXII

LES FEMMES

Honneur aux femmes !.. Vois ! leur touchante industrie
Tresse de fleurs du ciel une terrestre vie,
Ourdissant des amours le lien bienheureux.
Leur sexe, en sa pudeur, sous le voile des Grâces,
Entretient saintement, de ses mains jamais lasses,
Des nobles sentiments le foyer radieux.

   L'homme toujours, en sa force sauvage,
   S'égare et fuit loin de la vérité.
   Les passions sur des mers sans rivage
   Traînent au loin son esprit agité.
   Toujours au large orientant les voiles,
   Ses vœux jamais ne restent satisfaits ;
   Et jusqu'au front des lointaines étoiles
   Il suit son rêve, enfant de ses souhaits.

Mais bientôt, d'un coup d'œil dont le pouvoir l'enchaîne,
Les femmes lui font signe en sa course lointaine,
Rendant le fugitif aux pensers du présent.
A la bonne nature enfants restés fidèles

Sous le modeste abri des ailes maternelles,
Elles ont le cœur pur et l'esprit innocent.

   L'homme s'avance en sa course ennemie,
   Dans les débris se frayant un chemin;
   Avec effort il traverse la vie,
   Sans prendre haleine en son errant destin.
   Il crée, abat, inconstant et rapide;
   De ses souhaits rien n'arrête le cours,
   Toujours tombants comme l'hydre d'Alcide,
   Toujours tombants et renaissants toujours.

Un plus simple renom contente leur envie :
Par elles du moment la fleur seule est cueillie,
Leurs mains l'ont cultivée avec des soins d'amour.
Plus libres dans le champ d'une étroite influence.
Plus riches qu'il ne l'est dans le domaine immense
Du savoir ou des vers qu'il poursuit tour à tour.

   Son cœur est froid, se suffit à lui-même.
   Sévère et fier, l'homme ne connaît pas
   L'amour divin, de volupté suprême,
   Entrelaçant l'âme comme les bras.
   Il ne fond point en des ruisseaux de larmes,
   Ne connaît pas l'échange de deux cœurs ;
   La vie aussi rend, parmi les alarmes,
   Plus âpre encor l'âpreté de ses mœurs.

Comme au souffle léger du rapide zéphyre
Frémissent mollement les cordes de la lyre,
La femme ainsi s'émeut de l'image du mal;
A l'aspect des douleurs tendrement oppressée,
Son sein aimant se gonfle; une douce rosée
Brille sur sa paupière en gouttes de cristal.

Le droit du fort dans l'empire de l'homme
Domine seul et fait toutes les lois.
Un fer sanglant est l'argument de Rome,
Et l'univers a les Romains pour rois.
Comme les vents déchaînés par l'orage,
Les passions se livrent mille assauts ;
Et la discorde, odieuse et sauvage,
Tonne et fait fuir le charme et le repos.

Mais le sceptre des mœurs est tenu par les femmes,
Priant, et leur prière a pouvoir sur les âmes ;
Des farouches discords elle interrompt le cours ;
Et leur voix, apprenant aux forces ennemies
Sous la grâce amiable à marcher réunies,
Rapproche incessamment ce qui se fuit toujours.

MORCEAUX EN VERS

Après les traductions, ce qui n'est pas traduction. Ces pièces, bien que très-peu nombreuses, n'en sont pas moins réparties sur tout le temps de ma vie, depuis la jeunesse jusqu'à la vieillesse. Les sentiments qui se sont développés en moi sous l'influence de l'étude, de l'examen et de l'expérience, et qui ont fait l'unité de ma carrière, se sont souvent épanchés en des pages dont quelques-unes sont reproduites dans le présent volume. Mais parfois ils ont débordé plus loin; et je les ai suivis, pour me donner la joie de les transfigurer.

XXIII

LA LUMIÈRE
(1824)

L'homme orgueilleux et vain a dit dans son enfance :
« Pour ma terre et pour moi l'éternelle puissance
  « A créé mon soleil ;
« De mon noble séjour cet azur est la voûte ;
« Et ces astres lointains, dans leur nocturne route,
  « Éclairent mon sommeil.

« C'est pour moi qu'au matin la splendide lumière,
« Rasant d'un trait de feu sa terrestre barrière,
  « Vient commencer le jour ;
« C'est pour moi qu'elle vient égayer la nature,
« Et des êtres divers, perdus en l'ombre obscure,
  « Colorer le contour. »

Mais le brillant rayon, qui nage dans l'espace,
Jusqu'à ses faibles yeux arrive, arrive et passe ;
  Il poursuit son élan :
Il n'a pas accompli sa course ; et d'autres terres
Attendent dans leur coin, planètes solitaires,
  Son flot étincelant.

D'un monde toujours jeune éternelle parure,
Riche et brillant manteau de la belle nature,
   O mère des couleurs,
Force toujours vivante, ondoyante lumière,
Jetant sur le tapis de l'inerte matière,
   Comme en un pré, tes fleurs,

Depuis quand, élancée aux déserts sans limites,
Pour les mondes flottants et leurs vastes orbites,
   As-tu pris ton essor ?
Depuis quand, secouant ta robe matinale,
Sèmes-tu chaque jour ta marche triomphale
   Et de perles et d'or ?

L'univers tout entier est ta vaste carrière.
Tu promènes au loin, sans trouver de barrière,
   Tes flots aventureux ;
Et les mondes semés dans l'océan du vide,
Écueils étincelants de ta vague rapide,
   Réfléchissent tes feux.

Ton rayon, dédaignant l'abîme et la distance,
Révèle à nos regards la lointaine existence
   Des soleils radieux ;
Sur notre île flottante invisibles atomes,
Nous volons sur sa trace aux immenses royaumes
   Qui s'ouvrent à nos yeux.

Mais ta flamme n'est pas si promptement passée.
Qu'elle puisse échapper à l'œil de la pensée ;
   L'homme a compté tes pas.
Il trace dans les cieux ta marche vagabonde,
Et, calculant ta fuite aux limites du monde,
   Te soumet au compas.

Des globes éloignés rapide messagère,
Il a pu te trouver, dans ta course légère,
   Encor longue à venir;
Il a compté des jours, des ans pour tes voyages;
Éclair impétueux, de quels lointains rivages
   T'a-t-il fallu partir?

Que dis-je? ce rayon que tant de force anime,
De l'espace toujours ne franchit pas l'abîme,
   Jusques à notre bord;
Le flot étincelant qui partout se propage,
Baissant de plus en plus dans la mer sans rivage,
   S'affaiblit et s'endort.

Par delà ce ruban dont la blanche lumière,
A peine descendant jusqu'à notre paupière,
   Vient mourir ici-bas,
Sont des soleils encore, étoiles inconnues,
Qu'on rêve, les laissant de leurs clartés perdues
   Ne nous atteindre pas.

XXIV

LES ÉTOILES
(1825)

Quand la terre, emportant nos rapides journées,
  Dérobe à son soleil
Cette moitié du monde où passent mes années,
  Et la livre au sommeil ;

Alors je me complais à tourner avec elle
  Sur la pente du soir,
A mesure que vient cette scène éternelle,
  Toujours nouvelle à voir ;

Alors l'œil, se plongeant dans les plaines profondes
  Et le bleu ténébreux,
Voit scintiller au loin les innombrables mondes,
  Les innombrables feux ;

Mondes si reculés que rien que leur lumière
  Ne parvient ici-bas ;
Feux si resplendissants que l'immense carrière
  Ne les amortit pas.

Il est je ne sais quoi de pur et de sublime
        Dans ces froides clartés
Qui traversent là-haut les déserts de l'abîme
        Où nous sommes portés ;

Dans ces froides clartés tranquilles et lointaines,
        Dont se pare la nuit,
Et qui tombent vers nous du fond des longues plaines
        Sans repos et sans bruit.

Oh ! quel charme parfois de contempler ce monde,
        Ce ciel illimité,
Si clair, sans autre voile en sa splendeur profonde
        Que son immensité !

Extase d'un moment où l'esprit fuit la terre
        Pour les rives des cieux,
Et croit voir de plus près ces îles de lumière[1]
        Au cours silencieux !

---

1.   ... the sky,
    Bespangled with those isles of light,
    So wildly, spiritually bright...
              BYRON, *the Siege of Corinth.*

XXV

LES LITS D'HOPITAL
(1828)

Quelquefois, en voyant ma nonchalance extrême
Et mon peu de souci de fortune et d'argent,
Des amis inquiets de moi plus que moi-même
M'ont dit : Mourir de faim est le sort qui t'attend.

Et moi, moi me riant de cette prophétie,
Je leur dis : Autant vaut succomber à la faim,
Que mourir consumé d'une lente phthisie,
Ou disséqué vivant par une habile main.

La faim, ô mes amis, des morts n'est pas la pire.
Notre mère nature a bien d'autres tourments
Qui, sous l'ongle acéré d'un pénible martyre,
Arrachent, même aux forts, cris et gémissements.

Vous n'avez vu jamais les longues, longues salles,
Avec deux rangs de lits chargés de rideaux blancs,
Quand les lampes de nuit sur leurs luisantes dalles
Jettent de loin en loin quelques rayons tremblants.

Lorsque, dans le silence, à l'oreille attentive
Un murmure léger semble quelque grand bruit,
Et lorsque, profitant du calme, plus active,
La souffrance s'acharne et torture et poursuit.

Ah! combien de pitié pour l'homme m'a donnée
Le spectacle assidu de ces lits d'hôpital !
Combien j'ai ressenti sa dure destinée,
Lui qui ne chercha point un combat inégal !

Souvent j'ai réfléchi sur ce qui m'environne,
Sur ces êtres divers qui vivent comme nous,
La terre et ses enfants, les cieux et leur couronne,
Et le sourd mouvement qui nous entraîne tous.

Souvent j'ai réfléchi sur cet ensemble immense,
Où je me vois jeté sans savoir le pourquoi ;
J'ai fatigué souvent ma vaine intelligence,
Et toujours mes pensers sont retombés sur moi.

Cet espace si pur, ni ce bleu sans limite
N'empruntent leur mystère à des voiles épais ;
Mais en vain le regard plonge et s'y précipite;
Tout est limpide.... et tout se dérobe à jamais.

Je prête aussi l'oreille à ces puissants rouages
Portant au bout du ciel les innombrables corps ;
Tout est poids et levier; mais nul n'a sur nos plages
Jamais ouï gémir les éternels ressorts.

On n'entend pas ces bruits ici sur notre terre,
Ni le souffle du vent qui pousse notre esquif,
Ni le fracas des flots qu'il fend en sa carrière,
Rien ne vient jusqu'à moi, passager mais captif.

Captif, oui, je le suis; on m'a borné l'espace ;
Je puis faire à mon gré le tour de ma prison ;
Mais jamais nul mortel ne franchit, quoi qu'il fasse,
L'impassable barrière et le fossé profond.

Qui se plut à me voir captif en ces demeures ?
Ai-je été consulté, quand je dus y venir ?
Je vins sans le vouloir, pour durer quelques heures;
Sans le vouloir encore, il me faudra partir.

Partir ! En attendant, notre mère nature,
Lançant à la volée et douleurs et fléaux,
Frappe les malchanceux, et livre à la torture
Leur misérable chair et leur moelle et leurs os.

Et vite préparez les longues, longues salles,
Avec deux rangs de lits chargés de rideaux blancs,
Et leurs lampes de nuit sur les luisantes dalles
Jetant de loin en loin quelques rayons tremblants.

XXVI

RÉMINISCENCE
(1850)

Je ne sais quel appel doux et triste à la fois
Éveille dans mon sein une corde assoupie ;
Je ne sais quel accord, je ne sais quelle voix
Ont soudain rapproché les deux parts de ma vie.

De sons harmonieux, comme au temps qui n'est plus,
Sans écouter, j'entends qu'un murmure m'arrive ;
Trop heureux si je trouve en mon âme attentive
Un vers qui soit l'écho de ces accents confus
Et vibre à l'unisson de la voix fugitive.

Sans regarder, je vois des éclats radieux,
Tout pleins, dans leur splendeur, de beauté singulière ;
Sans regarder, je vois apparaître à mes yeux
Des fantômes changeants tout vêtus de lumière.
Fantômes si changeants, si flottantes vapeurs,
Contours demi-voilés sur un fond vague et sombre !
De ces formes sans corps, de ces formes sans nombre,

Heureux si je pouvais et voir quelques couleurs,
Et saisir un regard, et retracer une ombre !

J'aimai, dès que je fus à moi, j'aimai toujours
La lampe vigilante et la nuit travailleuse.
Pourquoi donc, ici même, interrompant leur cours,
Laisser à la pensée une place rêveuse ?
Il est tard dans la vie ; il est tard dans la nuit ;
Mais dirai-je à l'esprit qui passe et de son aile
M'effleure doucement à l'heure solennelle :
Non, non, je ne veux plus rêver, quand tout s'enfuit,
Et la nuit, et la vie, et le charme infidèle.

Je ne requis jamais de lui qu'un idéal,
Modèle insaisissable où luttât ma pensée,
Le cherchant, le trouvant, le perdant non lassée,
Éprise des ardeurs d'un combat inégal,
Mais par la lutte même assez récompensée.

Je ne sais quel appel doux et triste à la fois
Éveille dans mon sein une corde assoupie ;
Je ne sais quel accord, je ne sais quelle voix
Ont soudain rapproché les deux parts de ma vie.

XXVII

LA VIEILLESSE
(1863)

Le rayon de la vie est mourant sur ma tête ;
La vieillesse à pas lents s'achemine ; et mon sang,
Comme aux premiers frimas la séve qui s'arrête,
Hésite, ralenti par l'hiver commençant.

Croire que la vieillesse à pas lents s'achemine
(Et quoi de plus voisin que tombes et berceaux ?)
Est une illusion qui trompe et qui fascine,
Prenant le temps qui fuit pour le temps en repos.

Ainsi que l'œil, fixé sur l'aiguille des heures,
La voit en son émail à peine se mouvoir,
Mais tant de fois le timbre avertit nos demeures,
Qu'il faut bien écouter ce que l'on ne peut voir[1] ;

---

1. Je regardais ma pendule, et prenant plaisir à penser : voilà comme on est quand on souhaite que cette aiguille marche ; et cependant elle tourne sans qu'on la voie, et tout arrive à sa fin.
      Mme DE SÉVIGNÉ.

Ainsi le temps empêche, en tombant goutte à goutte,
Qu'un moment passager ne paraisse courir.
Un moment ! une étape ! et la plus longue route
N'est que soir et matin entre naître et mourir.

Et voyez ! partageant l'éternelle durée,
Où se fait et défait la trame de nos ans,
Ce qui nous la dispense à phase mesurée,
C'est le vol infini des astres rayonnants.

Et l'espace s'étend devant eux sans limite ;
Sans limite s'étend l'espace sombre et froid ;
Tout y roule, soleil, planète, satellite,
Entre eux se soutenant ainsi que par un doigt.

Le soleil, dit la Fable, au haut des cieux s'élance,
Traîné par des coursiers à la crinière d'or,
Qui vont, quand vient le soir, la nuit et le silence,
Laver dans l'Océan l'essieu qui fume encor.

L'essieu fumant encor, les coursiers, la crinière,
Et le galop rapide au céleste séjour,
Et l'Océan lointain, cette humide litière,
Qui les reçoit lassés de la course d'un jour,

Que sont-ils au regard de ces globes splendides,
D'une éternelle fête illuminant les cieux,
Semés par millions dans les campagnes vides,
Sans soir et sans matin brillant des mêmes feux ;

Parcourant sans relâche, en leurs vastes voyages,
De l'espace et du temps les deux immenses mers,
Le temps où leur sillon est mesure des âges,
L'espace où leur sillon mesure l'univers ?

Avecque ces coursiers dont rien dans l'empyrée
Ne ralentit jamais l'infatigable essor,
Comment l'humaine vie eût-elle eu de durée
Plus qu'une heure chétive et qu'un mince trésor ?

L'enfant qui vient n'a pas souci de sa croissance ;
Il grandit comme fait le chêne issu du gland,
Recevant sans effort la séve qu'il dépense,
Du sol fertilisé, du ciel fertilisant.

Mais, dans ce flux des jours, l'homme vieilli qui pense
Et dont le cœur n'a rien de futile et d'étroit,
Prend souci de sa lente et sûre décroissance,
Comme on sent à la nuit tomber l'ombre et le froid.

Tout en nous amortit notre chaleur première ;
Le soleil est moins vif et le ciel est moins bleu ;
Et désormais en l'âme est moins feu que lumière
Ce qui fut autrefois moins lumière que feu.

C'est une curieuse et grave anatomie,
Quand on sait à la fois sentir et contempler,
Que de voir en soi-même, au penchant de la vie,
La vie en chaque lieu faiblir et reculer.

Ce fut mon lot, aux jours de jeunesse et d'étude,
Sous le puissant désir de faire et de savoir,
Entre lots de labeur et de besogne rude,
De prendre, sans beaucoup connaître ni prévoir,

Ma part en cet office où la douleur qui veille,
Et la fièvre qui brûle, et la mort qui les suit,
Attirent sur le corps, éphémère merveille,
Et l'esprit qui médite et la main qu'il conduit.

Non que je m'en repente au bout de la carrière,
Bien que n'ait pas manqué, près du chevet des lits,
Entre les maux d'autrui, cette saveur amère
Par le vieillard de Cos tant prédite à ses fils[1].

Ce qu'un an de jeunesse apporte à l'existence,
Par un an de vieillesse est bientôt emporté.
Rien n'est en don ; la vie, à très-courte échéance,
Retire de nos mains le peu qui fut prêté.

Pourtant un charme reste : au-dessus de la vie
Planent les souvenirs et plus chers et plus beaux.
Souvent un rien, un bruit, une ombre, une éclaircie
Nous ont fait tressaillir dans la chair et les os,

Comme si quelque brise ondulante et plaintive,
Traversant en son vol nos jours derrière nous,
Venait nous apporter d'une lointaine rive
Une voix murmurante, un adieu triste et doux.

Qui n'a vu dans le plein d'une calme soirée,
Alors que le soleil s'abîme à l'horizon,
Reluire à l'autre bout du tranquille empyrée
La lune qui répand son timide rayon ?

De même à son couchant notre vie abaissée
A, comme la journée, un orient désert,
Séjour d'ombre croissante et plage délaissée
Où sous un voile obscur tout s'efface et se perd.

---

1. Le médecin a la vue attristée... et, dans les malheurs d'autrui, son cœur est blessé de chagrins qui lui sont propres.
                                        HIPPOCRATE.

Quand le temps est venu dans le monde de l'âme,
Le souvenir se lève au début de la nuit,
Et jette son rayon sans chaleur et sans flamme
Des hauteurs du passé sur le présent qui fuit ;

Le présent qui n'a plus d'espace et de carrière ;
Le passé d'où nos morts, que le cœur a gardés,
Semblent nous rappeler d'une voix familière,
Comme on rappelle au soir des amis attardés.

XXVIII

LA TERRE
(1864)

> Le silence éternel de ces espaces infinis m'effraye.
>
> PASCAL, *Pensées.*

O terre, mon pays, monde parmi les mondes,
Où mènes-tu tes champs, tes rochers et tes ondes,
Tes bêtes, leurs forêts, tes hommes, leurs cités?
Où vas-tu, déroulant ton orbite rapide,
    Sans repos, dans le vide
    De cieux illimités?

Ah! c'est grandeur à moi, chétive intelligence,
De me dresser pour prendre à ton voyage immense
Une part toute pleine et d'extase et d'effroi,
Et, sentant sous mon pied l'abîme et le mystère,
    Courir même carrière
    Un moment avec toi.

Nous voilà dans le ciel, où tu fais ta journée,
Autour de ton soleil à tourner enchaînée!
Les hommes de jadis y rêvèrent des dieux.
C'est une plaine froide et vide et désolée,
      Seulement étoilée
    Par des points radieux.

Nous voilà dans le ciel ! Où donc est l'empyrée,
Le firmament solide et la voûte éthérée?
Un mirage! un lointain! où rien plus ne se voit
Qu'un nombre de soleils sans nombre, vrais atomes
    Perdus dans les royaumes
    Et du vide et du froid.

Où vas-tu? je ne sais. Qui le sait? les durées
Et les champs inconnus des célestes contrées
Cachent-ils des périls pour les mondes flottants?
Le chemin est bien long, la route est bien obscure;
    Chanceuse est l'aventure
    Dans l'espace et le temps.

Où tu vas! — D'où viens-tu? ni siècle ni mémoire
Ne se marquaient alors que se fit ton histoire.
Pourtant les souvenirs ne sont pas tous éteints;
Et çà et là se voient des traces fugitives,
    Singulières archives
    D'événements lointains.

Oh! qui me donnerait de fouler ta poussière,
Quand les premiers humains de l'antre et de la pierre
Taillèrent leurs cailloux et surent s'en servir?
De notre humanité cette race est l'aïeule,
    Qui, pauvre, obscure et seule,
    Commence un avenir.

Le temps s'ouvre et s'enfonce, et la scène se change.
De toute part s'élève une nature étrange,
Sans homme! C'est la bête, elle possède tout,
Léviathans, dragons, monstrueuse famille;
        Et le monde fourmille
        De l'un à l'autre bout.

Le temps s'ouvre et s'enfonce, et se change la scène.
Le globe est embrasé, la flamme s'y déchaîne;
Rien qui ne soit dompté par l'immense chaleur.
Le vieux Vulcain s'abat sur cette énorme proie;
        Tout bouillonne et flamboie,
        Tout est lave et vapeur.

Longtemps au haut des cieux reluisit l'incendie.
Mais quels feux n'éteindrait la froidure infinie?
Il leur fallut enfin s'affaisser et pâlir,
Laissant poindre au travers de la masse agitée
        L'occulte Prométhée
        Du vivre et du mourir.

Le temps s'ouvre et s'enfonce... Au delà plus d'histoire.
Ni siècle enseveli, ni trace de mémoire.
Volcan, d'où te venaient et ta lave et tes feux?
Étoiles, qu'êtes-vous que foyers grandioses,
        Étincelles écloses
        Dans la nuit et les cieux?

Devant ce grand rideau taisez-vous, mes pensées,
Dans l'espace et le temps vainement élancées.
Un monde éteint devient un précaire séjour,
Où se montre un moment le drame de la vie,
        Bluette épanouie
        Sous les rayons du jour.

O terre, mon pays, monde parmi les mondes,
Tandis que je te suis dans les plaines profondes,
Il me prend un plaisir austère et pénétrant
A joindre mes destins aux tiens, dans la carrière
    D'où tu viens en arrière,
    Où tu vas en avant.

TABLE DES MATIÉRES

	Préface	1
I.	Lettres de Mme de Sévigné, de sa famille et de ses amis	1
II.	Variétés littéraires, morales et historiques	51
III.	Nouvelle exégèse de Shakspeare, ou interprétation de ses principaux drames et caractères sur le principe des races	71
IV.	Les Choéphores	133
V.	Aristophane et Rabelais	150
VI.	Don Quichotte de la Manche	176
VII.	Schiller et d'Aubigné	193
VIII.	De l'usage pratique de la langue grecque	207
IX.	Collection des auteurs latins avec la traduction en français	222
X.	Économie politique des Romains	235
XI.	Histoire du canton de Vaud	269
XII.	Œuvres de Bonivard	286
XIII.	Mémoires du cardinal de Retz	302
XIV.	Essais sur la philosophie des Hindous	321
XV.	Introduction à l'histoire du bouddhisme indien	334
XVI.	Le Pic du Midi de Bigorre et son hôtellerie	384
XVII.	Phidias, sa vie et ses œuvres	397

TABLE DES MATIÈRES.

	Traduction de quelques poésies de Schiller	417
XVIII.	Résignation	419
XIX.	L'Heur	423
XX.	Le Partage du monde	426
XXI.	Le Plongeur	428
XXII.	Les Femmes	434
	Morceaux en vers	437
XXIII.	La Lumière	439
XXIV.	Les Étoiles	442
XXV.	Les Lits d'hôpital	444
XXVI.	Réminiscence	447
XXVII.	La Vieillesse	449
XXVIII.	La Terre	454

FIN DE LA TABLE DES MATIÈRES.

Paris. — Imp. Viéville et Capiomont, 6, rue des Poitevins.

www.ingramcontent.com/pod-product-compliance
Lightning Source LLC
Chambersburg PA
CBHW072126220426
43664CB00013B/2145